AWS를 통한 효과적인 데브옵스 구축 2/e

AWS를 통한 효과적인 데브옵스 구축 2/e

테라폼, 앤서블, 깃허브 등 다양한 AWS 도구 사용하기

요게쉬 라헤자 · 주세페 보르게세 · 나다니엘 펠슨 지음 이준호 옮김

에이콘

| 지은이 소개 |

요게쉬 라헤자 Yogesh Raheja

IT 분야에서 10년째 활동해온 공인 데브옵스 및 클라우드 전문가다. OS, 소스 코드 관리, 빌드 및 배포 도구, 연속 통합/배포/전개 도구, 컨테이너, 구성 관리 도구, 모니터링, 로깅 도구 및 공용/사설 클라우드 기술 전문가다. 기술적인 전문성을 전 세계의 청중들에게 콘퍼런스, 웨비나, 블로그 링크드인으로 공유하는 것을 즐긴다. 『Automation with Puppet 5』(2017)와 『Automation with Ansible』(Wiley India, 2017)을 집필했으며, 유데미Udemy에 온라인 강좌를 개설했다. 또한 『Implementing Splunk 7, Third Edition』(2018)과 『Splunk Operational Intelligence Cookbook, Third Edition』(2018) 같은 팩트출판사의 여러 책들도 리뷰했다.

전 세계에 나의 지식을 공유할 수 있게 해주신 하나님께 감사드린다. 이 프로젝트를 훌륭히 진행해준 팩트출판사의 팀에게도 큰 감사를 전한다. 나의 어머니인 수데시 라니와 아내인 디바 보라 라헤자의 사랑과 끊임없는 지원 및 인내 덕분에 나의 꿈을 실현할 수 있었다. 끝으로, 이 책을 집필하도록 동기를 부여해주고 영감을 준 씽크닉스 테크놀로지스Thinknyx Technologies의 훌륭한 팀과 가단딥 싱, 쿨부샨 메이어에게 특별히 감사한다.

주세페 보르게세Giuseppe Borgese

현재 지멘스Siemens에서 데브옵스 AWS 전문가로 일하고 있다. 인터넷 기술 석사 학위를 취득했으며, 공인 자격증을 4개 갖고 있는 AWS 공인 데브옵스 엔지니어 전문가다. AWS 튜토리얼 시리즈가 포함된 유튜브 채널과 리눅스 아카데미 같은 유명한 블로그의 수많은 기사 등을 통해 AWS 커뮤니티에 공헌해왔다. 또한 VMWare와 시스코의 자격증을 갖고 있다. 이 책은 그의 두 번째 책이자 팩트출판사에 출간된 첫 번째 책이다. 이 책에서는 6장 '인프라 확장하기'와 8장 'AWS 환경의 보안 강화하기'를 집필했다.

나다니엘 펠슨Nathaniel Felsen

10여 년 전 용어조차 없던 시절 데브옵스 엔지니어링 개념으로 작업을 시작했던 데브옵스 엔지니어다. 작은 스타트업 회사에서 시작해 쿨리스Qualys, 스퀘어Square, 최근에는 미디엄Medium 같은 대기업까지 여러 회사에서 일했다.

직장 밖에서는 활동적인 자녀들을 돌보고 아내와 가끔 데이트하는 저녁을 즐기는 멋진 삶을 살고 있다. 프랑스인이지만 와인보다는 친구들과 함께 현지의 스타우트 맥주를 즐겨 찾는다. 프랑스의 컴퓨터공학 관련 명문 대학교인 EPITAEcole Pour l'Informatique et les Techniques Avancées에서 시스템, 네트워크 및 보안 관련 석사 학위를 취득했다.

| 기술 감수자 소개 |

하이 댐 Hai Dam

덴마크의 넷컴퍼니 Netcompany 에서 데브옵스 엔지니어로 일하고 있다. 그의 기술 스택은 젠킨스 Jenkins, 서클CI CircleCI, ELK, AWS, 도커 Docker 다.

| 옮긴이 소개 |

이준호(evans8580@gmail.com)

서울대학교를 졸업하고 숭실대학원에서 소프트웨어공학을 전공했다. Open API 플랫폼, IPTV 콘텐츠 관리 플랫폼, UCC 콘텐츠 서비스 플랫폼을 설계, 구축, 운영했으며, IPTV 플랫폼에 대한 진단 및 개선 관련 컨설팅을 진행했다. 넥슨 코리아에 입사해 AWS 기반의 게임 서비스 플랫폼 설계 구축을 진행했고, 클라우드 포메이션, 테라폼, 앤서블, 깃을 활용해 AWS 관리형 쿠버네티스 플랫폼인 EKS에 데브옵스화된 게임 서비스 인프라 구축을 진행했다. 현재는 대학원에서 빅데이터, 머신 러닝 및 AI 관련 수학 중이다.

| 옮긴이의 말 |

이 책은 2018년 출간했던 『AWS를 이용한 데브옵스 완벽 구축』의 개정판이다. 2년의 시간이지만 참 많은 것들이 변했다. 번역 당시에 데브옵스는 생소한 개념이었으나 이제 데브옵스는 당연한 절차로 여겨진다. 클라우드의 저변 확대로 인프라 구성을 수작업으로 하는 경우는 IDC 기반 일부 서비스 외에는 사라진 것 같다. 초반에 AWS 기반으로 인프라 및 서비스 플랫폼 구성 시에는 각 서비스별로 설치 스크립트를 작성하고 테스트하고 수작업으로 인프라 구성을 했었다. 그래서 실제 장비 도입에 따른 시간 지연 없이 빠르게 인프라를 구성할 수 있었기 때문에 시간 내의 성공적인 구축이 가능했었다. 그 후에도 빠르게 구축할 수 있다는 장점을 기반으로 적극적으로 AWS를 활용해 인프라를 구성했지만 시간이 경과하면서 데브옵스를 기반으로 구축하지 않은 관계로 유지보수에 많은 어려움을 겪게 됐다. 그 후에 코드 기반 인프라 구성 관리를 제안 및 도입했지만 상용에 운용 중인 기존 서비스에 데브옵스를 적용하기는 쉽지 않았다. 그래서 그 이후에 구성되는 신규 서비스는 모두 코드로 구성해 관리하게 하고 그대로 진행 중이다. 한 발 더 나아가 컨테이너 기반(도커, 쿠버네티스)으로 구축을 진행했고 현재는 모든 인프라 및 서비스의 설치 변경은 모두 소스 관리 시스템을 기반으로 한 코드로 진행이 되고 있다. 이로 인한 장점은 구축 속도가 매우 빠르고 구축된 스크립트의 재사용이 매우 편하다는 점이다. 또한 인프라 변경도 소스로 관리가 되므로 변경 관리가 용이하다. 이로 인해 운영 부담이 대폭 줄어들어 시스템 엔지니어 한 명이 서비스 플랫폼을 통째로 관리할 수 있게 됐다. 이 과정을 겪으면서 초반부터 데브옵스로 시작하는 것이 얼마나 중요한지 알 수 있었다. 한번 구축하고 나면 그 이후 변경하기란 거의 불가능에 가깝다. 그러므로 초반에 적극적으로 데브옵스를 채택해야 나중에 큰 효과를 얻을 수 있다. 많은 소프트웨어, 솔루션 및 방법론 등이 준비되어 있으므로 이제는 얼마든지 데브옵스의 채택이 가능한 상태다. 물론 내가 근무하는 곳의 환경이 이렇게 바뀐 것이므로 저변 확대라는 말로 일반화하기는 힘들 듯하다. 아직도 수작업으로 인프라를 구성하는 곳이 많을 것으로 예상하고 있다. 그러나 데브옵스의 적용은 정말 유익하다. 초반에는 여러 저항에 부딪히겠지만 이를 달성한 이후의 비즈니스 속도는 그렇지 않은 곳에서 도저히 따라오지 못할 수준의 빠른 전개가 가능할 것이다.

이준호

에이콘출판의 기틀을 마련하신 故 정완재 선생님 (1935-2004)

| 차례 |

7장 AWS에서 컨테이너 실행하기 297

| 들어가며 |

데브옵스 운동은 현대 기술 회사의 일하는 방식을 변화시켜왔다. 클라우드 컴퓨팅 혁명의 선두 주자인 아마존 웹 서비스AWS, Amazon Web Services는 데브옵스 원칙을 구현하는 데 도움이 되는 넓은 범위의 관리형 서비스를 출시했으며 데브옵스 운동의 핵심 공헌 회사이기도 하다.

이 책에서는 가장 잘나가는 기술 스타트업이 AWS에서 서비스를 시작하고 확장하는 방법을 이해하고 동일하게 구축하는 방법을 배운다. 이 책은 인프라를 코드로 취급하는 방법을 설명한다. 인프라를 코드로 취급한다는 것은 인프라 리소스를 소프트웨어를 다루듯이 쉽게 온라인 및 오프라인으로 구축하는 것을 의미한다. 또한 애플리케이션을 최신으로 유지하도록 연속 통합과 연속 배포 파이프라인을 구축한다.

모든 것을 다룬 후 컨테이너 같은 최근 기술을 이용해 트래픽 폭증에도 사용자에게 최대의 성능을 제공하도록 애플리케이션을 확장하는 방법을 배운다. 또한 모니터링과 알람도 살펴본다. 이를 통해 서비스를 이용하는 데 있어 가장 좋은 경험을 사용자에게 제공할 수 있다. '결론'에서는 많은 AWS 관리자가 데브옵스를 사용할 때 활용하는 클라우드 포메이션, 코드 디플로이 같은 내장형 AWS 도구를 다룬다.

이 책의 끝에서는 가장 최신이자 가장 훌륭한 AWS 도구를 이용해 플랫폼과 데이터의 보안을 보장하는 방법을 배운다.

이 책의 대상 독자

개발자, 데브옵스 엔지니어 또는 소프트웨어 인프라에 AWS를 사용해 구축하는 팀과 같이 일하고 있다면, 이 책은 당신을 위한 책이다. 그러나 이 책을 최대한 활용하려면 기본적인 전산 과학 지식이 요구된다.

이 책의 구성

1장 '클라우드와 데브옵스 혁명' 데브옵스와 클라우드 여행을 시작하는 모든 사람에게 기초 지식을 제공한다. 데브옵스 문화, 데브옵스 용어 및 AWS 생태계에 대한 이해는 다음 장들의 이정표가 될 것이다.

2장 '첫 번째 웹애플리케이션 배포하기' AWS 인증 모범 사례 실습 및 가장 간단한 형태의 AWS 인프라 프로비저닝을 연습한다. 간단한 웹 애플리케이션을 작성해 가장 단순한 형태로 애플리케이션을 AWS에 배포하는 방법을 배우고 그 후 인스턴스를 종료한다. 모든 절차를 AWS CLI로 구현한다. 그리고 사용 가능한 여러 AWS 서비스와 그 밖의 유명한 서비스 및 제품을 이용해 수동 작업을 자동화하는 방법을 배우고, 다음 장부터는 자동화를 구현한다.

3장 '코드로 인프라 다루기' AWS 기본 도구인 클라우드 포메이션과 클라우드 포메이션 템플릿 작성에 사용하는 기법을 이용해 프로비저닝 자동화를 처리한다. 그런 다음 애플리케이션 배포를 자동화하는 구성 관리 시스템 앤서블을 소개한다.

4장 '테라폼 코드로 인프라 다루기' 테라폼의 기본을 다룬다. 테라폼 템플릿으로 첫 번째 AWS 인스턴스를 프로비저닝하고 또 다른 테라폼 템플릿으로 애플리케이션을 배포해 테라폼 구현 능력을 키운다. 끝으로, 테라폼과 앤서블을 활용해 인프라 프로비저닝 및 애플리케이션 배포 자동화를 통합하는 AWS 프로비저닝을 다룬다.

5장 '연속 통합과 연속 배포 추가하기' 자동화된 테스트 프레임워크가 포함된 AWS의 데브옵스 서비스를 사용해 CI/CD 파이프라인을 구성한다. 버전 컨트롤, 연속 통합, 테스트 자동화 도구, AWS 기본 데브옵스 도구 및 인프라 자동화 도구 같은 여러 도구를 이용한 기술 프레임워크를 준비해 얼마나 빨리 실패해야 하고 이런 잦은 실패가 어떻게 안정적인 상용 환경을 이끄는지 배운다.

6장 '인프라 확장하기' 확장 가능한 AWS 인프라를 구축하는 데 있어 비용 효율적이고 유용한 AWS 서비스를 소개해 성능에 기반한 비전을 제시한다. 일래스틱 캐시, 클라우드프론트, SQS, 키네시스 등을 이용해 애플리케이션 프레임워크를 구축한다.

7장 'AWS에서 컨테이너 실행하기' 도커 시장에서 가장 유명한 틈새 기술 중 하나를 소개한다. 도커를 통해 컨테이너에 대한 모든 개념을 배운다. ECS로 AWS 컨테이너 환경을 준비하고 애플리케이션을 위한 완벽한 ECS 프레임워크를 구축한다. 끝으로, AWS 데브옵스 도구셋을 이용해 AWS ECS에 서비스를 배포하기 위해 완벽한 CI/CD 파이프라인을 구축한다.

8장 'AWS 환경의 보안 강화하기' AWS 감사 서비스와 역할에 대해 제한된 접근을 제공하고 관리하는 AWS IAM 서비스를 배운다. 이를 통해, AWS VPC 모델을 강화하고 결과적으로 랜섬웨어와 기타 취약점으로부터 보호할 수 있게 하고 AWS 환경의 변화를 인지하고 보안을 강화하는 방법을 배운다.

9장 '모니터링과 알람' AWS 클라우드 와치 서비스를 이용해 AWS 환경 모니터링 프레임워크를 구축한다. 로그를 시각화하기 위한 일부 유명한 대시보드 도구를 이용한다. 끝으로 AWS SNS 서비스를 이용해 알람 프레임워크를 생성하고, 사용자에게 AWS 환경의 정상 여부를 알린다.

준비 사항

이 책에서 필요한 소프트웨어는 다음과 같다.

- AWS 관리 콘솔
- AWS 컴퓨트 서비스
- AWS IAM
- AWS CLI 설치
- 웹 애플리케이션용 자바스크립트

편집 규약

이 책에서는 정보의 유형에 따라서 텍스트의 스타일이 바뀐다. 각 스타일은 다음과 같은 의미를 지닌다.

문장 속에서 코드는 다음과 같이 표기한다.

"센트OS에서는 깃 패키지가 리눅스 배포판에 존재하므로 `yum -y install git`만 실행하면 된다."

코드 블록은 다음과 같이 표기한다.

```
t.add_output(Output(
    "WebUrl",
    Description="Application endpoint",
    Value=Join("", [
        "http://", GetAtt("instance", "PublicDnsName"),
        ":", ApplicationPort
    ]),
))
```

코드의 특정 부분을 강조할 때는 굵은 글씨체로 표현한다.

```
var http = require("http")
var winston = require("winston")
```

모든 명령줄 입출력은 다음과 같이 기술한다.

```
$ aws ec2 authorize-security-group-ingress \
    --group-name HelloWorld \
    --protocol tcp \
    --port 3000 \
    --cidr 0.0.0.0/0
```

메뉴나 대화상자처럼 컴퓨터 화면에 표시되는 단어는 다음과 같이 고딕체로 표기한다.

"Create Record Set[레코드셋 생성] 버튼을 클릭하라."

주의를 요하거나 중요한 메시지는 이와 같이 나타낸다.

팁이나 유용한 요령은 이와 같이 나타낸다.

독자 의견

독자 여러분의 의견은 언제든지 환영한다. 이 책을 어떻게 생각하는지 부담 없이 이야기해준다면 좋겠다. 더 유익한 책을 만드는 데 있어 독자의 의견은 무엇보다 중요하다.

일반적인 의견은 이 책의 제목을 메일 제목으로 해서 customercare@packtpub.com으로 보내면 된다.

특정 분야의 책을 쓰거나 기여하는 데 관심이 있다면 authors.packtpub.com을 참고하기 바란다.

고객 지원

팩트출판사의 구매자가 된 독자에게 도움이 되는 몇 가지를 제공하고자 한다.

예제 코드 다운로드

예제 코드는 에이콘출판사의 도서정보 페이지인 http://www.http://www.acornpub.co.kr/book/effective-devops-aws-2e에서 다운로드할 수 있다. 또한 http://www.packtpub.com/support를 방문해 이메일을 등록하면 예제 코드를 직접 다운로드할 수 있으며, 이 링크를 통해 원서의 Errata도 확인할 수 있다.

이 책에 수록된 코드는 깃허브에도 올려져 있고, 주소는 https://github.com/PacktPublishing/Effective-DevOps-with-AWS-Second-Edition이다. https://github.com/PacktPublishing/에는 다른 책의 코드와 동영상도 올라와 있으니 확인해 보길 바란다.

컬러 이미지 다운로드

이 책에서 사용한 스크린샷이나 도표의 컬러 이미지를 PDF 파일로 제공한다. 컬러 이미지는 책의 내용을 이해하는 데 도움을 줄 것이다. 이 책에서 사용된 컬러 이미지가 포함된 PDF 파일은 에이콘출판사의 도서정보 페이지인 http://www.http://www.acornpub.co.kr/book/effective-devops-aws-2e에서 다운로드할 수 있다.

오탈자

내용을 정확하게 전달하려고 최선을 다했지만, 실수가 있을 수 있다. 팩트출판사의 책에서 텍스트나 코드상의 문제를 발견해서 알려준다면, 매우 감사하게 생각할 것이다. 그러한 참여를 통해 다른 독자에게 도움을 주고, 다음 버전에서 책을 더 완성도 있게 만들 수 있다. 오자를 발견한다면 http://www.packtpub.com/submit-errata에서 Errata Submission Form 링크를 통해 구체적인 내용을 알려주기 바란다. 보내준 내용이 확인되면 웹사이트에 그 내용이 올라가거나, 해당 서적의 정오표 섹션에 그 내용이 추가될 것이다.

한국어판은 에이콘출판사의 도서정보 페이지 http://www.acornpub.co.kr/book/effective-devops-aws-2e에서 찾아볼 수 있다.

저작권 침해

인터넷에서의 저작권 침해는 모든 매체에서 벌어지고 있는 심각한 문제다. 팩트출판사에서는 저작권과 사용권 문제를 아주 심각하게 인식하고 있다. 어떤 형태로든 팩트출판사 서적의 불법 복제물을 인터넷에서 발견한다면 적절한 조치를 취할 수 있게 해당 주소나 사이트명을 알려주길 부탁한다.

의심되는 불법 복제물의 링크를 copyright@packtpub.com으로 보내주기 바란다.

저자와 더 좋은 책을 위한 팩트출판사의 노력을 배려하는 마음에 깊은 감사의 마음을 전한다.

질문

한국어판에 관한 질문은 이 책의 옮긴이나 에이콘출판사 편집 팀(editor@acornpub.co.kr)으로 문의할 수 있다.

01

클라우드와 데브옵스 혁명

기술 산업은 끊임없이 변화하고 있다. 인터넷은 불과 사반세기 전에 태어났지만 우리가 사는 방식은 이미 혁명적으로 변화했다. 매일 10억 명이 넘는 사람이 페이스북을 방문하고 매분 대략 300시간 재생 분량의 비디오가 유튜브에 업로드된다. 그리고 구글은 매초 약 40,000건의 검색어를 처리한다. 이런 엄청난 양의 데이터를 처리하는 일은 쉽지 않다. 이 책은 이들 회사의 배포 철학, 도구, 또는 모범 사례를 이용해 실질적인 지침을 제공한다. **아마존 웹 서비스**AWS, Amazon Web Services를 통해 최소한의 비용과 노력으로 인프라, 엔지니어링 프로세스, 애플리케이션을 효율적으로 관리하고 확장하는 것에 대한 핵심 원칙을 확립할 수 있다. 첫 번째 장에서는 아래 주제에 대한 새로운 패러다임을 설명한다.

- 인프라 관점이 아닌 클라우드 관점으로 생성하기
- 데브옵스 문화 받아들이기
- AWS에 배포하기

인프라 관점이 아닌 클라우드 관점으로 생각하기

2011년 12월 하순 데이터 센터의 실시간 모니터링 시스템에서 수십 건의 알람을 받았을 때 일어난 실제 사고를 소개한다. 알람과 함께 데이터 센터와의 연결이 끊어졌다. 시스템 관리자는 이를 해결하고자 모니터링 시스템의 작은 결함이기를 바라며 **네트워크 운영 센터** NOC, Network Operations Center로 허겁지겁 달려갔다. 많은 중복 구성에도 불구하고 어떻게 모든 시스템이 다운될 수 있는지 의아했다. 불행히도 NOC 룸에 있는 대형 모니터링 스크린은 온통 빨간색이었고 이는 좋은 징조가 아니었다. 매우 긴 악몽의 전주곡이었다.

이는 데이터 센터에서 일하는 전기기사 때문에 일어난 사고였다. 그는 실수로 화재 경보를 켰다. 수 초 안에, 화재 진압 시스템이 서버랙의 천장에 있는 아라고나이트를 방출했다. 불행히도 화재 진압 시스템이 가스를 방출할 때 매우 심한 소음을 발생시켰고, 소음으로 인한 음파는 수백 개의 하드 디스크를 깨뜨렸다. 결국 데이터 센터의 시설이 중단됐고 이를 복구하는 데는 수개월이 걸렸다.

자체 하드웨어 배포 대 클라우드 배포

크든 작든 기술 회사가 인프라를 구축할 수 있는 적절한 기술 운영 팀을 갖춰야 하게 된 건 그리 오래전이 아니다. 인프라 구축 절차는 다음과 같이 단계적으로 진행된다.

1. 인프라를 구축할 장소로 이동한다. 다른 데이터 센터와 시설을 둘러본다. 바닥 상태, 전원 상태, HVAC Heating, Ventilation, and Air Conditioning(공조 시스템), 방재 시스템, 물리적 보안 등을 고려하며 시설을 살펴본다.
2. 인터넷 프로바이더를 찾는다. 궁극적으로 서버와 더 많은 대역폭에 대해 얘기할 테지만 절차는 같다. 서버에 인터넷을 연결하기 원한다.
3. 여기까지 완료되면, 이제 하드웨어를 구매할 차례다. 서버, 스위치, 라우터, 방화벽, 스토리지, (전원 공급 중단을 대비한) UPS, KVM, 네트워크 케이블, (모든 시스템 관리자의 심장인) 라벨링, 다수의 예비 부품, 하드 디스크, 레이드 컨트롤러, 메

모리, 파워 케이블 및 기타 부품을 구매하는 데 많은 비용이 들기 때문에 올바르게 결정해야 한다.

4. 이 시점에서 하드웨어를 구매해 데이터 센터로 배송을 받으면 이들을 랙에 실장하고 모든 서버를 연결하고 전원을 연결한다. 네트워크 팀은 다양한 연결을 하고 에지 라우터, 스위치, TOR[top of rack] 스위치, KVM 및 방화벽을 설정하고 신규 데이터 센터의 네트워크를 구성한다. 다음으로, 스토리지 팀이 NAS[Network Attached Storage]와 SAN[Storage Area Network]을 구성한다. 그런 다음 서버 이미지를 뜨고 바이오스[BIOS]를 업그레이드하는 시스템 운영 팀이 들어와 하드웨어 레이드를 구성하고, 마지막으로 서버에 운영체제를 설치한다.

이런 업무를 하려면 대형 팀을 구성한 후 전적으로 투입해야 할 뿐만 아니라 최종 목표에 도달하기까지 많은 시간과 비용이 소요된다. 이 책에서 확인하겠지만 AWS에서 신규 서버를 가동시키는 데는 단지 몇 분이면 된다. 쓴 만큼 비용을 지불하는[pay-what-you-use] 모델로 실제로 필요할 때 바로 몇 분 안에 여러 개의 서비스를 배포하고 실행하면 된다. 자세한 내용은 곧 알아볼 것이다.

비용 분석

AWS 같은 클라우드 인프라에서의 배포는 비용 측면에서 보면 일반적으로 자체 하드웨어를 구입하는 것보다 훨씬 더 저렴하다. 자체 하드웨어에서 배포하려면 앞에서 언급한 하드웨어(서버, 네트워크 장비 등) 비용 및 때때로 소프트웨어 라이선스 비용을 미리 지불해야만 한다. 반면에 클라우드 환경에서는 사용한 만큼만 지불하면 된다. 서버를 즉시 추가하거나 제거할 수 있으며, 서버가 실행되는 동안만 비용이 부과된다. 또한 PaaS 및 SaaS 애플리케이션을 이용하면 데이터베이스, 스토리지 등을 관리하는 데 인력이 많이 필요하지 않게 되어 운영 비용이 절감되므로 더 많은 비용을 절약할 수 있다. AWS를 포함한 대부분의 클라우드 프로바이더는 사용량에 따른 단계별 가격 정책 및 볼륨 디스카운트를 제공한다. 서비스가 점점 더 커짐에 따라 스토리지, 대역폭 등의 단위 가격을 줄일 수 있음을 의미한다.

적시 제공 인프라

방금 언급한 대로 클라우드에 배포할 때 제공할 리소스에 대해서만 비용을 지불하면 된다. 대부분의 클라우드 회사는 사이트의 트래픽 변화에 따른 인프라 규모 확장 및 축소를 특장점으로 제시한다. 온디맨드on demand로 시간 지연 없이 새로운 서버 및 서비스를 추가하거나 제거할 수 있는 역량은 클라우드 인프라의 주요한 차별 요소 중 하나다.

11월 한 달 동안에 https://www.amazon.com/을 방문한 트래픽 양을 아래의 예시에서 확인할 수 있다. 블랙 프라이데이Black Friday와 사이버 먼데이Cyber Monday 때문에 월말 트래픽이 세 배로 증가했다.

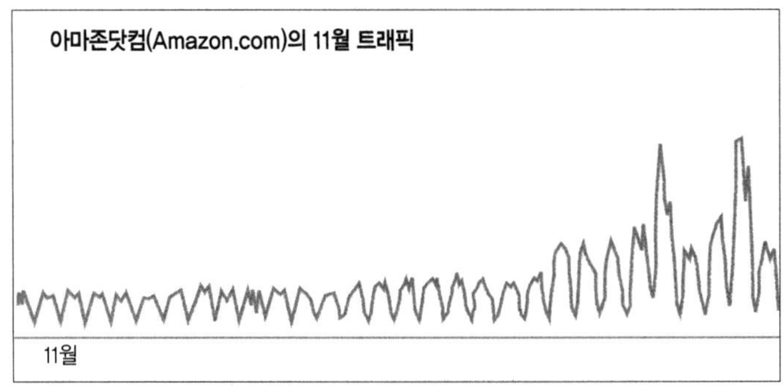

서비스를 기존 방식으로 호스팅한다면, 트래픽을 처리하기 위해 충분한 서버를 준비해야 하고 이로 인해 월 평균 인프라 사용률은 24%에 불과하다.

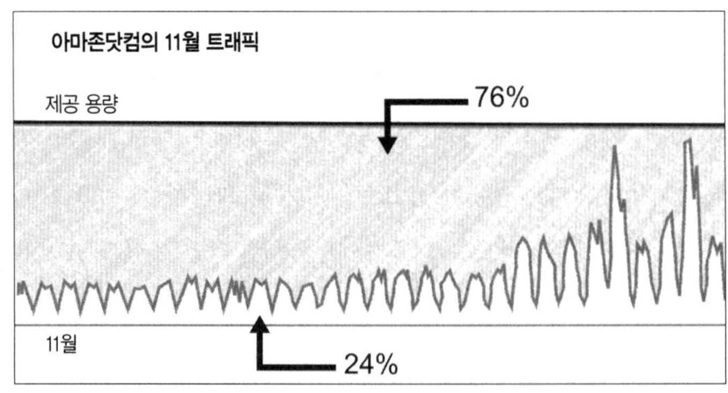

그러나 동적으로 확장할 수 있는 기능 때문에 꼭 필요한 인프라만 유지할 수 있고 블랙 프라이데이와 사이버 먼데이에 발생하는 트래픽을 동적으로 흡수할 수 있다.

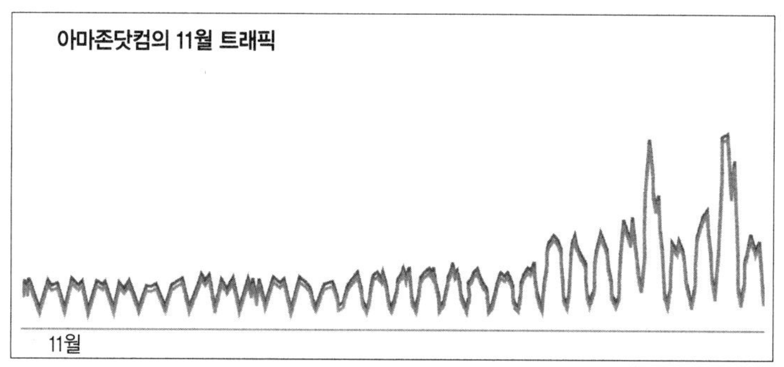

또한 클라우드를 사용하는 여러 조직에서 빠른 자동 확장 기능을 주기적으로 사용할 때의 이점을 확인할 수 있다. 미디엄Medium 회사에서 매우 자주 겪는 실제 사례이기도 하다. 미디엄 사이트의 게시물은 전염성이 있어서, 트래픽이 종종 매우 급격히 변한다. 2015년 1월 21일 놀랍게도 백악관은 오바마 대통령의 연설 시작 전 연방 회의록을 포스팅했다(http://bit.ly/2sDvseP). 다음 그래프에서 볼 수 있듯이, 클라우드를 사용하고 오토스케일링auto-scaling 기능을 사용해 프론트엔드 서비스가 사용하는 서버 수를 증가시키도록 플랫폼에 요청해 5배나 되는 트래픽 폭증을 흡수했다. 나중에 트래픽이 자연스럽게 빠지면서 일부 호스트가 서버군에서 자동으로 제거됐다.

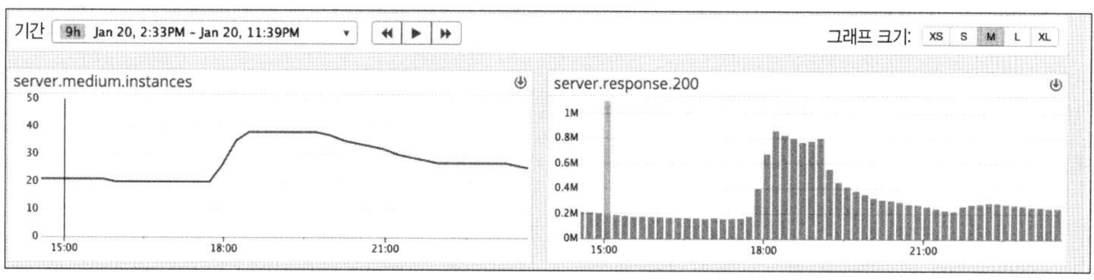

각기 다른 계층을 가진 클라우드 서비스

클라우드 컴퓨팅은 종종 세 가지 유형의 서비스로 나뉘고, 일반적으로 다음과 같은 **서비스 모델**service model로 불린다.

- **서비스로서의 인프라**IaaS, Infrastructure as a Service : 기본 빌딩 블록building block으로, 클라우드에 관련된 모든 것이 구축되는 계층이다. IaaS는 일반적으로 가상화된 환경의 컴퓨팅 리소스다. 프로세서, 메모리, 스토리지, 네트워크의 조합을 제공한다. 가장 일반적인 IaaS 리소스는 **가상 머신**VM, Virtual Machine, 로드 밸런서, 가상 이더넷 인터페이스 같은 네트워크 장비와 블록 디바이스 같은 스토리지다. 이 계층은 하드웨어에 매우 근접해 있고, 클라우드 외부에서 소프트웨어를 배포할 수 있는 완전한 유연성을 제공한다. 이전에 데이터 센터를 운영했었다면 이 계층에도 운영 경험을 대부분 적용할 수 있다.
- **서비스로서의 플랫폼**PaaS, Platform as a Service : 클라우드에서 흥미로운 일이 시작되는 계층이다. 애플리케이션을 구축할 때 데이터 리포지터리와 큐queue 같은 공통 구성요소가 필요하다. PaaS 계층은 데이터베이스 서버 같은 서드파티 서비스를 관리하고 운영하는 것에 대해 걱정할 필요 없다. 자신의 서비스를 구축하는 데 도움을 주는 많은 준비된 애플리케이션을 제공한다.
- **서비스로서의 소프트웨어**SaaS, Software as a Service : 케이크 장식과 같은 계층이다. PaaS 계층과 마찬가지로 관리형 서비스로 접근할 수 있지만, 이 서비스들은 관리 또는 모니터링 도구와 같이 특정 목적에 맞춰진 완벽한 솔루션들이다.

https://nvlpubs.nist.gov/nistpubs/legacy/sp/nistspecialpublication800-145.pdf에서 클라우드 컴퓨팅에 대한 국립 표준 기술 연구소NIST, National Institute of Standard and Technology의 정의와 NIST의 클라우드 컴퓨팅 표준 로드맵을 살펴보는 것이 좋다. 이 책은 PaaS와 SaaS 유형의 여러 서비스를 다루고 있다. 애플리케이션을 빌드할 때, 이들 서비스를 사용하면 클라우드 외부에 있는 전통적인 IDC 환경과 비교할 때 커다란 차이가 있음을 알 수 있다. 새로운 인프라를 배포하고 이전하는 데 성공하기 위한 또 다른 핵심 요

새로운 인프라를 배포하고 이전하는 데 성공하기 위한 또 다른 핵심 요소는 데브옵스DevOps 사고방식을 받아들이는 것이다.

데브옵스 문화 받아들이기

데브옵스 문화로 회사를 운영한다는 것은 개발자와 운영자가 함께 일하기 위해 올바른 문화를 받아들이는 모든 것을 의미한다. 데브옵스 문화는 이 책을 통해 살펴볼 도구와 기술을 이용해 여러 엔지니어링 모범 사례의 구현을 옹호한다.

데브옵스의 기원

데브옵스는 인프라에 애자일 개념을 적용하는 방법을 토론하고자 패트릭 드브와Patrick Debois가 2009년 벨기에에서 주최한 첫 번째 데브옵스데이DevOpsdays 콘퍼런스에서 공식적으로 시작된 새로운 운동이다. 애자일 방법론은 소프트웨어의 개발 방식을 변경시켰다. 전통적인 폭포수 모델에서 제품 팀은 스펙을 정하고, 디자인 팀은 특정 사용자의 UI/UX를 작성 및 정의하고, 엔지니어링 팀은 요구된 제품 및 기능을 구현해 코드를 QA 팀에 넘기고, QA 팀은 코드가 디자인 요구사항에 맞게 정상적으로 동작하는지 확인한다. 일단 모든 버그가 수정되면 릴리스 팀은 최종 코드를 패키징해 기술 운영 팀에 넘기고 운영 팀은 코드를 배포하고 24시간 서비스를 감시한다.

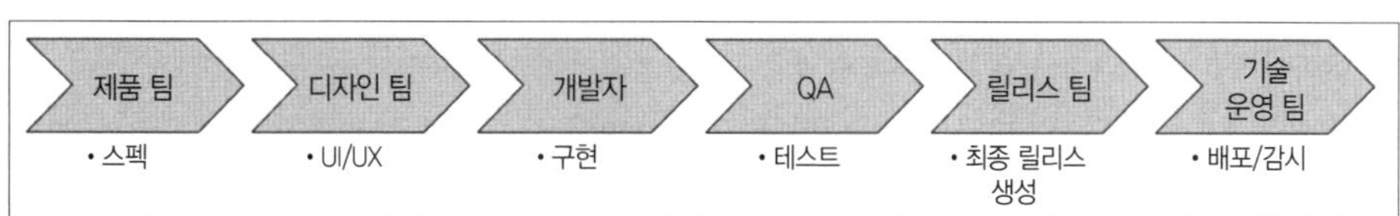

소프트웨어와 기술 개발의 복잡도가 증가하면서 전통적인 폭포수 파이프라인에는 일부 제약사항이 생겼다. 애자일로의 전환은 디자이너, 개발자, 테스터 간의 상호작용을 허용하면서 이런 문제 일부를 해결했다. 이 변화는 해당 팀들에게 제품 개발 전반에 걸쳐 더 많은 반복 개발의 기회를 제공하므로 제품의 전체 품질을 향상시켰다. 이와는 별도로 여전히 매우 고전적인 폭포수 파이프라인 안에 갇혀 있을 수도 있다.

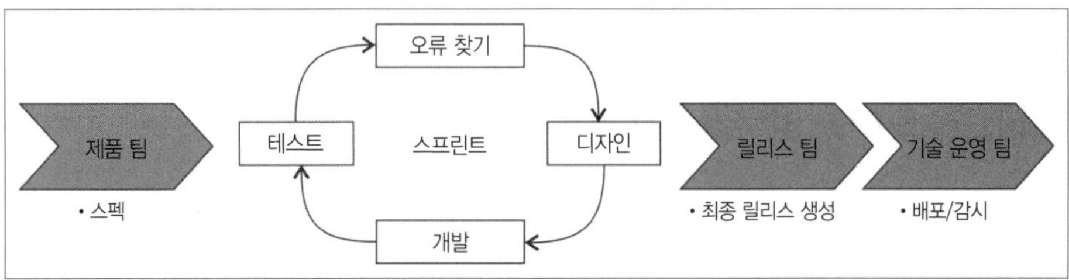

새로운 절차에 의해 추가된 모든 민첩성은 과거의 QA 사이클로 확장되지는 않고 소프트웨어 개발 라이프 사이클 측면을 현대화했다. 디자이너, 개발자, QA 팀이 좀 더 협업하게 하는 애자일 프로세스로의 근본적인 변화가 데브옵스의 시작점이었으나 데브옵스 운동은 아주 빠르게 개발자와 운영 팀이 함께 일하는 방식을 다시 고려하게 만들었다.

개발자 대 운영자 딜레마

데브옵스 문화가 아닌 곳에서는 새로운 제품 및 기능을 개발하고 기존 코드를 유지 관리할 책임이 개발자에게 있다. 그러나 궁극적으로는 코드가 출시되면 보상을 받는다. 인센티브는 가능한 한 빨리 받아야 한다! 반면에 운영 팀은 일반적으로 상용 환경의 가동 시간을 유지할 책임이 있다. 이들 팀에게 변경사항은 부정적이다. 새로운 기능 및 서비스는 서비스 중단 위험을 증가시키므로, 주의를 기울여 배포하는 것이 중요하다. 서비스 중단 위험도를 최소화하려고 운영 팀은 통상적으로 사전에 모든 배포를 스케줄링하고 모든 상용 배포를 테스트함으로써 성공 가능성을 극대화해야 한다. 대규모 소프트웨어를 유지하는 회사가 유지 보수 기간을 정하는 것은 매우 일반적이다. 상용 시스템의 변경을 분기에 몇 번만 할 수 있다는 뜻이기도 한다. 불행히도 대부분의 배포는 실패할 것이고 여기에는 많은 합당한 이유가 있다.

한 번에 너무 많은 코드를 변경

제품의 변경 크기와 치명적인 버그를 가져올 위험 사이에는 다음과 같이 일정한 상관 관계가 있다.

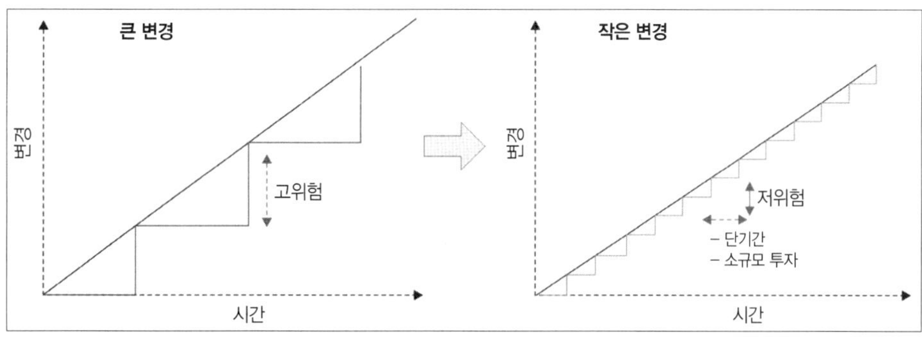

상용 환경의 차이

개발자가 작성한 코드가 개발 환경에서는 잘 동작하지만 상용 환경에서는 그렇지 못한 경우가 종종 있다. 오랜 시간 동안 상용 환경이 다른 환경과 매우 차이가 났기 때문이고, 이로 인해 때때로 예기치 않은 오류가 발생하기도 했었다. 가장 일반적인 실수는 개발 환경에서는 서비스들을 동일 서버에 설치해 실행하므로 보안 수준이 같아서 서로 통신이 잘되나, 상용에서는 서비스별로 서버를 분리하므로 상호 간에 통신 오류가 발생하는 경우다. 또 다른 이슈는 개발 환경에서 상용 환경과 동일 버전의 특정 라이브러리를 사용하지 않아서 상용에서는 이들과 연동하는 인터페이스가 달라지는 경우다. 개발 환경에서는 상용 환경에 아직 없는 새로운 기능을 가진 새로운 버전의 서비스를 실행할 수 있을 것이다. 그 외에 단순히 규모의 문제일 수도 있다. 사용하는 데이터의 규모가 상용만큼 크지 못한 경우 신규 코드를 상용에 배포하면 규모상의 문제를 야기할 수도 있다.

의사소통

가장 큰 딜레마 중 하나는 잘못된 의사소통과 관련이 있다.

다음은 콘웨이의 법칙Conway's Law이다.

> "시스템을 설계하는 조직은 그 조직의 의사소통 구조를 복사하는 설계를 만들도록 제한된다."
>
> – 멜빈 콘웨이Melvin Conway

달리 말해, 현재 구축하고 있는 제품은 현재 조직의 의사소통 구조를 반영한다. 오랜 시간 동안 많은 문제들은 원인이 기술에 있지 않고 기술 주변에 있는 사람들과 조직에 있었다. 조직의 개발자들과 운영자들 사이에 소통 장애가 있다면 반드시 문제를 야기한다. 데브옵스 문화에서 개발자와 운영자는 다른 사고체계를 가져야 한다. 그들은 책임을 공유하고 생산성을 높이기 위한 유사한 방법론을 채택해야 한다. 그리고 그들을 둘러싼 사일로를 무너뜨리기 위해 상호 협력해야 한다. 가능한 모든 것을 함께 자동화하고(모든 것은 아니다. 한 번에 모든 것을 자동화할 수는 없다) 성공을 측정할 측정 기준을 사용해야 한다.

데브옵스 문화의 주요 특징

앞서 언급했듯이 데브옵스 문화에는 몇 가지 원칙이 있다. 모든 것을 소스로 제어(버전 제어)하고, 가능한 모든 것을 자동화하고, 모든 것을 측정하는 것이다.

모든 것을 소스로 제어하기

버전 관리 소프트웨어는 수십 년 전부터 존재했지만, 주로 제품의 소스 코드에만 사용해 왔다. 데브옵스를 실천하려면 애플리케이션의 코드뿐만 아니라 애플리케이션을 모든 환경에 배포하는 데 필요한 구성 정보, 테스트 정보, 문서 및 모든 인프라 자동화 정보를 소스 관리 시스템에 체크인해야 한다. 그리고 **소스 코드 관리자**SCM, Source Code Manager가 이 모든 것에 대해 정규화된 리뷰 절차를 진행해야 한다.

자동화된 테스트

자동화된 소프트웨어 테스트는 데브옵스의 역사보다 앞서지만 좋은 시작점이다. 개발자들은 기능을 구현하는 데만 집중해 코드에 테스트 코드를 추가하는 일을 너무 쉽게 망각한다. 데브옵스 환경에서 개발자들은 코드에 적절한 테스트 코드를 추가할 책임이 있다. QA 팀은 여전히 존재한다. 그러나 QA 팀은 다른 엔지니어링 팀과 마찬가지로 테스트를 중심으로 한 자동화 구축을 진행해야 한다.

이 주제만으로도 책 한 권을 채울 분량이나, 간략히 언급하자면 코드 개발 시 데브옵스를 성공적으로 구현하는 데 있어 중점을 둬야 할 네 가지 단계의 테스트 자동화가 있음을 알아야 한다.

- **단위 테스트**unit test : 각 코드 블록과 함수의 기능성을 테스트한다.
- **통합 테스트**integration test : 서비스와 구성요소가 상호 잘 동작하는지 확인한다.
- **사용자 인터페이스 테스트**user interface test : 성공적으로 구현하기에 가장 어렵다.
- **시스템 테스트**system test : 엔드투엔드end-to-end 테스트다. 사진 공유 애플리케이션을 예로 들면 엔드투엔드 테스트는 홈페이지를 열고, 로그인하고, 사진을 업로드하고, 캡션을 추가하고, 사진을 게시하고, 로그오프하는 것이다.

인프라 프로비저닝 및 구성 자동화

평균적인 인프라의 크기와 스택의 복잡도가 지난 수십 년 동안 급격히 증가해왔다. 임의로 인프라를 관리하는 것이 한때는 가능했으나 이제는 오류가 발생할 가능성이 매우 높은 일이 돼버렸다. 데브옵스 문화에서 서버, 네트워크, 서비스의 구성은 일반적으로 모두 자동화로 처리한다. 종종 구성 관리가 데브옵스 운동으로 알려져 있지만, 이는 커다란 퍼즐의 작은 조각일 뿐이다.

배포 자동화

앞에서 언급한 대로 소프트웨어를 작은 부분으로 나눠 작성하면 가능한 한 빨리 배포해 잘 동작하는지 확인할 수 있다. 데브옵스를 실천하는 회사들은 연속 통합 및 연속 배포 파이프라인을 이용하고 있다. 새로운 코드 일부가 작성될 때마다 연속 통합 파이프라인이 시작된다. 자동화된 테스트 시스템을 통해 신규 코드는 모든 가능한 관련 테스트를 거친다. 신규 코드가 더 이상의 반복을 보이지 않는다면 해당 코드는 유효한 것으로 간주되어 메인 코드 베이스에 병합이 된다. 여기서 개발자의 개입 없이 새로운 변경사항을 포함한 서비스(또는 애플리케이션)의 신규 버전이 생성되고 연속 배포라고 불리는 시스템으로 전달된다. **연속 배포 시스템**continuous deployment system은 새 빌드를 가져와 가능한 다른 환경으로 해당 빌드를 자동으로 배포한다. 배포 파이프라인의 복잡도에 따라 이 환경에는 스테이징 환경, 통합 환경, 때로는 프리 프로덕션 환경이 포함될 수 있다. 궁극적으로 모든 작업이 (어떠한 인력 개입 없이) 계획된 대로 진행된다면 신규 빌드는 상용 환경으로 무사히 배포가 된다.

연속 통합 및 연속 배포를 실행하는 데 있어 한 가지 주의사항은 새로운 기능은 개발이 되자마자 사용자가 접근할 수 있게 해서는 안 된다는 것이다. 이 패러다임에서 개발자는 기능 플래그feature flag 및 다크 런치dark launch를 자주 사용한다. 기본적으로 신규 코드를 개발한 후 이를 최종 사용자에게 노출하지 않으려 할 때 서비스 구성 정보에 플래그를 지정해 어떤 사용자가 어떻게 이 기능에 접근할 수 있는지 기술한다. 엔지니어는 이런 식으로 신규 기능을 다크 런치하면 UI에 노출하지 않으면서도 상용 트래픽을 서비스로 보내 데이터베이스 또는 성능상의 영향도를 확인할 수 있다. 상용에서는 신규 기능을 일부의 사용자에게만 공개해 새로운 기능이 정상적인지 새로운 기능에 접근하는 사용자들이 컨트롤 그룹보다 더 참여했는지 확인할 수 있다.

모든 것을 측정하기

모든 것을 측정하는 것은 데브옵스를 추구하는 회사에서 채택해야 할 마지막 중요 원칙이다. 에드워즈 데밍Edwards Deming이 "측정할 수 없으면 개선할 수도 없다."라고 언급했듯이 측정할 수 없는 것은 개선할 수 없다. 데브옵스는 제품 및 제품을 개발하는 팀의 측정 지표를 활용해 품질을 전반적으로 평가하고 개선해 업무 절차를 끊임없이 진화시킨다. 다음은 도구와 운영 관점에서 대부분의 조직에서 확인하는 측정 지표들이다.

- 하루에 얼마나 많은 빌드를 상용에 반영하는지
- 상용 환경에서 얼마나 자주 원복하는지(이는 테스트에서 중요한 버그를 찾지 못했을 때 발생한다.)
- 코드 커버리지의 퍼센트
- 즉각적인 처리를 위해 엔지니어에게 메시지를 보내는 알람의 빈도
- 서비스 중단 빈도
- 애플리케이션의 성능
- 중단 또는 성능 문제가 해결되는 데 걸리는 평균 시간MTTR, mean time to resolution

조직 차원에서 데브옵스 문화로의 전환에 따른 영향도를 측정하는 것도 의미 있다. 측정하기가 훨씬 어렵고 고려할 사항은 다음과 같다.

- 팀 간의 협업량
- 팀 자율성
- 교차 기능 업무 및 팀 노력도
- 제품의 유동성
- 개발자 간의 행복도
- 자동화에 대한 태도
- 측정 지표에 대한 관심도

방금 배웠듯이, 데브옵스 문화를 갖는다는 건 개발자와 운영 팀이 분리된 사일로에서 일하는 전통적인 사고방식을 무엇보다 먼저 변화시키는 것이다. 소프트웨어 개발 라이프사이클의 모든 단계를 좀 더 같이 협업할 수 있게 하는 것이다.

새로운 사고방식과 함께 데브옵스 문화에서는 자동화, 배포, 모니터링에 관련된 부가적인 특별한 도구들이 필요하다.

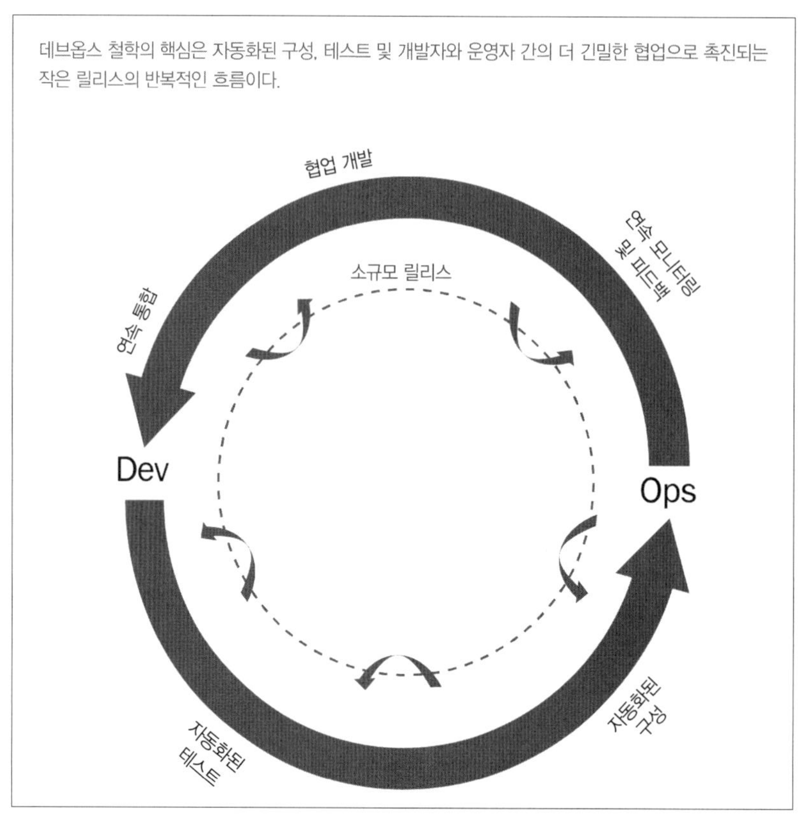

데브옵스 철학의 핵심은 자동화된 구성, 테스트 및 개발자와 운영자 간의 더 긴밀한 협업으로 촉진되는 작은 릴리스의 반복적인 흐름이다.

아마존의 AWS는 이와 같이 작업할 수 있도록 많은 종류의 PaaS 및 SaaS 서비스를 제공한다.

AWS에 배포하기

AWS는 클라우드 프로바이더 중 선두 주자다. 아마존은 2006년 EC2와 SQS로 시작했는데, 아주 빨리 IaaS의 가장 큰 프로바이더가 됐다. 가장 큰 인프라와 가장 큰 생태계를 갖추고 있으며, 새로운 기능과 서비스를 지속적으로 추가하고 있다. 2018년에는 1백만을 넘는 실질적인 고객을 확보했다. 지난 몇 년에 걸쳐 클라우드에 대한 사람들의 사고방식을 변화시키기 위해 노력해왔으며 이제는 클라우드에 새로운 서비스를 배포하는 것이 새로운 표준이 돼버렸다. AWS의 관리 도구와 서비스를 사용하는 것은 생산성을 높이고 팀을 소규모로 유지할 수 있는 획기적인 방법이다. 아마존은 끊임없이 고객의 피드백을 경청하고 시장의 추세를 살핀다. 데브옵스 운동이 정착하기 시작하면서 아마존은 여러 데브옵스 모범 사례를 구현하는 데 적합한, 많은 새로운 서비스를 출시했다. 이 책에서는 데브옵스 문화와 시너지를 제공할 수 있는 서비스를 살펴본다.

AWS 생태계를 최대한 활용하는 방법

아마존 서비스는 레고 조각들과 같다. 만약 최종 제품을 그릴 수 있다면, 해당 제품을 빠르고 효과적으로 구축하는 데 필요한 지원 스택을 구성하려고 여러 서비스를 탐색한 후 이들을 결합한다. 물론 이 경우 '만약'은 커다란 '만약'이다. 레고와는 달리, 각 조각이 할 수 있는 일을 이해하는 것은 레고 조각에 비해 덜 시각적이고 덜 화려하기 때문이다. 이 책을 실용적으로 쓴 이유는 바로 이 때문이다. 여러 장에 걸쳐 웹 애플리케이션을 핵심 제품과 같은 방식으로 배포한다. 수백만 명이 사용할 수 있도록 인프라의 규모를 확장하는 방법을 설명하고 서비스를 좀 더 안전하게 만들 것이다. 물론 데브옵스 모범 사례를 따라 이를 진행한다. 이런 실습을 통해 컴퓨팅, 네트워크, 로드 밸런서, 스토리지, 모니터링, 프로그래밍으로 관리하는 인프라, 배포, 캐싱, 큐 서비스 등 수많은 공통 태스크task를 수행하기 위한 여러 관리형 서비스와 시스템을 AWS가 어떻게 제공하는지 배우게 된다.

AWS를 이용해 데브옵스 문화와 시너지를 이루는 방법

앞에서 살펴봤듯이, 데브옵스 문화는 엔지니어링 팀들이 서로 제각각인 개발 및 운영의 벽을 허물고 새로운 도구를 가지고 함께 일할 수 있는 방법으로 협업해 모범 사례를 구축하는 것이다. AWS는 이를 달성하기 위한 방법을 여러 가지 방식으로 제공한다. 일부 개발자들에게는 운영이라는 세계가 두렵고 혼란스러울 수 있다. 그러나 엔지니어들 사이에서 좀 더 협업을 하고 싶다면 전체 엔지니어링 조직에 서비스를 실행하는 것의 모든 측면을 공유하는 일이 중요하다.

운영 엔지니어로서 개발자들에 대해 문지기 정신을 가져서는 안 된다. 개발자들이 좀 더 편하게 상용 환경에 접근하게 해주고, 개발자들이 플랫폼의 다른 구성요소를 통해 작업할 수 있게 해주는 것이 좋다. AWS 콘솔에서 이를 시작하는 좋은 방법은 다음과 같다.

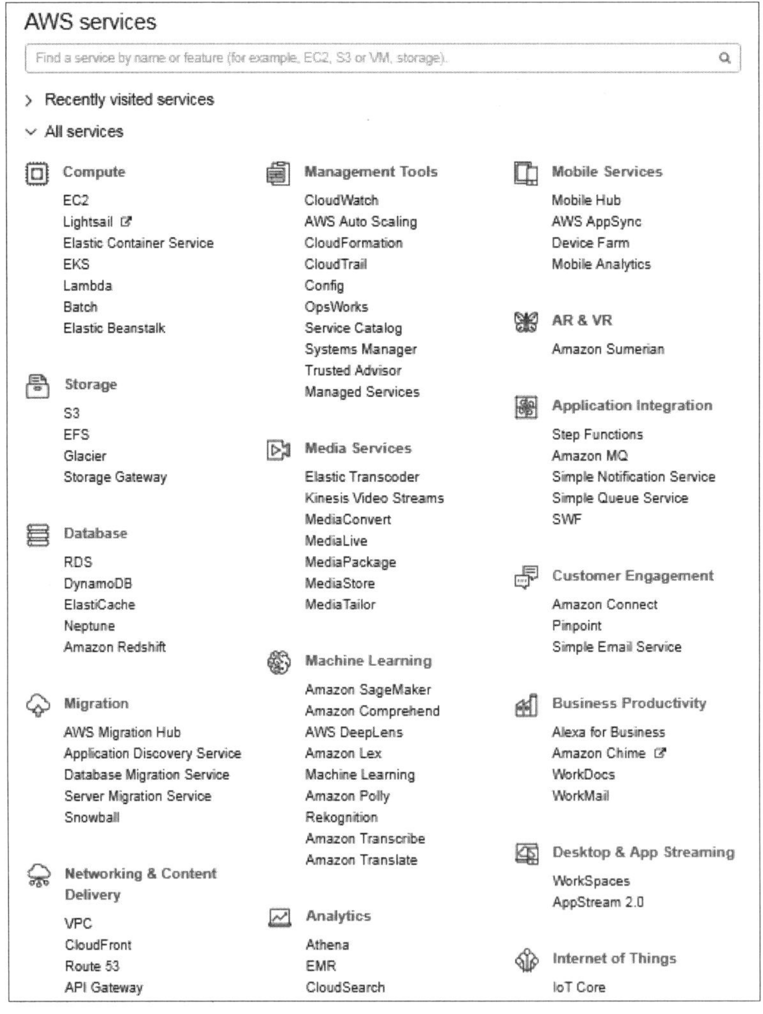

서비스 수 때문에 약간은 압도당할 수도 있지만, 서비스 구성 및 토폴로지를 이해하는 데 있어 SSH와 스크립트를 이용해 끊임없이 출시되는 문서들을 참조하기보다는 이 웹 화면을 탐색하는 편이 익숙하지 않은 사람들에는 훨씬 더 낫다. 물론 전문 지식이 늘어나고 애플리케이션이 점점 더 복잡해지면 운영을 더 빠르게 해야 하므로 웹 화면의 몇 가지 약점이 보일 것이다. 이런 문제를 극복하기 위해 AWS는 데브옵스와 매우 친숙한 보조 수단을 제공한다. 명령줄 도구 및 많은 SDK(자바Java, 자바스크립트JavaScript, 파이썬Python, 닷넷.NET, PHP, 루비 고Ruby Go, C++)를 통해 접근할 수 있는 API가 있다. 이들 SDK는 관리형 서비스를 관리하고 사용할 수 있게 도와준다. 마지막으로, 앞에서 확인한 것과 같이 AWS는 데브옵스 방법론에 적합한 많은 서비스를 제공하고 궁극적으로 복잡한 서비스를 즉시 구현할 수 있게 한다.

주요 서비스 중 하나로 컴퓨팅 수준의 아마존 **일래스틱 컴퓨트 클라우드**EC2, Elastic Compute Cloud는 가상 서버를 생성하는 서비스다. 나중에는 트래픽의 갑작스런 과부하 및 호스트 중단을 처리하기 위해 EC2 인스턴스 풀의 규모를 확장하는 서비스인 아마존 EC2 오토스케일링에 대해 배운다. 또한 아마존 **일래스틱 컨테이너 서비스**ECS, Elastic Container Service를 통한 도커Docker 컨테이너의 개념도 배운다. 추가적으로, 애플리케이션을 확장할 때 AWS 리소스를 완전히 제어하는 서비스인 AWS 일래스틱 빈스톡Elastic Beanstalk을 이용해 애플리케이션을 생성하고 배포할 수도 있다. 그럼에도 하부 리소스는 언제든지 접근할 수 있다. 또한 서버리스serverless 기능을 취급하는 람다Lambda를 이용해 서버를 호스트하지 않으면서도 사용자 정의 코드를 실행할 수 있다. 연속 통합 및 연속 배포 시스템을 구현하는 데 네 가지 서비스를 이용한다.

- **AWS 심플 스토리지 서비스**S3, Simple Storage Service: 빌드된 아티팩트를 저장할 수 있는 오브젝트 저장 서비스
- **AWS 코드 빌드**CodeBuild: 개발 코드를 테스트하는 데 사용함
- **AWS 코드 디플로이**CodeDeploy: 아티팩트를 EC2 인스턴스에 배포하는 데 사용함
- **AWS 코드 파이프라인**CodePipeline: 여러 환경에 걸쳐 코드가 개발되고 테스트되고 배포되는 과정을 오케스트레이션함

모니터링 및 모든 것을 측정하는 데 **AWS 클라우드 와치**CloudWatch를 이용하고 **일래스틱서치**ElasticSearch/**키바나**Kibana를 통해 측정 항목과 로그를 수집, 색인 및 시각화한다. 이들 서비스에 데이터를 스트리밍하는 데 **AWS 키네시스**Kinesis를 사용한다. 이메일 및 SMS 경고를 보내기 위해 **아마존 SNS** 서비스도 사용한다. 인프라 관리를 위해 **AWS 클라우드 포메이션**CloudFormation을 심도 있게 사용한다. 클라우드 포메이션은 인프라의 템플릿을 생성할 수 있는 기능을 제공한다. 마지막으로 인프라를 좀 더 안전하게 유지하는 방법으로 **아마존 인스펙터**Inspector와 **AWS 트러스티드 어드바이저**Trusted Advisor를 살펴보고, IAM 및 VPC 서비스도 자세히 살펴본다.

요약

1장에서 데브옵스 문화의 채택은 전통적인 엔지니어링 팀과 운용 팀의 운영 방식 변경을 의미한다는 사실을 배웠다. 데브옵스 문화를 채택한 회사는 상충되는 목표와 책임을 가진 2개의 분리된 팀 대신에, 전체를 수렴하는 절차와 새로운 도구를 이용한 상호 보완적인 지식 도메인을 공유해 좀 더 협업한다. 새로운 절차와 도구는 테스트, 인프라 관리 시 배포하는 모든 것의 자동화 및 시간에 따른 모든 것의 측정을 포함하고 이들을 향상시키는 것을 포함한다. AWS는 클라우드 서비스 분야에서 다른 클라우드 프로바이더에 비해 더 많은 서비스를 제공함으로써 선도적인 노력을 기울이고 있다. 모든 서비스는 API와 SDK를 통한 이용이 가능하며 자동화를 위한 유용한 도구들이다. 또한 AWS는 데브옵스 문화의 핵심적인 각 기능을 구축하는 도구와 서비스도 제공한다.

2장 '첫 번째 웹 애플리케이션 배포하기'에서는 AWS에 첫발을 내딛게 된다. 2장의 최종 목표는 인터넷상에서 모든 사람이 접근할 수 있는 'Hello World' 애플리케이션을 완성하는 것이다.

질문

1. 데브옵스란 무엇인가?
2. 데브옵스 IaC란 무엇인가?
3. 데브옵스 문화의 핵심 특징을 나열하라.
4. 클라우드의 세 가지 주요 서비스 모델은 무엇인가?
5. AWS 클라우드란 무엇인가?

더 읽을거리

https://aws.amazon.com/products/에서 AWS 서비스에 관해 더 많은 것을 확인할 수 있다.

02

첫 번째 웹 애플리케이션 배포하기

1장에서 클라우드 전반을 소개하고, 특장점 및 데브옵스 철학이 갖는 의미 등을 다뤘다. AWS는 웹 인터페이스, 명령줄 인터페이스, 다양한 SDK 및 API를 통해 쉽게 접근할 수 있는 많은 서비스를 제공한다. 2장에서는 웹 인터페이스와 명령줄 인터페이스를 이용해 몇 분 안에 AWS 계정을 생성 및 구성하고 간단한 'Hello World' 애플리케이션을 탑재한 웹 서버를 구성해본다.

2장에서 다루는 내용은 다음과 같다.

- AWS 계정 생성 및 구성
- 첫 번째 웹 서버 구동

기술 요구사항

2장에서 사용하는 기술과 서비스는 다음과 같다.

- AWS 관리 콘솔AWS Management Console
- AWS 컴퓨트 서비스
- AWS IAM
- AWS CLI 설치
- 웹 애플리케이션 자바스크립트
- 깃허브GitHub의 미리 작성된 코드

코드의 깃허브 주소는 다음과 같다.

- https://raw.githubusercontent.com/yogeshraheja/Effective-DevOps-with-AWS/master/Chapter02/helloworld.js
- https://raw.githubusercontent.com/yogeshraheja/Effective-DevOps-with-AWS/master/Chapter02/helloworld.conf

계정 생성 및 구성

아직 AWS에 가입하지 않았다면 이제 가입 절차를 시작하자.

계정 등록

이 단계는 아주 간단하고 스스로 처리할 수 있다. (아직 가입하지 않았다면) 브라우저에서 https://portal.aws.amazon.com을 방문한 후, **AWS 계정 새로 만들기** 버튼을 클릭하라. 이메일 주소와 신용카드 정보가 있어야 한다.

두 가지 예외사항은 다음과 같다.

- 중국에서 서버를 배포할 예정이라면 AWS 중국 리전인 https://www.amazonaws.cn/에서 계정을 생성해야 한다.
- AWS에는 미국 연방, 주 및 지방 정부의 지정 규제 요구사항을 충족하는 GovCloud라는 특별한 리전이 있다. 여기에 가입하려면 다음 링크로 이동하라. https://aws.amazon.com/govcloud-us/contact/

> 이 책에서는 북부 버지니아에 있는 서버들을 이용하므로 표준 등록 절차에 따라 가입하면 된다.

아마존은 신규 사용자를 위해 무료 티어 프로그램을 운영한다. 이는 아마존의 주요 서비스를 무료로 탐색하는 데 도움을 주려고 기획한 것이다. 아마존은 대부분의 서비스에 대한 무료 크레딧을 제공한다. 시간이 지나면 이 제공은 변경될 예정이다. 그래서 이 책에서는 무료 제공의 특징은 다루지 않는다. 이에 대한 자세한 정보는 https://aws.amazon.com/free/를 참고하라.

가입 절차를 완료하면 AWS 관리 콘솔 초기 페이지로 이동하게 된다. 현재 많은 서비스가 있으므로 처음에는 당황할 수도 있지만 금방 익숙해질 것이다. 책갈피를 하는 습관이 있다면 이 페이지는 표시해두자.

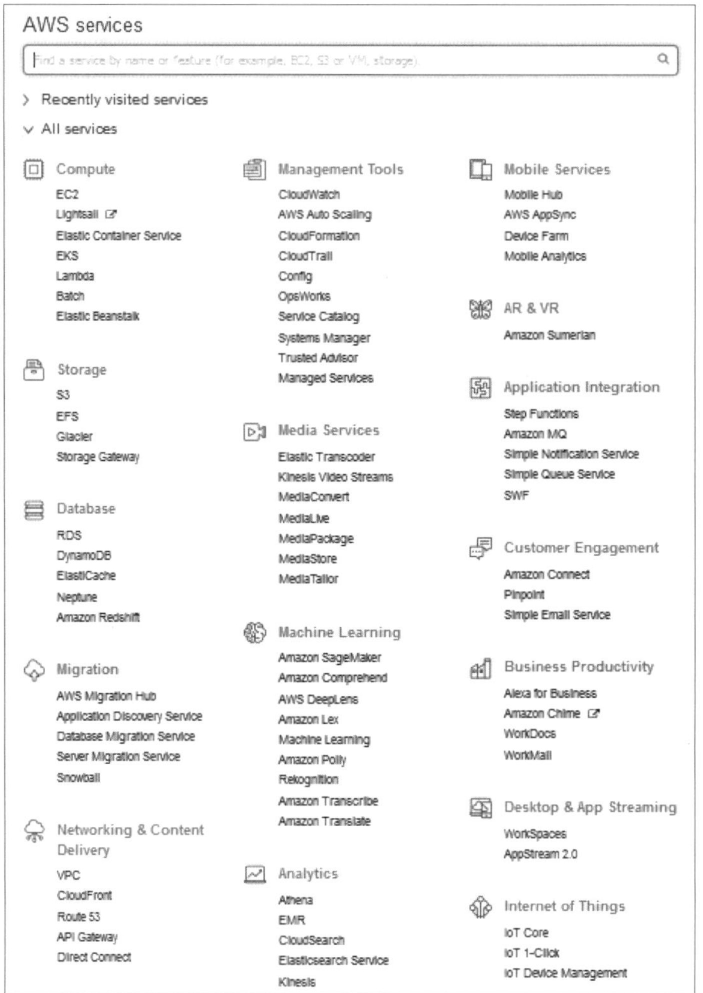

방금 생성한 계정은 **루트**root 계정이다. 이 계정은 모든 리소스의 전체 접근 권한을 갖는다. 이 때문에 안전한 곳에 비밀번호를 보관해야만 한다. 루트 계정의 모범 사례는 곧 배우게 될 IAM 서비스를 통해 초기 계정을 생성할 때만 사용하는 것이다. **멀티 팩터 인증**MFA, multi-factor authentication으로 전환하고 인증 서비스 IAM을 이용해 사용자 계정을 관리하라. 상대적으로 복잡한 비밀번호 체계를 사용하기를 강력히 추천한다.

루트 계정에 멀티 팩터 인증(MFA) 사용하기

모든 보안상 문제를 피하기 위해 가입 후 가장 먼저 할 일은 멀티 팩터 인증을 활성화하는 것이다. MFA는 개별적인 신원 정보로부터 하나 이상의 인증을 요구하는 보안 방식이다. 로그인하는 사용자의 신원을 확인하는 데 사용한다. 실제로는 이 기능을 활성화하면 로그인하는 데 먼저 비밀번호를 입력해야 하고 이어서 전용 디바이스 또는 애플리케이션에서 제공하는 코드도 입력해야 한다. 전용 디바이스 또는 애플리케이션은 아마존(http://amzn.to/2u4K1rR)에서 구입할 수 있는 SafeNet IDProve 같은 디바이스, 휴대폰의 단문 메시지 또는 스마트폰에 설치하는 애플리케이션 등이다. 여기서는 세 번째 옵션을 사용하는데, 스마트폰에 설치하는 애플리케이션으로 100% 무료로 이용할 수 있다.

1. 앱스토어App Store, 구글 플레이 스토어Google Play Store, 또는 앱 마켓플레이스App Marketplace에 가서 Google Authenticator라는 애플리케이션(또는 Authy 같은 동급 애플리케이션)을 설치하라.
2. AWS 관리 콘솔의 우측 상단 구석에 있는 My Security Credentials 메뉴를 클릭하라.

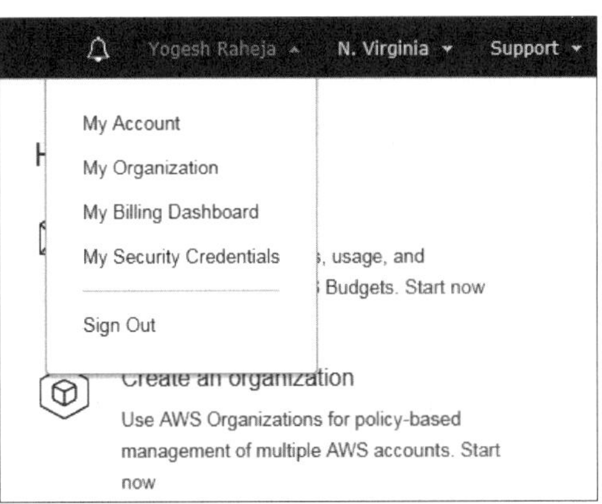

3. 권한을 제한한 AWS의 IAM Identity and Access Management 사용자를 생성한 후 사용 문구가 표시되면 Continue to Security Credentials를 클릭하라. IAM 시스템에 대해서는 3장 '코드로 인프라 다루기'에서 다룬다. 해당 페이지에서 Multi-factor authentication (MFA) 섹션을 선택하라.
4. 가상 MFA를 선택하고 루트 계정의 안내에 따라 구글 인증과 동기화하라(디바이스와 페어링을 하는 가장 쉬운 방법은 QR 코드를 스캔하는 것이다).

이제 루트 계정으로 AWS 콘솔에 로그인하려면 비밀번호와 MFA 애플리케이션에서 표시되는 토큰이 필요하다.

비밀번호와 MFA를 관리하는 두 가지 일반 팁은 다음과 같다.

- 1Password(https://agilebits.com/onepassword)나 Dashlane(https://www.dashlane.com) 같은 비밀번호를 관리하는 여러 유용한 애플리케이션들이 있다.
- 멀티 팩터 인증을 위해서는 Authy(https://www.authy.com)를 시도해볼 수도 있다. Authy는 구글 인증기처럼 동작할 뿐만 아니라 (데스크톱을 포함해) 다중 디바이스에서 동작할 수 있는 중앙화된 서버를 갖고 있다. 그래서 휴대폰을 잃어버려서 AWS에 접근하지 못하는 사태가 발생하지 않는다.

앞에서 본 것과 같이 루트 계정의 사용은 최소한으로 제한하라. 가상 서버를 생성하고 서비스를 구성하는 등의 작업을 하기 위해서는 각 사용자의 권한을 세밀하게 조절할 수 있는 IAM 서비스를 사용해야 한다.

IAM에서 신규 사용자 생성하기

이 절에서는 AWS의 접근이 필요한 개별적인 사용자들의 계정을 생성하고 구성한다. 작업을 단순하게 하기 위해 다음과 같이 계정을 하나만 생성한다.

1. AWS 콘솔에서 IAM 메뉴로 이동하거나(https://console.aws.amazon.com/iam/) AWS 콘솔 페이지 좌상단의 Services 드롭다운 메뉴로 가서 'IAM'을 검색하라.

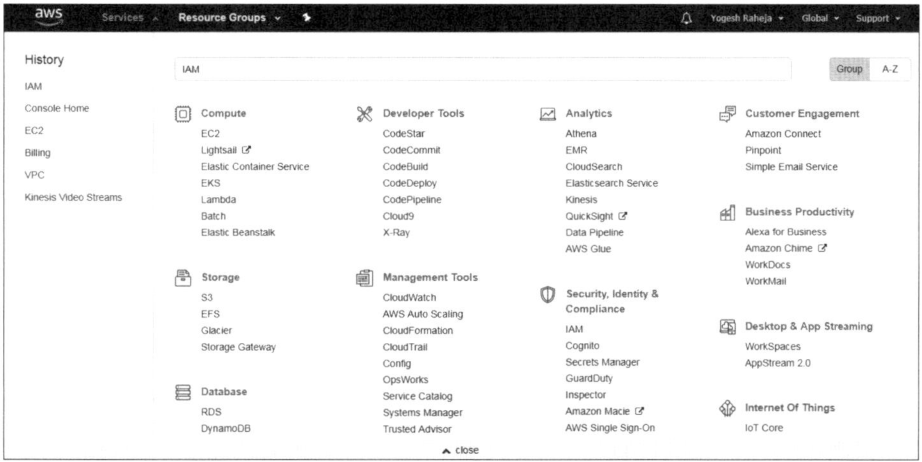

2. 탐색 창에서 Users사용자 옵션을 선택하라.

3. Add user사용자 추가 버튼을 클릭해 신규 사용자를 생성하고, 사용자 액세스 키 ID와 비밀 액세스 키를 생성하는 데 Programmatic access프로그래밍 방식 액세스 옵션을 선택했는지 확인하라.

4. 지금은 기본 옵션을 선택하고 사용자를 생성하라. 자격증명을 다운로드하는 것을 잊지 마라.

5. Users 메뉴로 돌아가서 사용자명을 클릭해 상세 페이지로 이동하라.

6. Permissions권한 탭에서 Add permissions권한 추가 버튼을 클릭하고 Attach existing policies directly를 선택하라. 신규로 추가하는 사용자에게 AWS 서비스 및 리소스의 전체 접근 권한을 제공하는 AdministratorAccess를 클릭하라.

7. 신규로 추가한 사용자에게 AWS 서비스 및 리소스 전체 접근 권한을 제공하는 AdministratorAccess 옆에 있는 체크박스를 클릭하라. 다음과 같은 화면이 나타난다.

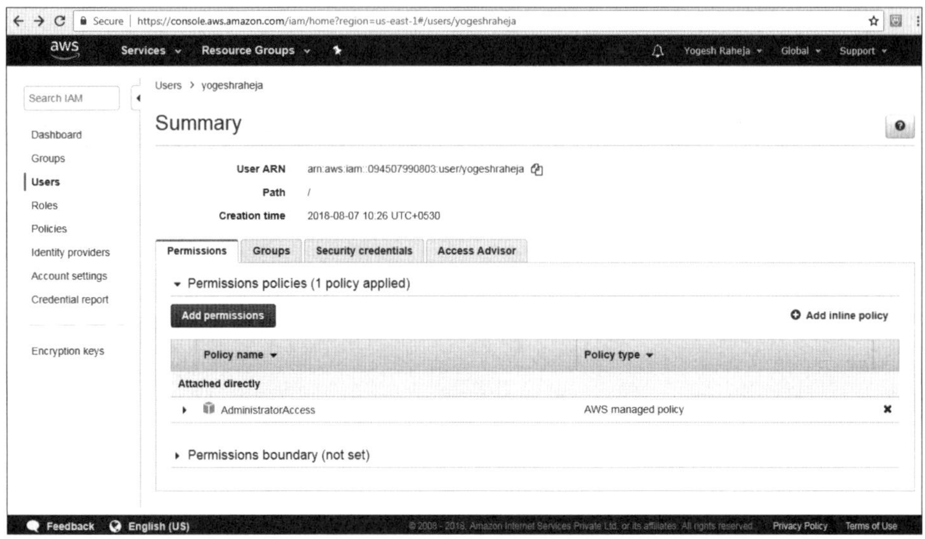

마지막으로, 패스워드를 추가하고 이 계정에 다음과 같이 멀티 팩터 인증MFA을 활성화하라.

8. Security credentials보안 자격증명 탭을 클릭하라.
9. 이제 Console password콘솔 비밀번호 옵션을 클릭해 신규로 추가한 사용자의 비밀번호를 활성화하라. 비밀번호를 입력하고 Apply적용 버튼을 클릭하라.
10. 비밀번호 등록을 완료했으면 Assigned MFA deviceMFA 디바이스 할당를 클릭하라.
11. A virtual MFA device가상 MFA 디바이스 옵션을 선택하고, 신규로 추가한 계정에 MFA를 활성화하는 나머지 지시를 따르라. 다음 화면에서와 같이 MFA 디바이스와 계정이 성공적으로 연결됐다는 메시지가 나타난다.

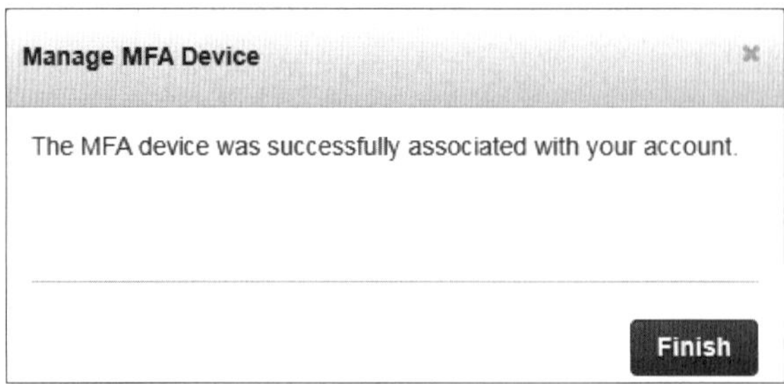

12. 이제 신규로 추가한 사용자 계정이 준비됐다. IAM 사용자 계정으로 로그인하는 방법과 루트 계정으로 로그인하는 방법이 다르다는 점을 주목하라. 가장 큰 차이점은 URL이다.

13. https://console.aws.amazon.com/iam/home#home으로 이동하든지 Dashboard대시보드에서 IAM 메뉴를 클릭하라.

14. IAM users sign-in linkIAM 사용자 로그인 링크 아래에 고유한 로그인 URL이 표시된다. 이 링크는 사용자 정의가 가능하다. 새 URL을 책갈피에 저장하고 이제부터는 AWS 콘솔에 로그인 시 이 링크를 사용하라.

15. 루트 계정에서 로그아웃하라.

16. 책갈피에 저장한 URL로 접근한 후 https://AWS-account-ID 또는 alias.signin.aws.amazon.com/console에서 IAM 사용자 계정으로 로그인하라.

액세스 키와 비밀 키는 공유하지 말아야 한다. 위 절차들을 통해 IAM 사용자가 AWS 콘솔에 접근할 때 MFA를 사용하도록 로그인 보안을 강화했다. 이제 콘솔에 접근하는 데 두 가지 인증(비밀번호와 MFA 토큰)이 필요하다. 액세스 키도 생성했으나 이는 덜 안전하다. (credentials.csv에 들어 있는) 비밀 키와 액세스 키를 가진 사용자는 누구나 AWS 계정의 전체 관리 접근 권한을 가질 수 있기 때문이다. 이들 자격증명을 온라인으로 절대 공유해서는 안 된다. 8장 'AWS 환경의 보안 강화하기'에서는 키를 더 잘 보호하고 관리자 권한을 얻기 위해 사용하는 MFA의 몇 가지 사항을 살펴본다.

계정을 구성하는 다음 단계는 명령줄 인터페이스를 사용해 AWS와 통신하도록 랩톱/데스크톱을 구성하는 것이다.

명령줄 인터페이스(CLI) 설치하고 구성하기

일반적으로 신규 서비스를 찾는 가장 좋은 방법은 아마존 웹 화면을 사용하는 것이다. 좀 더 빨리 구성하고 좀 더 반복적인 단계를 생성하고 훌륭한 문서를 생성하고자 할 때가 문제다. 이를 단순한 명령어로 수행하는 것이 효과적이다. 아마존은 사용하기 편리한 명령줄 인터페이스CLI, command-line interface를 제공한다. 이 도구는 파이썬으로 작성되어 있어서 크로스 플랫폼을 지원한다(윈도우, 맥, 리눅스).

배시bash 명령어를 통해 AWS와 통신을 하도록 이 도구를 랩톱/데스크톱에 설치할 것이다. 리눅스와 맥OS X은 기본적으로 배시를 제공한다. 이들 운영체제 중 하나를 사용하고 있다면 다음 절로 건너가라. 윈도우에서는 우분투 리눅스와 유사한 배시 명령어를 실행하기 위해 **리눅스용 윈도우 하위 시스템**WSL, Windows Subsystem for Linux이라 불리는 기능을 먼저 설치해야 한다.

리눅스용 윈도우 하위 시스템(WSL) 설치하기(윈도우 전용)

오늘날 리눅스와 맥OS X은 개발자가 가장 많이 사용하는 운영체제다. 윈도우는 배시 및 대부분의 일반적인 리눅스 패키지를 지원하는 가장 널리 사용되는 리눅스 배포판 중 하나를 제공하는 회사인 캐노니컬Canonical과의 파트너십을 발표했다. 윈도우에 이 도구를 설치하면 리눅스를 실행하는 서버들과 좀 더 효과적으로 통신할 수 있다.

1. 시작 버튼을 클릭하고, 'settings설정'로 검색하라. 그런 다음 Settings설정 애플리케이션을 띄워라.

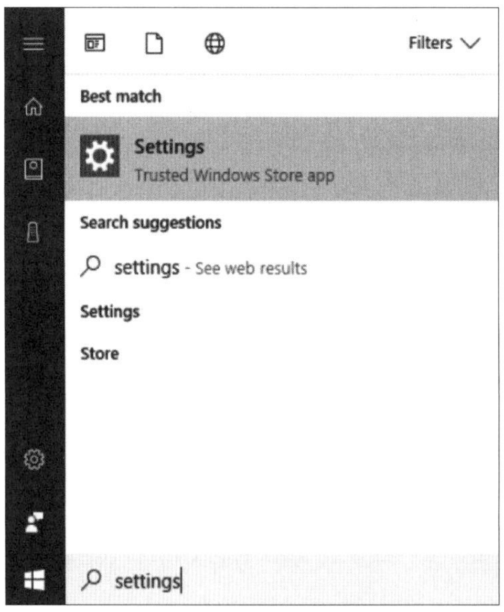

2. 이는 다음과 같은 창을 띄운다. 여기서 'Windows Update settings윈도우 업데이트 설정'을 검색해야 한다. Windows Update settings윈도우 업데이트 설정 메뉴를 열자.

3. Windows Update settings의 왼쪽 메뉴에서 For developers개발자용 하부 메뉴를 클릭하고 Developer mode개발자 모드 옵션을 활성화하라.

4. 개발자 모드가 활성화되면 왼쪽 메뉴의 검색 바에서 'Control Panel제어판' 옵션을 검색하라.

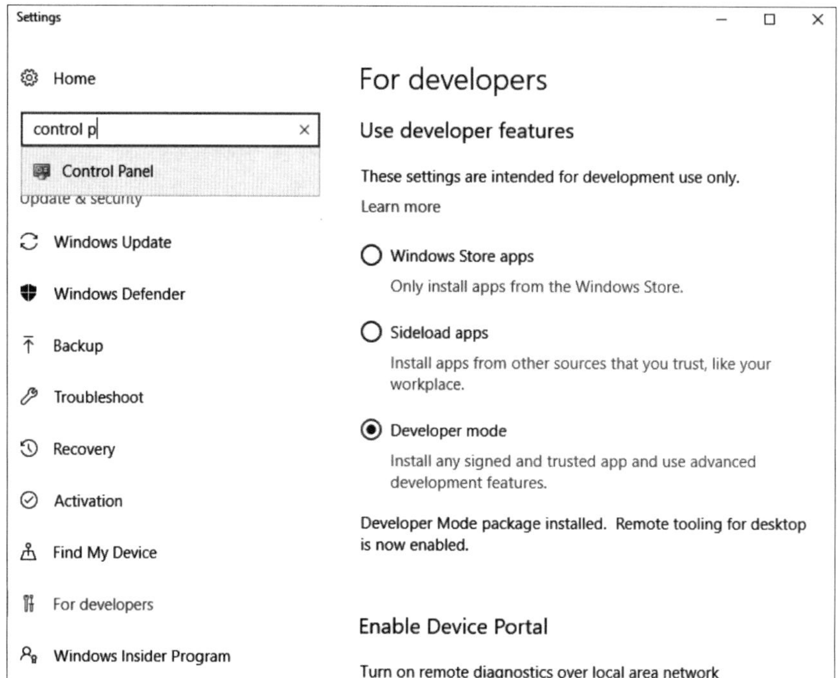

5. Control Panel 대시보드에서 View by보기 드롭다운의 Category카테고리 옵션을 선택하고 Programs프로그램 옵션을 클릭하라. 그런 다음 Programs and Features프로그램과 기능 아래에서 Turn Windows features on or off윈도우 기능 켜기/끄기 옵션을 클릭하라.

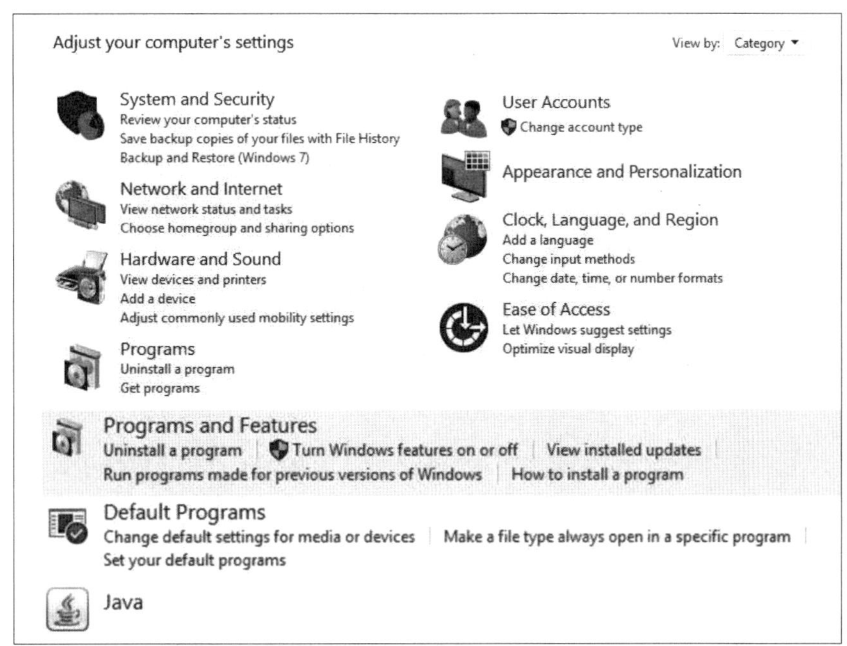

6. 이 메뉴에서 Windows Subsystem for Linux (Beta)[리눅스용 윈도우 하위 시스템 (베타)]라는 메뉴를 찾은 후 OK[확인] 버튼을 클릭한다.

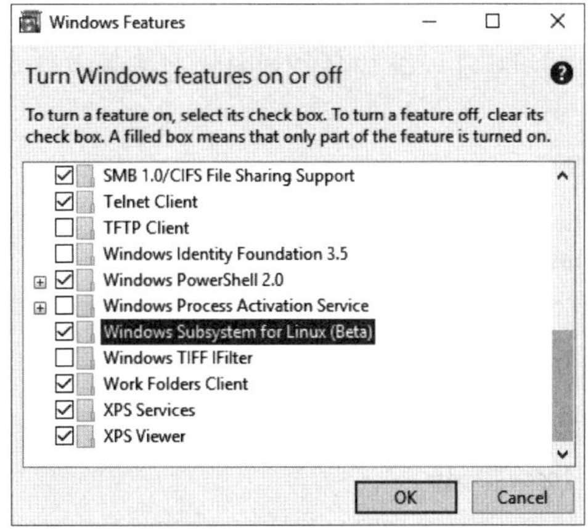

이 기능을 설치하면 컴퓨터를 재시작할 것인지 물어본다.

7. 윈도우로 돌아가 시작 버튼을 다시 클릭하고 'bash'를 검색한 후 윈도우 애플리케이션상의 우분투 기반의 배시를 시작하라.

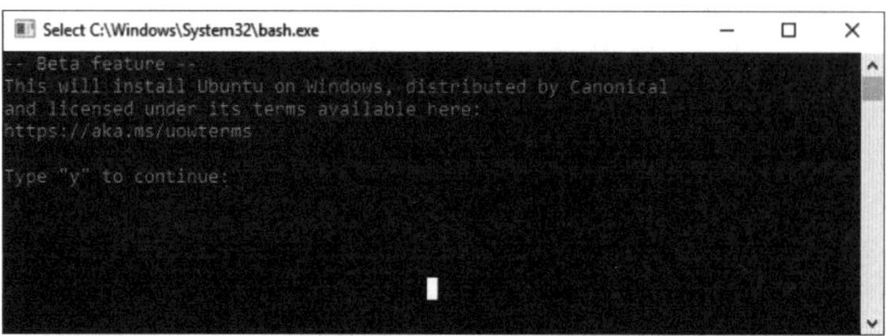

8. 몇 가지 초기화 단계 이후에 리눅스에서 사용하는 것과 동일한 방식으로 윈도우에서 배시를 사용할 수 있다.

이제부터는 이 책의 명령어를 실행하기 위해 배시 애플리케이션을 사용하라.

AWS CLI 패키지 설치하기

AWS CLI 도구는 파이썬으로 작성되어 있다. 이 도구를 설치하는 여러 가지 방법이 있지만, 여기서는 파이썬 패키지 관리자인 PyPA를 사용한다.

PyPA를 설치하려면 운영체제에 따라 다음 명령어를 실행해야 한다.

- 윈도우

```
$ sudo apt install python-pip
```

- 맥OS X

```
$ sudo easy_install pip
```

- 데비안Debian 기반의 리눅스 배포판

```
$ sudo apt-get install python-pip python-dev build-essential
```

- 레드햇Red Hat/센트OSCentOS 기반의 리눅스 배포판

```
$ sudo yum -y install python-pip
```

PyPA를 설치하면 pip 명령어를 사용할 수 있다.

마지막으로, pip 명령어로 AWS CLI를 설치하려면 다음 명령어를 간단히 실행하라.

```
$ sudo pip install --upgrade --user awscli
```

pip 버전을 사용 가능한 최신 수준으로 업그레이드하려면 `pip install --upgrade pip`를 실행하라.

센트OS 기반 리눅스 배포판에서만 시연했지만 언급한 모든 지원 플랫폼에서도 동일한 절차를 적용할 수 있다.

AWS CLI 구성하기

이를 위해 'IAM에서 신규 사용자 생성하기' 절의 4단계에서 내려받은 파일에서 액세스 키와 비밀 키를 가져와야 한다.

```
$ more credentials.csv
User Name,Access Key Id,Secret Access Key  "yogeshraheja",
AKIAII55DTLEV3X4ETAQ, mL2dEC8/ryuZ7fu6UI6kOm7PTlfROCZpai07Gy6T
```

AWS 계정을 구성하기 위해 다음 명령어를 실행하라.

```
$ aws configure
AWS Access Key ID [None]: AKIAII55DTLEV3X4ETAQ
AWS Secret Access Key [None]: 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
Default region name [None]: us-east-1
Default output format [None]:
```

이제 CLI를 사용할 수 있게 됐다. 다음과 같이 사용자 계정 목록을 출력함으로써 잘 동작하는지 빠르게 검증해보자.

```
$ aws iam list-users
{
    "Users": [
        {
            "UserName": "yogeshraheja",
            "PasswordLastUsed": "2018-08-07T09:57:53Z",
            "CreateDate": "2018-08-07T04:56:03Z",
            "UserId": "AIDAIN22VCQLK43UVWLMK",
            "Path": "/",
            "Arn": "arn:aws:iam::094507990803:user/yogeshraheja"
        }
    ]
}
```

AWS aws-shell

아마존에서는 aws-shell이라는 또 다른 CLI 도구를 제공한다. 이 도구는 기존의 awscli 명령어보다 더 대화형이다. 자동 완성 기능 및 분할 화면 보기를 기본으로 제공하고 명령어를 입력할 때 해당 문서에 접근하게 해준다. 새로운 AWS 사용자라면 사용해보기 바란다(pip install aws-shell).

첫 번째 웹 서버 작성하기

환경을 설정했으므로 이제 첫 번째 EC2 인스턴스를 띄울 준비가 됐다. 이를 위한 몇 가지 방법이 있다. awscli는 방금 설치 및 구성했고, 인프라를 효과적으로 관리하는 방법을 살펴볼 것이므로 명령줄 인터페이스로 인스턴스를 생성하는 방법을 시연할 것이다.

가상 서버를 시작하려면 일정 양의 정보가 필요하다. `aws ec2 run-instances` 명령어를 사용하며, 다음 정보를 제공해야 한다.

- AMI ID
- 인스턴스 유형
- 보안 그룹
- SSH 키 페어

아마존 머신 이미지(AMI)

AMI^Amazon Machine Image^는 운영체제(예: 리눅스, 유닉스, 윈도우)가 설치된 루트 파일 시스템 및 시스템을 시작하는 데 필요한 추가적인 소프트웨어를 포함하는 패키지다. 적절한 AMI를 찾기 위해 `aws ec2 describe-images`를 사용한다. `describe-images` 명령어는 기본적으로 현재 사용 가능한 모든 공용 AMI를 나열한다. 현재까지 300만 개가 넘는다. 이 명령어를 최대한 활용하려면 필터 옵션을 결합해 사용하고자 하는 AMI만 포함시키는 것이 중요하다. 여기서는 다음을 사용해 AMI를 필터링하려고 한다.

- AWS에서 공식적으로 지원하는 리눅스 배포판을 지정하는 Amazon Linux AMI 명칭을 사용하자. 아마존 리눅스는 레드햇/센트OS를 기반으로 한다. 그러나 다른 AWS 서비스를 쉽게 통합할 수 있는 추가적인 패키지를 포함하고 있다. AWS 리눅스에 대한 더 자세한 정보는 http://amzn.to/2uFT13F를 참조하라.
- 사용할 아키텍처와 일치시키기 위해 x84_64 버전을 사용하라.

- 가상화 유형은 하드웨어 가상 시스템을 나타내는 HVM을 사용하라. 가장 최신의 우수한 성능을 갖춘 가상화 유형이다.
- GP2 스토리지를 사용하려고 한다. 인스턴스 스토리지를 갖지 않는 최신 세대의 인스턴스다. 이는 인스턴스에 전원을 공급하는 서버와 데이터를 저장하는 서버가 다름을 의미한다.

추가로, 출시일을 기준으로 정렬해 가장 최근에 출시된 AMI만 볼 수 있게 하라.

```
$ aws ec2 describe-images --filters "Name=description,Values=Amazon Linux AMI * x86_64
HVM GP2" --query 'Images[*].[CreationDate, Description, ImageId]' --output text | sort
-k 1 | tail
```

위 명령어의 출력 결과는 다음과 같다.

```
packt1@DESKTOP-0NTP3SR:/mnt/c/Windows/System32$  aws ec2 describe-images --filters "Name=description,V
alues=Amazon Linux AMI * x86_64 HVM GP2"    --query 'Images[*].[CreationDate, Description, ImageId]' -
-output text | sort -k 1 | tail
2018-01-08T18:43:48.000Z        Amazon Linux AMI 2017.09.1.20180108 x86_64 HVM GP2      ami-cb9ec1b1
2018-01-10T18:55:00.000Z        Amazon Linux AMI 2017.09.1.20180108 x86_64 HVM GP2      ami-ca1c47b0
2018-01-15T19:14:50.000Z        Amazon Linux AMI 2017.09.1.20180115 x86_64 HVM GP2      ami-97785bed
2018-01-18T23:05:02.000Z        Amazon Linux AMI 2017.09.1.20171120 x86_64 HVM GP2      ami-1ac9e760
2018-03-07T06:59:59.000Z        Amazon Linux AMI 2017.09.1.20180307 x86_64 HVM GP2      ami-1853ac65
2018-03-07T07:00:50.000Z        Amazon Linux AMI 2017.09.1-testlongids.20180307 x86_64 HVM GP2  ami-07
fc3cb791f32513e
2018-04-13T00:32:59.000Z        Amazon Linux AMI 2018.03.0.20180412 x86_64 HVM GP2      ami-467ca739
2018-05-08T18:06:53.000Z        Amazon Linux AMI 2018.03.0.20180508 x86_64 HVM GP2      ami-14c5486b
2018-06-22T22:26:53.000Z        Amazon Linux AMI 2018.03.0.20180622 x86_64 HVM GP2      ami-cfe4b2b0
```

결과와 같이 현재 시점의 가장 최근 AMI ID는 `ami-cfe4b2b0`이다. 아마존 공급업체가 OS를 정기적으로 업데이트하기 때문에 이 명령어를 실행하는 시점에 따라 결과가 달라질 수 있다.

aws cli --query 옵션을 사용하면 어떤 명령어의 출력 결과 중 관심 있는 부분만 확인할 수 있다. 앞의 예에서 정보의 하위 집합에만 관심이 있다면, --query 옵션을 추가해 원하는 정보만 필터링할 수 있다. 이 옵션은 JMESPath 쿼리 언어를 사용한다.

인스턴스 유형

이 절에서는 가상 서버를 사용할 가상 하드웨어를 선택할 것이다. AWS는 여러 가지 옵션을 제공하고 있는데, https://aws.amazon.com/ec2/instance-types에 자세히 설명되어 있다. 6장 '인프라 확장하기'에서 인스턴스 유형을 좀 더 자세히 살펴볼 것이다.

여기서는 AWS 무료 티어로 적합한 `t2.micro` 인스턴스 유형을 선택할 것이다.

보안 그룹

보안 그룹은 방화벽과 유사하게 동작한다. 모든 EC2 인스턴스에는 지정된 보안 그룹 집합이 있다. 각 보안 그룹에는 인바운드(인그레스 ingress) 및 아웃바운드(이그레스 egress) 트래픽을 허용하는 규칙이 있다.

여기서는 tcp/3000 포트에서 동작하는 소규모 웹 애플리케이션을 생성할 것이다. 또한 SSH로 인스턴스에 접속할 것이다. 그래서 tcp/22 포트의 인바운드 접속을 허용해야 한다. 다음과 같은 단계를 통해 이를 허용하는 간단한 보안 그룹을 생성하자.

1. 먼저 기본 **가상 사설 클라우드** VPC, virtual private cloud ID를 찾아야 한다. 모든 AWS 고객에게 물리적인 리소스가 공유되는 클라우드 환경에 있음에도 여전히 보안에 중점을 두고 있다. AWS는 가상 인프라를 가상 사설 클라우드라는 개념으로 분리했다. 자체적인 네트워크가 있는 가상 데이터 센터를 상상하면 된다. EC2 인스턴스를 보호하는 보안 그룹은 서브넷에 연결되어 있고 서브넷은 VPC가 제공하는 네트워크에 연결되어 있다.

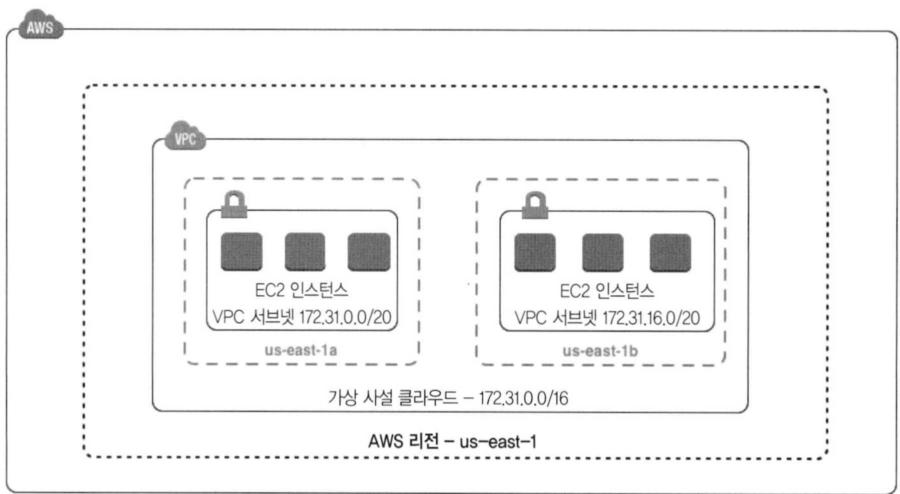

VPC ID를 확인하려면 다음 명령어를 실행하면 된다.

```
$ aws ec2 describe-vpcs
{
    "Vpcs": [
        {
            "VpcId": "vpc-4cddce2a",
            "InstanceTenancy": "default",
            "CidrBlockAssociationSet": [
                {
                    "AssociationId": "vpc-cidr-assoc-3c313154",
                    "CidrBlock": "172.31.0.0/16",
                    "CidrBlockState": {
                        "State": "associated"
                    }
                }
            ],
            "State": "available",
            "DhcpOptionsId": "dopt-c0be5fa6",
            "CidrBlock": "172.30.0.0/16",
            "IsDefault": false
        }
    ]
}
```

2. 이제 VPC ID를 찾았으므로(당신의 ID는 다를 것이다) 다음과 같이 새로운 보안 그룹을 생성할 수 있다.

```
$ aws ec2 create-security-group \
    --group-name HelloWorld \
    --description "Hello World Demo" \
    --vpc-id vpc-4cddce2a
{
    "GroupId": "sg-01864b4c"
}
```

3. 기본적으로 보안 그룹은 인스턴스로부터의 모든 아웃바운드 트래픽을 허용한다. 다음과 같이 SSH(tcp/22)와 tcp/3000을 인바운드 트래픽으로 열기만 하면 된다. 다음과 같이 입력해야 한다.

```
$ aws ec2 authorize-security-group-ingress \
    --group-name HelloWorld \
    --protocol tcp \
    --port 22 \
    --cidr 0.0.0.0/0
$ aws ec2 authorize-security-group-ingress \
    --group-name HelloWorld \
    --protocol tcp \
    --port 3000 \
    --cidr 0.0.0.0/0
```

4. 이전 명령어의 결과를 확인할 수 없으므로 다음 코드를 이용해 변경사항을 확인할 수 있다.

```
$ aws ec2 describe-security-groups \
    --group-name HelloWorld \
    --output text

SECURITYGROUPS  Hello World Demo    sg-01864b4c     HelloWorld
094507990803    vpc-4cddce2a
```

```
IPPERMISSIONS   22      tcp     22
IPRANGES        0.0.0.0/0
IPPERMISSIONS   3000    tcp     3000
IPRANGES        0.0.0.0/0
IPPERMISSIONSEGRESS     -1
IPRANGES        0.0.0.0/0
```

일부 포트로만 트래픽을 개방했다. 공인 IP 찾는 방법을 안다면 0.0.0.0/0을 공인 IP/32로 대체함으로써 SSH 규칙을 개선할 수 있다. 이를 통해 EC2 인스턴스에 SSH로 접근이 가능한 IP는 오직 당신의 IP뿐이다.

aws cli --output 옵션 사용하기

기본적으로 대부분의 명령어는 JSON 출력을 반환한다. AWS는 전역적으로 사용 가능한 몇 가지 옵션을 제공한다. 이 장에서 이 중 일부를 사용했다. 첫 번째 옵션은 --output [json | text | table]이다.

```
root@yogesh# aws ec2 describe-subnets --output text
SUBNETS False   us-east-1d      4091    172.31.32.0/20  True    True    available       subnet-e67190bc vpc-4cddce2a
SUBNETS False   us-east-1b      4090    172.31.64.0/20  True    True    available       subnet-658b6149 vpc-4cddce2a
SUBNETS False   us-east-1e      4091    172.31.48.0/20  True    True    available       subnet-d890d3e4 vpc-4cddce2a
SUBNETS False   us-east-1c      4090    172.31.16.0/20  True    True    available       subnet-6fdd7927 vpc-4cddce2a
SUBNETS False   us-east-1a      4091    172.31.0.0/20   True    True    available       subnet-4c99c229 vpc-4cddce2a
SUBNETS False   us-east-1f      4091    172.31.80.0/20  True    True    available       subnet-b03baebc vpc-4cddce2a
```

SSH 키 생성하기

기본적으로 아마존 EC2는 SSH로 EC2 인스턴스에 접근하기 위해 SSH 키 페어를 사용한다. EC2에서 키 페어를 생성하고 개인 키를 내려받을 수 있다. 또는 OpenSSL 같은 타사 도구를 사용해 키를 생성한 후 EC2에 해당 공개 키를 등록할 수 있다. 여기서는 EC2 SSH 키를 생성하기 위해 첫 번째 방법을 사용한다.

새롭게 생성된 개인(.pem) 키 파일에 읽기 전용 권한을 설정해야 한다.

```
$ aws ec2 create-key-pair --key-name EffectiveDevOpsAWS --query
'KeyMaterial' --output text > ~/.ssh/EffectiveDevOpsAWS.pem
$ aws ec2 describe-key-pairs --key-name EffectiveDevOpsAWS
{
    "KeyPairs": [
        {
            "KeyName": "EffectiveDevOpsAWS",
            "KeyFingerprint":
                "27:83:5d:9b:4c:88:f6:15:c7:39:df:23:4f:29:21:3b:3d:49:e6:af"
        }
    ]
}
$ cat ~/.ssh/EffectiveDevOpsAWS.pem
-----BEGIN RSA PRIVATE KEY-----
MIIEpAIBAAKCAQEAiZLtUMnO2OKnHvTJOiIP26fThdsU0YRdlKI60in85x9aFZXSrZsKwOh
WPpMtnUMJKeGvVQut+gJ1I1PNNjPqS2Dy60jH55hntUhr/ArpaL2ISDX4BgRAP1jcukBqS6
+pL+mTp6OUNTToUt7LvAZoeo+10SYbzHF1ZMQLLs96fCMNvnbJdUCa904dJjJs7t/G2ou9R
iNMRx8midrWcmmuGKOb1s6FgrxJ5OAMYegeccFVfGOjqPk3f+6QTPOTMNgNQ8ANKOMA9Ytc
Ica/75QGUPifusTqUT4Fqtv3rbUYPvacAnYL9eCthtn1XMG7Oo/mR5MrU60wib2QcPipmrG
NbwIDAQABAoIBABSyqkmxUxGGaCZcJbo9Ta16fnRxFZzAEWQ/VCIydv4+1UrSE7RS0zdavT
8E3aP/Ze2LKtncu/wVSpJaFVHGVcWpfGKxvIG3iELZ9oUhDyTW/x3+IKanFRNyxyKudk+Uy
huPRMu/7JhksV9mbbiILkfiPzSMSzpjB4p1hEkypfbvBnrbB+sRycx+jK5l209rNDukkJVv
yFCnqPiH0wmvKRqHTNOMGWmM6CPOU+VpuMX+dIlrSeId7j6hqMjA0rGncnxYi035v2zicvI
sEKHZ9MZCnkiRb3kJ9PhueTwwUQmoBYfV5E+1Wu34UmdsmALQEX3xniaR6xf9iWhQ2Nh8La
ECgYEAzXHOZDPAUzXitO735KBUaiBp9NMv2gzE862Yf2rmDkFM4Y5RE3DKHrKfeOkrYqlG1
1On0m44GHBk/g4eqqIEaBjVp6i/Lk74tpQU6Kn1HT3w9lbXEFsCWjYZnev5oHP6PdedtRYN
zZsCSNUdlw0kOG5WZZJ4E7mPZyrvK5pq+rMCgYEAq22KT0nD3d59V+LVVZfMzJuUBDeJeD1
39mmVbzAq9u5Hr4MkurmcIj8Q6jJIQaiC8XC1gBVEl08ZN2oY1+CBE+Gesi7mGOQ2ovDmoT
fYRgScKKHv7WwR+N5/N7o26x+ZaoeaBe43Vjp6twaTpKkBOIuT50tvb25v9+UVMpGKcFUC
gYEAoOFjJ3KjREYpT1jnROEM2cKiVrdefJmNTel+RyF2IGmgg+1Hrjqf/OQSH8QwVmWK9So
sfIwVX4X8gDqcZzDS1JXGEjIB7IipGYjiysP1D74myTF93u/16qD89H8LD0xjBTSo6lrn2j
9tzY0eS+Bdodc9zvKhF4kzNC4Z9wJIjiMCgYAOtqstXP5zt5n4hh6bZxkL4rqUlhO1f0khn
DRYQ8EcSp1agh4P7Mhq5BDWmRQ8lnMOuAbMBIdLmV1ntTKGrN1HUJEnaAEV19icqaKR6dIl
SFYC4stODH2KZ8ZxiQkXqzGmxBbDNYwIWaKYvPbFJkBVkx1Rt9bLsKXpl/72xSkltQKBgQC
YEjUVp4dPzZL1CFryOwV72PMMX3FjOflTgAWr8TJBq/OLujzgwYsTy6cdD3AqnMQ2BlU7Gk
4mmDZCVVsMqHFbIHEa5Y4e5qIQhamedl3IgmnMpdyuDYaT/Uh4tw0JxIJabqm+sQZv4s1Ot
gh00JlGrgFs+0D39Fy8qszqr6J04w==
-----END RSA PRIVATE KEY-----

$ chmod 400 ~/.ssh/EffectiveDevOpsAWS.pem
```

EC2 인스턴스 띄우기

이제 인스턴스를 시작하는 모든 정보가 준비됐다. 최종적으로 다음과 같이 인스턴스를 띄우자.

```
$ aws ec2 run-instances \
    --instance-type t2.micro \
    --key-name EffectiveDevOpsAWS \
    --security-group-ids sg-01864b4c\
    --image-id ami-cfe4b2b0
{
    "Instances": [
        {
            "Monitoring": {
                "State": "disabled"
            },
            "PublicDnsName": "",
            "StateReason": {
                "Message": "pending",
                "Code": "pending"
            },
            "State": {
                "Code": 0,
                "Name": "pending"
            },
            "EbsOptimized": false,
            "LaunchTime": "2018-08-08T06:38:43.000Z",
            "PrivateIpAddress": "172.31.22.52",
            "ProductCodes": [],
            "VpcId": "vpc-4cddce2a",
            "CpuOptions": {
                 "CoreCount": 1,
                 "ThreadsPerCore": 1
             },
            "StateTransitionReason": "",
            "InstanceId": "i-057e8deb1a4c3f35d",
            "ImageId": "ami-cfe4b2b0",
            "PrivateDnsName": "ip-172-31-22-52.ec2.internal",
            "KeyName": "EffectiveDevOpsAWS",
```

```
"SecurityGroups": [
    {
        "GroupName": "HelloWorld",
        "GroupId": "sg-01864b4c"
    }
],
"ClientToken": "",
"SubnetId": "subnet-6fdd7927",
"InstanceType": "t2.micro",
"NetworkInterfaces": [
    {
        "Status": "in-use",
        "MacAddress": "0a:d0:b9:db:7b:38",
        "SourceDestCheck": true,
        "VpcId": "vpc-4cddce2a",
        "Description": "",
        "NetworkInterfaceId": "eni-001aaa6b5c7f92b9f",
        "PrivateIpAddresses": [
            {
                "PrivateDnsName": "ip-172-31-22-52.ec2.internal",
                "Primary": true,
                "PrivateIpAddress": "172.31.22.52"
            }
        ],
        "PrivateDnsName": "ip-172-31-22-52.ec2.internal",
        "Attachment": {
            "Status": "attaching",
            "DeviceIndex": 0,
            "DeleteOnTermination": true,
            "AttachmentId": "eni-attach-0428b549373b9f864",
            "AttachTime": "2018-08-08T06:38:43.000Z"
        },
        "Groups": [
            {
                "GroupName": "HelloWorld",
                "GroupId": "sg-01864b4c"
            }
        ],
        "Ipv6Addresses": [],
        "OwnerId": "094507990803",
```

```
                "SubnetId": "subnet-6fdd7927",
                "PrivateIpAddress": "172.31.22.52"
            }
        ],
        "SourceDestCheck": true,
        "Placement": {
            "Tenancy": "default",
            "GroupName": "",
            "AvailabilityZone": "us-east-1a"
        },
        "Hypervisor": "xen",
        "BlockDeviceMappings": [],
        "Architecture": "x86_64",
        "RootDeviceType": "ebs",
        "RootDeviceName": "/dev/xvda",
        "VirtualizationType": "hvm",
        "AmiLaunchIndex": 0
    }
  ],
  "ReservationId": "r-09a637b7a3be11d8b",
  "Groups": [],
  "OwnerId": "094507990803"
}
```

인스턴스 생성 시 진행사항을 추적할 수 있다. 이를 하려면 `aws ec2 run-instances` 명령어의 출력에서 인스턴스 ID를 찾고 다음 명령어를 실행하라.

```
$ aws ec2 describe-instance-status --instance-ids i-057e8deb1a4c3f35d
{
  "InstanceStatuses": [
    {
        "InstanceId": "i-057e8deb1a4c3f35d",
        "InstanceState": {
            "Code": 16,
            "Name": "running"
        },
        "AvailabilityZone": "us-east-1c",
        "SystemStatus": {
```

```
                "Status": "initializing",
                "Details": [
                    {
                        "Status": "initializing",
                        "Name": "reachability"
                    }
                ]
            },
            "InstanceStatus": {
                "Status": "initializing",
                "Details": [
                    {
                        "Status": "initializing",
                        "Name": "reachability"
                    }
                ]
            }
        }
    ]
}
```

SystemStatus의 값이 initializing에서 ok로 바뀌면 인스턴스가 준비된 것이다.

```
$ aws ec2 describe-instance-status --instance-ids i-057e8deb1a4c3f35d --output text |
grep -i SystemStatus

SYSTEMSTATUS ok
```

SSH를 이용해 EC2 인스턴스에 접속하기

이 장의 주요 목표는 간단한 Hello World 웹 애플리케이션을 생성하는 것이다. 바닐라 OS[1]에서 시작했으므로 이 기본 서버를 웹 서버로 변경하기 위해 호스트에 접속해야 한

1 아무것도 설치되지 않은 OS – 옮긴이

다. 인스턴스에 SSH로 접속하려면 다음과 같이 실행 중인 인스턴스의 DNS 명을 찾아야 한다.

```
$ aws ec2 describe-instances \
    --instance-ids i-057e8deb1a4c3f35d \
    --query "Reservations[*].Instances[*].PublicDnsName"
[
    [
        "ec2-34-201-101-26.compute-1.amazonaws.com"
    ]
]
```

이제 인스턴스의 DNS 명과 SSH로 연결할 개인 키가 준비됐다. 마지막으로 알아야 할 사항은 선택한 AMI가 아마존 리눅스이므로 기본 사용자 계정이 ec2-user라는 점이다.

```
$ ssh -i ~/.ssh/EffectiveDevOpsAWS.pem ec2-user@
ec2-34-201-101-26.compute-1.amazonaws.com

The authenticity of host 'ec2-34-201-101-26.compute-1.amazonaws.com
(172.31.22.52)' can't be established.

ECDSA key fingerprint is
SHA256:V4kdXmwb5ckyU3hw/E7wkWqbnzX5DQR5zwP1xJXezPU.

ECDSA key fingerprint is
MD5:25:49:46:75:85:f1:9d:f5:c0:44:f2:31:cd:e7:55:9f.

Are you sure you want to continue connecting (yes/no)? yes
Warning: Permanently added
'ec2-34-201-101-26.compute-1.amazonaws.com,172.31.22.52' (ECDSA) to the list of known
hosts.
       __|  __|_  )
       _|  (     /   Amazon Linux AMI
      ___|\___|___|

https://aws.amazon.com/amazon-linux-ami/2018.03-release-notes/
```

```
1 package(s) needed for security, out of 2 available

Run "sudo yum update" to apply all updates
[ec2-user@ip-172-31-22-52 ~]$
```

로그인하는 데 문제가 발생한다면 문제를 해결하기 위해 SSH 명령어에 -vvv 옵션을 추가하라.

간단한 Hello World 웹 애플리케이션 생성하기

EC2 인스턴스에 연결할 수 있게 됐으므로 이제 가지고 놀 준비가 됐다. 이 책에서는 기술회사에서 AWS를 사용하는 가장 일반적인 사례에 초점을 맞춘다(애플리케이션 호스팅하기). 깃허브에서 최근 몇 년간 가장 널리 사용되는 언어인 자바스크립트를 사용한다. 이 애플리케이션은 데브옵스 원칙을 사용해 AWS를 가장 효과적으로 사용하는 방법을 보여주는 데 그 목적이 있다. 이 책을 이해하는 데 있어 자바스크립트에 대한 어떠한 지식도 필요하지 않다.

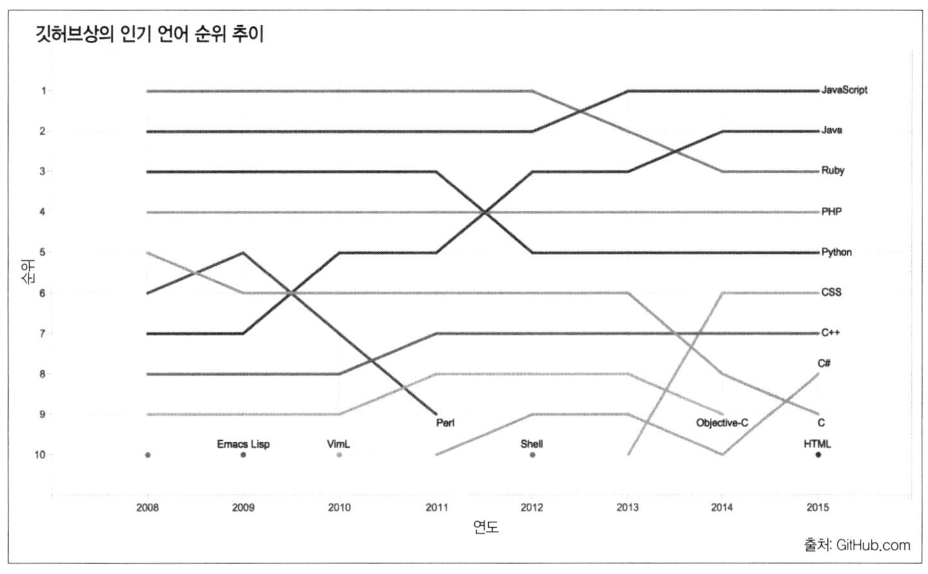

자바스크립트의 주요 이점은 다음과 같다.

- 초보자라도 읽고 쓰기가 매우 쉽다.
- 컴파일이 필요 없다.
- node.js(https://nodejs.org) 때문에 서버 사이드에서 실행할 수 있다.
- AWS에서 공식적으로 지원하므로 자바스크립트용 AWS SDK는 이제 '일급 시민 first-class citizen'이 됐다.

이 장의 나머지 부분에서 모든 명령어와 코드는 SSH를 통해 접속한 인스턴스에서 실행한다.

Node.js 설치하기

먼저 해야 할 일은 Node.js를 설치하는 것이다. 아마존 리눅스는 **레드햇 엔터프라이즈 리눅스** RHEL, Red Hat Enterprise Linux 기반이고, 패키지를 설치 및 관리하는 데 yum이라는 도구를 사용한다. 이 운영체제에는 **엔터프라이즈 리눅스를 위한 부가 패키지** EPEL, Extra Packages for Enterprise Linux 가 미리 구성되어 있다. 예상대로 Node.js는 EPEL에 포함되어 있다.

```
[ec2-user@ip-172-31-22-52 ~]$ sudo yum install --enablerepo=epel -y nodejs
[ec2-user@ip-172-31-22-52 ~]$ node -v
v0.10.48
```

이 버전은 확실히 구 버전 노드이나 이 책에서 필요로 하는 수준에서는 충분하다.

Node.js Hello World 애플리케이션 실행하기

노드를 설치했으므로 이제 간단한 Hello World 애플리케이션을 작성하자. 생성 코드는 다음과 같다.

```
var http = require("http")

http.createServer(function (request, response) {
    // Send the HTTP header
    // HTTP Status: 200 : OK
    // Content Type: text/plain
    response.writeHead(200, {'Content-Type': 'text/plain'})
    // "Hello world"라는 응답을 전송한다.
    response.end('Hello World\n')
}).listen(3000)

// 터미널에서 아래 메시지가 표시된다.
console.log('Server running')
```

이 내용을 복사해 파일에 붙이면 된다. 시간을 아끼려면 깃허브에서 내려받으면 된다.

```
[ec2-user@ip-172-31-22-52 ~]$
wget https://raw.githubusercontent.com/yogeshraheja/Effective-DevOps-with-AWS/master/
Chapter02/helloworld.js -O /home/ec2-user/helloworld.js
--2018-08-19 13:06:42--
https://raw.githubusercontent.com/yogeshraheja/Effective-DevOps-with-AWS/master/
Chapter02/helloworld.js
Resolving raw.githubusercontent.com (raw.githubusercontent.com)...
151.101.200.133
Connecting to raw.githubusercontent.com.
(raw.githubusercontent.com)|151.101.200.133|:443... connected.
HTTP request sent, awaiting response... 200 OK
Length: 384 [text/plain]
Saving to: '/home/ec2-user/helloworld.js'

/home/ec2-user/helloworld.js
100%[=====================================================================================
===>] 384 --.-KB/s in 0s

2018-08-19 13:06:42 (37.9 MB/s) - '/home/ec2-user/helloworld.js' saved [384/384]

[ec2-user@ip-172-31-22-52 ~]$
```

이제 Hello World 애플리케이션을 실행하기 위해서는 다음 코드를 간단히 실행하면 된다.

```
[ec2-user@ip-172-31-22-52 ~]$ node helloworld.js
Server running
```

정상적으로 구동한다면 브라우저를 열고 URL을 입력하자. http://공인-DNS-명:3000이다. 여기서는 http://ec2-34-201-101-26.compute-1.amazonaws.com:3000이고 결과는 다음과 같다.

이제 터미널에서 Ctrl + C를 이용해 Hello World 웹 애플리케이션을 중지시켜라.

upstart를 사용해 간단한 코드를 서비스로 전환하기

노드 애플리케이션을 터미널에서 수동으로 시작했으므로 SSH 접속을 종료하거나 키보드로 Ctrl + C를 입력하면 노드 프로세스가 중단된다. 그래서 Hello World 애플리케이션은 더 이상 동작하지 않는다. 아마존 리눅스는 표준 레드햇 기반 배포판과 달리 upstart라는 시스템 콜을 갖고 있다.

이는 사용이 매우 쉽고, 예기치 않게 다운된 프로세스를 다시 구동하는 기능 등 전통적인 **시스템 V 부트**System-V bootup 스크립트에는 없는 추가 기능이 있다. upstart 구성을 추가하려면 EC2 인스턴스의 /etc/init에 파일을 생성하면 된다.

다음은 /etc/init/helloworld.conf에 추가되는 코드다.

```
description "Hello world Deamon"

# 시스템의 네트워크가 준비되면 시작
Start on started elastic-network-interfaces
```

```
# 시스템이 다운되면 중지
Stop on shutdown

respawn script
exec su --session-command="/usr/bin/node /home/ec2-user/helloworld.js" ec2-user
end script
```

'elastic network interfaces'에서 시작하는 이유는 무엇인가?

AWS 외부에서 upstart에 익숙하다면 런레벨 [345]를 이용해 시작할 수도 있다. AWS상에서의 문제점은 AWS 네트워크가 일래스틱 네트워크 인터페이스(ENI, Elastic Network Interface) 기반이라는 점이다. 그래서 이 네트워크 서비스가 시작되기 전에 애플리케이션이 시작된다면 네트워크에 정상적으로 접속하지 못한다. 그래서 'elastic network interfaces'에서 시작하는 것이다.

```
[ec2-user@ip-172-31-22-52 ~]$
sudo wget https://raw.githubusercontent.com/yogeshraheja/Effective-DevOps-with-AWS/
master/Chapter02/helloworld.conf -O /etc/init/helloworld.conf
--2018-08-19 13:09:39--
https://raw.githubusercontent.com/yogeshraheja/Effective-DevOps-with-AWS/master/
Chapter02/helloworld.conf
Resolving raw.githubusercontent.com (raw.githubusercontent.com)...
151.101.200.133
Connecting to raw.githubusercontent.com
(raw.githubusercontent.com)|151.101.200.133|:443... connected.
HTTP request sent, awaiting response... 200 OK
Length: 301 [text/plain]
Saving to: '/etc/init/helloworld.conf'

/etc/init/helloworld.conf
100%[===================================================================================
===>] 301 --.-KB/s in 0s

2018-08-19 13:09:39 (54.0 MB/s) - '/etc/init/helloworld.conf' saved [301/301]

[ec2-user@ip-172-31-22-52 ~]$
```

이제 다음과 같이 애플리케이션을 간단히 시작할 수 있다.

```
[ec2-user@ip-172-31-22-52 ~]$ sudo start helloworld
helloworld start/running, process 2872
[ec2-user@ip-172-31-22-52 ~]$
```

http://공인IP:3000이 여전히 동작한다. 이제부터는 SSH에서 안전하게 exit할 수 있다.

EC2 인스턴스 종료하기

대부분의 Hello World 실습과 같이 일단 helloworld 메시지가 표시된다면 이미 목표를 달성한 것이다. 이제는 서버 셧다운을 생각할 때다. AWS에서는 쓴 만큼만 과금되므로 이 서버와 같이 불필요한 리소스를 제거하는 것은 AWS를 비용 효율적으로 만드는 좋은 전략이다.

다음과 같이 stop 명령어를 이용해 Hello World 서비스를 완전히 종료하고 가상 서버에서 로그아웃한 후 인스턴스를 종료할 수 있다.

```
[ec2-user@ip-172-31-22-52 ~]$ sudo stop helloworld
helloworld stop/waiting
[ec2-user@ip-172-31-22-52 ~]$ ec2-metadata --instance-id
instance-id: i-057e8deb1a4c3f35d
[ec2-user@ip-172-31-22-52 ~]$ exit
logout
$ aws ec2 terminate-instances --instance-ids i-057e8deb1a4c3f35d
{
    "TerminatingInstances": [
        {
            "InstanceId": "i-057e8deb1a4c3f35d",
            "CurrentState": {
                "Code": 32,
                "Name": "shutting-down"
            },
```

```
            "PreviousState": {
                "Code": 16,
                "Name": "running"
            },
        }
    ]
}
```

요약

2장은 AWS에서 가장 악명 높은 서비스인 EC2를 빠르고 간단하게 소개했다. AWS에 가입한 후 명령줄 인터페이스를 이용해 가상 서버를 생성할 수 있는 환경을 구성했다. 첫 번째 AMI를 선택했고 첫 번째 보안 그룹과 이 책 전체에 걸쳐 재활용할 SSH 키를 생성했다. EC2 인스턴스를 띄운 후에 수작업으로 Hello World를 표시하는 간단한 Node.js 애플리케이션을 배포했다.

AWS CLI 덕분에 절차가 까다로운 것은 아니었으나 여전히 반복적이지 않은 수많은 단계를 거쳐야 했다. 또한 자동화 또는 유효성 검사 없이 애플리케이션을 배포했다. 게다가 애플리케이션이 동작하는지 확인하는 유일한 방법은 수동으로 엔드포인트를 확인하는 것이었다. 이 책의 나머지 부분에서는 웹 애플리케이션과 인프라를 생성하고 관리하는 절차를 다시 살펴볼 것이다. 이제부터는 데브옵스 원칙을 따르고 모범 사례를 구체화할 것이다.

3장 '코드로 인프라 다루기'에서는 우리가 직면해야 하는 첫 번째 문제(자동화를 통한 인프라 관리하기)를 설명할 것이다. 이제 인프라를 관리하는 코드를 작성할 것이다.

질문

1. 무료 티어의 AWS 계정은 어떻게 만드는가?
2. AWS 콘솔 포털을 사용해 첫 번째 AWS 클라우드 인스턴스를 어떻게 생성할 수 있는가?
3. AWS CLI 도구를 사용해 첫 번째 AWS 클라우드 인스턴스를 어떻게 생성할 수 있는가?
4. 새롭게 생성된 AWS 인스턴스에서 간단한 Hello World 웹 애플리케이션을 어떻게 배포할 수 있는가?
5. 이 실습을 마무리한 후 생성된 AWS 인스턴스는 어떻게 종료하는가?

더 읽을거리

AWS CLI와 AWS에 관한 더 많은 정보를 얻으려면 다음 링크를 참고하라.

- **AWS 무료 티어**: https://aws.amazon.com/free/
- **AWS 명령줄 인터페이스**: https://aws.amazon.com/cli/

03

코드로 인프라 다루기

2장 '첫 번째 웹 애플리케이션 배포하기'로 AWS와 친숙해졌다. EC2 인스턴스를 생성하고 Hello World 웹 애플리케이션을 배포했지만 인스턴스와 보안 그룹을 구성하기 위해서는 많은 단계를 거쳐야만 했다. 명령줄 인터페이스를 통해 이 단계들을 수작업으로 진행했으므로 1장의 데브옵스 모범 사례 구현을 고려해볼 때 이런 수행 단계들은 재사용하거나 모니터링할 수 없다. 소스 제어(버전 제어) 및 자동화를 가능한 한 자주 하는 것이 두 가지 핵심사항이다. 3장에서는 이런 원칙을 인프라에 어떻게 적용할지 살펴볼 것이다.

클라우드 환경에서는 거의 모든 것이 추상화되고 가상 리소스들의 중개로 제공되므로 네트워크 토폴로지와 시스템 구성을 코드로 표현하는 것을 쉽게 상상할 수 있다. 효과적인 데브옵스 조직으로부터 이런 변화의 두 가지 핵심 개념을 배울 수 있다. 첫 번째는 일반적으로 IaC Infrastructure as Code 라고 하는 것이다. 이는 모든 가상 리소스를 코드로 기술하는 것이다. 리소스에는 가상 서버, 로드 밸런서, 스토리지, 네트워크 계층 등이 포함된다. 두 번째 개념은 IaC와 매우 유사하지만 시스템 구성에 초점을 두는 **구성 관리**configuration management 시스템이다. 구성 관리 시스템을 통해 개발자와 시스템 관리자는 운영체제 구성부터 패키지 설치 및 애플리케이션 배포까지 자동화할 수 있다.

데브옵스에 초점을 둔 조직이라면 이러한 변화를 겪는 것은 아주 필수적인 절차다. 각기 다른 리소스와 구성을 기술하는 코드를 확보함으로써 애플리케이션 개발 시 사용하던 동일한 도구와 절차를 사용할 수 있게 됐다. 소스 제어를 사용해 개별적인 브랜치에서 작은 변경사항이 발생하면 이를 풀pull을 통해 소스 관리에 등록하고, 표준 검토 절차를 거친 후 상용 환경에 적용하기 전에 마지막으로 변경사항을 테스트할 수 있다. 이를 통해 인프라 변경의 명료성, 책임성, 감사 기능을 높일 수 있다. 이 때문에 더 많은 엔지니어 없이 또는 모든 리소스를 운영하는 데 시간을 덜 들이고도 훨씬 더 많은 리소스를 관리할 수 있다. 이를 통해 더 많은 자동화의 길도 열 수 있다. 5장 '연속 통합과 연속 배포 추가하기'에서 이에 대해 살펴볼 것이다.

3장에서 다루는 내용은 다음과 같다.

- 클라우드 포메이션으로 인프라 관리하기
- 구성 관리 시스템 추가하기

기술 요구사항

3장의 기술 요구사항은 다음과 같다.

- AWS 콘솔AWS Console
- AWS 클라우드 포메이션AWS CloudFormation
- AWS 클라우드 포메이션 디자이너AWS CloudFormation Designer
- 클라우드 포머CloudFormer

- 트로포스피어Troposphere
- 깃Git
- 깃허브GitHub
- 앤서블Ansible

3장 코드의 깃허브 주소는 다음과 같다.

- https://raw.githubusercontent.com/yogeshraheja/Effective-DevOps-with-AWS/master/Chapter03/EffectiveDevOpsTemplates/helloworld-cf-template-part-1.py
- https://raw.githubusercontent.com/yogeshraheja/Effective-DevOps-with-AWS/master/Chapter03/EffectiveDevOpsTemplates/helloworld-cf-template.py
- https://github.com/yogeshraheja/Automation-with-Ansible-By-Yogesh-Raheja
- https://github.com/yogeshraheja/Effective-DevOps-with-AWS/blob/master/Chapter03/ansible/roles/nodejs/tasks/main.yml
- https://github.com/yogeshraheja/Effective-DevOps-with-AWS/blob/master/Chapter03/ansible/roles/helloworld/tasks/main.yml
- https://github.com/yogeshraheja/Effective-DevOps-with-AWS/blob/master/Chapter03/ansible/roles/helloworld/meta/main.yml
- https://github.com/yogeshraheja/Effective-DevOps-with-AWS/tree/master/Chapter03/ansible
- https://github.com/yogeshraheja/EffectiveDevOpsTemplates/blob/master/ansiblebase-cf-template.py

클라우드 포메이션으로 인프라 관리하기

클라우드 포메이션은 서비스와 구성 정보를 관리하는 새로운 방식을 소개한다. 클라우드 포메이션은 JSON 또는 YAML 파일로 구축하려는 AWS 아키텍처를 정확히 기술할 수 있다. 파일을 작성해 클라우드 포메이션에 간단히 업로드하기만 하면 이 파일을 실행해 AWS 리소스를 자동으로 생성하고 갱신한다. 클라우드 포메이션은 대부분의 AWS 관리 도구 및 서비스를 제공한다. 제공 가능한 전체 목록은 http://amzn.to/1Odslix에서 확인할 수 있다. 3장에서는 지금까지 구축한 인프라만 살펴보겠지만, 이후의 장들에서는 더 많은 리소스를 추가한다. 클라우드 포메이션의 구조를 간략히 살펴본 후 2장 '첫 번째 웹 애플리케이션 배포하기'에서 작성한 Hello World 웹 애플리케이션을 다시 생성하는 최소한의 스택을 작성하자. 그런 다음 클라우드 포메이션 템플릿을 작성하는 두 가지 이상의 옵션을 살펴보자(디자이너: WEB GUI를 통해 시각적으로 템플릿을 수정할 수 있는 도구, 클라우드 포머: 기존의 인프라로 템플릿을 생성하는 도구).

클라우드 포메이션 시작하기

클라우드 포메이션은 AWS 콘솔 https://console.aws.amazon.com/cloudformation 또는 명령줄을 통해 접근할 수 있다.

```
$ aws cloudformation help # 옵션 목록
```

이 서비스는 스택 개념을 기반으로 구성되어 있다. 각 스택은 일반적으로 애플리케이션을 시작시키는 일련의 AWS 리소스와 구성 정보를 기술한다. 클라우드 포메이션으로 작업할 때 해당 템플릿을 편집하는 데 대부분의 시간을 사용할 것이다. 템플릿을 실제로 편집하는 방법은 여러 가지가 있다. 가장 쉬운 방법은 기존 템플릿을 편집하는 것이다. AWS는 잘 작성된 많은 예시를 제공하며 http://amzn.to/27cHmrb에서 확인할 수 있다. 최상위 수준의 템플릿 구조는 다음과 같다.

```
{
    "AWSTemplateFormatVersion": "version date",
    "Description": "Description",
    "Resources": {},
    "Parameters": {},
    "Mappings": {},
    "Conditions": {},
    "Metadata": {},
    "Outputs": {}
}
```

AWSTemplateFormatVersion 섹션은 현재 항상 2010-09-09이고 이는 템플릿 언어의 버전을 표시한다. 이 버전은 현재 유일한 값이다. Description 섹션은 템플 작업 요약을 기술한다. Resources 섹션은 AWS 서비스를 초기화하고 서비스의 구성이 무엇인지를 기술한다. 템플릿을 띄울 때 EC2 인스턴스에 SSH 접근을 가능하게 하려면 클라우드 포메이션에 SSH 키 페어와 같은 추가적인 정보를 제공해야 한다. 이런 정보는 Parameters 섹션에서 제공할 수 있다. Mappings 섹션은 좀 더 일반적인 템플릿의 작성 시 유용하다.

예를 들어, AWS 리전에 관계없이 동일 템플릿으로 애플리케이션을 띄우려고 한다면 리전별로 어떤 AMI[Amazon Machine Image]를 사용할지를 Mappings를 통해 정의할 수 있다. Conditions 섹션은 다른 섹션에 조건부 논리를 추가하는 데 사용할 수 있다(if 문, 조건 연산자 등). Metadata 섹션은 임의의 정보를 리소스에 추가하는 데 사용한다. 끝으로 Outputs 섹션은 생성된 EC2 서버 IP 주소와 같이 템플릿 실행 후 유익한 정보를 출력하거나 추출하는 데 사용된다. 이 외에도 AWS는 클라우드 포메이션 템플릿을 작성하는 몇 가지 도구와 서비스를 제공한다. 템플릿을 작성하는 데 사용할 수 있는 첫 번째 도구는 클라우드 포메이션 디자이너다.

AWS 클라우드 포메이션 디자이너

AWS 클라우드 포메이션 디자이너는 그래픽 사용자 인터페이스[GUI]로 클라우드 포메이션 템플릿을 작성하고 편집하는 도구다. 디자이너는 텍스트 편집기로 클라우드 포메이션 템플릿을 작성하는 데 겪는 많은 어려움을 경감해준다. https://console.aws.amazon.com/cloudformation/designer로 바로 접근하거나 클라우드 포메이션 대시보드에서 Create Stack^스택 작성^을 클릭해 방문할 수 있다.

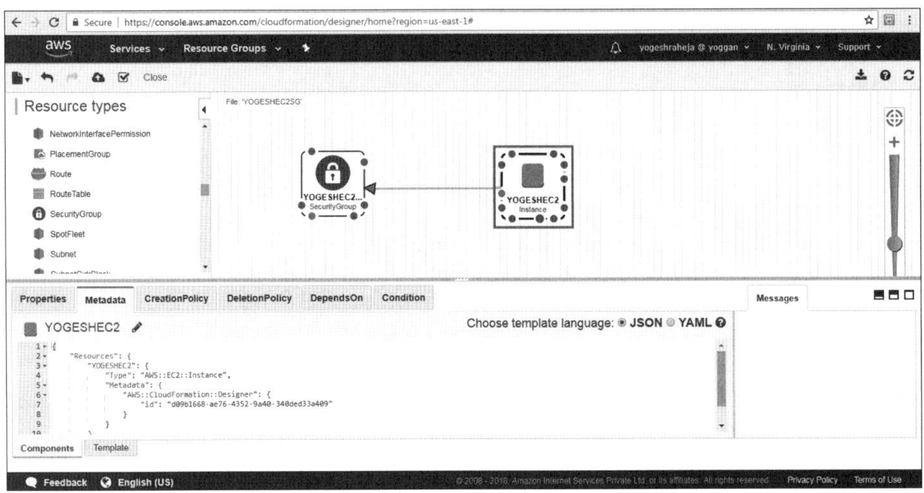

워크플로우는 매우 간단하다. 왼쪽 메뉴에서 캔버스로 리소스를 끌어다 놓기만 하면 된다.

일단 리소스를 추가한 후 각 리소스 아이콘을 둘러싸고 있는 작은 점들로 다른 리소스와 연결할 수 있다. EC2 인스턴스에 보안 그룹을 연결하려 한다. 디자이너는 템플릿을 디자인하는 데 도움을 주는 많은 숨겨진 보석들을 제공한다. 다음과 같이 리소스 위에서 마우스 오른쪽 버튼을 클릭하면 클라우드 포메이션 리소스 문서에 바로 접근할 수 있다.

두 리소스를 연결하려 점을 끌 때 디자이너는 해당 연결에 호환되는 리소스를 강조한다. 디자이너의 아래 영역에 있는 편집기는 Ctrl + **스페이스바**로 자동 완성을 지원한다.

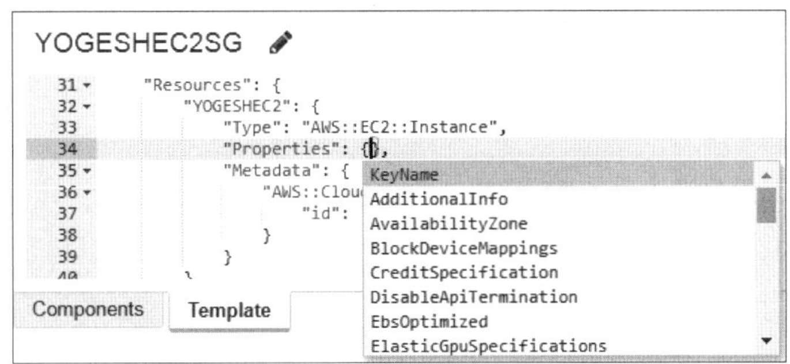

템플릿을 완성하면 버튼을 클릭해 디자인한 스택을 시작시킬 수 있다. 다음으로 살펴볼 도구는 **클라우드 포머**CloudFormer 다.

클라우드 포머

클라우드 포머는 이미 존재하는 리소스로 클라우드 포메이션 템플릿을 생성하는 도구다. 임의로 생성한 일련의 리소스가 있다면 클라우드 포머를 이용해 새로운 클라우드 포메이션 템플릿을 추출할 수 있다. 그런 다음 클라우드 포머로 생성된 템플릿을 텍스트 편집기 또는 클라우드 포메이션 디자이너를 이용해 필요에 따라 나중에 수정할 수 있다. 대부분의 AWS 도구 및 서비스와 달리 클라우드 포머는 AWS가 관리하지 않는 서비스다. 클라우드 포메이션으로 필요에 따라 초기화할 수 있는 자체 제공 도구다. 이를 활용하려면 다음 단계를 따르라.[1]

1. 브라우저에서 https://console.aws.amazon.com/cloudformation을 열자.
2. 이제 ASW 콘솔 화면 아래의 Create a Template from your Existing Resources기존 리소스로 템플릿 생성 옵션을 선택하고 Launch CloudFormer클라우드 포머 시작 버튼을 클릭하라.

1 이전 콘솔임 – 옮긴이

3. Select a sample template샘플 템플릿 선택 드롭다운 메뉴에서 CloudFormer클라우드 포머 옵션을 선택하고 Next다음를 클릭하라.

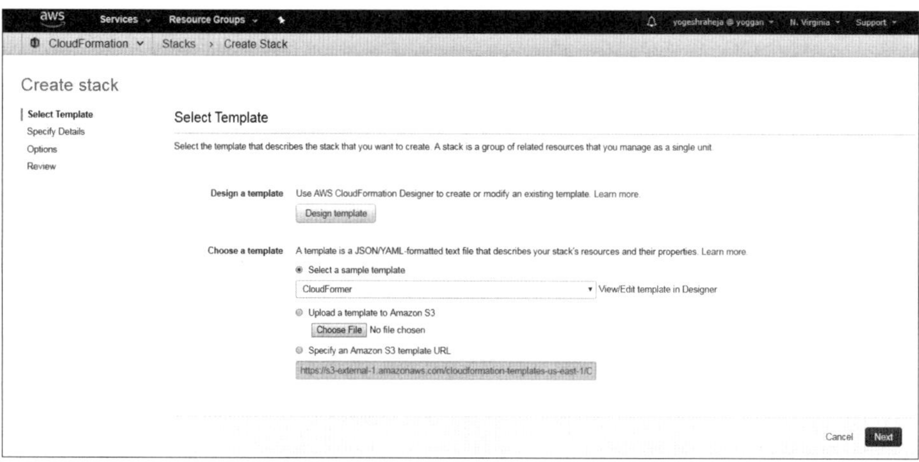

4. 화면 상단에 스택 이름(기본 이름인 AWSCloudFormer를 그대로 써도 된다)을 입력하고 하단에는 세 가지 추가 매개변수로 Username사용자명, Password비밀번호, VPC Selection VPC 선택을 입력하라. 사용자명과 비밀번호는 클라우드 포머에 로그인하는 데 사용된다. 사용자명과 비밀번호를 입력하고 Default기본 VPC를 선택한 후 Next 버튼을 클릭하라.

5. 다음 화면에서 추가적인 태그 및 고급 옵션을 제공할 수 있다. 하지만 Next를 클릭하라.

6. 검토 화면이 나오면 AWS 클라우드 포메이션에서 사용자 정의 이름으로 IAM 리소스를 생성할 수 있음을 승인한다는 체크박스를 체크한 후 Create생성를 클릭하자.

7. 그러면 클라우드 포메이션 콘솔 초기 화면으로 넘어간다. 클라우드 포머 스택이 생성되고 있음을 볼 수 있다. 상태가 CREATE_IN_PROGRESS에서 CREATE_COMPLETE로 넘어가면 이를 선택하고 아래의 Outputs출력 탭을 클릭하라. 이제 클라우드 포머를 사용하는 데 필요한 리소스가 생성됐다. 클라우드 포머로 스택

을 생성하려면 다음을 수행하라. Outputs 탭(클라우드 포메이션의 Outputs 섹션을 표시한다)에서 웹사이트 URL 링크를 클릭하라. 그러면 클라우드 포머 도구가 열린다. 네 번째 단계에서 입력한 사용자명과 비밀번호를 이용해 로그인하면, 다음과 같은 화면이 나온다.

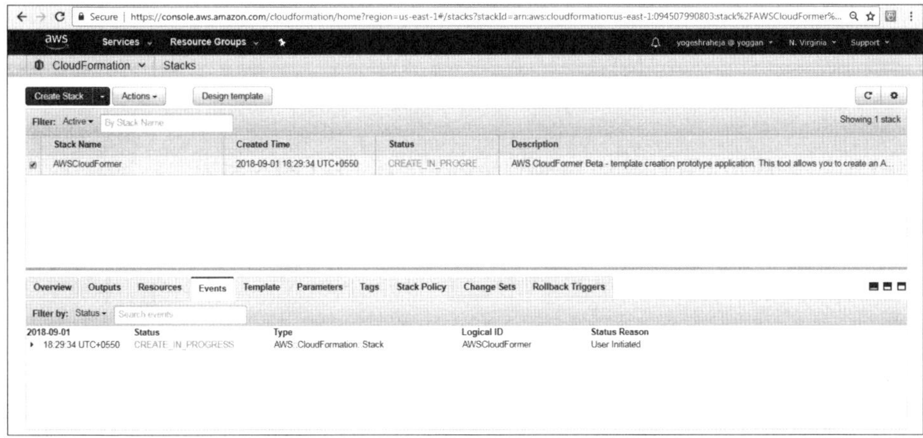

8. 템플릿을 생성할 AWS 리전을 선택하고 Create Template[템플릿 생성] 버튼을 클릭하라. 다음과 같은 화면이 나타난다.

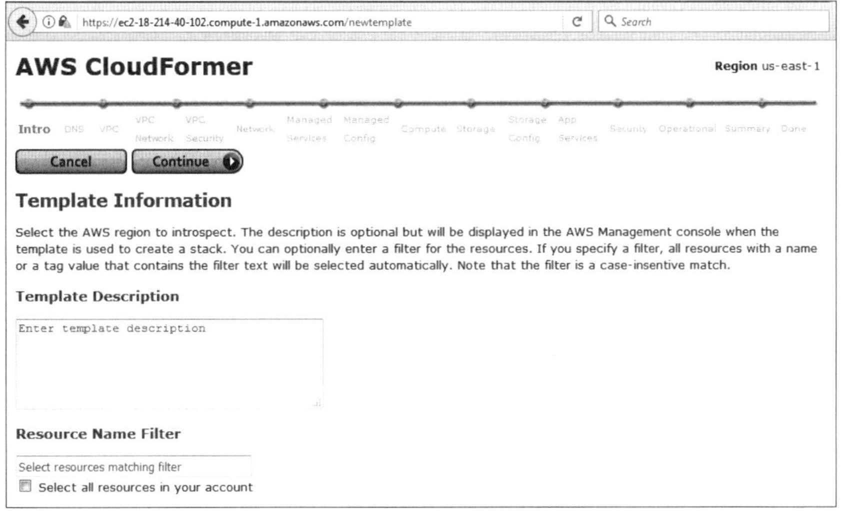

9. 도구상의 워크플로우를 따라 마지막 단계까지 클라우드 포메이션 템플릿에 사용할 각종 리소스를 선택하라.

10. 생성된 템플릿을 내려받거나 이를 S3에 바로 저장할 수 있다.

클라우드 포머로 생성한 템플릿은 일반적으로 입력 매개변수와 Outputs 섹션으로 좀 더 유연한 스택을 생성하기 위한 약간의 편집이 필요하다.

클라우드 포메이션을 이용해 Hello World 예제 다시 작성하기

디자이너와 클라우드 포머는 인프라를 설계하고 결과물을 소스 제어에 추가하는 매우 유용한 두 도구다. 그러나 데브옵스를 본격적으로 적용하려면 이는 다른 이야기다. 이런 도구를 사용하면 JSON 포맷으로 클라우드 포메이션에 제공할 추가 값을 현저히 줄일 수 있다. 템플릿 일부 내용을 읽거나 기존의 인프라에 클라우드 포머를 사용하려고 할 때 원시 클라우드 포메이션 템플릿은 아주 길고 반복적인 성향이 있음을 발견할 것이다.

데브옵스 관점에서 클라우드 포메이션의 가장 강력한 기능은 템플릿을 동적으로 생성하는 코드 작성 기능이다. 이를 위해 Hello World 클라우드 포메이션 템플릿을 생성하는 데 파이썬과 `troposphere` 라이브러리를 사용할 것이다.

클라우드 포메이션 템플릿을 생성하는 데 도움을 주는 고급 도구도 많다. AWS와 별도로 타사 서비스도 사용할 계획이라면 해시코프(Hashicorp)의 테라폼(Terraform)을 살펴보라(https://www.terraform.io). 이 도구는 클라우드 포메이션 외에도 여러 가지 클라우드 제공자 및 서비스를 지원한다.

트로포스피어를 통한 템플릿의 파이썬 스크립트 작성

먼저 `troposphere` 라이브러리를 설치하라. 센트OS 7.x 기반 리눅스 배포판에서 시연할 것이다. 그러나 언급된 모든 플랫폼에서도 동일한 단계를 적용할 수 있다. `troposphere` 라이브러리를 설치하는 명령어는 다음과 같다.

```
$ pip install troposphere
```

알려져 있는 트로포스피어 문제는 setuptools의 업그레이드 버전에 대한 것이다. 다음과 같은 문제가 발생한다면 pip install –U setuptools 명령어로 setuptools를 업그레이드하면 된다.

앞의 명령어를 실행하면 다음 오류가 나온다.

```
....
setuptools_scm.version.SetuptoolsOutdatedWarning: your setuptools is too old (<12)
-----------------------------------
Command "python setup.py egg_info" failed with error code 1 in /tmp/pip-install-pW4aV4/
cfn-flip/
```

이 문제를 해결하려면 다음 명령어를 실행하라.

```
$ pip install -U setuptools

Collecting setuptools
  Downloading
https://files.pythonhosted.org/packages/ff/f4/385715ccc461885f3cedf57a41ae3c12b5fec3f35
cce4c8706b1a112a133/setuptools-40.0.0-py2.py3-none-any.whl
(567kB)
        100% |████████████████████████████████| 573kB
22.2MB/s
Installing collected packages: setuptools
  Found existing installation: setuptools 0.9.8
    Uninstalling setuptools-0.9.8:
      Successfully uninstalled setuptools-0.9.8
Successfully installed setuptools-40.0.0
```

설치가 완료되면 helloworld–cf–template.py라는 파일을 생성하자.

`troposphere` 모듈에서 여러 정의를 임포트하는 것으로 시작하라.

```
"""클라우드 포메이션 템플릿 생성"""

from troposphere import (
    Base64,
    ec2,
    GetAtt,
    Join,
    Output,
    Parameter,
    Ref,
    Template,
)
```

이 책에 있는 나머지 코드를 쉽게 편집할 수 있도록 변수를 정의하자. 왜냐하면 스크립트를 새로 작성할 때마다 이 템플릿을 이용할 것이기 때문이다.

```
ApplicationPort = "3000"
```

코드에서 먼저 할 일은 `Template` 변수를 초기화하는 것이다. 스크립트의 끝에는 인프라의 전체 설명을 템플릿에 포함시키고 출력물로 클라우드 포메이션 템플릿을 얻게 하자.

```
t = Template()
```

이 책에서는 클라우드 포메이션 템플릿 여러 개를 동시에 만들고 실행한다. 스택을 식별하는 설명을 추가하자. 템플릿 생성 후 다음과 같이 설명을 추가하라.

```
add_description("Effective DevOps in AWS: HelloWorld web application")
```

웹 명령줄 인터페이스로 EC2 인스턴스를 띄웠을 때 SSH로 호스트에 접속하는 데 사용할 키 페어를 선택했다. 마찬가지로, 템플릿에 포함할 첫 번째 요소는 EC2 인스턴스를 띄울 때 사용할 키 페어를 선택하는 매개변수다. Parameter 오브젝트를 생성하고 식별자, 설명, 매개변수 유형으로 초기화하라. 설명 및 제약 조건 설명은 스택 생성 시 실수하지 않게 도움을 준다. 이 매개변수가 최종 템플릿에 존재하도록 템플릿 클래스에 정의된 add_parameter() 함수를 사용하라.

```
t.add_parameter(Parameter(
    "KeyPair",
    Description="Name of an existing EC2 KeyPair to SSH",
    Type="AWS::EC2::KeyPair::KeyName",
    ConstraintDescription="must be the name of an existing EC2 KeyPair.",
))
```

다음으로 확인할 사항은 보안 그룹이다. KeyPair 매개변수와 동일하게 진행하라. SSH/22와 tcp/3000을 외부에 개방하라. 포트 3000은 앞에서 선언된 ApplicationPort 변수에 정의되어 있다. 다음으로 정의할 정보는 매개변수가 아닌 리소스다. add_resource() 함수로 새 리소스를 추가하라.

```
t.add_resource(ec2.SecurityGroup(
    "SecurityGroup",
    GroupDescription="Allow SSH and TCP/{} access".format(ApplicationPort),
    SecurityGroupIngress=[
        ec2.SecurityGroupRule(
            IpProtocol="tcp",
            FromPort="22",
            ToPort="22",
            CidrIp="0.0.0.0/0",
        ),
        ec2.SecurityGroupRule(
            IpProtocol="tcp",
            FromPort=ApplicationPort,
            ToPort=ApplicationPort,
            CidrIp="0.0.0.0/0",
        ),
    ],
))
```

다음 절에서는 EC2 인스턴스에 로그인해 helloworld.js 파일과 init 스크립트의 수작업 설치를 변경하려 한다. EC2가 제공하는 UserData 기능을 이용하자. EC2 인스턴스를 생성할 때 UserData 매개변수는 가상 머신 생성 시 한 번만 실행되는 일련의 명령어를 제공하는 데 사용한다(이 주제는 http://amzn.to/1VU5b3s에서 확인할 수 있다). UserData 매개변수의 제약사항은 API 호출에 추가하기 위해 스크립트를 base64로 인코딩해야 한다는 것이다.

2장 '첫 번째 웹 애플리케이션 배포하기'에서 진행했던 단계를 재현할 작은 스크립트를 생성하자. 첫 번째 웹 애플리케이션 배포 단계를 base64로 인코딩하고 ud라는 매개변수에 저장한다. ec2-user의 home 폴더에 애플리케이션을 설치하는 것은 그다지 깔끔하지 않다. 현재로서는 2장에서 수행했던 것과 같은 일관성을 유지하고자 한다. 5장 '연속 통합과 연속 배포 추가하기'에서 배포 시스템을 개선하기 위해 이를 수정한다.

```
ud = Base64(Join('\n', [
    "#!/bin/bash",
    "sudo yum install --enablerepo=epel -y nodejs",
    "wget http://bit.ly/2vESNuc -O /home/ec2-user/helloworld.js",
    "wget http://bit.ly/2vVvT18 -O /etc/init/helloworld.conf",
    "start helloworld"
]))
```

이제 템플릿의 주요 리소스인 EC2 인스턴스를 살펴보자. 인스턴스를 생성하려면 리소스 식별 이름, 이미지 ID, 인스턴스 유형, 보안 그룹, SSH 접속에 사용할 키 페어 및 사용자 데이터가 필요하다. 작업을 간단히 하고자 하드코딩된 AMI ID(ami-cfe4b2b0)와 인스턴스 유형(t2.micro)을 사용하자.

EC2 인스턴스를 생성하는 데 필요한 나머지 정보는 보안 그룹 정보와 KeyPair 명이다. 매개변수와 리소스를 정의해 이 정보를 수집했다. 클라우드 포메이션에서는 Ref 키워드를 사용해 템플릿의 기존 리소스를 참조한다. 트로포스피어는 Ref() 함수를 호출해 이를 수행한다. 이전과 같이, add_resource 함수를 사용해 다음을 템플릿에 추가하라.

```
...
t.add_resource(ec2.Instance(
    "instance",
    ImageId=" ami-cfe4b2b0",
    InstanceType="t2.micro",
    SecurityGroups=[Ref("SecurityGroup")],
    KeyName=Ref("KeyPair"),
    UserData=ud,
))
...
```

스크립트의 마지막 부분은 클라우드 포메이션이 스택을 생성할 때 채워지는 템플릿의 Outputs 섹션으로 채울 수 있다. 이 섹션을 통해 스택을 띄우는 동안 산출된 유용한 정보를 출력할 수 있다. 두 가지 유용한 정보가 있는데, 하나는 웹 애플리케이션 접속 URL이고 나머지 하나는 필요시 SSH로 인스턴스에 접근할 수 있는 공인 IP 주소다. 이 정보를 얻으려면 클라우드 포메이션은 Fn::GetAtt을 사용한다. 트로포스피어에서는 이것을 GetAttr()로 변환한다.

```
...
t.add_output(Output(
    "InstancePublicIp",
    Description="Public IP of our instance.",
    Value=GetAtt("instance", "PublicIp"),
))

t.add_output(Output(
    "WebUrl",
    Description="Application endpoint",
    Value=Join("", [
        "http://", GetAtt("instance", "PublicDnsName"),
        ":", ApplicationPort
    ]),
))
...
```

생성된 템플릿의 최종 결과 스크립트를 출력하라.

```
print t.to_json()
```

스크립트를 완성했다. 이제 파일을 저장하고 편집기를 끝내자. 작성된 파일은 다음 파일과 같다. https://raw.githubusercontent.com/yogeshraheja/Effective-DevOps-with-AWS/master/Chapter03/EffectiveDevOpsTemplates/helloworld-cf-template-part-1.py

이제 스크립트에 적절한 권한을 부여해 실행하고 스크립트의 출력을 파일에 저장해 클라우드 포메이션 템플릿을 생성하라.

```
$ python helloworld-cf-template.py > helloworld-cf.template
```

cloud-init은 대부분의 리눅스 배포판 및 클라우드 프로바이더와 호환이 되는 일련의 파이썬 스크립트다. 패키지 설치, 파일 작성, 명령어 실행 같은 대부분의 표준 작업을 템플릿의 다른 섹션으로 이동시킴으로써 UserData 필드를 보완한다. 이 책에서는 이를 다루지 않지만 클라우드 포메이션 템플릿에서 UserData 필드를 많이 이용한다면 다음 URL을 참조하라. http://bit.ly/1W6s96M에서 관련 문서를 확인할 수 있다.

클라우드 포메이션 콘솔에서 스택 생성하기

다음 절차를 통해 템플릿을 띄울 수 있다.

1. 다음 URL을 통해 브라우저에서 클라우드 포메이션 웹 콘솔을 열자. https://console.aws.amazon.com/cloudformation. Create Stack[스택 생성]을 클릭한다.
2. 다음 화면에서 Upload a template to Amazon S3[Amazon S3에 템플릿 업로드]를 선택한 후 로컬 파일 시스템에서 helloworld-cf.template을 선택해 업로드하라.

3. 다음으로 스택 이름을 `HelloWorld`와 같이 지정하라.

4. 스택 이름 다음에 템플릿의 Parameters 섹션을 볼 수 있다. 이 화면에서 클라우드 포메이션에서 어떤 SSH 키 페어를 사용할지 선택하라. 드롭다운 메뉴로 키 페어를 선택하라.

5. 다음 화면에서 리소스에 태그를 추가할 수 있다. Advanced고급 섹션에서 실패 또는 타임아웃 발생 시 결정을 내릴 수 있도록 클라우드 포메이션과 SNS를 통합할 수 있는 방법을 확인할 수 있다. 스택 편집 권한을 제어할 수 있는 스택 정책을 추가할 수 있다. 지금은 Next를 클릭하라.

6. 선택한 정보를 검토할 수 있는 검토 화면과 스택을 실행할 때 드는 비용을 추정하는 화면을 볼 수 있다. Create 버튼을 클릭하라.

7. 클라우드 포메이션의 초기 화면으로 이동한다. 이 화면에서는 Events 탭을 통해 리소스가 어떻게 생성되고 있는지 확인할 수 있다.

8. 템플릿의 생성이 완료되면 Outputs 탭을 클릭하라. 템플릿의 Outputs 섹션에서 생성된 정보를 볼 수 있다.

9. WebUrl 키에 있는 링크를 클릭하면 Hello World 페이지가 열린다.

템플릿을 소스 관리 시스템에 추가하기

이제 템플릿을 테스트하고 동작하는지 확인했으므로 소스 관리 시스템에 커밋하자. 변경 사항을 추적할 수 있고 인프라 코드를 애플리케이션 코드와 동일한 표준으로 처리할 수 있다(5장 '연속 통합과 연속 배포 추가하기'에서 좀 더 다룬다).

이를 위해 깃을 활용한다. AWS는 AWS 코드 커밋CodeCommit이라는 서비스를 제공하며(http://amzn.to/2tKUj0n) 깃 리포지터리를 쉽게 관리할 수 있게 해준다. 그러나 이 서비스는 깃허브(https://github.com)에 비해 덜 유명하므로 여기서는 깃허브를 사용한다. 깃허브 계정이 아직 없다면 해당 서비스에 가입한 후 시작하라(모두 무료다).

깃허브에 로그인한 후 클라우드 포메이션 템플릿의 신규 리포지터리를 생성하라.

1. 브라우저에서 https://github.com/new를 열자.
2. 리포지터리명은 `EffectiveDevOpsTemplates`이다.
3. 체크박스 Initialize this repository with a README를 체크한다.
4. 끝으로, Create repository리포지터리 생성를 클릭한다.

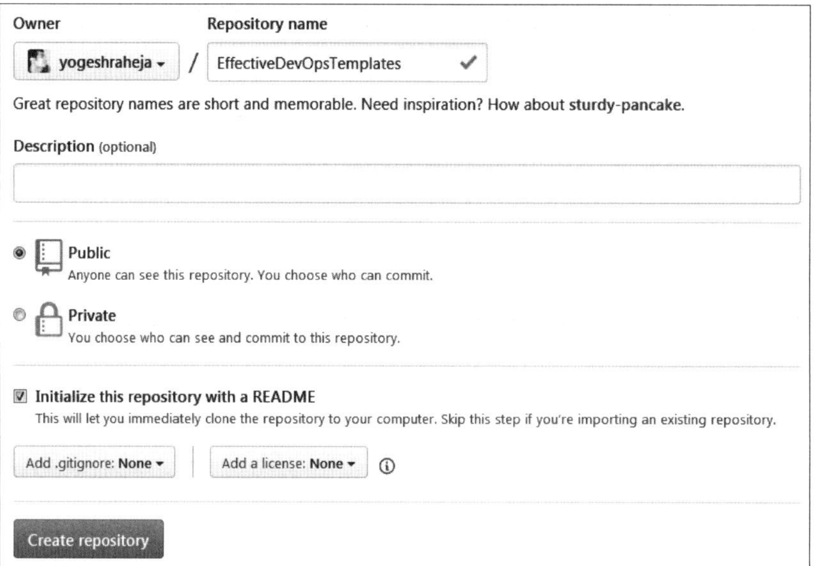

5. 리포지터리가 생성되면 이를 로컬 PC에 복제하자. 깃을 설치해야 한다(아직 설치하지 않았다면 PC에 깃을 설치하는 방법에 대한 가이드를 구글에서 검색하라). 센트OS에서는 깃 패키지가 리눅스 배포판에 존재하므로 `yum -y install git`만 실행하면 된다.

```
$ git clone https://github.com/<당신의 깃허브 사용자명>/EffectiveDevOpsTemplates
```

6. 이제 리포지터리를 복제했으므로 리포지터리 폴더로 이동해 앞에서 만든 템플릿을 이 리포지터리에 복사하자.

```
$ cd EffectiveDevOpsTemplates
$ cp <helloworld 템플릿 경로>/helloworld-cf-template.py .
```

7. 마지막으로 해당 파일을 프로젝트에 추가하고 커밋한 후 깃허브에 다음과 같이 푸시하라.

```
$ git add helloworld-cf-template.py
$ git commit -m "Adding helloworld Troposphere template"
$ git push
```

단일 리포지터리 대 다중 리포지터리

코드를 관리할 때 코드 리포지터리를 관리하는 일반적인 방법이 두 가지 있다. 각 프로젝트에 대한 단일 리포지터리를 생성하거나 모든 조직의 코드를 하나의 리포지터리에 저장하게 할 수 있다. 이 책에서는 가장 간단한 옵션인 프로젝트당 하나의 리포지터리를 갖는 방법을 선택할 것이다. 그러나 최근의 여러 오픈소스 프로젝트의 배포판, 구글의 바젤(Bazel), 페이스북의 벅(Buck), 트위터의 팬츠(Pants)처럼 단일 리포지터리를 이용하는 것은 인프라와 서비스를 동시에 대폭 변경하는 경우 다중 리포지터리 간의 경합을 피하면서도 잘 엮을 수 있는 좋은 옵션이다.

클라우드 포메이션 스택 업데이트하기

클라우드 포메이션 템플릿으로 리소스를 관리하는 가장 큰 이점은 클라우드 포메이션으로 생성한 리소스가 스택과 밀접히 결합되어 있다는 점이다. 스택을 변경하려면 템플릿을 업데이트한 후 변경사항을 기존의 클라우드 포메이션 스택에 적용하면 된다. 어떻게 동작하는지 확인해보자.

파이썬 스크립트 업데이트하기

helloworld-cf-template.py는 아주 기본적인 스크립트다. 파이썬과 troposphere 라이브러리만 이용해 수작업으로 하는 것보다는 편한 방식으로 JSON 결과를 쉽게 생성했다. 물론 인프라를 생성하고 관리하는 스크립트를 작성하는 데 있어 겨우 수박 겉핥기 수준임은 이미 알고 있을 것이다. 다음 예제로 파이썬 코드 몇 줄을 더 추가해 더 많은 서비스와 외부 리소스로 클라우드 포메이션 스택을 업데이트하는 방법을 설명한다.

앞에서 만든 보안 그룹은 2개의 포트(22(SSH)와 3000(웹 애플리케이션 포트))를 외부에 개방한다. SSH를 로컬 IP에만 허용되도록 보안을 약간 강화하자. 이는 22번 포트 트래픽을 제어하는 보안 그룹에서 파이썬 스크립트로 **클래스가 없는 도메인 간 라우팅**CIDR, Classless Inter-Domain Routing IP 정보를 변경하는 것을 의미한다. 로컬 머신의 공인 IP를 알려주는 여러 무료 온라인 서비스가 있다. 여기서는 그중 하나인 https://api.ipify.org를 사용하자. 간단한 curl 명령어로 확인할 수 있다.

```
$ curl https://api.ipify.org 54.164.95.231
```

스크립트에서 이 서비스를 사용하자. 이 특별한 서비스를 사용하려는 이유는 파이썬 라이브러리에 패키징되어 있기 때문이다. 이에 대한 더 자세한 내용은 https://github.com/rdegges/python-ipify를 참고하라. 먼저 다음과 같이 라이브러리를 설치하라.

```
$ pip install ipify
```

다음 코드 블록과 같이 pip에 관련된 오류를 겪는다면 pip 버전을 낮추고 ipify를 설치한 후 pip 버전을 최신 버전으로 다시 업그레이드하면 된다.

```
Cannot uninstall 'requests'. It is a distutils installed project and thus we cannot
accurately determine which files belong to it which would lead to only a partial uninstall.
```

위 오류는 다음 명령어로 해결할 수 있다.

```
$ pip install --upgrade --force-reinstall pip==9.0.3
$ pip install ipify
$ pip install --upgrade pip
```

스크립트에는 CIDR이 필요하다. IP 주소를 CIDR로 변환하려면 ipaddress라는 또 다른 라이브러리를 설치해야 한다. 이 라이브러리들을 조합해 사용함으로써 얻는 주요 이점은 아무 고려사항 없이 IPv4와 IPv6를 취급할 수 있다는 점이다.

```
$ pip install ipaddress
```

이 라이브러리들을 설치한 후 편집기에서 helloworld-cf-template.py를 다시 연다. 스크립트의 상단에 이 라이브러리들의 임포트를 추가하라. 다음으로 ApplicationPort 변수를 정의하라. 그리고 PublicCidrIp라는 새로운 변수를 정의하고 다음과 같이 CIDR을 추출하는데 위에서 언급한 두 라이브러리를 조합하라. 다음과 같이 CIDR을 추출할 수 있다.

```
...
from ipaddress import ip_network
from ipify import get_ip
from troposphere import (
    Base64,
    ec2,
    GetAtt,
    Join,
    Output,
```

```
    Parameter,
    Ref,
    Template,
)

ApplicationPort = "3000"
PublicCidrIp = str(ip_network(get_ip()))
...
```

마지막으로, SSH 그룹 규칙에 있는 `CidrIp`에 대한 선언을 변경하라.

```
SecurityGroupIngress=[
    ec2.SecurityGroupRule(
        IpProtocol="tcp",
        FromPort="22",
        ToPort="22",
        CidrIp=PublicCidrIp,
    ),
...
]
```

변경사항을 저장하라. 작성된 파일은 https://github.com/yogeshraheja/Effective-DevOps-with-AWS/blob/master/Chapter03/EffectiveDevOpsTemplates/helloworld-cf-template.py와 같다.

변경사항을 시각적으로 확인하도록 `diff` 명령어를 호출하라.

```
$ python helloworld-cf-template.py > helloworld-cf-v2.template
$ diff helloworld-cf-v2.template helloworld-cf.template
46c46
<               "CidrIp": "54.164.95.231/32",
---
>               "CidrIp": "0.0.0.0/0",
                 91a92
>
$
```

CIDR IP로 이제 로컬 IP에서만 접속하도록 제한됐다. 이제 변경사항을 적용하자.

스택 업데이트하기

새롭게 생성한 JSON 클라우드 포메이션 템플릿으로 클라우드 포메이션 콘솔에서 다음과 같이 스택을 업데이트하자.

1. 브라우저에서 클라우드 포메이션 웹 콘솔을 열자. https://console.aws.amazon.com/cloudformation
2. 앞에서 생성한 `HelloWorld` 스택을 선택하라.
3. Actions[실행]를 클릭하고 드롭다운 메뉴에서 Update Stack[스택 업데이트]을 선택하라.
4. Browse[파일 선택] 버튼을 클릭하고 helloworld-cf-v2.template를 선택한 후 Next를 클릭하라.
5. 스택 상세 정보를 입력하는 다음 화면으로 넘어간다. 매개변수를 변경하지 않을 것이므로 Next를 클릭하라.
6. IP가 변경되는 것만 확인할 것이므로 다음 화면에서도 Next를 클릭하라.

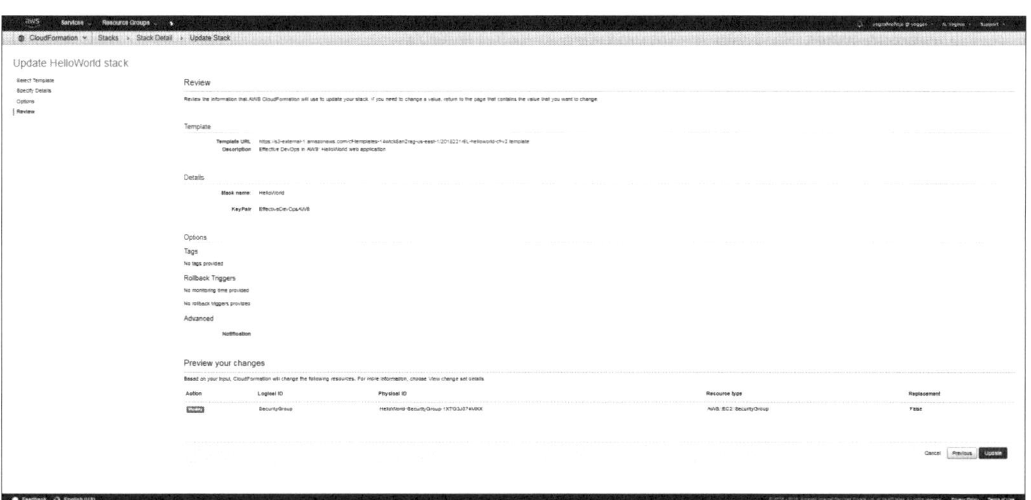

7. 검토 페이지로 이동하면 몇 초 후에 클라우드 포메이션의 변경사항을 미리 볼 수 있다.

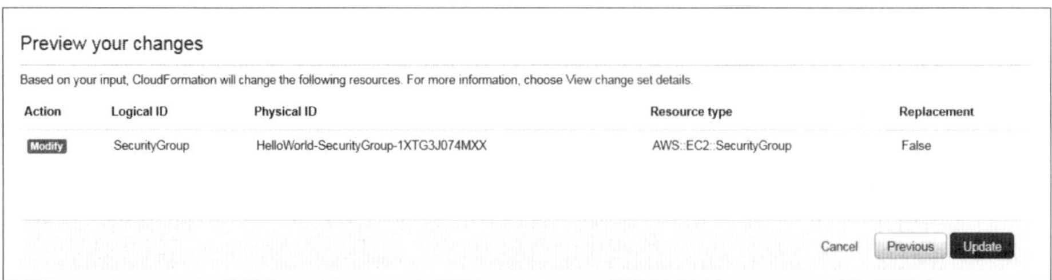

8. 변경사항은 보안 그룹에 대한 변경사항뿐이다. 이제 Update업데이트 버튼을 클릭하라. 클라우드 포메이션 메인 화면으로 되돌아가고 변경사항이 반영되는 모습을 볼 수 있다.

9. 이 예시에서는 변경사항을 검토하고 AWS의 보안 그룹을 업데이트하는 것을 간단히 확인했다. 검토 페이지 또는 콘솔 화면 Resources리소스 탭의 물리 ID로 변경사항을 확인할 수 있다.

```
$ aws ec2 describe-security-groups \
--group-names HelloWorld-SecurityGroup-1XTG3J074MXX
```

변경 세트

템플릿에는 웹 서버와 보안 그룹만 포함되어 있으므로 클라우드 포메이션 업데이트가 위험하지는 않다. 또한 변경사항이 AWS의 보안 그룹을 대체하는 것이 아니고 기존 보안 그룹만 변경하는 것이므로 간단한 작업이었다. 그러나 아키텍처가 점점 더 복잡해질수록 클라우드 포메이션 템플릿도 똑같이 복잡해진다. 실행하려는 업데이트에 따라서 템플릿 업데이트 마지막 단계의 변경 세트를 검토할 때 예기치 못한 변경을 확인할 수도 있다. AWS는 템플릿의 업데이트 시 좀 더 안전한 대체 방안을 제공한다. 이 기능을 **변경 세트**change sets라고 하며 클라우드 포메이션 콘솔에서 사용할 수 있다. 변경사항을 검토하려면 다음 절차를 따르라.

1. 브라우저에서 클라우드 포메이션 웹 콘솔을 열자. https://console.aws.amazon.com/cloudformation
2. 앞에서 생성했던 `HelloWorld` 스택을 선택하라.
3. Actions실행 드롭다운 메뉴를 클릭하고 Create Change Set For Current Stack새 스택에 대한 변경 세트 만들기 옵션을 클릭하라.

여기서부터는 단순 업데이트 시 했던 작업과 동일한 단계를 따르면 된다. 주요 차이점은 다음과 같은 마지막 화면이다.

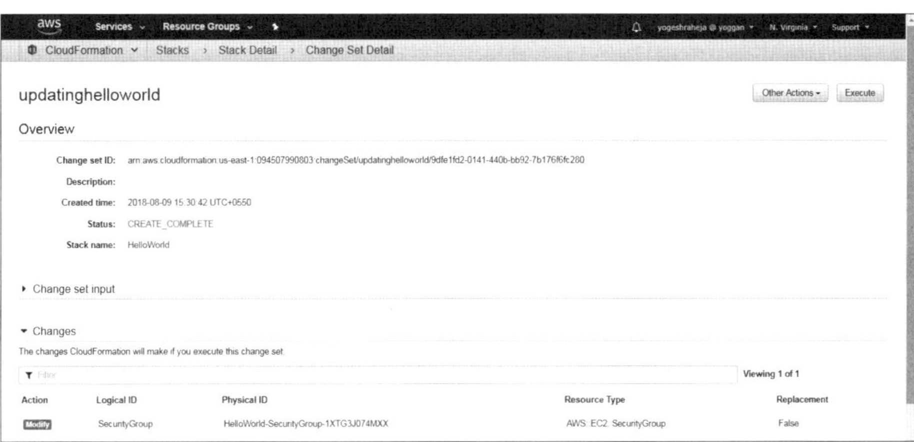

일반적인 스택 업데이트와 달리 변경 세트는 템플릿 적용 전 변경사항을 강조해 좀 더 세밀히 검토할 수 있게 한다. 표시된 변경사항을 확인한 후 업데이트를 바로 실행할 수 있다. 끝으로, 변경 세트로 스택을 업데이트하면 클라우드 포메이션 콘솔의 해당 스택 Change Sets변경 세트 탭에서 최근의 변경사항을 쉽게 모니터링할 수 있다. 최종적으로 트로포스피어 스크립트의 변경사항을 다음 명령어로 커밋하라.

```
$ git commit -am "Only allow ssh from our local IP"
$ git push
```

클라우드 포메이션 스택 삭제하기

이전 절에서는 템플릿을 업데이트하면 클라우드 포메이션이 어떻게 리소스를 업데이트하는지 살펴봤다. 클라우드 포메이션 스택 및 해당 리소스를 제거할 때도 마찬가지로 몇 번의 클릭만으로 시작 때 생성한 여러 리소스와 템플릿을 삭제할 수 있다. 더 이상 스택이 필요하지 않을 때를 포함해 이전에 클라우드 포메이션에서 초기화한 리소스를 변경하려면 늘 클라우드 포메이션을 사용할 것을 모범 사례 관점에서 강력히 추천한다.

스택을 삭제하는 방법은 매우 간단하다. 다음 절차를 따르라.

1. 브라우저에서 클라우드 포메이션 웹 콘솔을 열자. https://console.aws.amazon.com/cloudformation
2. 앞에서 생성한 `HelloWorld` 스택을 선택하라.
3. Actions실행 드롭다운 메뉴를 클릭하고 Delete Stack스택 삭제 옵션을 클릭하라.

여전히 Events이벤트 탭에서 완료 여부를 추적할 수 있다.

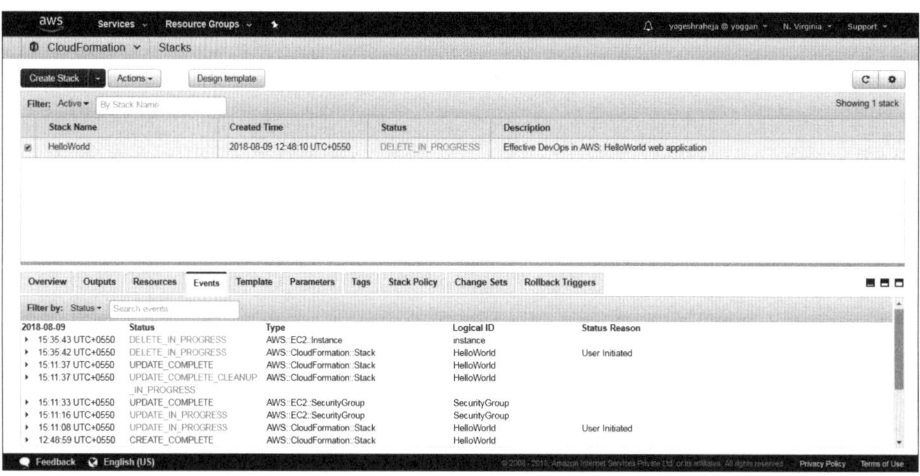

클라우드 포메이션은 AWS 생태계에서 고유한 위치를 차지하고 있다. 클라우드 포메이션으로 대부분의 복잡한 아키텍처를 기술하거나 관리할 수 있으므로 AWS 리소스 생성

을 철저히 제어할 수 있다. 클라우드 포메이션은 리소스 생성을 관리하는 데 탁월한 역할을 하지만 항상 쉬운 것은 아니다. 특히 EC2 같은 서비스를 간단히 변경하는 것은 쉽지 않다. 클라우드 포메이션은 리소스가 일단 시작된 후에는 상태를 추적하지 않기 때문에 EC2 인스턴스를 업데이트하는 데 있어 신뢰할 수 있는 유일한 방법은 신규 인스턴스를 재생성한 후 인스턴스가 준비되면 이 인스턴스로 기존의 인스턴스를 교체하는 것이다. (인스턴스가 생성된 후 어떤 명령어도 실행하지 않는다고 가정하면) 이는 어느 정도 불변의immutable 디자인을 구성한다. 매력적인 아키텍처이고 경우에 따라 먼 길을 갈 수도 있지만, 이는 클라우드 포메이션으로 했던 것과 같이 제어되는 파이프라인으로 빠르고 신뢰할 만하고 변경 가능한 장기 실행 인스턴스를 보유할 수 있음을 의미한다. 이는 구성 관리 시스템이 뛰어나야 가능하다.

구성 관리 시스템 추가하기

구성 관리 시스템은 고전적인 데브옵스 기반 조직이 보유한 가장 잘 알려진 구성요소일 것이다. 엔터프라이즈 시장을 포함한 대부분의 회사들이 보유한 구성 관리 시스템은 셸Shell, 파이썬Python 및 펄Perl 스크립트를 신속히 대체하고 있다. 구성 관리 시스템이 환경의 일부가 돼야 하는 많은 이유가 있다. 구성 관리 시스템은 도메인 특화 언어를 제공하므로 코드의 가독성을 높일 수 있다. 또한 조직이 시스템을 구성하려고 할 때 내부의 특정 요구사항에 맞게 조정할 수 있다. 이는 많은 유용한 내장 기능이 있음을 의미한다. 끝으로, 가장 일반적인 구성 관리 도구는 규모가 크고 활동적인 사용자 커뮤니티가 있다. 이는 자동화하고자 하는 시스템의 기존 코드를 찾을 수 있음을 의미한다.

가장 인기 있는 구성 관리 도구로는 **퍼핏**Puppet, **셰프**Chef, **솔트스택**SaltStack, **앤서블**Ansible이 있다. 모두 훌륭하지만, 이 책에서는 네 가지 도구 중 가장 최신인 앤서블을 다룰 것이다. 앤서블은 매우 인기 있고 사용하기 편리한 솔루션으로 다음과 같은 주요 특징이 있다. 다른 구성 관리 시스템과 달리 앤서블은 서버, 데몬 또는 데이터베이스 없이도 작동하도록 개발되어 있다. 코드를 소스 관리에 보관하고 실행이 필요할 때마다 호스트에 코드를 간단히 다운로드하거나 SSH로 푸시할 수 있다. 자동화 코드는 YAML 파일이며, 루비 또는 특정 DSL을 사용하는 다른 솔루션보다 훨씬 배우기 쉬운 특성을 갖고 있다. 구성 파일을 저장하기 위해서는 버전 관리 시스템을 사용할 것이다(여기서는 깃허브).

AWS 옵스워크와 셰프 통합

아마존은 구성 관리 전용 서비스를 실제로 출시하지는 않았으나 옵스워크(OpsWorks) 서비스는 셰프와 퍼펫을 지원한다. 옵스워크는 이 책에서 지금까지 살펴본 서비스와 달리 '리소스 프로비저닝, 구성 관리, 애플리케이션 배포, 소프트웨어 업데이트, 모니터링, 접근 제어를 포함한 완전한 애플리케이션 라이프 사이클'을 목표로 하고 있다. 일부 유연성과 제어를 희생한다면 옵스워크는 간단한 웹 애플리케이션을 실행하는 데 필요한 모든 것을 처리할 수 있다. 더 자세히 내용은 http://amzn.to/1O8dTsn을 방문하라.

앤서블 시작하기

먼저 컴퓨터에 앤서블을 설치한 후, 앤서블의 기본 사용법을 보여줄 EC2 인스턴스를 생성할 것이다. 다음으로 앤서블에서 플레이북을 작성해 Hello World Node.js 애플리케이션을 다시 구축해보겠다. 그런 다음 변경사항의 배포를 새로운 접근 방법으로 제공하는 앤서블을 풀pull 방식으로 실행할 것이다. 끝으로, 클라우드 포메이션과 구성 관리 시스템의 장점을 결합하기 위해 클라우드 포메이션 템플릿의 `UserData` 섹션을 앤서블로 바꾸는 방법도 살펴볼 것이다.

앤서블은 매우 사용하기 쉽고 웹에 문서화가 잘되어 있다. 이 책에서는 예제에서 필요한 정도의 간단한 구성에서 시작해 속도를 더 낼 수 있을 정도까지 다룰 것이다. 그러나 앤서블을 효과적으로 사용하고자 한다면 좀 더 관심을 가지고 시간을 들여 배우는 것이 좋다.

컴퓨터에 앤서블 설치하기

앞에서 언급한 대로 앤서블은 종속성이 거의 없는 간단한 애플리케이션이다. 앤서블은 파이썬으로 작성되어 있으므로 운영체제의 패키지 관리 시스템 또는 pip로 설치할 수 있다. 센트OS 7.x 기반 리눅스 배포판에서 시연할 것이다. 그러나 언급된 모든 지원 플랫폼에서도 동일한 절차를 사용할 수 있다(더 자세한 사항은 운영체제에 맞는 앤서블 바이너리를 설치하는 다음 링크를 참고하라. https://docs.ansible.com/ansible/latest/installation_guide/intro_installation.html#installing-the-control-machine). 몇 가지 바이너리, 라이브러리와 앤서블 모듈을 설치하자.

```
$ yum install ansible
```

데몬이나 데이터베이스를 설치하지 않음을 알 수 있다. 앤서블을 실행하는 데는 기본적으로 정적 파일과 SSH만 사용한다. 이제 앤서블을 사용할 준비가 됐다.

```
$ ansible --version

ansible 2.6.2
  config file = /etc/ansible/ansible.cfg
  configured module search path = [u'/root/.ansible/plugins/modules',
  u'/usr/share/ansible/plugins/modules']
  ansible python module location = /usr/lib/python2.7/site-packages/ansible
  executable location = /bin/ansible
  python version = 2.7.5 (default, Aug 4 2017, 00:39:18) [GCC 4.8.5 20150623 (Red Hat
4.8.5-16)]
```

앤서블 플레이그라운드 생성하기

앤서블의 기본 기능을 사용할 수 있게 Hello World 애플리케이션을 다시 띄우는 것으로 시작하자.

앞 절에서 웹 인터페이스 기반 스택 생성 방법을 살펴봤다. 명령줄 인터페이스로 스택을 띄우는 것도 가능하다. 앞에서 생성했던 helloworld-cf-v2.template 파일이 있는 EffectiveDevOpsTemplates 폴더로 이동해 다음 명령어를 실행하라.

```
$ aws cloudformation create-stack \
    --capabilities CAPABILITY_IAM \
    --stack-name ansible \
    --template-body file://helloworld-cf-v2.template \
    --parameters ParameterKey=KeyPair,ParameterValue=EffectiveDevOpsAWS
{
    "StackId": "arn:aws:cloudformation:us-east-1:094507990803:stack/ansible/bb29cb10-
9bbe-11e8-9ee4-500c20fefad2"
}
```

인스턴스는 곧 준비된다. 이제 플레이그라운드를 생성해 자동 배포 환경의 구성을 시작할 수 있다.

앤서블 리포지터리 생성하기

앤서블의 첫 번째 목표는 원격 호스트에서 명령어를 실행하는 것이다. 이를 효율적으로 수행하는 로컬 환경을 구성할 수 있다. 이 단계를 반복하지 않고 궁극적으로는 모든 것을 소스 제어할 수 있도록 새로운 깃 리포지터리를 생성하자. `EffectiveDevOpsTemplate` 리포지터리에서 생성했던 것과 동일한 단계를 반복하라.

깃허브에 로그인한 후 클라우드 포메이션 템플릿에 대한 새로운 리포지터리를 생성하라.

1. 브라우저에서 https://github.com/new를 열자.
2. 신규 리포지터리 이름은 `ansible`이고 다음과 같다.

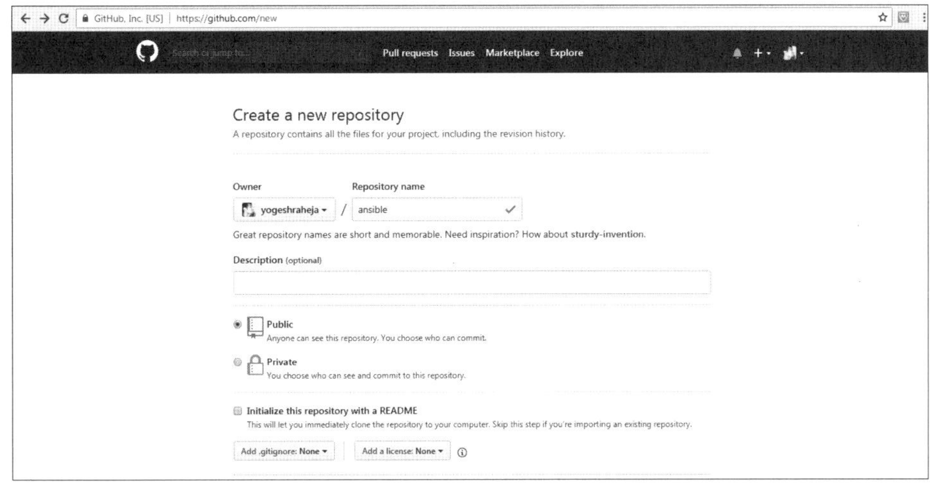

3. Initialize this repository with a README 체크박스를 체크하라.
4. 끝으로, Create repository[리포지터리 생성] 버튼을 클릭하라.
5. 리포지터리가 생성되면 다음과 같이 컴퓨터에 복제하라.

```
$ git clone https://github.com/<당신의 깃허브 사용자명>/ansible
```

6. 리포지터리를 복제했으므로 새로운 깃허브 리포지터리에서 이전에 생성했던 템플릿을 복사하라.

```
$ cd ansible
```

앤서블은 기본적으로 인벤토리에 있는 호스트들에 원격으로 명령어를 실행할 수 있는 도구다. 인벤토리는 모든 호스트와 IP 주소를 가진 INI 비슷한 파일로 수동으로 관리하거나 API를 조회할 수 있다면 동적으로 관리할 수 있다. 앤서블은 인벤토리 정보를 모두 가져오는 데 AWS API를 완벽하게 이용할 수 있다. 앤서블 깃 공식 리포지터리에서 파이썬 스크립트를 내려받고 실행 권한을 부여하라.

```
$ curl -Lo ec2.py http://bit.ly/2v4SwE5
$ chmod +x ec2.py
```

이 파이썬 스크립트를 테스트하기 전에 구성 정보를 구성해야 한다. 동일 폴더에 ec2.ini 파일을 생성하고 다음과 같은 구성 정보를 추가하라.

```
[ec2]
regions = all
regions_exclude = us-gov-west-1,cn-north-1
destination_variable = public_dns_name
vpc_destination_variable = ip_address
route53 = False
cache_path = ~/.ansible/tmp
cache_max_age = 300
rds = False
```

이 작업 후 ec2.py 스크립트를 실행해 인벤토리가 동작하는지 확인하라.

```
$ ./ec2.py
```

이 명령어는 AWS 계정에서 찾을 수 있는 여러 리소스가 포함된 커다란 중첩 JSON을 반환한다. 이 중에는 직전에 생성했던 EC2 인스턴스의 공인 IP도 포함되어 있다. 마지막 단계는 인프라의 인벤토리 위치 얻기, SSH로 인스턴스에 접근을 시도하는 사용자 계정, 루트 권한 확보 등 앤서블 자체를 구성하는 것이다. 동일 폴더 아래에 ansible.cfg라는 파일을 생성하라. 파일 내용은 다음과 같다.

```
[defaults]
inventory = ./ec2.py
remote_user = ec2-user
become = True
become_method = sudo
become_user = root
nocows = 1
```

앤서블 명령어를 실행할 준비가 됐다. 앤서블에는 몇 가지 명령어와 간단한 개념들이 있다. 우선 ansible 명령어와 모듈의 개념을 살펴볼 것이다.

모듈 실행하기

ansible 명령어는 원격 호스트에서 다른 모듈을 실행하는 기본 명령어다. 모듈은 원격 호스트에서 직접 실행할 수 있는 라이브러리를 의미한다. 앤서블은 여러 모듈을 제공하고 있으며, http://bit.ly/24rU0yk에서 모듈 목록을 확인할 수 있다. 표준 모듈 외에도 파이썬으로 추가 모듈을 직접 만들 수도 있다. 여기서는 가장 일반적인 기반 모듈을 살펴볼 것이다. 첫 번째 모듈은 ping이라는 간단한 모듈로, 호스트에 연결을 시도해 접속 가능하면 pong을 반환하는 모듈이다.

모듈에 대한 문서는 ansible-doc 명령어로 확인할 수 있다.

```
$ ansible-doc <모듈명>
$ ansible-doc ping
```

ping은 앤서블 모듈명 중 하나다.

'앤서블 플레이그라운드 생성하기' 절에서 클라우드 포메이션을 이용해 새로운 EC2 인스턴스를 생성했다. 지금까지는 IP 주소를 조회하지 않았다. 앤서블과 ping 명령어로 해당 정보를 조회할 수 있다. ansible 폴더에서 ansible 명령어를 실행할 수 있다. 다음과 같이 명령어를 실행하라.

```
$ ansible --private-key ~/.ssh/EffectiveDevOpsAWS.pem ec2 -m ping
18.206.223.199 | SUCCESS => {
    "changed": false,
    "ping": "pong"
}
```

앤서블은 AWS의 EC2 API를 호출해 EC2 인스턴스를 찾을 수 있다. 이제 새롭게 생성된 인스턴스에 접속할 수 있다.

SSH 구성하기

앤서블은 SSH를 주로 사용하므로 $HOME/.ssh/config 파일에 SSH에 대한 추가적인 구성을 하는 것이 좋다. 예를 들어, 앞의 예시에서 --private-key와 -u를 지정하지 않으려면 $HOME/.ssh/config를 다음과 같이 구성하면 된다.

```
IdentityFile ~/.ssh/EffectiveDevOpsAWS.pem
User ec2-user
StrictHostKeyChecking no
PasswordAuthentication no
ForwardAgent yes
```

이와 같이 구성하면 앤서블에 --private-key 매개변수를 제공할 필요가 없어진다.

임의의 명령어 실행하기

ansible 명령어는 원격 서버에 임의의 명령어를 실행하는 데도 사용된다. 다음의 예시는 인스턴스의 공인 IP인 18.206.223.*와 일치하는 서버에만 df 명령어를 실행하는 것이다 (ping 명령어를 통해 반환된 인스턴스의 공인 IP로 이 명령어를 수정해야 한다).

```
$ ansible --private-key ~/.ssh/EffectiveDevOpsAWS.pem '18.206.223.*' \
-a 'df -h'
18.206.223.199 | SUCCESS | rc=0 >>
Filesystem  Size  Used  Avail  Use%  Mounted on
devtmpfs    484M  56K   484M   1%    /dev
tmpfs       494M   0    494M   0%    /dev/shm
/dev/xvda1  7.8G  1.1G  6.6G   15%   /
```

이제 앤서블이 기본적으로 어떻게 동작하는지 이해했으므로 또 다른 앤서블 기능을 결합해 자동화를 구현할 것이다. 이를 **플레이북**playbook이라고 한다.

앤서블 플레이북

플레이북은 앤서블의 구성, 배포 및 오케스트레이션이 포함된 파일이다. 이들 파일을 작성함으로써 OS 구성에서 애플리케이션 배포와 모니터링까지 시스템의 상태를 순차적으로 정의할 수 있다. 앤서블은 YAML을 사용하기 때문에 가독성이 매우 뛰어나다. 이런 이유로, 앤서블을 시작하는 쉬운 방법은 클라우드 포메이션과 같이 공식 앤서블 깃허브 리포지터리인 https://github.com/ansible/ansible-examples에 있는 예제를 살펴보는 것이다. 또는 아주 간단하고 쉽게 플레이북을 이해할 수 있는 내 리포지터리를 살펴보길 바란다. 『Automation with Ansible』에 대한 URL로 https://github.com/yogeshraheja/Automation-with-Ansible-By-Yogesh-Raheja이다.

플레이북 생성하기

앤서블은 웹사이트 http://bit.ly/1ZqdcLH에서 여러 모범 사례를 제공한다. 이 문서들에서 강조하는 것은 역할[role]의 사용이다. 플레이북을 구성하는 데 있어 반드시 해야 할 한 가지 사항은 플레이북 주요 페이지 중 일부에 문서화되어 있는 '역할'을 사용하는 것이다. 역할을 작성하는 것은 앤서블 코드를 공유 가능하게 하고 모듈화하여 서비스와 플레이북 전반에 걸쳐 코드를 재사용하는 데 있어서 핵심 요소다. 적절한 구성을 보여주기 위해 플레이북이 호출할 역할을 구성하려고 한다.

웹 애플리케이션을 배포하고 시작하는 역할 만들기

앞 절에서 클라우드 포메이션의 `UserData` 블록으로 생성했던 Hellow World 스택을 역할을 사용해 다시 생성하려고 한다. `UserData`는 대략 다음과 같다.

```
yum install --enablerepo=epel -y nodejs
wget http://bit.ly/2vESNuc -O /home/ec2-user/helloworld.js
wget http://bit.ly/2vVvT18 -O /etc/init/helloworld.conf
start helloworld
```

이 스크립트에서는 세 가지 작업을 확인할 수 있다. 먼저 애플리케이션을 실행할 시스템을 준비하는 것으로, 간단히 Node.js를 설치한다. 다음은 애플리케이션을 실행하는 데 필요한 다른 리소스를 복사하는 것으로, 자바스크립트 코드와 업스타트 구성이다. 마지막은 서비스를 시작하는 것이다. 프로그래밍을 할 때마다 DRY[Don't Repeat Yourself] 코드를 유지하는 것은 중요하다. Hello World 프로젝트에서 애플리케이션을 배포하고 시작하는 것은 고유한 작업인 반면에, Node.js의 설치는 반복적인 작업이다. Node.js 설치를 재사용이 가능한 코드로 만들려면 두 가지 역할을 생성해야 한다. Node.js 설치와 Hello World 애플리케이션의 배포 및 설치다.

기본적으로 앤서블 리포지터리의 루트에서 roles 폴더를 볼 수 있어야 한다. 먼저 해야 할 일은 앤서블 폴더 안에서 roles 폴더를 생성하고 `cd` 명령으로 해당 폴더를 방문하는 것이다.

```
$ mkdir roles
$ cd roles
```

이제 역할을 생성하자. 앤서블은 `ansible-galaxy` 명령어를 제공한다. 이 명령어는 역할의 생성을 초기화하는 데 사용된다. 첫 번째로 생성할 것은 Node.js를 설치하는 역할이다.

```
$ ansible-galaxy init nodejs
- nodejs was created successfully
```

앞에서 간단히 언급했듯이 앤서블 같은 대부분의 구성 관리 시스템은 역할 스크립트를 온라인으로 공유하는 https://galaxy.ansible.com/ 같은 유명한 커뮤니티 사이트를 제공한다. ansible-galaxy 명령어를 사용해 신규 역할의 기본 뼈대를 구성하는 것 외에도 ansible-galaxy를 사용해 커뮤니티에서 지원하는 역할을 임포트할 수도 있다.

이 명령어는 nodejs 폴더를 생성하고 역할의 다른 섹션을 구성하는 여러 하위 폴더를 생성한다. 해당 폴더로 이동하라.

```
$ cd nodejs
```

nodejs 폴더에서 가장 중요한 폴더는 tasks 폴더다. 앤서블이 플레이북을 실행할 때는 tasks/main.yml에 있는 코드를 실행한다. 텍스트 편집기로 이 파일을 열자.

먼저 main.yml을 열면 다음과 같다.

```
---
# nodejs용 태스크 파일
```

nodejs 역할의 목표는 Node.js와 npm을 설치하는 것이다. UserData 스크립트에서 했던 것과 같은 절차로 yum을 이용한 태스크를 수행하자.

앤서블에서 태스크를 작성할 때는 여러 앤서블 모듈의 호출을 순서대로 지정해야 한다. 첫 번째 모듈은 yum 명령어를 호출하는 래퍼wrapper 모듈이다. 관련 문서는 http://bit.ly/28joDLe에서 확인할 수 있다. 이는 패키지를 설치할 수 있게 해준다. 또한 반복의 개념을 도입하고자 한다. 두 패키지를 설치해야 하므로 yum 모듈을 두 번 호출해야 한다. with_items라는 연산자를 사용하라. 3개의 대시와 설명 아래에 패키지를 설치하는 yum 모듈을 호출한다.

```
---
# nodejs용 태스크 파일

- name: Installing node and npm
  yum:
    name: "{{ item }}"
    enablerepo: epel
    state: installed
```

```
  with_items:
    - nodejs
    - npm
```

앤서블은 플레이북을 실행할 때마다 시스템에 설치된 패키지를 살펴보고 시스템에 nodejs 또는 npm 패키지가 없다면 설치한다.

작성된 파일은 다음 예시와 같다. https://github.com/yogeshraheja/Effective-DevOps-with-AWS/blob/master/Chapter03/ansible/roles/nodejs/tasks/main.yml. 첫 번째 역할을 완성했다. 이 책의 목표에 따라 역할은 매우 간단히 유지할 것이다. 그러나 상용 환경에서 역할은 Node.js 및 npm을 https://nodejs.org/en/에서 지정 버전의 바이너리를 직접 가져와서 설치할 것이라고 가정할 수 있다. 때에 따라 특정 종속 모듈을 설치할 수도 있다. 다음 역할은 앞에서 작성했던 Hello World 애플리케이션을 배포하고 설치하는 모듈이다. roles 폴더에서 상위 폴더로 이동해 ansible-galaxy를 한 번 더 호출하라.

```
$ cd ..
$ ansible-galaxy init helloworld
- helloworld was created successfully
```

새롭게 생성한 helloworld 폴더로 이동하라.

```
$ cd helloworld
```

이번에는 다른 폴더들을 살펴볼 것이다. ansible-galaxy 명령어를 실행해 생성한 하위 폴더 중 하나는 files라는 폴더다. 이 폴더에 파일을 추가하면 이 파일은 원격 호스트들로 복사된다. 이 폴더에 2개의 파일을 다운로드하라.

```
$ wget http://bit.ly/2vESNuc -O files/helloworld.js
$ wget http://bit.ly/2vVvT18 -O files/helloworld.conf
```

이제 태스크 파일을 이용해 이 파일을 원격 시스템에 복사하자. tasks/main.yml 파일을 열고 맨 첫 줄에 있는 3개의 대시 아래에 다음과 같이 추가하라.

```
- name: Copying the application file
  copy:
    src: helloworld.js
    dest: /home/ec2-user/
    owner: ec2-user
    group: ec2-user
    mode: 0644
  notify: restart helloworld
```

http://bit.ly/1WBv08E에서도 자세히 확인할 수 있는 copy 모듈을 이용해 애플리케이션 파일을 ec2-user의 홈 폴더로 복사한다. 이 호출의 마지막 줄에 notify 옵션을 추가한다(notify 문장은 copy 문장과 같은 위치에 정렬되어 있음을 주의하라). notify 작업은 플레이북의 각 태스크 블록을 끝에 추가할 수 있는 트리거다. 이 예제에서는 helloworld.js가 바뀌면 restart helloworld를 호출하도록 앤서블에 지시한다. 코드에 변경된 사항이 없다면 재시작은 호출되지 않는다(다른 파일에 helloworld 애플리케이션을 다시 시작하는 방법을 정의할 것이다).

클라우드 포메이션과 앤서블의 커다란 차이점 중 하나는 앤서블은 시스템의 수명 주기 동안 여러 번 실행할 수 있다는 점이다. 앤서블에 내장된 많은 기능은 오랜 수명을 갖는 인스턴스에 최적화되어 있다. notify 옵션을 사용하면 시스템이 상태를 변경할 때마다 이벤트를 발생시키기가 쉬워진다. 또한 앤서블은 에러가 발생했을 때 가능한 한 시스템 중단을 피할 수 있도록 명령어의 실행을 중단시킨다.

이제 애플리케이션 파일을 복사했으므로 두 번째 파일인 upstart 스크립트를 추가하자. helloword.js 복사 코드 아래에 다음과 같이 코드를 추가하라.

```
- name: Copying the upstart file
  copy:
    src: helloworld.conf
```

```
    dest: /etc/init/helloworld.conf
    owner: root
    group: root
    mode: 0644
```

마지막으로 수행할 태스크는 서비스를 시작하는 것이다. service 모듈을 사용하라. 이 모듈에 대한 자세한 사항은 http://bit.ly/22I7QNH에서 확인할 수 있다.

```
- name: Starting the HelloWorld node service
  service:
    name: helloworld
    state: started
```

이제 태스크 파일이 완성됐다. https://github.com/yogeshraheja/Effective-DevOps-with-AWS/blob/master/Chapter03/ansible/roles/helloworld/tasks/main.yml을 참고하라.

태스크 파일이 마무리됐고 이제 다음 파일을 작성하자. 이 파일로 앤서블이 태스크의 notify 매개변수를 호출하면 어떤 방식으로 helloworld를 재시작하는지 알 수 있다. 이러한 유형의 상호작용은 역할의 handler 섹션에 정의되어 있다. 여기서는 handlers/main.yml 파일을 편집하라. 여기서도 service 모듈을 사용한다. 다음은 해당 파일의 설명이다.

```
---
# helloworld용 핸들러 파일
```

main.yml 파일에 다음을 추가하라.

```
- name: restart helloworld
  service:
    name: helloworld
    state: restarted
```

놀랄 만한 것은 없다. 서비스를 관리하기 위해 앞에서 사용했던 동일한 모듈을 사용한다. 해당 역할이 동작하려면 시스템에 Node.js가 설치되어 있어야 한다. 앤서블은 역할 종속성 개념을 지원한다. helloworld 역할이 이전에 생성한 nodejs 역할에 종속된다는 사실을 명시적으로 표시할 수 있다. helloworld 역할을 실행하면 먼저 nodejs 역할을 호출하고 애플리케이션을 실행하는 데 필요한 모듈들을 설치한다.

meta/main.yml 파일을 열자. 이 파일에는 두 섹션이 있다. galaxy_info 아래에 있는 첫 번째 섹션에는 빌드할 역할에 대한 정보가 채워져 있다. 필요하다면 역할을 깃허브에 배포하고 작성한 파일을 ansible-galaxy에 연결해 앤서블 커뮤니티에 공유할 수 있다. 아래에 있는 두 번째 섹션은 dependencies이다. 애플리케이션을 시작하기 전에 시스템에 nodejs를 미리 설치하도록 편집하고자 한다. 대괄호([])를 제거하고 nodejs를 호출하는 코드를 다음과 같이 추가하라.

```
dependencies:
  - nodejs
```

파일 내용은 https://github.com/yogeshraheja/Effective-DevOps-with-AWS/blob/master/Chapter03/ansible/roles/helloworld/meta/main.yml을 참고하라. 이것으로 역할에 대한 코드 작성을 마무리했다. 문서를 제공하는 입장에서 README.md를 편집하는 것은 좋은 습관이다. 작업을 완료했으므로 새롭게 생성된 역할을 참조할 플레이북 파일을 작성할 것이다.

플레이북 파일 작성하기

앤서블 리포지터리의 최상위 폴더(helloworld 역할에서 두 단계 상위 폴더)에서 helloworld.yml이라는 파일을 새로 작성하고자 한다. 이 파일에 다음과 같이 추가하라.

```
---
  - hosts: "{{ target | default('localhost') }}"
```

```
  become: yes
  roles:
    - helloworld
```

이 파일은 기본적으로 변수 target에 나열된 호스트 또는 대상이 지정되어 있지 않은 경우 localhost에서 앤서블이 helloworld 역할을 실행하게 한다. become 구문은 (sudo와 같이) 상승된 권한에서 앤서블이 역할을 실행하게 하는 구문이다. 앤서블 리포지터리는 https://github.com/yogeshraheja/Effective-DevOps-with-AWS/tree/master/Chapter03/ansible을 참조하라. 이제 플레이북을 테스트할 준비가 됐다.

실제로 더 큰 규모에서는 하나 이상의 역할을 포함한다. 다중 애플리케이션이나 서비스를 배포하면 다음과 같은 플레이북을 자주 볼 수 있다. 이에 대한 좀 더 많은 예시는 이 장 뒤에서 확인할 수 있다.

```
---
- hosts: webservers
  roles:
    - foo
    - bar
    - baz
```

플레이북 실행하기

플레이북의 실행은 ansible-playbook 명령어로 할 수 있다. 이 명령어는 이전에 작성한 앤서블 구성 파일을 이용하므로 앤서블 리포지터리의 루트에서 실행해야 한다. 명령어의 문법은 다음과 같다.

```
ansible-playbook <playbook.yml> [옵션]
```

먼저 (private-key 옵션을 적용해) 다음 명령어를 실행하라.

```
$ ansible-playbook helloworld.yml \
    --private-key ~/.ssh/EffectiveDevOpsAWS.pem \
    -e target=ec2 \
    --list-hosts
```

옵션 -e(또는 --extra-vars)는 실행 시 추가 옵션을 전달한다. 여기서는 (플레이북의 호스트 파일에 선언한) 변수 target을 ec2와 동일하게 정의한다. 이 첫 번째 ansible-playbook 명령어는 모든 EC2 인스턴스를 대상으로 앤서블을 실행하게 한다. --list-hosts 옵션은 앤서블이 호스트 범주에 일치하는 호스트 목록을 반환하게 한다. 실제로는 이 호스트들에 대해 어떤 명령어도 실행되지 않는다. 명령어의 결과는 다음과 같다.

```
playbook: helloworld.yml
  play #1 (ec2): ec2 TAGS: []
    pattern: [u'ec2']
    hosts (1):
      18.206.223.199
```

list-hosts 옵션은 서버 목록을 검사하기 위한 좋은 방법으로, 특정 호스트가 더 많이 포함된 더 복잡한 플레이북에서 어떤 호스트에서 플레이북을 실제로 실행하는지 검증할 수 있다. 그래서 처리할 대상 호스트와 일치하는지 확인할 수 있게 해준다.

이제 대상에 대한 값으로 어떤 호스트가 실제로 영향받는지 알게 됐다. 이제 확인할 다음 사항은 플레이북을 실행하면 어떤 일이 생길지 아는 것이다. ansible-playbook 명령어에는 -C(또는 --check) 옵션이 있고 이 옵션은 플레이북 실행 시 어떤 것이 변경되는지를 확인할 수 있는 옵션이다.

```
$ ansible-playbook helloworld.yml \
    --private-key ~/.ssh/EffectiveDevOpsAWS.pem \
    -e target=18.206.223.199 \
    --check
```

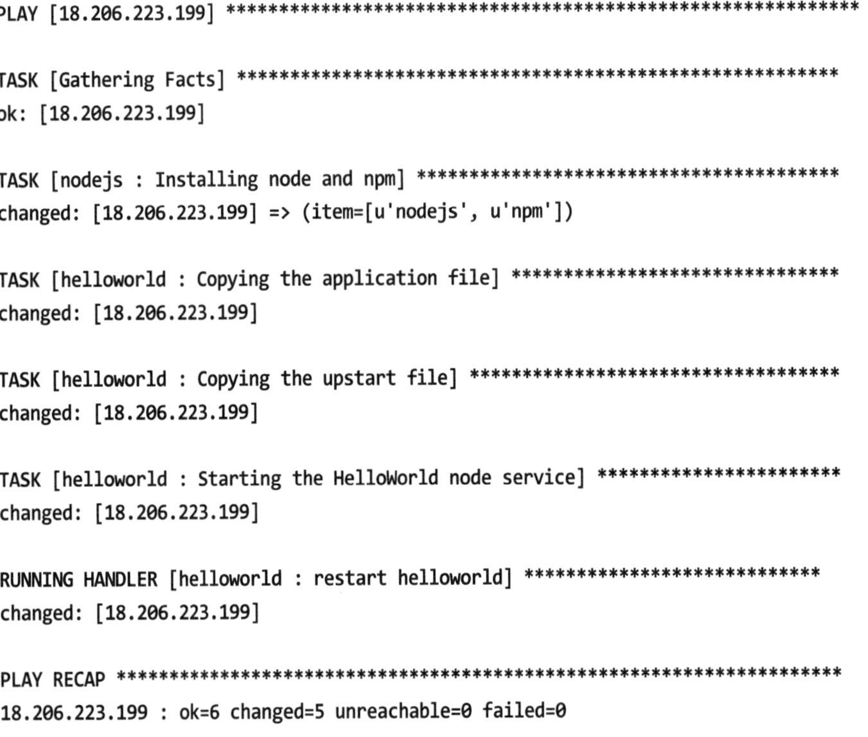

```
PLAY [18.206.223.199] ************************************************************

TASK [Gathering Facts] *********************************************************
ok: [18.206.223.199]

TASK [nodejs : Installing node and npm] ****************************************
changed: [18.206.223.199] => (item=[u'nodejs', u'npm'])

TASK [helloworld : Copying the application file] *******************************
changed: [18.206.223.199]

TASK [helloworld : Copying the upstart file] ***********************************
changed: [18.206.223.199]

TASK [helloworld : Starting the HelloWorld node service] ***********************
changed: [18.206.223.199]

RUNNING HANDLER [helloworld : restart helloworld] ****************************
changed: [18.206.223.199]

PLAY RECAP *********************************************************************
18.206.223.199 : ok=6 changed=5 unreachable=0 failed=0
```

이 명령을 실행하면 플레이북은 드라이런dry-run 모드로 실행된다. 이 모드로 적절한 태스크가 실행되는지 확인할 수 있다. 현재는 드라이런 모드에 있으므로 일부 모듈은 실행을 시뮬레이션하는 데 필요한 모든 것을 실제로 충족하지 못할 수 있다. 그래서 서비스 모듈의 끝에 오류가 표시될 수도 있다. 만약 오류가 나오더라도 실제로 패키지가 설치되면 정상적으로 실행될 것이므로 신경 쓰지 않아도 된다. 호스트 정보와 코드를 확인했으므로 최종적으로 다음과 같이 ansible-playbook을 실행해 변경사항을 적용하라.

```
$ ansible-playbook helloworld.yml \
    --private-key ~/.ssh/EffectiveDevOpsAWS.pem \
    -e target=18.206.223.199
```

결과는 ---check 명령어와 매우 유사하지만 이번에는 실제로 실행됐다. 이제 애플리케이션이 설치 및 구성됐다. 애플리케이션이 정상적으로 동작하는지 확인할 수 있다.

```
$ curl 18.206.223.199:3000
Hello World
```

앤서블을 이용해 클라우드 포메이션으로 앞에서 했던 것을 그대로 재현할 수 있었다. 이제 첫 번째 플레이북을 테스트했으므로 변경사항을 커밋하자. 리포지터리 초기화와 역할의 생성을 세분화하기 위해 커밋을 두 번에 나눠서 할 것이다. 앤서블 리포지터리의 루트에서 다음 명령어를 실행하라.

```
$ git add ansible.cfg ec2.ini ec2.py
$ git commit -m "Configuring ansible to work with EC2"
$ git add roles helloworld.yml
$ git commit -m "Adding role for nodejs and helloworld"
$ git push
```

변경에 대한 카나리아 테스트하기

서비스를 관리하는 데 앤서블을 사용할 때의 가장 큰 이점 중 하나는 코드를 쉽게 변경할 수 있고 변경사항을 신속히 반영할 수 있다는 점이다. 앤서블로 서비스를 많이 관리하는 상황이라면, 단 한 대의 호스트에 변경사항을 반영해 해당 변경사항이 예상대로 적용되는지 확인하고자 할 수 있다. 이것을 보통 **카나리아 테스트**canary test라고 부른다. 앤서블로 이런 작업을 하는 것은 정말 용이하다. roles/helloworld/files/helloworld.js 파일을 열고 11번째 줄로 이동해 응답 내용을 `Hello World`에서 `Hello World, Welcome again`으로 바꿔라.

```
// "Hello World"를 응답으로 전송
response.end('Hello World, Welcome again\n');
}).listen(3000);
```

파일을 저장한 후 ansible-playbook을 다시 실행하되 처음에는 --check 옵션을 추가하고 실행하라.

```
$ ansible-playbook helloworld.yml \
    --private-key ~/.ssh/EffectiveDevOpsAWS.pem \
    -e target=18.206.223.199 \
    --check
```

앤서블은 단지 두 가지 변경사항만 감지한다. 첫 번째는 애플리케이션 파일을 덮어쓰는 것이고, 두 번째는 notify 구문을 실행하는 것이다. 이 구문은 애플리케이션의 재시작을 의미한다. 예상대로 적용됐는지 확인하기 위해 --check 옵션 없이 플레이북을 실행하라.

```
$ ansible-playbook helloworld.yml \
    --private-key ~/.ssh/EffectiveDevOpsAWS.pem \
    -e target=18.206.223.199
```

앞의 명령어와 동일한 출력 결과를 볼 수 있으나 이번에는 변경사항이 실제로 반영된다.

```
$ curl 18.206.223.199:3000
Hello World, Welcome again
```

변경사항은 매우 간단하지만 클라우드 포메이션 템플릿을 수정하는 것으로 동일한 변경 작업을 한다면 새로운 EC2 인스턴스를 생성해야만 가능하다. 여기서는 애플리케이션의 코드를 간단히 업데이트한 후 이를 앤서블로 대상 호스트에 밀어 넣었다. 이제 다음과 같이 깃을 통해 로컬의 변경사항을 되돌리자.

```
$ git checkout roles/helloworld/files/helloworld.js
```

새로운 개념을 설명하기 위해 EC2 인스턴스에서 이 변경사항을 제거하고 이 새로운 개념을 시연하려고 한다. 다음 절에서는 앤서블을 비동기적으로 실행할 것이다(여기서는 풀pull 모드임).

빠를수록 좋다

변경사항을 몇 분 내에 처리하는 대신 수 초 내에 처리하는 것이 자그마한 성공 같이 보일 것이나 그렇지 않다. 속도는 성공적인 창업과 기술을 차별화하는 요소다. 신규 서버를 배포하는 데 며칠 걸리는 대신 몇 분 만에 하는 능력은 클라우드를 채택하는 커다란 요인이었다. 마찬가지로, 이 책에서 나중에 볼 컨테이너의 최근 성공은 가상 서버를 시작하는 데는 몇 분이 걸리지만 새로운 컨테이너를 시작하는 데는 단지 수 초면 가능했기 때문이다.

풀 모드로 앤서블 실행하기

즉시 변경할 수 있다는 건 매우 가치 있는 능력이다. 새로운 코드를 쉽게 그리고 동시에 반영할 수 있었고 앤서블 수행이 성공적인지 확인할 수 있었다. 좀 더 큰 규모의 경우 많은 서버에 걸쳐 뭔가를 변경하는 앞의 예시는 여전히 의미가 있지만 때로는 다소 까다로울 수 있다. 이런 방식으로 변경할 때의 위험성으로 인해 호스트의 하위 집합에는 변경사항을 적용하지 말아야 하고, 방금 갱신된 역할을 공유받은 다른 서버들도 제외해야 하는 등 설정 푸시 제어에 매우 잘 훈련되어 있어야 한다. 그렇지 않으면 앤서블 구성 리포지터리와 운용 중인 서버들 사이에서 아주 빠르게 증가하는 변경사항들에 선별적으로 앤서블을 실행해야 하므로 매우 위험한 작업이 될 수 있다. 이러한 상황에서는 변경 정보를 자동으로 가져오게 하는 풀 메커니즘을 사용하는 것이 좋다. 물론 푸시나 풀을 선택할 필요는 없다. 변경사항을 반영하는 데 푸시 및 풀 메커니즘을 모두 사용하도록 쉽게 구성할 수 있다. 앤서블은 `ansible-pull`이라는 명령어를 제공한다. 이름에서 알 수 있듯이 앤서블을 풀 모드로 동작시키는 명령어다. `ansible-pull` 명령어는 `ansible-playbook` 명령어와 매우 유사하게 동작하지만, 다른 점은 깃허브 리포지터리에서 코드를 끌어와 시작한다는 것이다.

EC2 인스턴스에 깃과 앤서블 설치하기

앤서블과 깃을 원격으로 실행할 수 있어야 하므로 먼저 EC2 인스턴스에 이들 패키지를 설치해야 한다. 지금은 이 두 패키지를 수작업으로 설치하려고 한다. 이 장의 뒷부분에서 재사용 가능한 솔루션으로 구현할 것이다. 앤서블은 원격으로 명령어를 실행하기 위한 완벽한 도구이고 패키지를 설치하는 것과 같은 가장 일반적인 요구사항을 관리할 수 있는 모듈을 갖고 있기 때문에 변경사항을 반영하기 위해 ssh로 호스트에 로그인해 일부 명령어를 실행하는 대신 앤서블을 사용해 변경 작업을 수행할 수 있다. EPEL yum 리포지터리에서 깃과 앤서블을 설치할 것이다. 이를 위해 루트에서 명령어를 실행해야 한다. 이것은 become 옵션을 사용해 실행할 수 있다. EC2 인스턴스의 IP 주소를 이용해 다음 명령어를 실행하라.

```
$ ansible '18.206.223.199' \
    --private-key ~/.ssh/EffectiveDevOpsAWS.pem \
    --become \
    -m yum -a 'name=git enablerepo=epel state=installed'

$ ansible '18.206.223.199' \
    --private-key ~/.ssh/EffectiveDevOpsAWS.pem \
    --become \
    -m yum -a 'name=ansible enablerepo=epel state=installed'
```

ansible-pull을 사용해 앤서블로 변경사항을 로컬에 적용하게 하는 것이 우리의 목표다. 이 동작을 최적화하기 위해 앤서블 리포지터리를 변경할 수 있다.

로컬 호스트에서 동작하는 앤서블 구성하기

ansible-pull은 깃을 이용해 리포지터리를 로컬로 복제 후 실행하기 때문에 SSH를 통한 실행은 필요 없다. 앤서블 리포지터리의 루트 폴더로 가서 파일을 신규로 생성하라. 파일명은 localhost로 하고, 다음 내용을 추가하라.

```
[localhost]
localhost ansible_connection=local
```

이 작업은 정적인 인벤토리를 생성하고 앤서블은 로컬 모드로 실행된다. 특히 (SSH를 사용하는 것과 반대로) 대상 호스트가 localhost이면 해야 할 일은 정적인 인벤토리를 생성하고 로컬에서 명령어를 실행하는 것이다. 다음과 같이 변경사항을 저장하고 신규 파일을 깃허브에 커밋하라.

```
$ git add localhost
$ git commit -m "Adding localhost inventory"
$ git push
```

EC2 인스턴스에 크론 잡 추가하기

이제 크론 탭cron tab 항목을 생성해 ansible-pull을 주기적으로 호출하게 하려고 한다. 여기서도 앤서블이 크론 잡cron job을 원격으로 생성하게 할 것이다. IP 주소를 반영해 다음 명령어를 실행하라.

```
$ ansible 18.206.223.199' \
    --private-key ~/.ssh/EffectiveDevOpsAWS.pem \
    -m cron -a 'name=ansible-pull minute="*/10" job="/usr/bin/ansible-pull -U https://
github.com/<당신의 사용자명>/ansible helloworld.yml -i localhost --sleep 60"'
```

위 명령에서는 앤서블이 ec2 인스턴스를 대상으로 cron 모듈을 사용하게 했다. 앤서블은 시간의 경과에 따라 크론 잡을 추적하고, cron에게 10분마다 작업을 실행하도록 알려주고, 끝으로 실행해야 할 명령어와 매개변수를 알려주게 했다. ansible-pull에 제공한 매개변수들은 소스 브랜치의 깃허브 URL, 리포지터리에 방금 추가한 인벤토리 파일 및 호출이 시작된 후 1초에서 60초 사이의 임의의 시간에 명령어를 실행하게 하는 sleep이다. 하나 이상의 서버가 있는 경우 모든 노드에서 서비스를 동시에 실행하는 것을 막아 네트워크 부하를 분산하는 데 도움을 준다. 잠시 기다린 후 변경사항이 유효한지 확인하라.

```
$ curl 54.175.86.38:3000
Hello World
```

클라우드 포메이션을 이용해 생성한 EC2 인스턴스에 앤서블을 수동으로 통합한 후에 이 절차를 공식화할 수 있다.

클라우드 포메이션에 앤서블 통합하기

클라우드 포메이션에 앤서블을 통합하는 여러 전략이 있지만 현 상황에 대한 분명한 방법이 있다. 여기서는 `UserData` 필드를 사용하고 `ansible-pull` 명령어를 통해 앤서블을 초기화하려고 한다.

이 장의 초기에 작성했던 트로포스피어 스크립트로 시작하자. 다음과 같이 이 스크립트를 복제해 새로운 스크립트를 생성할 것이다.

```
ansiblebase-cf-template.py
```

템플릿 리포지터리로 이동해 이전 템플릿을 다음과 같이 복제하라.

```
$ cd EffectiveDevOpsTemplates
$ cp helloworld-cf-template.py ansiblebase-cf-template.py
```

그런 다음 편집기로 ansiblebase-cf-template.py 스크립트를 열자. 스크립트의 가독성을 높이기 위해 우선 몇 가지 변수를 정의한다. 애플리케이션 포트를 정의하기 전에 애플리케이션명을 정의하라.

```
ApplicationName = "helloworld"
ApplicationPort = "3000"
```

또한 깃허브에 대한 여러 상수들을 정의한다. 다음과 같이 GithubAccount 값을 자신의 깃허브 사용자 ID 또는 깃허브 조직명으로 바꿔라.

```
ApplicationPort = "3000"

GithubAccount = "EffectiveDevOpsWithAWS"
GithubAnsibleURL = "https://github.com/{}/ansible".format(GithubAccount)
```

GithubAnsibleURL을 정의한 후 앤서블로 호스트를 구성하도록 실행할 명령줄을 포함하는 변수 하나를 더 추가하려고 한다. 다음과 같이 ansible-pull을 호출하고 방금 정의한 GithubAnsibleURL과 ApplicationName 변수를 사용한다.

```
AnsiblePullCmd = \
  "/usr/bin/ansible-pull -U {} {}.yml -i localhost".format(
  GithubAnsibleURL,
  ApplicationName
)
```

이제 UserData 블록을 업데이트하려고 한다. Node.js를 설치하고 애플리케이션을 다운로드하고 서비스를 시작하는 대신 다음과 같이 이 블록을 변경하라. 깃과 앤서블을 설치하고 AnsiblePullCmd 변수가 포함된 명령어를 실행하고, 마지막으로 10분마다 명령어를 다시 실행하게 하는 크론 잡을 설치한다. 이전에 정의한 ud 변수를 제거하고 다음과 같이 변경하라.

```
ud = Base64(Join('\n', [
  "#!/bin/bash",
  "yum install --enablerepo=epel -y git",
  "pip install ansible",
  AnsiblePullCmd,
  "echo '*/10 * * * * root {}' > /etc/cron.d/ansible-pull".format(AnsiblePullCmd)
]))
```

파일을 저장하고 이를 이용해 JSON 템플릿을 생성하고 테스트할 수 있다. 새로운 스크립트는 https://github.com/yogeshraheja/EffectiveDevOpsTemplates/blob/master/ansiblebase-cf-template.py를 참고하라.

```
$ python ansiblebase-cf-template.py > ansiblebase.template
$ aws cloudformation update-stack \
    --stack-name ansible \
    --template-body file://ansiblebase.template \
    --parameters  ParameterKey=KeyPair,ParameterValue=EffectiveDevOpsAWS
{
    "StackId": "arn:aws:cloudformation:us-east-1:511912822958:stack/HelloWorld/
ef2c3250-6428-11e7-a67b-50d501eed2b3"
}
```

새로운 스택을 생성할 수도 있다. 예를 들어, 기존의 ansible 스택을 변경하는 대신 이를 helloworld라고 하자. 이 경우 스택 생성을 위해 다음 명령어를 실행해야 한다.

```
$ aws cloudformation create-stack \
    --stack-name HelloWorld \
    --template-body file://ansiblebase.template \
    --parameters  ParameterKey=KeyPair,ParameterValue=EffectiveDevOpsAWS
{
    "StackId": "arn:aws:cloudformation:us-east-1:094507990803:stack/HelloWorld/
5959e7c0-9c6e-11e8-b47f-50d5cd26c2d2"
}
```

이제 명령이 완료될 때까지 기다리자.

```
$ aws cloudformation wait stack-update-complete \
    --stack-name ansible
```

이제 스택 생성이 완료됐으므로 클라우드 포메이션을 조회해 스택의 출력, 특히 공인 IP 주소를 확인할 수 있다.

```
$ aws cloudformation describe-stacks \
    --stack-name helloworld \
    --query 'Stacks[0].Outputs[0]'
{
    "Description": "Public IP of our instance.",
    "OutputKey": "InstancePublicIp",
    "OutputValue": "35.174.138.51"
}
```

끝으로, 서버가 정상 동작하는지 확인할 수 있다.

```
$ curl 35.174.138.51:3000
Hello World
```

이제 새롭게 작성한 troposphere 스크립트를 다음과 같이 EffectiveDevOpsTemplates 리포지터리에 커밋하자.

```
$ git add ansiblebase-cf-template.py
$ git commit -m "Adding a Troposphere script to create a stack that relies on Ansible
to manage our application"
$ git push
```

이제 코드를 이용해 인프라를 효율적으로 관리하는 완벽한 솔루션이 확보됐다. 아주 간단한 예시로 데모를 했지만 이 모든 것은 매우 많은 수의 서비스가 있는 더 큰 인프라에도 적용할 수 있다. 거의 마무리됐다. 이제 스택을 제거해 현재 사용 중인 리소스를 종료하자. 이 장의 앞부분에서는 웹 인터페이스를 사용해 이 작업을 했으나, 명령줄 인터페이스로도 다음과 같이 쉽게 작업할 수 있다.

```
$ aws cloudformation delete-stack --stack-name ansible
```

helloworld 스택도 생성했는지 주의하고, 다음 명령어를 통해 역시 제거하라.

```
$ aws cloudformation delete-stack --stack-name helloworld
```

모니터링

모든 것을 모니터링하고 측정하는 것은 데브옵스를 지향하는 조직의 중요한 측면이다. 인터넷에서 클라우드 포메이션과 앤서블을 효과적으로 모니터링하는 방법을 잘 작성해 둔 여러 블로그와 예제를 찾을 수 있다. 클라우드 포메이션을 모니터링할 때 스택 생성 이후 스택 라이프 사이클에 관련된 모든 이벤트를 수신하기 위해서는 SNS 토픽에 가입해야 한다. 클라우드 스택 생성 실패를 아는 것 또한 중요하다. 앤서블은 콜백 시스템이 있어서 앤서블 실행에 관한 자동화를 구성할 수 있는 방법을 제공한다. 클라우드 포메이션과 유사하게 앤서블 구성이 실제로 반영되지 않아 앤서블 실행의 실패 알람을 받는 것은 중요하다(앤서블이 풀 모드로 구성되어 있을 때 훨씬 더 중요하다).

요약

3장에서는 코드를 이용해 인프라를 효율적으로 관리하는 방법을 배웠다. 클라우드 포메이션을 이용해 다른 서비스에 대한 각각의 AWS 구성요소와 구성을 기술하는 템플릿을 작성할 수 있었다. 이러한 템플릿을 간단히 작성하기 위해 그래픽 사용자 인터페이스를 가진 도구인 클라우드 포메이션 디자이너와 파이썬 라이브러리인 트로포스피어 등 몇 가지 옵션을 살펴봤다. 그런 다음 데브옵스 철학 측면에서 가장 잘 알려진 것 중 하나인 구성 관리를 살펴봤다. 이 주제를 설명하려고 가장 인기 있는 구성 관리 솔루션 중 하나인 앤서블을 살펴봤다. 처음에는 앤서블 명령어를 사용한 여러 가지 방법을 살펴봤고 인프라에 대한 간단한 명령어를 실행해봤다. 그런 다음 웹 서버를 배포하는 여러 단계를 오케스트레이션하는 플레이북 작성 방법을 살펴봤다. 마지막으로 앤서블을 풀 모드로 사용하는 방법을 살펴봤다. 이 모드는 규모가 있는 인프라를 관리할 때 좀 더 일반적이다.

이제 모든 애플리케이션을 호스팅할 수 있는 우수한 상용 환경이 준비됐다. 서버를 구성하고 모니터링하는 방법을 확인했다. 5장 '연속 통합과 연속 배포 추가하기'에서 클라우드 포메이션과 앤서블을 계속 사용할 것이나, 소프트웨어 배포에 관한 연속 통합과 연속 배포 구축 방법을 배울 것이다.

질문

1. IaC는 무슨 뜻인가?
2. AWS 클라우드 포메이션 콘솔을 이용해 간단한 Hello World 애플리케이션을 어떻게 배포할 수 있는가?
3. 유명한 SCM 패키지를 나열해보라. 소스 제어 관리에 있어 깃허브 계정은 어떤 점에서 유용한가?
4. (로컬 버전 관리인) 깃 패키지를 설치하고 이전 예시에서 생성했던 깃허브 전역 리포지터리를 복제하고 helloworld-cf.template을 깃허브 리포지터리에 푸시하라.
5. 앤서블이란 무엇인가? 앤서블의 중요 특징을 나열해보라.

더 읽을거리

이 주제를 좀 더 자세히 공부하려면 다음 링크를 방문하라.

- **AWS 클라우드 포메이션 세부사항**: https://console.aws.amazon.com/cloudformation

- **트로포스피어**(AWS 클라우드 포메이션 스크립트를 생성하는 파이선 라이브러리): https://github.com/cloudtools/troposphere
- **앤서블 구성 관리 도구**: https://docs.ansible.com/ansible

04

테라폼 코드로 인프라 다루기

3장 '코드로 인프라 다루기'를 통해 클라우드 포메이션과 앤서블에 친숙해졌다. 클라우드 포메이션 템플릿을 작성해 EC2 환경을 생성하고 Hello World 애플리케이션을 배포했다. 그런 다음 자동화의 세계로 한 발짝 더 나아가고자 **앤서블**Ansible 구성 관리 도구를 소개했다. 프로비저닝 시 앤서블이 클라우드 포메이션 템플릿을 깔끔하고 제한된 형태로 어떻게 애플리케이션 배포 및 오케스트레이션을 하는지도 자세히 살펴봤다. 이 접근법은 AWS 클라우드에 있어 테크 자이언트tech giant도 채택한 방법이다. 그러나 AWS, 애저Azure, 구글 클라우드, 오픈스택OpenStack, VM웨어VMware 같은 다중 클라우드 플랫폼 기반의 이기종 환경을 다룬다면 클라우드 포메이션 서비스는 AWS 종속 서비스이므로 더 이상 적용할 수 없다.

많은 노력 없이 컴퓨팅 서비스뿐만 아니라 다른 클라우드 종속적인 서비스를 프로비저닝 할 수 있는 대체 솔루션이 필요하다. 물론 복잡하고 관리하기 어려운 스크립트로 구현하는 방법도 있지만 결과적으로 환경은 훨씬 더 복잡해질 것이다. IaC Infrastructure as Code 라는 권고된 지침을 따르는 선언적 접근법으로 이기종의 환경에서 간단하고 관리 가능한 상태를 유지하는 솔루션이 필요하다. 이 솔루션이 바로 **테라폼** Terraform 이다. 테라폼은 인프라를 안전하고도 효과적으로 구성하고 변경하고 버전 관리하는 도구다.

4장에서 다루는 내용은 다음과 같다.

- 테라폼이란 무엇인가?
- 테라폼 리포지터리 생성하기
- AWS, 테라폼, 앤서블 통합하기

기술 요구사항

4장의 기술 요구사항은 다음과 같다.

- AWS 콘솔
- 깃
- 깃허브
- 테라폼
- 앤서블

다음 웹사이트는 테라폼에 관한 더 많은 정보를 제공한다.

- **제품 정보를 알려주는 테라폼 공식 웹사이트**: https://terraform.io
- **테라폼이 제공하는 프로바이더 상세 내역**: https://www.terraform.io/docs/providers/

- **해시코프HashiCorp 구성 관리 언어 상세 내역**: https://github.com/hashicorp/hcl
- **첫 번째 프로젝트의 테라폼 템플릿 깃허브 링크**: https://raw.githubusercontent.com/yogeshraheja/EffectiveDevOpsTerraform/master/firstproject/ec2.tf
- **두 번째 프로젝트의 테라폼 템플릿 깃허브 링크**: https://raw.githubusercontent.com/yogeshraheja/EffectiveDevOpsTerraform/master/secondproject/helloworldec2.tf
- **세 번째 프로젝트의 테라폼 템플릿 깃허브 링크**: https://raw.githubusercontent.com/yogeshraheja/EffectiveDevOpsTerraform/master/thirdproject/helloworldansible.tf
- **네 번째 프로젝트의 테라폼 템플릿 깃허브 링크**: https://raw.githubusercontent.com/yogeshraheja/EffectiveDevOpsTerraform/master/fourthproject/helloworldansiblepull.tf

테라폼이란 무엇인가?

테라폼은 오픈소스 Iac 소프트웨어로 **해시코프**HashiCorp라는 회사에서 2014년 7월에 출시했다. 이 회사는 베이그런트Vagrant, 팩커Packer, 볼트Vault 같은 도구를 출시했던 회사다. 테라폼은 **모질라 퍼블릭 라이선스**MPL, Mozilla Public License 버전 2.0 하에서 출시됐다. 테라폼의 소스 코드는 깃허브 https://github.com/hashicorp/terraform에서 사용할 수 있다. 누구든지 이 소스 코드를 이용하고 테라폼 개발에 기여할 수 있다.

테라폼은 **해시코프 구성 관리 언어**HCL, HashiCorp Configuration Language라고 불리는 고수준 구성 관리 언어로 데이터 센터 인프라를 정의할 수 있다. 해시코프는 기술 지원이 포함되는 테라폼 엔터프라이즈 버전도 제공한다. 테라폼에는 많은 기능이 있고 이 기능들이 테라폼을 완벽한 고수준 인프라 오케스트레이션 도구로 만들어준다. 테라폼에는 다음 기능들이 있다.

- 매우 쉽고 최소화된 설치 단계를 제공한다.
- 테라폼 템플릿을 작성하는 데 선언적인 접근을 제공한다.
- 오픈소스와 엔터프라이즈용을 모두 제공한다.
- 멱등성을 제공하는데, 이는 테라폼 템플릿을 당신의 환경에 여러 번 적용해도 항상 같은 결과가 나온다는 뜻이다.
- AWS, 애저, GCP, 오픈스택, 디지털오션DigitalOcean 같은 거의 대부분의 주요 클라우드 플랫폼과의 완벽한 조합이다. 더 자세한 내용은 https://www.terraform.io/docs/providers/를 참고하라.

그러나 테라폼은 다음을 제공하지는 않는다.

- 퍼핏Puppet, 셰프Chef, 앤서블Ansible, 솔트스택SaltStack 같은 구성 관리 도구. 인스턴스에 몇몇 중요한 구성 정보 파일을 갖는 일부 경량 프로그램 또는 소프트웨어를 설치할 수 있다. 그러나 좀 더 복잡한 애플리케이션의 배포 및 오케스트레이션을 하려면 앞 절에서 나열한 구성 관리 도구를 사용해야 한다.
- AWS Boto 같은 저수준 도구

테라폼 시작하기

이 책에서는 오픈소스 테라폼을 중점적으로 다룰 것이다. 이전 장들에서 사용했던 센트OS 7.x 머신에서 완전한 테라폼 설치를 보여줄 것이다. 해시코프는 운영체제에 종속된 패키지를 제공하지 않는다. 그래서 테라폼은 단일 바이너리인 ZIP 압축 패키지로 배포된다.

센트OS 서버에 테라폼을 설치해보자. 다음 단계를 따르라.

1. 공식 웹사이트 https://www.terraform.io/downloads.html에서 테라폼 바이너리를 다운로드해야 한다. 여기서는 리눅스 64비트를 사용한다.

```
[root@yogeshraheja ~]# curl -O https://releases.hashicorp.com/terraform/0.11.8/terraform_0.11.8_linux_amd64.zip
  % Total    % Received % Xferd  Average Speed   Time    Time     Time  Current
                                 Dload  Upload   Total   Spent    Left  Speed
100 17.0M  100 17.0M    0     0  34.5M      0 --:--:-- --:--:-- --:--:-- 34.6M
[root@yogeshraheja ~]#
[root@yogeshraheja ~]# ls -lrt terraform_0.11.8_linux_amd64.zip
-rw-r--r--. 1 root root 17871447 Sep 12 06:40 terraform_0.11.8_linux_amd64.zip
[root@yogeshraheja ~]#
```

2. 테라폼 zip 파일의 압축을 풀어라. unzip 패키지가 없다면 설치해야 한다.

```
$ yum -y install unzip
$ echo $PATH
$ unzip terraform_0.11.8_linux_amd64.zip -d /usr/bin/
```

3. 끝으로, 설치된 테라폼 버전을 확인하라. 이 책을 쓰는 시점의 최신 테라폼 버전은 다음과 같다.

```
$ terraform -v
Terraform v0.11.8
```

설치하는 데 단지 몇 분 정도만 걸릴 정도로 테라폼은 매우 가벼운 바이너리다. 이제 AWS 서비스 프로비저닝의 테라폼 환경을 사용하도록 모든 설정을 하자.

자동화된 프로비저닝을 위한 테라폼과 AWS

앞에서 언급한 대로 테라폼은 고수준의 인프라 오케스트레이션을 위해 AWS, 애저, GCP 같은 다중 프로바이더를 제공한다. 여기서는 AWS 플랫폼만 사용할 것이다. 2장 '첫 번째 웹 애플리케이션 배포하기'에서 살펴봤던 것과 같이 두 가지 방식으로 모든 AWS 서비스 또는 컴퓨팅 서비스를 배포할 수 있다.

- AWS 관리 콘솔
- AWS **명령줄 인터페이스**[CLI, Command Line Interface]

AWS 관리 콘솔을 이용한 배포

앞에서와 같이 AWS 컴퓨팅 서비스 배포에 주력하자. AWS 관리 콘솔로 AWS 인스턴스를 배포하는 방법은 아주 간단하다. 다음 단계를 따르라.

1. https://console.aws.amazon.com에서 AWS 관리 콘솔에 로그인하거나 IAM 사용자 계정을 사용하라. 2장 '첫 번째 웹 애플리케이션 배포하기'에서 IAM 사용자 계정을 생성했고 해당 URL은 https://〈AWS 계정 ID 또는 계정 별칭〉.signin.aws.amazon.com/console이다.
2. Services서비스 탭을 선택한 후 Compute컴퓨트 섹션에서 EC2를 선택한 후 Launch Instance인스턴스 띄우기 버튼을 클릭하라.
3. 다음 화면에서 Amazon Machine Image (AMI)아마존 머신 이미지를 선택하라. 이 책에서는 아마존 리눅스 AMI인 `ami-cfe4b2b0`을 사용한다.
4. Choose an Instance Type인스턴스 유형 선택 단계에서 `t2.micro`를 선택하고 Next: Configure Instance Details다음: 인스턴스 세부 구성 버튼을 클릭하라.
5. 기본 설정을 선택하고 Next: Add Storage다음: 스토리지 추가 버튼을 클릭하라.
6. 다시 한번 스토리지 기본 설정을 선택하고 Next: Add tags다음: 태그 추가 버튼에 이어 Next: Configure Security Group다음: 보안 그룹 구성 버튼을 클릭하라.
7. 2장 '첫 번째 웹 애플리케이션 배포하기'에서 생성한 보안 그룹을 선택하라. 내 경우는 다음 그림과 같이 `sg-01864b4c`다.

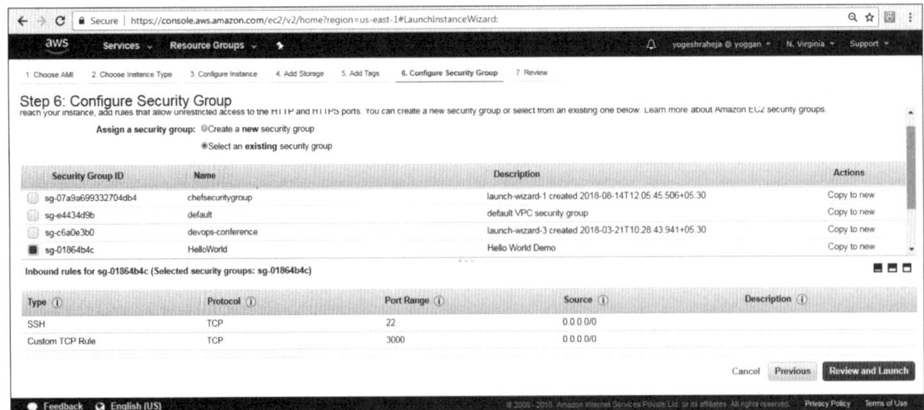

8. 이제 Review and Launch검토 및 시작 버튼을 클릭하라. 표시되는 모든 경고를 무시하고 Launch시작 버튼을 클릭하라.

9. 키 페어를 선택하라. 내 경우는 `EffectiveDevOpsAWS`다. Launch Instances인스턴스 시작 버튼을 클릭하라.

수 분 안에 AWS 인스턴스가 구동된다. 서버가 시작된 후 로컬에서 서버로 로그인하라. 내 경우는 센트OS다. 다음과 같은 절차에 따라 Hello World 애플리케이션을 수작업으로 배포하고 명령줄 또는 브라우저로 검증하는 작업을 진행하라.

```
$ ssh -i ~/.ssh/EffectiveDevOpsAWS.pem ec2-user@34.201.116.2 (이 IP를 당신의 AWS 공인 IP로 대체하라.)
$ sudo yum install --enablerepo=epel -y nodejs
$ sudo wget https://raw.githubusercontent.com/yogeshraheja/Effective-DevOps-with-AWS/master/Chapter02/helloworld.js -O /home/ec2-user/helloworld.js
$ sudo wget https://raw.githubusercontent.com/yogeshraheja/Effective-DevOps-with-AWS/master/Chapter02/helloworld.conf -O /etc/init/helloworld.conf
$ sudo start helloworld

$ curl http://34.201.116.2:3000/
Hello World
```

 이 절차를 완료했다면 AWS 관리 콘솔에서 이 인스턴스를 종료하는 것을 잊지 말자.

종료 절차도 매우 간단하다. 다음 스크린샷과 같이 생성된 인스턴스를 선택하고 Actions실행 드롭다운을 클릭한 후 Instance State인스턴스 상태 메뉴에서 종료를 클릭하라.

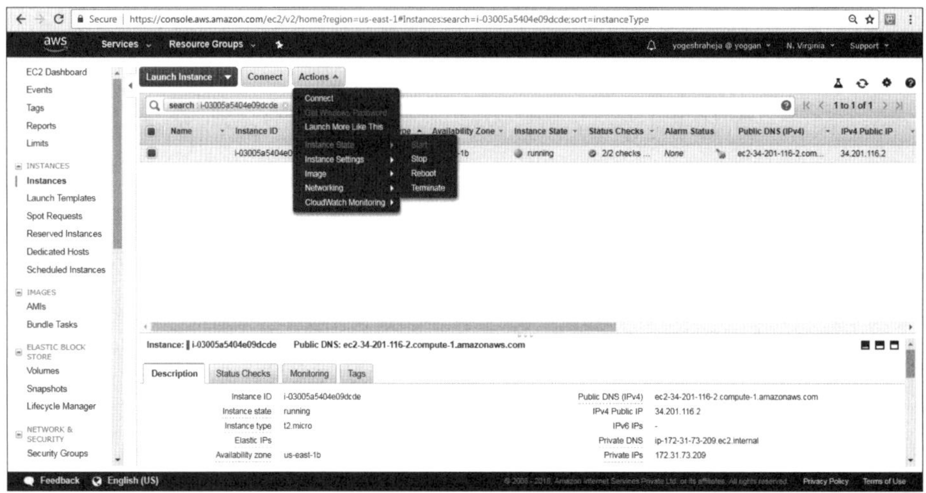

AWS CLI를 이용한 배포

AWS CLI를 이용해 인스턴스를 생성하고 Hello World 애플리케이션을 배포하는 절차는 2장 '첫 번째 웹 애플리케이션 배포하기'에서 이미 시연했다. 작업을 진행하기 전에 awscli 도구가 설치되어 있는지 확인해야 한다. 다음은 AWS CLI를 이용한 Hello World 웹 애플리케이션 배포하기에 대한 간략한 설명이다.

```
$ aws ec2 run-instances \
    --instance-type t2.micro \
    --key-name EffectiveDevOpsAWS \
    --security-group-ids sg-01864b4c \
    --image-id ami-cfe4b2b0

$ aws ec2 describe-instances \
    --instance-ids i-0eb05adae2bb760c6 \
    --query "Reservations[*].Instances[*].PublicDnsName"
```

i-0eb05adae2bb760c6을 이전 명령어에서 생성한 AWS 인스턴스 ID로 대체하는 것을 잊지 말자.

```
$ ssh -i ~/.ssh/EffectiveDevOpsAWS.pem ec2-user@ec2-18-234-227-160.compute-1.amazonaws.com
$ sudo yum install --enablerepo=epel -y nodejs
$ sudo wget https://raw.githubusercontent.com/yogeshraheja/Effective-DevOps-with-AWS/
master/Chapter02/helloworld.js -O /home/ec2-user/helloworld.js
$ sudo wget https://raw.githubusercontent.com/yogeshraheja/Effective-DevOps-with-AWS/
master/Chapter02/helloworld.conf -O /etc/init/helloworld.conf
$ sudo start helloworld

$ curl http://ec2-18-234-227-160.compute-1.amazonaws.com:3000/
 Hello World
```

테스트가 마무리됐다면 aws ec2 terminate-instances --instance-ids 〈AWS 인스턴스 ID〉로 인스턴스를 종료하는 것을 잊지 말자.

테라폼 리포지터리 생성하기

앞에서 AWS 인스턴스를 생성하는 두 가지 방법(AWS 관리 콘솔 및 AWS CLI)을 살펴봤다. 이들은 3장 '코드로 인프라 다루기'에서 확인한 대로 클라우드 포메이션 템플릿이라 불리는 클라우드 종속 서비스로 자동화할 수 있다. 이 방법은 AWS 클라우드를 사용하는 경우에만 적용 가능하다. 테라폼과 클라우드 포메이션의 차이를 이해하려면 https://www.terraform.io/intro/vs/cloudformation.html을 참고하라.

깃허브 계정에 전용 리포지터리를 생성하고 이제 테라폼으로 여행을 시작해보자. 깃허브에 로그인했다면 다음 절차를 따라 테라폼 템플릿에 대한 신규 리포지터리를 생성하라.

1. 브라우저에서 https://github.com/new를 열자.
2. 다음 스크린샷과 같이 이 리포지터리를 `EffectiveDevOpsTerraform`이라고 하라.

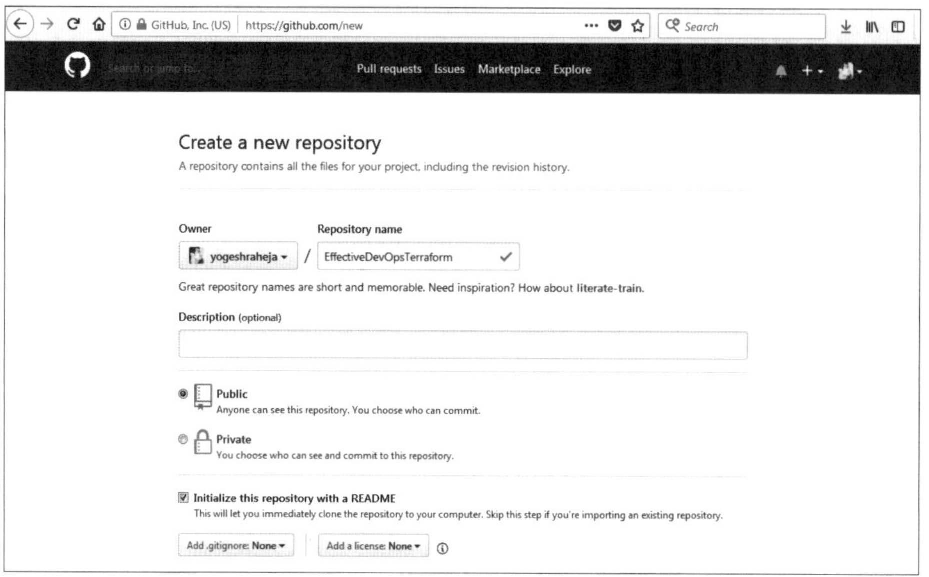

3. Initialize this repository with a README[초기화 시 README를 포함하기] 체크박스를 클릭하라.
4. 끝으로, Create repository[리포지터리 생성] 버튼을 클릭하라.
5. 리포지터리가 생성되면 이를 로컬 시스템에 복제하자. 이를 위해서는 깃을 설치해야 한다. 깃이 아직 없다면 로컬 운영체제에 깃 설치하는 방법을 구글에서 검색하라. 센트OS의 경우에는 현재 깃이 리눅스 배포판에 포함되어 있으므로 `yum -y install git`만 실행하면 된다.

```
$ git clone https://github.com/<당신의 깃허브 사용자명>/EffectiveDevOpsTerraform
```

6. 리포지터리를 복제했으므로 이제 테라폼 템플릿을 작성할 준비가 됐다. `EffectiveDevOpsTerraform` 리포지터리로 가서 firstproject라는 폴더를 생성하라.

```
$ cd EffectiveDevOpsTerraform
$ mkdir firstproject
$ cd firstproject
```

AWS 인스턴스 프로비저닝을 위한 첫 번째 테라폼 템플릿

테라폼은 가상 머신, 클라우드 인스턴스, 물리 머신, 컨테이너 및 많은 인프라 자원을 생성하고 관리하고 업데이트하는 데 사용된다. 거의 대부분의 인프라 유형은 테라폼에서 리소스로 표현된다. 다음 단계로 리소스를 하나 만들려고 한다. 그 전에 리소스를 공개하고 API로 상호작용하는 테라폼 프로바이더를 이해할 필요가 있다. 프로바이더는 (AWS, GCP 같은) IaaS, (헤로쿠Heroku 같은) PaaS 또는 (DNSimple 같은) SaaS가 될 수 있다. 프로바이더는 테라폼 템플릿의 시작 섹션이다. 테라폼으로 인스턴스를 생성하기 전에 AWS 프로바이더를 구성해야 한다. 이 부분이 템플릿에 작성하는 코드의 첫 번째 부분이다.

템플릿은 HCL이라 불리는 특별한 언어로 작성된다. HCL에 대한 더 자세한 사항은 https://github.com/hashicorp/hcl에서 확인할 수 있다. 템플릿을 JSON으로 작성해도 되지만 여기서는 HCL로 작성한다. 테라폼 템플릿 파일은 .tf라는 확장자를 가지고 **테라폼 파일**을 나타낸다. 첫 번째 템플릿인 ec2.tf를 작성해보자.

```
provider "aws" {
    access_key = "<당신의 AWS 액세스 키>"
    secret_key = "<당신의 AWS 비밀 키>"
    region = "us-east-1"
}
```

AWS 프로바이더의 더 많은 옵션을 확인하려면 https://www.terraform.io/docs/providers/aws/index.html을 방문하라.

프로바이더에 대한 이런 형태의 정의를 '정적인 자격증명을 통한 프로바이더 구성'이라고 한다. 이 방식은 안전하지 않은 프로바이더 정의 방식이다. 테라폼은 민감한 정보를 가진 프로바이더를 저장하는 데 환경 변수, 테라폼 변수 파일, AWS 종속 자격증명 파일(~/.aws/credentials) 같은 여러 옵션을 제공한다.

AWS 액세스 키와 비밀 키를 깃허브나 다른 공용 웹사이트에 저장하지 마라. 그렇게 하면 해커에게 AWS 계정이 해킹당할 것이다.

진행하기 전에 테라폼에 대한 AWS와 관련된 플러그인을 설치하거나 초기화해야 한다. 여기서는 많은 것을 할 필요가 없다. provider 플러그인으로 구성된 파일이 이 태스크를 수행한다.

다음 명령어를 실행하라.

```
$ terraform init
```

이 명령어의 출력 결과는 다음과 같다.

```
[root@yogeshraheja firstproject]# terraform init

Initializing provider plugins...
- Checking for available provider plugins on https://releases.hashicorp.com...
- Downloading plugin for provider "aws" (1.36.0)...

The following providers do not have any version constraints in configuration,
so the latest version was installed.

To prevent automatic upgrades to new major versions that may contain breaking
changes, it is recommended to add version = "..." constraints to the
corresponding provider blocks in configuration, with the constraint strings
suggested below.

* provider.aws: version = "~> 1.36"

Terraform has been successfully initialized!

You may now begin working with Terraform. Try running "terraform plan" to see
any changes that are required for your infrastructure. All Terraform commands
should now work.

If you ever set or change modules or backend configuration for Terraform,
rerun this command to reinitialize your working directory. If you forget, other
commands will detect it and remind you to do so if necessary.
[root@yogeshraheja firstproject]# 
```

다음 단계는 인프라를 구성하는 것이다. 여기가 테라폼 리소스로 ec2.tf의 개발을 시작하는 곳이다. 리소스는 인프라의 구성요소다. 리소스는 다중의 여러 서비스를 갖는 완전한 가상 서버와 같이 복잡하거나, DNS 레코드와 같이 간단할 수 있다. 각 리소스는 프로바이더에 속하고 리소스 유형은 프로바이더명의 접미사로 붙는다. 리소스의 구성은 resource 블록이라고 부르며 다음과 같은 형식을 취한다.

```
resource "provider-name_resource-type" "resource-name" {
    parameter_name = "parameter_value"
    parameter_name = "parameter_value"
    .
    .
}
```

이제 EC2 인스턴스를 생성해야 한다. 테라폼의 aws_instance 리소스가 이 작업을 담당한다. 인스턴스를 생성하는 데 적어도 2개의 매개변수를 정해야 한다. 이 두 매개변수는 필수 항목이지만 나머지는 옵션이다. aws_instance 리소스의 모든 매개변수 목록과 설명을 확인하려면 다음 웹사이트를 확인하라. https://www.terraform.io/docs/providers/aws/r/instance.html

여기서는 AWS 관리 콘솔 및 AWS CLI 도구로 인스턴스를 생성하고 테스트한 것과 동일하게 신규 인스턴스를 생성한다. AMI는 ami-cfe4b2b0이고 인스턴스 유형은 t2.micro다. EffectiveDevOpsAWS는 이전에 생성했던 키 이름이고 sg-01864b4c는 보안 그룹이다. 또한 인스턴스의 용이한 식별을 위해 인스턴스의 Name 태그를 helloworld라고 하자. 다른 종류의 스크립트 또는 자동화 언어와 같이 테라폼 템플릿에 # 기호로 시작하는 주석을 집어넣을 수 있다. 완성된 파일은 다음과 같다.

```
# AWS용 프로바이더 구성
provider "aws" {
    access_key = "<당신의 AWS 액세스 키>"
    secret_key = "<당신의 AWS 비밀 키>"
    region = "us-east-1"
}

# AWS용 리소스 구성
resource "aws_instance" "myserver" {
    ami = "ami-cfe4b2b0"
    instance_type = "t2.micro"
    key_name = "EffectiveDevOpsAWS"
    vpc_security_group_ids = ["sg-01864b4c"]
    tags {
```

```
        Name = "helloworld"
    }
}
```

작성된 파일은 다음과 같다. https://raw.githubusercontent.com/yogeshraheja/EffectiveDevOpsTerraform/master/firstproject/ec2.tf

템플릿에 문법적인 오류가 없는지 테라폼 템플릿을 먼저 검증해보자. 테라폼은 전용 검사 도구를 제공하며 테라폼 템플릿 문법을 확인하고 문법적인 오류가 발생하면 이를 출력한다.

```
$ terraform validate
```

아무런 출력이 없다면 테라폼 템플릿에 아무런 문법 오류가 없음을 의미한다. 이 템플릿이 무엇을 실행하는지 확인하는 드라이런을 실행할 때다. 이 실행은 작성한 템플릿으로 어느 부분이 변경 또는 구현이 되는지를 찾는 빌드 검증 테스트(스모크 테스트)다. 테라폼에서는 이 단계를 **플랜**plan이라고 한다.

```
[root@yogeshraheja firstproject]# terraform plan
Refreshing Terraform state in-memory prior to plan...
The refreshed state will be used to calculate this plan, but will not be persisted to
local or remote state storage.

------------------------------------------------------------------------

An execution plan has been generated and is shown below.
Resource actions are indicated with the following symbols:
    + create

Terraform will perform the following actions:

    + aws_instance.myserver
        id: <computed>
        ami: "ami-cfe4b2b0"
```

```
        arn: <computed>
        associate_public_ip_address: <computed>
        availability_zone: <computed>
        cpu_core_count: <computed>
        cpu_threads_per_core: <computed>
        ebs_block_device.#: <computed>
        ephemeral_block_device.#: <computed>
        get_password_data: "false"
        instance_state: <computed>
        instance_type: "t2.micro"
        ipv6_address_count: <computed> ipv6_addresses.#: <computed>
        key_name: "EffectiveDevOpsAWS"
        network_interface.#: <computed>
        network_interface_id: <computed>
        password_data: <computed>
        placement_group: <computed>
        primary_network_interface_id: <computed>
        private_dns: <computed>
        private_ip: <computed>
        public_dns: <computed>
        public_ip: <computed>
        root_block_device.#: <computed>
        security_groups.#: <computed>
        source_dest_check: "true"
        subnet_id: <computed>
        tags.%: "1"
        tags.Name: "helloworld"
        tenancy: <computed>
        volume_tags.%: <computed>
        vpc_security_group_ids.#: "1"
        vpc_security_group_ids.1524136243: "sg-01864b4c"


Plan: 1 to add, 0 to change, 0 to destroy.

------------------------------------------------------------------------
```

이 플랜을 저장하는 -out 매개변수를 지정하지 않았으므로 terraform apply를 이어서 바로 실행하지 않으면 테라폼은 이 플랜대로 정확하게 실행하도록 보장하지 않는다.

```
[root@yogeshraheja firstproject]#
```

플랜 단계는 인스턴스를 생성하는 실제 실행과 동일한 매개변수를 보여준다. <computed> 매개변수와도 혼동하지 마라. 리소스가 생성될 때 할당되는 값을 의미한다.

이제 플랜을 실제로 실행해 테라폼 템플릿이 정의된 리소스 매개변수로 AWS 인스턴스를 생성하는 데 어떻게 사용되는지 확인해보자. terraform apply 명령어로 실행한다. 이 단계를 **적용**apply 단계로 생각하면 된다. terraform apply를 실행하면 확인을 받도록 승인을 기본적으로 요청한다. yes를 입력해 리소스 생성을 시작하라.

적용할 때 승인을 받는 단계를 건너뛰고 싶다면 terraform apply --auto-approve를 사용하라.

```
[root@yogeshraheja firstproject]# terraform apply

An execution plan has been generated and is shown below.
Resource actions are indicated with the following symbols:
  + create

Terraform will perform the following actions:

  + aws_instance.myserver
      id: <computed>
      ami: "ami-cfe4b2b0"
      arn: <computed>
      associate_public_ip_address: <computed>
      availability_zone: <computed>
      cpu_core_count: <computed>
      cpu_threads_per_core: <computed>
      ebs_block_device.#: <computed>
      ephemeral_block_device.#: <computed>
      get_password_data: "false"
      instance_state: <computed>
      instance_type: "t2.micro"
      ipv6_address_count: <computed>
      ipv6_addresses.#: <computed>
```

```
        key_name: "EffectiveDevOpsAWS"
        network_interface.#: <computed>
        network_interface_id: <computed>
        password_data: <computed>
        placement_group: <computed>
        primary_network_interface_id: <computed>
        private_dns: <computed>
        private_ip: <computed>
        public_dns: <computed>
        public_ip: <computed>
        root_block_device.#: <computed>
        security_groups.#: <computed>
        source_dest_check: "true"
        subnet_id: <computed>
        tags.%: "1"
        tags.Name: "helloworld"
        tenancy: <computed>
        volume_tags.%: <computed>
        vpc_security_group_ids.#: "1"
        vpc_security_group_ids.1524136243: "sg-01864b4c"

Plan: 1 to add, 0 to change, 0 to destroy.

Do you want to perform these actions?
    Terraform will perform the actions described above.
    Only 'yes' will be accepted to approve.

    Enter a value: yes

aws_instance.myserver: Creating...
    ami: "" => "ami-cfe4b2b0"
    arn: "" => "<computed>"
    associate_public_ip_address: "" => "<computed>"
    availability_zone: "" => "<computed>"
    cpu_core_count: "" => "<computed>"
    cpu_threads_per_core: "" => "<computed>"
    ebs_block_device.#: "" => "<computed>"
    ephemeral_block_device.#: "" => "<computed>"
    get_password_data: "" => "false"
    instance_state: "" => "<computed>"
    instance_type: "" => "t2.micro"
    ipv6_address_count: "" => "<computed>"
```

```
    ipv6_addresses.#: "" => "<computed>"
    key_name: "" => "EffectiveDevOpsAWS"
    network_interface.#: "" => "<computed>"
    network_interface_id: "" => "<computed>"
    password_data: "" => "<computed>"
    placement_group: "" => "<computed>"
    primary_network_interface_id: "" => "<computed>"
    private_dns: "" => "<computed>"
    private_ip: "" => "<computed>"
    public_dns: "" => "<computed>"
    public_ip: "" => "<computed>"
    root_block_device.#: "" => "<computed>"
    security_groups.#: "" => "<computed>"
    source_dest_check: "" => "true"
    subnet_id: "" => "<computed>"
    tags.%: "" => "1"
    tags.Name: "" => "helloworld"
    tenancy: "" => "<computed>"
    volume_tags.%: "" => "<computed>"
    vpc_security_group_ids.#: "" => "1"
    vpc_security_group_ids.1524136243: "" => "sg-01864b4c"
aws_instance.myserver: Still creating... (10s elapsed)
aws_instance.myserver: Still creating... (20s elapsed)
aws_instance.myserver: Creation complete after 22s (ID: i-dd8834ca)

Apply complete! Resources: 1 added, 0 changed, 0 destroyed.
[root@yogeshraheja firstproject]#
```

테라폼 템플릿으로 helloworld 인스턴스가 생성됐는지 확인하기 위해 AWS 콘솔에서 새롭게 생성된 인스턴스를 확인하자.

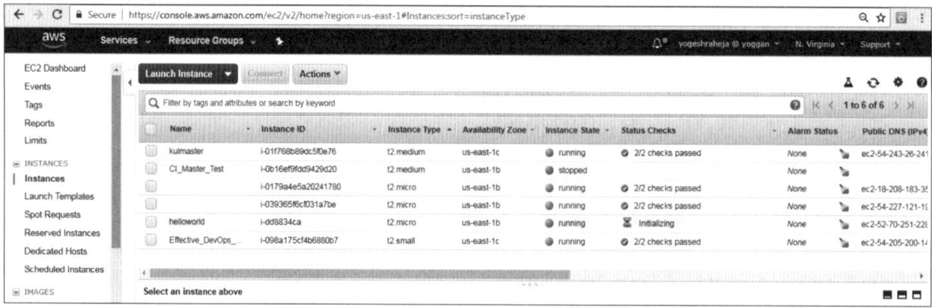

테라폼은 단지 인스턴스만 생성하고 이를 잊어버리지는 않는다. 테라폼은 리소스(여기서는 인스턴스)에 대해 알 수 있는 모든 것을 **상태 파일**state file 이라는 특별한 파일에 실제로 저장한다. 이 파일에 테라폼은 생성한 모든 리소스 상태를 저장한다. 이 파일은 테라폼 템플릿과 같은 폴더에 저장되고 확장자는 .tfstate다. 상태 파일의 포맷은 간단한 JSON 포맷이다.

```
[root@yogeshraheja firstproject]# cat terraform.tfstate
{
    "version": 3,
    "terraform_version": "0.11.8",
    "serial": 1,
    "lineage": "9158b0ed-754a-e01e-094e-6b0827347950",
    "modules": [
        {
            "path": ["
                root"
            ],
            "outputs": {},
            "resources": {
                "aws_instance.myserver": {
                    "type": "aws_instance",
                    "depends_on": [],
                    "primary": {
                        "id": "i-dd8834ca",
                        "attributes": {
                            "ami": "ami-cfe4b2b0",
                            "arn": "arn:aws:ec2:us-east-1:094507990803:instance/
i-dd8834ca",
                            "associate_public_ip_address": "true",
                            "availability_zone": "us-east-1b",
                            "cpu_core_count": "1",
                            "cpu_threads_per_core": "1",
                            "credit_specification.#": "1",
                            "credit_specification.0.cpu_credits": "standard",
                            "disable_api_termination": "false",
                            "ebs_block_device.#": "0",
                            "ebs_optimized": "false",
                            "ephemeral_block_device.#": "0",
```

```
            "get_password_data": "false",
            "iam_instance_profile": "",
            "id": "i-dd8834ca",
            "instance_state": "running",
            "instance_type": "t2.micro",
            "ipv6_addresses.#": "0",
            "key_name": "EffectiveDevOpsAWS",
            "monitoring": "false",
            "network_interface.#": "0",
            "network_interface_id": "eni-b0683ee7",
            "password_data": "",
            "placement_group": "",
            "primary_network_interface_id": "eni-b0683ee7",
            "private_dns": "ip-172-31-74-203.ec2.internal",
            "private_ip": "172.31.74.203",
            "public_dns": "ec2-52-70-251-228.compute-1.amazonaws.com",
            "public_ip": "52.70.251.228",
            "root_block_device.#": "1",
            "root_block_device.0.delete_on_termination": "true"
            "root_block_device.0.iops": "100",
            "root_block_device.0.volume_id": "vol-024f64aa1bb805237"
            "root_block_device.0.volume_size": "8",
            "root_block_device.0.volume_type": "gp2",
            "security_groups.#": "1",
            "security_groups.2004290681": "HelloWorld",
            "source_dest_check": "true",
            "subnet_id": "subnet-658b6149",
            "tags.%": "1",
            "tags.Name": "helloworld",
            "tenancy": "default",
            "volume_tags.%": "0",
            "vpc_security_group_ids.#": "1",
            "vpc_security_group_ids.1524136243": "sg-01864b4c"
        },
        "meta": {
            "e2bfb730-ecaa-11e6-8f88-34363bc7c4c0": {
                "create": 600000000000,
                "delete": 1200000000000,
                "update": 600000000000
            },
            "schema_version": "1"
```

```
                    },
                    "tainted": false
                },
                "deposed": [],
                "provider": "provider.aws"
            }
        },
        "depends_on": []
    }
  ]
}
[root@yogeshraheja firstproject]#
```

테라폼의 특별한 기능인 terraform show 명령어를 이용하면 JSON 출력을 가독성 있는 포맷으로 출력한다.

```
[root@yogeshraheja firstproject]# terraform show
aws_instance.myserver:
  id = i-dd8834ca
  ami = ami-cfe4b2b0
  arn = arn:aws:ec2:us-east-1:094507990803:instance/i-dd8834ca
  associate_public_ip_address = true
  availability_zone = us-east-1b
  cpu_core_count = 1
  cpu_threads_per_core = 1
  credit_specification.# = 1
  credit_specification.0.cpu_credits = standard
  disable_api_termination = false
  ebs_block_device.# = 0
  ebs_optimized = false
  ephemeral_block_device.# = 0
  get_password_data = false
  iam_instance_profile =
  instance_state = running
  instance_type = t2.micro
  ipv6_addresses.# = 0
  key_name = EffectiveDevOpsAWS
  monitoring = false
```

```
    network_interface.# = 0
    network_interface_id = eni-b0683ee7
    password_data =
    placement_group =
    primary_network_interface_id = eni-b0683ee7
    private_dns = ip-172-31-74-203.ec2.internal
    private_ip = 172.31.74.203
    public_dns = ec2-52-70-251-228.compute-1.amazonaws.com
    public_ip = 52.70.251.228
    root_block_device.# = 1
    root_block_device.0.delete_on_termination = true
    root_block_device.0.iops = 100
    root_block_device.0.volume_id = vol-024f64aa1bb805237
    root_block_device.0.volume_size = 8
    root_block_device.0.volume_type = gp2
    security_groups.# = 1
    security_groups.2004290681 = HelloWorld
    source_dest_check = true
    subnet_id = subnet-658b6149
    tags.% = 1
    tags.Name = helloworld
    tenancy = default
    volume_tags.% = 0
    vpc_security_group_ids.# = 1
    vpc_security_group_ids.1524136243 = sg-01864b4c

[root@yogeshraheja firstproject]#
```

여기까지 테라폼 템플릿을 작성했고, 문법 오류가 있는지 검증했으며, terraform plan으로 빌드 검증 테스트를 수행했고, 마지막으로 terraform apply로 리소스를 생성하는 테라폼 템플릿을 적용했다.

그러면 테라폼 템플릿으로 생성한 모든 리소스를 제거하거나 종료하는 방법은 무엇인가? 리소스를 하나씩 순차적으로 찾아서 제거해야 할까? 정답은 '아니요'다. 이 또한 테라폼에서 제공한다. 테라폼이 **적용** 단계에서 생성했던 상태 파일을 참조한다. template 폴더에서 간단한 terraform destroy 명령어로 테라폼이 생성한 모든 리소스를 제거할 수 있다.

```
[root@yogeshraheja firstproject]# terraform destroy
aws_instance.myserver: Refreshing state... (ID: i-dd8834ca)

An execution plan has been generated and is shown below.
Resource actions are indicated with the following symbols:
    - destroy

Terraform will perform the following actions:

    - aws_instance.myserver

Plan: 0 to add, 0 to change, 1 to destroy.

Do you really want to destroy all resources?
    Terraform will destroy all your managed infrastructure, as shown above.
    There is no undo. Only 'yes' will be accepted to confirm.

    Enter a value: yes

aws_instance.myserver: Destroying... (ID: i-dd8834ca)
aws_instance.myserver: Still destroying... (ID: i-dd8834ca, 10s elapsed)
aws_instance.myserver: Still destroying... (ID: i-dd8834ca, 20s elapsed)
aws_instance.myserver: Still destroying... (ID: i-dd8834ca, 30s elapsed)
aws_instance.myserver: Still destroying... (ID: i-dd8834ca, 40s elapsed)
aws_instance.myserver: Still destroying... (ID: i-dd8834ca, 50s elapsed)
aws_instance.myserver: Destruction complete after 1m0s

Destroy complete! Resources: 1 destroyed.
[root@yogeshraheja firstproject]#
```

인스턴스가 종료 상태인지 AWS 콘솔에서 확인하라.

이제 terraform show 명령어로 확인해보라. 가용한 리소스가 없으므로 비어 있어야 한다.

AWS 인스턴스 프로비저닝을 위한 두 번째 테라폼 템플릿

EffectiveDevOpsTerraform 리포지터리로 가서 secondproject라는 폴더를 생성하라.

```
$ mkdir secondproject
$ cd secondproject
```

앞 절에서 테라폼 템플릿으로 EC2 인스턴스를 생성했으므로 Hello World 애플리케이션의 프로비저닝으로 확장할 준비가 됐다. 2장 '첫 번째 웹 애플리케이션 배포하기'에 있는 클라우드 포메이션의 UserData 블록 필드와 3장 '코드로 인프라 다루기'에 있는 앤서블 역할을 이용하자. 이전에 작성했던 Hello World 스택의 재작성을 위해 **테라폼 프로비저너** Terraform Provisioner를 사용하려고 한다. UserData 필드는 대략 다음과 같다.

```
yum install --enablerepo=epel -y nodejs
wget https://raw.githubusercontent.com/yogeshraheja/Effective-DevOps-with-AWS/master/
Chapter02/helloworld.js -O /home/ec2-user/helloworld.js
wget https://raw.githubusercontent.com/yogeshraheja/Effective-DevOps-with-AWS/master/
Chapter02/helloworld.conf -O /etc/init/helloworld.conf
start helloworld
```

Hello World 웹 애플리케이션을 배포하는 세 가지 유형의 동작을 확인할 수 있다. 첫째는 애플리케이션을 실행하기 위해 시스템을 준비하는 것으로, 예시에서는 간단히 Node.js 패키지를 설치한다. 다음은 애플리케이션을 실행하는 데 필요한 여러 리소스를 복사하는 것으로, 여기서는 자바스크립트 코드와 업스타트 구성 파일이다. 마지막은 서비스를 시작하는 것이다.

Hello World 웹 애플리케이션을 배포하기 위해서는 **테라폼 프로비저너**를 추가해야 한다. 테라폼의 프로비저너는 리소스 생성 후 작업을 수행할 수 있는 여러 리소스에 대한 구성 블록이다. 주로 EC2 인스턴스에서 사용된다. 프로비저너는 경량 애플리케이션, 퍼펫 **에이전트** Puppet agents 또는 **셰프 클라이언트** chef-clients 같은 구성 관리 에이전트를 설치하는 **포스**

트 빌드 단계post build steps에서 주로 사용된다. 이 섹션은 **플레이북**playbooks, **퍼핏 모듈**Puppet modules, **셰프 쿡북**Chef cookbooks, **솔트 포뮬라**Salt formulas 같은 구성 관리 도구를 실행하는 데도 사용될 수 있다. 다음 절에서 앤서블과 함께 테라폼을 사용하는 방법을 보여주는 예시를 살펴보겠다.

`remote-exec` 프로비저너 블록이 추가된 helloworldec2.tf 테라폼 템플릿을 새로 작성해 인스턴스를 생성하고 해당 인스턴스에 연결해 Hello World 애플리케이션을 다운로드하고 배포해보자. 완성된 테라폼 템플릿은 다음과 같다.

```
# AWS용 프로바이더 구성
provider "aws" {
    access_key = "<당신의 AWS 액세스 키>"
    secret_key = "<당신의 AWS 비밀 키>"
    region = "us-east-1"
}

# AWS용 리소스 구성
resource "aws_instance" "myserver" {
    ami = "ami-cfe4b2b0"
    instance_type = "t2.micro"
    key_name = "EffectiveDevOpsAWS"
    vpc_security_group_ids = ["sg-01864b4c"]

    tags {
        Name = "helloworld"
    }

    # Helloworld 애플리케이션 코드
    provisioner "remote-exec" {
        connection {
            user = "ec2-user"
            private_key = "${file("/root/.ssh/EffectiveDevOpsAWS.pem")}"
        }
        inline = [
            "sudo yum install --enablerepo=epel -y nodejs",
            "sudo wget https://raw.githubusercontent.com/yogeshraheja/Effective-DevOps-
```

```
with-AWS/master/Chapter02/helloworld.js -O /home/ec2-user/helloworld.js",
            "sudo wget https://raw.githubusercontent.com/yogeshraheja/Effective-DevOps-
with-AWS/master/Chapter02/helloworld.conf -O /etc/init/helloworld.conf",
            "sudo start helloworld",
        ]
    }
}
```

생성된 파일은 다음 URL에 있는 파일과 같다. https://raw.githubusercontent.com/yogeshraheja/EffectiveDevOpsTerraform/master/secondproject/helloworldec2.tf

secondproject라는 신규 폴더 안에 테라폼 템플릿을 작성한 후 테라폼에 AWS에 관련된 플러그인을 설치하도록 다시 초기화해야 한다. `provider` 섹션의 구성 파일에서 이 태스크를 수행한다.

```
$ terraform init
```

이제 테라폼 템플릿 파일을 검증해 문법 오류가 없는지 확인하자. 성공적인 검증 후 `plan` 명령어를 실행하고 `terraform apply` 명령어를 이용해 템플릿 실행을 완료하라.

```
$ terraform validate
$ terraform plan
$ terraform apply
```

다음과 같은 출력 결과를 얻는다.

```
root@yogeshraheja:~/EffectiveDevOpsTerraform/secondproject
aws_instance.myserver (remote-exec):   Installing : nodejs-0 [#####      ] 2/2
aws_instance.myserver (remote-exec):   Installing : nodejs-0 [######     ] 2/2
aws_instance.myserver (remote-exec):   Installing : nodejs-0 [#######    ] 2/2
aws_instance.myserver (remote-exec):   Installing : nodejs-0 [########   ] 2/2
aws_instance.myserver (remote-exec):   Installing : nodejs-0.10.48-3.e   2/2
aws_instance.myserver (remote-exec):   Verifying  : nodejs-0.10.48-3.e   1/2
aws_instance.myserver (remote-exec):   Verifying  : 1:libuv-0.10.34-1.   2/2

aws_instance.myserver (remote-exec): Installed:
aws_instance.myserver (remote-exec):   nodejs.x86_64 0:0.10.48-3.el6

aws_instance.myserver (remote-exec): Dependency Installed:
aws_instance.myserver (remote-exec):   libuv.x86_64 1:0.10.34-1.el6

aws_instance.myserver (remote-exec): Complete!
aws_instance.myserver (remote-exec): --2018-09-18 18:37:55--  https://raw.githubusercontent.com/yogeshraheja/Effective-DevOps-with-AWS/master/Chapter02/helloworld.js
aws_instance.myserver (remote-exec): Resolving raw.githubusercontent.com (raw.githubusercontent.com)... 151.101.200.133
aws_instance.myserver (remote-exec): Connecting to raw.githubusercontent.com (raw.githubusercontent.com)|151.101.200.133|:443... connected.
aws_instance.myserver (remote-exec): HTTP request sent, awaiting response... 200 OK
aws_instance.myserver (remote-exec): Length: 384 [text/plain]
aws_instance.myserver (remote-exec): Saving to: '/home/ec2-user/helloworld.js'

aws_instance.myserver (remote-exec):       /home   0%       0  --.-KB/s
aws_instance.myserver (remote-exec): /home/ec2-u 100%     384  --.-KB/s    in 0s

aws_instance.myserver (remote-exec): 2018-09-18 18:37:55 (89.1 MB/s) - '/home/ec2-user/helloworld.js' saved [384/384]

aws_instance.myserver (remote-exec): --2018-09-18 18:37:55--  https://raw.githubusercontent.com/yogeshraheja/Effective-DevOps-with-AWS/master/Chapter02/helloworld.conf
aws_instance.myserver (remote-exec): Resolving raw.githubusercontent.com (raw.githubusercontent.com)... 151.101.200.133
aws_instance.myserver (remote-exec): Connecting to raw.githubusercontent.com (raw.githubusercontent.com)|151.101.200.133|:443... connected.
aws_instance.myserver (remote-exec): HTTP request sent, awaiting response... 200 OK
aws_instance.myserver (remote-exec): Length: 301 [text/plain]
aws_instance.myserver (remote-exec): Saving to: '/etc/init/helloworld.conf'

aws_instance.myserver (remote-exec):       /etc/   0%       0  --.-KB/s
aws_instance.myserver (remote-exec): /etc/init/h 100%     301  --.-KB/s    in 0s

aws_instance.myserver (remote-exec): 2018-09-18 18:37:55 (72.9 MB/s) - '/etc/init/helloworld.conf' saved [301/301]

aws_instance.myserver (remote-exec): helloworld start/running, process 2775
aws_instance.myserver: Creation complete after 50s (ID: i-ae8935b9)

Apply complete! Resources: 1 added, 0 changed, 0 destroyed.
[root@yogeshraheja secondproject]#
```

테라폼 템플릿이 성공적으로 실행됐다. EC2 인스턴스를 프로비저닝했고 Hello World 웹 애플리케이션을 배포했다. `terraform show` 명령어를 수행해 인스턴스의 공인 IP를 찾은 후 애플리케이션이 정확히 배포됐는지 확인하는 `curl` 명령어를 실행해보자.

```
$ terraform show | grep -i public_ip
$ curl <공인 IP>:3000
```

위 명령어의 실행 결과는 다음과 같다.

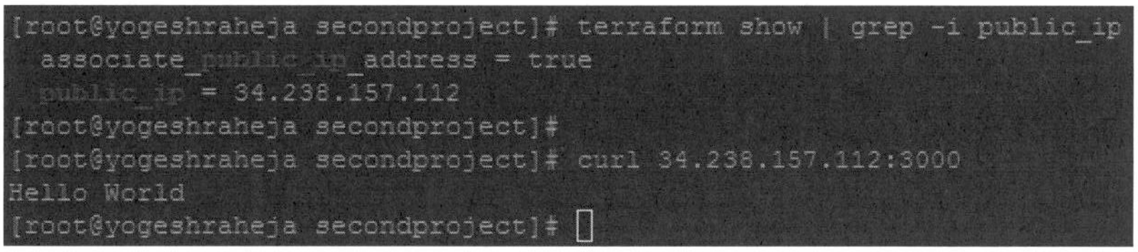

```
[root@yogeshraheja secondproject]# terraform show | grep -i public_ip
  associate_public_ip_address = true
  public_ip = 34.238.157.112
[root@yogeshraheja secondproject]#
[root@yogeshraheja secondproject]# curl 34.238.157.112:3000
Hello World
[root@yogeshraheja secondproject]#
```

다음 스크린샷과 같이 브라우저로도 애플리케이션의 출력을 검증해보자.

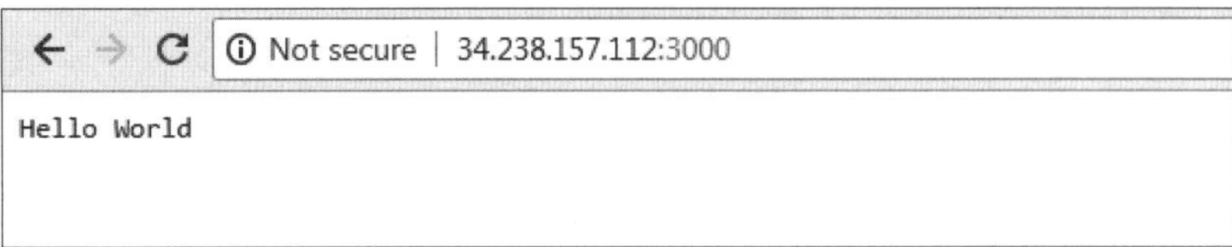

이제 테라폼을 이용해 성공적으로 Hello World 웹 애플리케이션을 배포했다. 일단 테스트를 했다면 다음 절로 가기 전에 생성했던 모든 리소스를 삭제해야 한다. 테라폼 상태 파일을 참고해 생성된 모든 리소스를 지우는 `terraform destroy` 명령어를 실행하라.

다음 명령어를 실행하라.

```
$ terraform destroy
```

AWS, 테라폼, 앤서블 통합하기

앞 절에서 테라폼을 이용해 기본 인스턴스를 프로비저닝하는 방법을 살펴봤다. 그런 다음 기본 EC2 인스턴스를 프로비저닝하고 테라폼 `remote-exec` 프로비저너를 이용한 **포스트 빌드** 단계를 수행했다. 이제 구성 관리 태스크를 수행하는 테라폼에 앤서블을 통합하는 방법을 살펴보자. 두 가지 시나리오를 고려하겠다. 첫 번째 시나리오는 EC2 인스턴스를 프로비저닝하고 **푸시** 방식으로 앤서블을 실행하는 것이다. 두 번째 시나리오는 EC2 인스턴스를 프로비저닝하고 앤서블 풀 기반 접근법을 이용해 **풀** 방식으로 앤서블을 실행하는 것이다.

푸시 기반 접근법으로 앤서블을 테라폼에 통합

EffectiveDevOpsTerraform 리포지터리로 가서 thirdproject라는 폴더를 생성하라.

```
$ mkdir thirdproject
$ cd thirdproject
```

이 예시에서는 권장 사례로 테라폼 템플릿을 생성한다. 먼저 테라폼 템플릿에서 AWS access_key와 secret_key를 제거한다. 로컬 시스템에 AWS CLI가 설치되어 있고 이는 로컬에서 이미 AWS 계정과 통신할 수 있음을 의미한다. AWS CLI를 아직 설치하지 않았다면 먼저 설치하고 aws configure를 실행하라. 이렇게 하면 /root/.aws 폴더 안에 AWS 액세스 및 비밀 키가 있는 자격증명 파일을 생성한다. 테라폼 템플릿에서 이 파일로 동일한 자격증명으로 AWS 계정에 리소스를 생성하자.

```
[root@yogeshraheja thirdproject]# cat /root/.aws/credentials
[default]
aws_access_key_id = <당신의 AWS 액세스 키>
aws_secret_access_key = <당신의 AWS 비밀 키>
[root@yogeshraheja thirdproject]#
```

이제 helloworldansible.tf 테라폼 템플릿을 작성할 때다. 여기서는 EC2 인스턴스를 프로비저닝하고 remote-exec 프로비저너로 접속을 확인해 SSH 서비스가 시작되길 기다린다. 그런 다음 local-exec 프로비저너로 신규 IP를 가진 인벤토리를 로컬에 생성하고 기본 푸시 방식을 이용해 로컬에서 ansible-playbook을 실행해 앤서블 플레이북을 구동한다.

프로비저너 내에서(그리고 프로비저너 내에서만) 특수 키워드인 self로 프로비저닝되는 리소스의 속성에 접근할 수 있다.

또한 코드에 output 블록이라는 또 다른 블록을 사용할 수 있다. output 블록은 템플릿이 실제로 적용된 후 terraform output 명령어로 출력되는 데이터를 정의한다.

```
# AWS용 프로바이더 구성
provider "aws" {
    region = "us-east-1"
}

# AWS용 리소스 구성
resource "aws_instance" "myserver" {
    ami = "ami-cfe4b2b0"
    instance_type = "t2.micro"
    key_name = "EffectiveDevOpsAWS"
    vpc_security_group_ids = ["sg-01864b4c"]

    tags {
        Name = "helloworld"
    }

    # 앤서블 플레이북 적용용 프로비저너
    provisioner "remote-exec" {
        connection {
            user = "ec2-user"
            private_key = "${file("/root/.ssh/EffectiveDevOpsAWS.pem")}"
        }
    }
    provisioner "local-exec" {
        command = "sudo echo '${self.public_ip}' > ./myinventory",
    }

    provisioner "local-exec" {
        command = "sudo ansible-playbook -i myinventory --private-key=/root/.ssh/
EffectiveDevOpsAWS.pem helloworld.yml",
    }
}

# 신규로 생성된 EC2 인스턴스의 IP 주소
output "myserver" {
    value = "${aws_instance.myserver.public_ip}"
}
```

작성된 파일은 다음과 같다. https://raw.githubusercontent.com/yogeshraheja/EffectiveDevOpsTerraform/master/thirdproject/helloworldansible.tf

Hello World 웹 애플리케이션을 배포하기 위해 helloworld.yml 앤서블 플레이북에서 `helloworld` 역할을 호출한다.

```
---
- hosts: all
  become: yes
  roles:
    - helloworld
```

앤서블 구성 파일인 ansible.cfg는 다음과 같다. thirdproject 폴더 구조에 존재하는 myinventory 파일에 주목하라.

```
[defaults]
inventory = $PWD/myinventory
roles_path = ./roles
remote_user = ec2-user
become = True
become_method = sudo
become_user = root
nocows = 1
host_key_checking = False
```

완성된 프로젝트는 다음과 같다. https://github.com/yogeshraheja/EffectiveDevOpsTerraform/tree/master/thirdproject

thirdproject라는 신규 폴더를 생성했으므로, 테라폼에 대한 AWS 플러그인을 설치하도록 재초기화해야 한다. `provider` 섹션의 구성 파일이 이 태스크를 수행한다.

```
$ terraform init
```

이제 문법적인 오류가 없는지 확인하기 위해 테라폼 템플릿을 검증하라. 성공적인 검증 후 플랜을 실행하고 terraform apply로 실제로 실행하라.

```
$ terraform validate
$ terraform plan
$ terraform apply
```

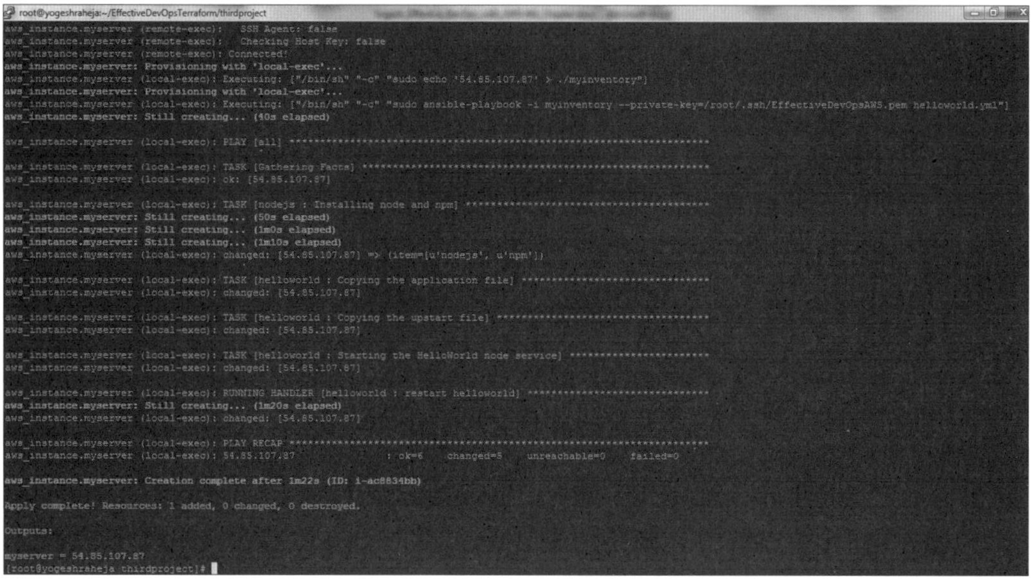
Apply complete! Resources: 1 added, 0 changed, 0 destroyed.
Outputs:
myserver = 54.85.107.87

아웃풋이 앤서블 플레이북 로그에 명확히 보이고 공인 IP를 가진 output 블록을 반환한다. 이 공인 IP를 이용해 애플리케이션의 배포를 검증하라.

```
$ curl 54.85.107.87:3000
```

위 명령의 실행 결과는 다음과 같다.

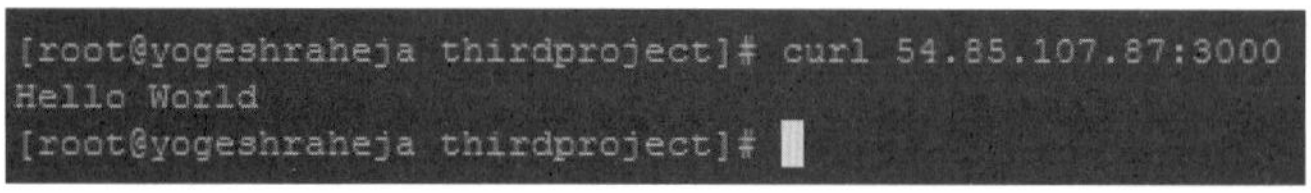
[root@yogeshraheja thirdproject]# curl 54.85.107.87:3000
Hello World
[root@yogeshraheja thirdproject]#

다음 스크린샷에서 보이는 것과 같은지 브라우저에서 애플리케이션의 출력을 검증하자.

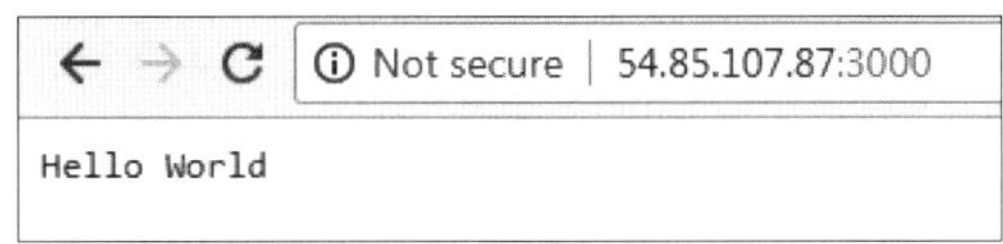

성공적으로 배포를 했다면 terraform destroy를 실행해 생성한 리소스를 제거하라.

```
$ terraform destroy
```

풀 기반 접근법으로 앤서블을 테라폼에 통합

EffectiveDevOpsTerraform 리포지터리에 가서 fourthproject라는 폴더를 생성하라.

```
$ mkdir fourthproject
$ cd fourthproject
```

역시 테라폼 템플릿 모범 사례를 따라 /root/.aws 폴더에 위치한 자격증명 파일을 사용할 것이다. 자격증명 파일은 AWS 액세스 및 비밀 키를 포함하고 있다. 이번에는 앤서블을 거꾸로 사용할 것이다(앤서블 풀 기반 접근). 거꾸로 된 접근법으로 앤서블을 사용하려면 프로비저닝된 EC2 인스턴스에 앤서블을 설치해야 하고 소스 코드 리포지터리에 존재하는 앤서블 코드를 참고해 ansible-pull을 실행해야 한다.

여기서는 3장 '코드로 인프라 다루기'에서 작성했던 것과 동일한 앤서블을 사용한다. 이 코드는 https://github.com/yogeshraheja/ansible에 있다. helloworldansiblepull.tf 테라폼 템플릿의 remote-exec 테라폼 프로비저너로 신규로 생성된 인스턴스에 접속할 것이다. 신규로 생성된 EC2에 설치하려면 다중 명령어를 원격으로 실행하는 inline 속성을 사용한다. 테라폼 템플릿은 다음과 같다.

```
# AWS용 프로바이더 구성
provider "aws" {
    region = "us-east-1"
}

# AWS용 리소스 구성
resource "aws_instance" "myserver" {
    ami = "ami-cfe4b2b0"
    instance_type = "t2.micro"
    key_name = "EffectiveDevOpsAWS"
    vpc_security_group_ids = ["sg-01864b4c"]

    tags {
        Name = "helloworld"
    }

    # 풀 방식의 앤서블 플레이북 적용용 프로비저너
    provisioner "remote-exec" {
        connection {
            user = "ec2-user"
            private_key = "${file("/root/.ssh/EffectiveDevOpsAWS.pem")}"
        }
        inline = [
            "sudo yum install --enablerepo=epel -y ansible git",
            "sudo ansible-pull -U https://github.com/yogeshraheja/ansible
helloworld.yml -i localhost",
        ]
    }
}

# 신규로 생성된 EC2 인스턴스의 IP 주소
output "myserver" {
    value = "${aws_instance.myserver.public_ip}"
}
```

작성된 파일은 다음과 같다. https://raw.githubusercontent.com/yogeshraheja/EffectiveDevOpsTerraform/master/fourthproject/helloworldansiblepull.tf

신규 폴더를 생성했으므로 테라폼에 대한 AWS 플러그인을 설치하고 초기화해야 한다. provider 섹션을 가진 구성 파일이 이 작업을 수행한다.

```
$ terraform init
```

문법 오류가 없는지 확인하기 위해 테라폼 템플릿 파일을 검증해야 한다. 성공적인 검증 후에 플랜을 실행하고 terraform apply로 실제 적용을 하라.

```
$ terraform validate
$ terraform plan
$ terraform apply
```

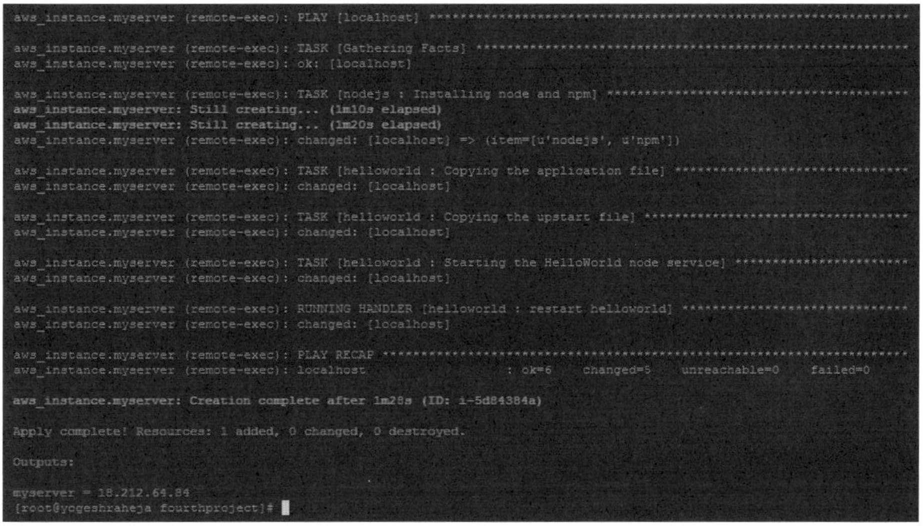

```
aws_instance.myserver (remote-exec): PLAY [localhost] *************************************************************

aws_instance.myserver (remote-exec): TASK [Gathering Facts] *******************************************************
aws_instance.myserver (remote-exec): ok: [localhost]

aws_instance.myserver (remote-exec): TASK [nodejs : Installing node and npm] **************************************
aws_instance.myserver: Still creating... (1m10s elapsed)
aws_instance.myserver: Still creating... (1m20s elapsed)
aws_instance.myserver (remote-exec): changed: [localhost] => (item=[u'nodejs', u'npm'])

aws_instance.myserver (remote-exec): TASK [helloworld : Copying the application file] *****************************
aws_instance.myserver (remote-exec): changed: [localhost]

aws_instance.myserver (remote-exec): TASK [helloworld : Copying the upstart file] *********************************
aws_instance.myserver (remote-exec): changed: [localhost]

aws_instance.myserver (remote-exec): TASK [helloworld : Starting the HelloWorld node service] *********************
aws_instance.myserver (remote-exec): changed: [localhost]

aws_instance.myserver (remote-exec): RUNNING HANDLER [helloworld : restart helloworld] ****************************
aws_instance.myserver (remote-exec): changed: [localhost]

aws_instance.myserver (remote-exec): PLAY RECAP *******************************************************************
aws_instance.myserver (remote-exec): localhost                  : ok=6    changed=5    unreachable=0    failed=0

aws_instance.myserver: Creation complete after 1m28s (ID: i-5d84384a)

Apply complete! Resources: 1 added, 0 changed, 0 destroyed.

Outputs:

myserver = 18.212.64.84
[root@yogeshraheja fourthproject]#
```

앤서블 코드는 신규로 생성된 EC2 인스턴스상에서 로컬로 실행이 된다. 테라폼 템플릿에 구성된 output 블록은 예상 공인 IP를 반환한다. curl 명령어를 이용해 출력 결과를 검증해보자.

```
$ curl 18.212.64.84:3000/
```

이 명령어의 결과는 다음과 같다.

```
[root@yogeshraheja fourthproject]# curl 18.212.64.84:3000
Hello World
[root@yogeshraheja fourthproject]#
```

끝으로, 다음 스크린샷과 같은지 브라우저에서 출력을 검증하라.

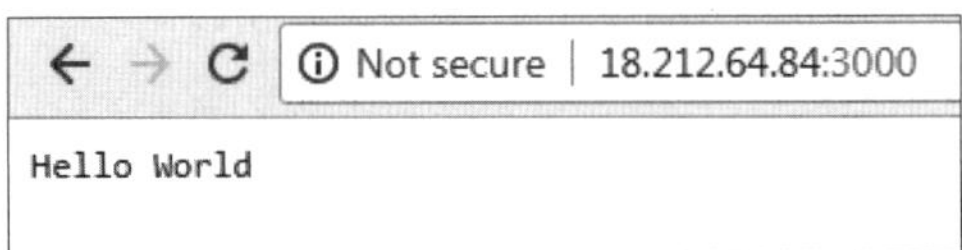

애플리케이션이 배포되고 검증됐다. 원치 않은 AWS 비용을 피하려면 작업을 완료한 후 다음 명령어로 리소스를 제거하는 것을 잊지 말기 바란다.

```
$ terraform destroy
```

요약

4장에서는 테라폼 템플릿을 이용해 인프라를 효과적으로 관리하는 방법을 배웠다. 먼저 테라폼이 단지 몇 줄로 어떻게 EC2 인스턴스를 프로비저닝하는지를 배웠다. 그런 다음 경량 애플리케이션을 배포하는 테라폼 프로비저너를 이용해 테라폼 템플릿을 작성하는 방법을 살펴봤다. 또한 앤서블을 사용하는 테라폼 템플릿으로 확장해 웹 애플리케이션을 배포하는 데 다른 방식의 오케스트레이션을 사용했다. 끝으로 3장 '코드로 인프라 다루기'에서 살펴본 풀 기반의 앤서블을 테라폼에 통합하는 방법을 살펴봤다. 이 방법은 일반적으로 규모가 있는 인프라를 관리할 때 좀 더 합리적이다.

이제 모든 애플리케이션을 호스팅할 준비가 된 우수한 프로덕션 환경이 준비됐다. 클라우드 포메이션, 앤서블 및 테라폼으로 설계하는 방법을 살펴봤다. 5장 '연속 통합과 연속 배포 추가하기'에서는 클라우드 포메이션과 앤서블을 계속 사용할 것이다. 그러나 소프트웨어 배포 형태로 연속 통합 테스트와 연속 배포를 수행하는 방법을 배울 것이다.

질문

1. 테라폼이란 무엇이며, 다른 구성 관리 도구와 다른 점은 무엇인가?
2. 리눅스 기반의 운영체제에 테라폼을 어떻게 설치하는가?
3. 테라폼 템플릿으로 어떻게 AWS 인스턴스를 생성하는가?
4. 풀 기반의 접근법으로 앤서블을 통합하기 위해 테라폼 템플릿을 어떻게 작성하는가?

더 읽을거리

더 많은 정보를 위해 다음 자료를 참고하라.

- **테라폼 참고**: https://terraform.io
- **테라폼 깃허브 참고**: https://github.com/hashicorp/terraform

05

연속 통합과 연속 배포 추가하기

이전 장들에서 인프라의 생성과 관리를 향상시키는 방법을 중점적으로 살펴봤다. 그러나 데브옵스 문화는 여기서 멈추지 않는다. 1장 '클라우드와 데브옵스 혁명'을 다시 기억해 보면, 데브옵스 문화의 핵심 특징에도 코드를 테스트하고 배포하는 매우 효과적인 절차가 포함되어 있다. 2009년 벨로시티Velocity 콘퍼런스에서 존 올스포John Allspaw와 폴 해먼드Paul Hammond는 플리커Flickr가 하루에 열 번 이상 배포하는 방법에 관한 매우 감명 깊은 발표를 했다(http://bit.ly/292ASlW). 이 발표는 데브옵스 운동의 태동에 기여한 중대한 시점으로 종종 언급된다. 발표에서 존과 폴은 개발자와 운영자의 충돌을 얘기했고 플리커가 신규 코드를 하루에 여러 번 상용에 배포하게 해주는 여러 모범 사례를 설명했다.

가상화, 공용 및 사설 클라우드, 자동화 같은 혁신으로 창업하는 일은 결코 쉽지 않다. 이 때문에 많은 회사가 현재 겪는 가장 큰 이슈는 경쟁자와의 차별화다. 그러나 대부분의 경쟁자보다 더 빠른 반복 개발 능력만 갖추는 것은 회사의 성공에는 오히려 해가 될 수도 있다. 이 때문에 효과적인 데브옵스 조직은 개발 조직의 코드를 상용에 출시하는 속도를 올리는 많은 도구와 전략을 사용한다. 5장에서는 이를 중점적으로 다룰 것이다.

연속 통합CI, Continuous Integration 파이프라인 작성하기를 먼저 살펴볼 것이다. CI 파이프라인을 이용하면 변경된 코드의 자동화되고 연속된 테스트를 수행할 수 있다. 이를 통해 수작업으로 진행하던 많은 테스트가 더 이상 필요 없어져서 QA 및 개발자가 더 많은 여유를 가질 수 있게 됐다. 또한 변경된 코드의 통합 작업을 훨씬 더 쉽게 진행할 수 있게 됐다. 파이프라인을 구현하는 데는 깃허브와 가장 널리 사용하는 통합 도구인 **젠킨스**Jenkins를 사용할 것이다.

그런 다음 **연속 배포**CD, Continuous Deployment 파이프라인 구축하기를 살펴볼 것이다. 신규 코드가 CI 파이프라인을 통과한 후에 자동으로 배포해주는 연속 배포를 사용할 것이다. 파이프라인을 구현하기 위해 **AWS 코드 디플로이**AWS CodeDeploy와 **AWS 코드 파이프라인**AWS CodePipeline이라는 두 가지 AWS 서비스를 사용한다. AWS 코드 디플로이는 새로운 코드를 EC2 인스턴스에 배포하는 데 사용하고, AWS 코드 파이프라인은 애플리케이션의 전체 라이프 사이클을 오케스트레이션하는 데 사용한다.

상용 환경에 코드를 배포할 때, 최신 빌드를 스테이징에서 상용으로 배포하기 전 운영자가 승인 버튼을 누를 수 있는 단계를 추가할 것이다. 변경 요구 시 코드를 상용에 배포하는 기능을 CD라고 한다. CD의 주요 이점은 배포 운영자가 상용에 배포하기 전에 스테이징 환경의 빌드를 검증할 수 있다는 점이다. 이 장의 마지막에서는 효과적인 엔지니어링 조직이 상용까지의 전체 배포 절차를, 연속 전달 파이프라인에서 인력의 개입 없이 진행하는 연속 배포 파이프라인으로 변환하는 데 사용하는 전략과 기법을 살펴볼 것이다.

5장에서 다루는 내용은 다음과 같다.

- 연속 통합 파이프라인 구축하기
- 연속 배포 파이프라인 구축하기

기술 요구사항

5장의 기술 요구사항은 다음과 같다.

- 깃허브
- 젠킨스
- 앤서블
- AWS 코드 디플로이
- AWS 코드 파이프라인

관련 링크는 다음과 같다.

- **젠킨스 패키지 리포지터리**: https://pkg.jenkins.io/
- **젠킨스 설치 플레이북**: https://raw.githubusercontent.com/yogeshraheja/ansible/master/roles/jenkins/tasks/main.yml
- **Jenkinsfile**:https://raw.githubusercontent.com/yogeshraheja/helloworld/master/Jenkinsfile
- **코드 디플로이 라이브러리**: https://raw.githubusercontent.com/yogeshraheja/Effective-DevOps-with-AWS/master/Chapter05/ansible/library/aws_codedeploy

CI 파이프라인 구축하기

원래 CI 환경에서의 작업은 개발자가 코드를 공통 브랜치에 가능한 한 자주 배포하는 것을 의미했다. 반대 사례는 별도 브랜치에 커밋하기 또는 수 주 동안 변경사항을 커밋하지 않는 것이다. 이를 통해 진행 중인 작업에 더 좋은 가시성 및 향상된 의사소통을 가져오므로 일반적으로 **통합 지옥**Integration Hell이라고 알려진 통합 이슈를 피할 수 있었다. 소스 제어, 빌드 및 배포 관리 등 여러 도구들이 성숙됨에 따라 이상적인 코드 통합 방법의 비전을 실제로 실현할 수 있었다.

요즘 대부분의 효과적인 엔지니어링 조직은 일찍 자주 그러나 개발자가 코드를 수정하는 동시에 변경사항 검증용 연관 테스트 코드를 추가하거나 수정해야 하는 좀 더 현대화된 개발 프로세스로 통합하는 방식을 지향하고 있다. 이 변화는 코드 변경에 따른 병합이 매주 작기 때문에 새로운 버그를 좀 더 쉽게 찾을 수 있고 전반적인 생산성을 획기적으로 높일 수 있다.

예를 들어, 깃 같은 소스 제어 도구로 이런 워크플로우를 채택하면 다음과 같이 진행할 수 있다.

1. 개발자는 변경 시 먼저 마스터 브랜치의 HEAD에서 분기되는 신규 깃 브랜치를 생성하는 것으로 시작한다.
2. 코드를 수정하는 동시에 변경사항을 검증하기 위한 관련 테스트를 추가하거나 수정한다.
3. 로컬 머신에서 코드를 테스트한다.
4. 코드가 준비되면 브랜치를 다시 구성해 다른 개발자의 새로운 최종 변경사항을 통합한다. 필요하다면 충돌을 해결하고 코드를 다시 테스트한다.
5. 모든 것이 잘 진행됐다면 다음 단계는 코드를 풀pull 요청하는 것이다. 이 단계에서 다른 개발자들에게 코드를 검토받을 준비가 됐다고 알린다.
6. 풀 요청이 생성되면 이 장에서 구축할 자동화된 테스트 시스템이 변경사항을 선택한 후 아무 결함이 없는지 확인하는 모든 테스트를 수행한다.
7. 추가적으로 다른 이해관계자들이 브랜치에 다른 테스트를 추가하고 코드를 검토한다. 제안된 변경사항에 만족한다면 개발자들에게 변경사항의 병합을 승인한다.
8. 마지막 단계로 개발자들이 풀 요청을 병합한다. 신규 코드를 마스터 브랜치로 병합하고 테스트한다. 이제 다른 개발자들은 브랜치를 재구성하거나 신규 브랜치를 생성할 때 이 변경사항을 통합한다.

다음 절에서는 EC2 인스턴스에서 동작하는 젠킨스와 깃허브를 이용해 연속 통합 서버를 생성하고자 한다.

프로젝트가 커질수록 테스트 횟수와 실행 시간이 늘어난다. 바젤(Bazel, https://bazel.build/) 같은 특정 고급 빌드 시스템은 특정 변경에 관련된 테스트만 수행할 수 있는 기능을 갖고 있으나, 일반적으로 새로운 풀 요청이 들어올 때마다 가능한 모든 테스트를 간단히 수행할 수 있는 CI 시스템을 만드는 편이 더 쉽다. AWS의 탄력성을 이용한 외부 테스트 인프라를 갖추면, 모든 테스트의 수행 결과를 보기 위해 몇 분에서 때로는 몇 시간을 기다릴 필요가 없으므로 개발자에게 엄청난 시간 절약을 제공한다. 이 책은 웹 애플리케이션 개발을 중점적으로 다룰 것이다. 그러나 특정 하드웨어와 운영체제에 대한 소프트웨어를 개발해야 하는 좀 더 도전적인 환경에 직면할 수도 있을 것이다. 전용 CI 시스템을 갖추면 궁극적으로 목표로 하는 하드웨어와 소프트웨어 테스트를 실행할 수 있다.

앤서블과 클라우드 포메이션으로 젠킨스 서버 생성하기

앞에서 언급한 대로 연속 통합 파이프라인을 실행할 중앙 시스템으로 젠킨스를 사용할 것이다. 10년 이상의 개발 기간을 거친 젠킨스는 오랫동안 연속 통합을 실현해온 선도적인 오픈소스 솔루션이다. 다양한 플러그인 생태계로 유명한 젠킨스는 최근에 새로운 배포판(젠킨스 2.x)을 출시했다. 이 배포판은 체크인, 버전 제어 및 이 책에서 사용하는 깃허브 같은 소스 제어 시스템과 좀 더 잘 통합할 수 있는 기본적인 전달 파이프라인 생성 기능 및 여러 데브옵스적인 기능들로 주목받고 있다.

젠킨스 서버를 관리하기 위해 3장 '코드로 인프라 다루기'에서 했던 것과 같은 방식으로 앤서블과 클라우드 포메이션을 계속 사용할 것이다.

젠킨스에 대한 앤서블 플레이북 생성하기

먼저 ansible/roles 폴더로 이동하라.

```
$ cd ansible/roles
```

이 폴더에는 3장 '코드로 인프라 다루기'에서 작성했던 구성 정보를 포함한 helloworld와 nodejs 폴더가 있다. 이제 `ansible-galaxy` 명령어를 통해 젠킨스 역할을 생성하라.

```
$ ansible-galaxy init jenkins
```

이제 jenkins/tasks/main.yml 파일을 열어 신규 역할의 태스크를 정의하자. 텍스트 편집기로 파일을 열어라.

태스크의 목표는 젠킨스를 설치하고 시작하는 것이다. 이를 위해 리눅스 기반 운영체제(여기서는 AWS 아마존 리눅스)이므로 `yum`으로 RPM 패키지를 설치하자. 젠킨스는 자체적인 `yum` 리포지터리를 제공하므로 첫 번째 단계는 `yum` 리포지터리 구성 정보에 이를 가져오는 것이다. 기본적으로 `yum` 리포지터리 항목은 /etc/yum.repos.d에 있다.

다음은 태스크 파일의 초기 주석이다. 다음과 같이 추가하라.

```
- name: Add Jenkins repository
  shell: wget -O /etc/yum.repos.d/jenkins.repo
https://pkg.jenkins.io/redhat/jenkins.repo
```

다음 단계는 리포지터리에 GPG 키를 가져오는 것이다. 앤서블은 이런 종류의 키를 관리하는 모듈을 제공한다.

```
- name: Import Jenkins GPG key
  rpm_key:
    state: present
    key: https://pkg.jenkins.io/redhat/jenkins.io.key
```

이제 `yum`으로 젠킨스를 설치할 수 있게 됐다. 다음과 같이 설치 명령어를 실행하라.

```
- name: Install Jenkins
  yum:
```

```
    name: jenkins-2.99
    enablerepo: jenkins
    state: present
```

젠킨스 리포지터리의 사용은 기본적으로 비활성화되어 있으므로, yum 명령어를 실행할 수 있게 enablerepo 플래그를 활성화하자.

이제 젠킨스가 설치된다. 가장 좋은 방법은 설치할 젠킨스의 버전을 지정하는 것이다(여기서는 2.99를 지정). 젠킨스가 설치된 EC2 인스턴스 재시작 시 젠킨스가 자동으로 시작할 수 있도록 chkconfig 수준을 활성화하고 싶다면, 서비스 모듈을 이용해 이를 처리할 수 있다. 이전 스크립트 아래에 다음 내용을 추가하라.

```
- name: Start Jenkins
  service:
    name: jenkins
    enabled: yes
    state: started
```

간단한 젠킨스 역할은 여기까지다.

이제 main.yml이 완성됐고 다음 링크와 같다. https://raw.githubusercontent.com/yogeshraheja/ansible/master/roles/jenkins/tasks/main.yml

AWS 아마존 리눅스에는 자바 7이 기본으로 설치되어 있다. 그러나 젠킨스 버전 2.54 이상에서는 자바 8의 설치가 필수다. 그래서 위 링크에 2개의 태스크가 추가되어 있음을 확인할 수 있다(자바 7을 제거하고 자바 8을 설치).

```
- name: Removing old version of JAVA from Amazon Linux
  yum:
    name: java-1.7.0-openjdk
    state: absent

- name: Install specific supported version of JAVA
```

```
yum:
  name: java-1.8.0-openjdk
  state: present
```

젠킨스와 앤서블을 더 많이 알게 되어 웹 또는 앤서블 갤럭시를 탐색하다 보면, 젠킨스를 좀 더 세밀하게 구성하고, 작업을 생성해내고, 설치할 플러그인을 선택할 수 있는 많은 고급 역할을 찾을 수 있다. 이것은 경험해야 하는 중요한 단계이지만 이 책에서는 다루지 않는다. 그러나 전체 시스템을 코드로 기술하는 이상적인 구성을 원할 것이다. 5장에서는 젠킨스를 HTTP로 통신한다. 그러나 실제 환경에서는 HTTPS처럼 암호화된 프로토콜을 쓰거나 8장 'AWS 환경의 보안 강화하기'에서 살펴볼 VPN을 통한 사설 서브넷 쓰기를 강력히 권고한다.

젠킨스를 설치할 수 있는 역할을 작성했다. 이제 새로운 EC2 인스턴스를 생성하고 젠킨스를 설치해 인스턴스상에서 Node.js 코드를 테스트하자. 이를 위해 젠킨스 호스트에 노드와 npm도 설치해야 한다.

두 가지 옵션이 있다. helloworld 역할에서 했던 것과 같이 젠킨스 역할의 종속 모듈로 nodejs 역할을 추가하거나 플레이북 역할 목록에 nodejs 역할을 추가하는 것이다. 젠킨스에서는 노드를 실행할 필요가 없으므로 두 번째 방법을 선택하자. ansible 리포지터리의 루트 폴더에서 playbook 파일을 생성하라. 파일명은 jenkins.yml이고 다음과 같다.

```
---
- hosts: "{{ target | default('localhost') }}"
  become: yes
  roles:
    - jenkins
    - nodejs
```

이제 역할이 완성됐다. 새로운 역할을 커밋하고 깃허브에 푸시하자. 앞에서 기술한 모범 사례를 따라 새로운 브랜치를 만드는 것으로 시작하자.

```
$ git checkout -b jenkins
```

다음 명령어로 파일들을 추가하라.

```
$ git add jenkins.yml roles/jenkins
```

커밋하고, 끝으로 변경사항을 푸시하라.

```
$ git commit -m "Adding a Jenkins playbook and role"
$ git push origin jenkins
```

이제 깃허브에서 풀 요청을 제출하고 jenkins 브랜치를 마스터로 병합하라.

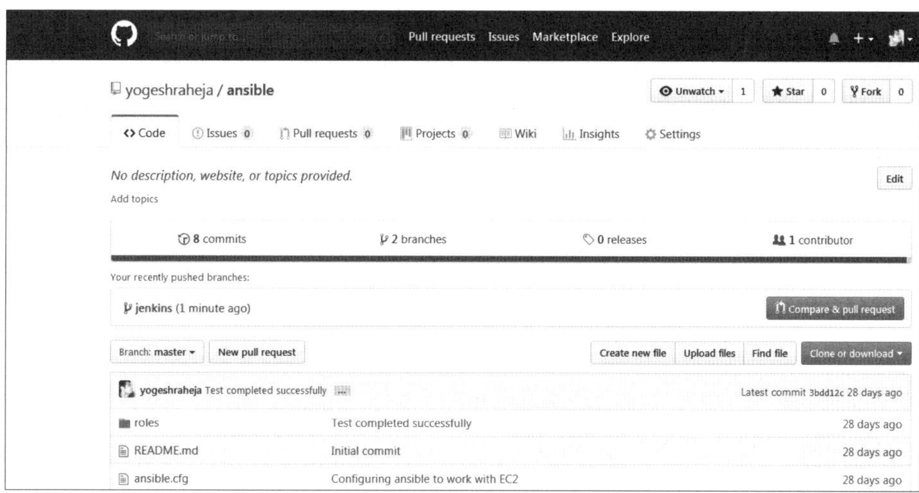

완료된 후, 다음 명령어로 마스터 브랜치로 돌아가라.

```
$ git checkout master
$ git branch
    jenkins
  * master
$ git pull
```

실제 환경에서는 개발자들의 변경사항을 가져오기 위해 다음 명령어를 주기적으로 실행할 것이다.

```
$ git pull
```

이 명령어는 다른 개발자가 작성한 변경 코드를 가져온다.

이제 역할을 호출하기 위한 클라우드 포메이션 템플릿을 생성할 수 있다.

클라우드 포메이션 템플릿 생성하기

3장 '코드로 인프라 다루기'에서 살펴봤던 코드와 동일하게 유지하기 위해 3장에서 작성했던 `helloworld` 트로포스피어 코드로 시작하자. 먼저 파이썬 스크립트를 복사하라. 트로포스피어 템플릿이 저장되어 있는 EffectiveDevOpsTemplates 폴더로 이동해 다음과 같이 ansiblebase-cf-template.py를 복사하라.

```
$ cp ansiblebase-cf-template.py jenkins-cf-template.py
```

젠킨스 호스트는 AWS와 상호작용이 필요하다. 이를 위해 나중에 자세히 살펴볼 인스턴스 프로파일을 생성하기 위해 트로포스피어와 동일한 개발자가 작성한 또 다른 라이브러리를 사용하자. 다음과 같이 설치하라.

```
$ pip install awacs
```

이제 jenkins-cf-template.py 파일을 편집하자. 두 가지 변경사항은 애플리케이션의 이름과 통신 포트다. 젠킨스의 기본 포트는 TCP/8080이다.

```
ApplicationName = "jenkins"
ApplicationPort = "8080"
```

또한 깃허브 정보에 대한 여러 상수를 지정해야 한다. `GithubAccount`를 깃허브 사용자명 또는 조직명으로 바꾸라.

```
GithubAccount = "yogeshraheja"
```

EC2 인스턴스가 EC2 같은 AWS 서비스와 상호작용을 용이하게 할 수 있도록 인스턴스 IAM 프로파일을 추가하자. 2장 '첫 번째 웹 애플리케이션 배포하기'에서 사용자를 생성할 때 IAM 서비스를 사용했다. 사용자를 생성하는 것에 더해 모든 AWS 서비스를 전체적으로 접근할 수 있는 관리자 정책을 지정했던 것을 기억할 것이다. 그 전에는 관리자 권한으로 인증하고 클라우드 포메이션과 EC2 같은 서비스와 상호작용할 수 있는 액세스 키와 비밀 키를 생성했다.

EC2 인스턴스의 경우 **인스턴스 프로파일**instance profile 기능은 인스턴스의 IAM 역할을 지정할 수 있게 해준다. 다시 말해, 액세스 키와 비밀 키 없이도 EC2 인스턴스에 직접 IAM 권한을 지정할 수 있다.

이 장의 뒤에 나오는 연속 통합 파이프라인으로 작업할 때 인스턴스 프로파일은 젠킨스 인스턴스와 AWS 관리 서비스를 통합하는 데 매우 유용하다. 이를 위해 먼저 라이브러리 몇 가지를 추가적으로 임포트해야 한다. 맨 먼저 트로포스피어의 `import()` 섹션 아래에 다음을 추가하라.

```
from troposphere.iam import (
    InstanceProfile,
    PolicyType as IAMPolicy,
    Role,
)

from awacs.aws import (
    Action,
    Allow,
    Policy,
```

```
    Principal,
    Statement,
)

from awacs.sts import AssumeRole
```

그런 다음 ud 변수와 인스턴스 생성 코드 사이에 다음과 같이 역할 리소스를 생성하고 추가하라.

```
t.add_resource(Role(
    "Role",
    AssumeRolePolicyDocument=Policy(
        Statement=[
            Statement(
                Effect=Allow,
                Action=[AssumeRole],
                Principal=Principal("Service", ["ec2.amazonaws.com"])
            )
        ]
    )
))
```

역할을 사용하도록 인스턴스 프로파일을 생성하고 위에 정의한 역할을 참조하라. 다음 코드가 인스턴스 프로파일 생성 코드다.

```
t.add_resource(InstanceProfile(
    "InstanceProfile",
    Path="/",
    Roles=[Ref("Role")]
))
```

끝으로, 인스턴스의 정의를 업데이트해 신규 인스턴스 프로파일을 참조하라. UserData=ud 아래 줄에 다음과 같이 IamInstanceProfile을 추가하라.

```
t.add_resource(ec2.Instance(
    "instance",
    ImageId="ami-cfe4b2b0",
    InstanceType="t2.micro",
    SecurityGroups=[Ref("SecurityGroup")],
    KeyName=Ref("KeyPair"),
    UserData=ud,
    IamInstanceProfile=Ref("InstanceProfile"),
))
```

이 파일은 다음과 같다. https://github.com/yogeshraheja/EffectiveDevOpsTemplates/blob/master/jenkins-cf-template.py. 변경사항을 저장하고 스크립트를 깃허브에 커밋하고 클라우드 포메이션 템플릿을 생성하라.

```
$ git add jenkins-cf-template.py
$ git commit -m "Adding troposphere script to generate a Jenkins instance"
$ git push
$ python jenkins-cf-template.py > jenkins-cf.template
```

스택을 띄우고 젠킨스 구성하기

젠킨스가 구동되는 EC2 인스턴스를 생성하도록 3장 '코드로 인프라 다루기'에서와 같이 웹 인터페이스 또는 명령줄 인터페이스로 다음과 같이 진행하라.

```
$ aws cloudformation create-stack \
      --capabilities CAPABILITY_IAM \
      --stack-name jenkins \
      --template-body file://jenkins-cf.template \
      --parameters ParameterKey=KeyPair,ParameterValue=EffectiveDevOpsAWS
```

그런 다음 실행이 완료될 때까지 기다려라.

```
$ aws cloudformation wait stack-create-complete \
      --stack-name jenkins
```

호스트의 공인 IP를 확인하라.

```
$ aws cloudformation describe-stacks \
      --stack-name jenkins \
      --query 'Stacks[0].Outputs[0]'
    {
        "Description": "Public IP of our instance.",
        "OutputKey": "InstancePublicIp",
        "OutputValue": "18.208.183.35"
    }
```

앤서블 젠킨스 Ansible Jenkins 역할을 아주 단순하게 구성했다. 젠킨스의 설치를 완료하려면 나머지 구성을 완료해야 한다. 다음 단계를 따르라.

1. 브라우저에서 인스턴스 공인 IP의 8080 포트로 접속하라(여기서는 http://18.208.183.35:8080). 다음 화면이 나오기까지 젠킨스가 구성을 진행하므로 잠시 기다려라.

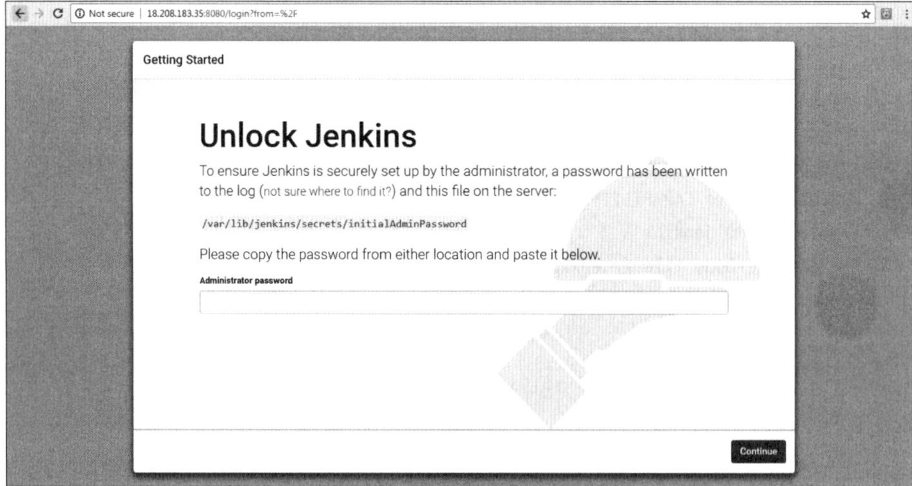

2. (IP 주소를 바꾼 후) 아래 ssh의 원격 명령어 실행 기능을 통해 관리자 비밀번호를 가져오라. 그리고 첫 번째 구성 화면에서 이를 사용하라.

```
$ ssh -i ~/.ssh/EffectiveDevOpsAWS.pem ec2-user@18.208.183.35 \
sudo cat /var/lib/jenkins/secrets/initialAdminPassword
```

3. 다음 화면에서 install the suggested plugins를 선택하라.
4. 다음 화면에서 첫 번째 관리자 계정을 생성하고 Save and Finish를 클릭하라.
5. 끝으로, Start using Jenkins를 클릭하라.

이제 젠킨스 인스턴스를 사용할 준비가 됐다.

CI 환경 준비하기

적절한 CI 파이프라인으로 `helloworld` 애플리케이션을 다시 작성하는 데 젠킨스 인스턴스와 깃허브를 함께 사용하고자 한다. 이를 위해 여러 초기 단계를 거쳐야 하며 첫 번째 단계는 `helloworld`라는 이름의 신규 리포지터리를 갖는 신규 깃허브 조직을 생성하는 것이다.

신규 깃허브 조직 및 리포지터리 생성하기

이제 `helloworld` 노드 애플리케이션을 전용으로 제공하는 신규 리포지터리에 대한 신규 조직을 생성하려고 한다. 다음 단계를 통해 신규 조직을 생성하라. 그런 다음 3장 '코드로 인프라 다루기'와 같은 단계로 조직 안에 신규 리포지터리를 생성하라.

1. https://github.com/organizations/new로 브라우저를 열자.
2. 조직명을 입력하라. 주 깃허브 계정 내에 분리된 깃허브 계정이다. 내 경우에는 yogeshrahejahelloworld라는 이름으로 생성했다.
3. 이메일 주소를 입력하고 무료 플랜을 선택하라.

4. Create organization조직 생성 버튼을 클릭하고 다음 두 단계는 기본 설정을 선택하라.

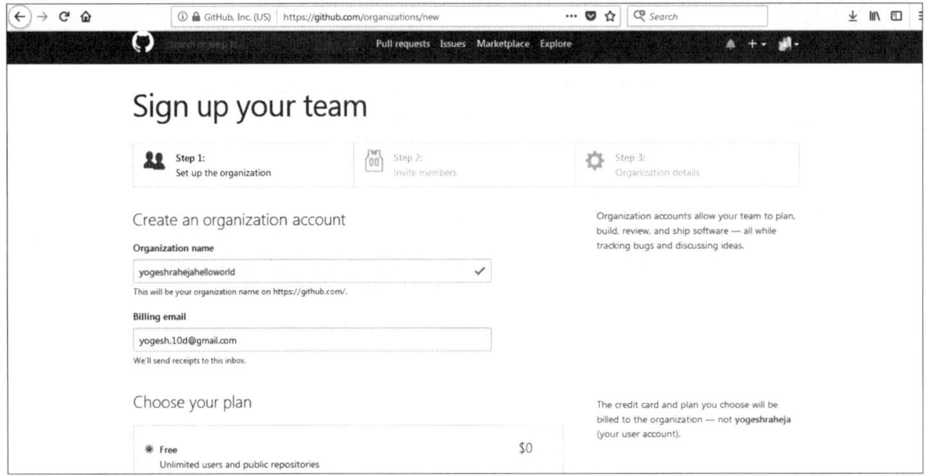

5. 신규로 생성한 조직에 신규 리포지터리를 생성하라.

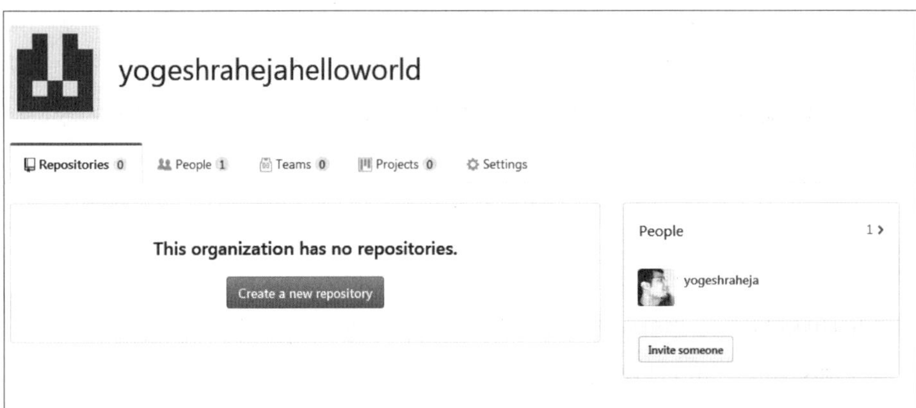

6. 리포지터리명을 `helloworld`라고 하라.

7. Initialize this repository with a README README 파일과 함께 리포지터리 초기화하기 체크박스를 체크하라.

8. Create Repository리포지터리 생성 버튼을 클릭하라.

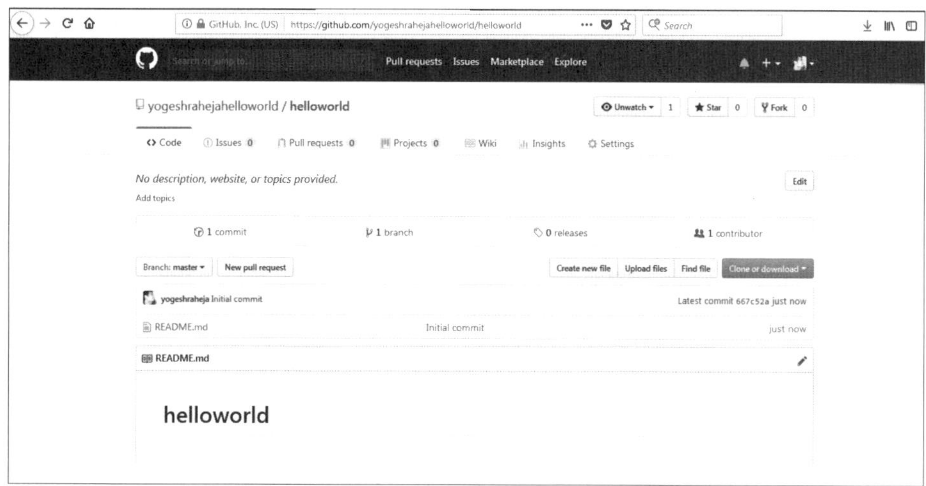

리포지터리, 마스터 브랜치, README.md 파일이 생성된다.

정상적으로 구성한 CI 파이프라인은 백그라운드에서 조용히 동작한다. 이를 위해서는 소스 코드가 깃허브에 추가될 때 소스 코드가 변경됐다고 젠킨스에 알림을 보내어 젠킨스가 자동으로 빌드를 시작할 수 있게 해야 한다. 이는 `github-organization-plugin`이라는 플러그인으로 쉽게 구현할 수 있다. 이 플러그인은 젠킨스를 설치한 후 install the suggested plugins를 선택했을 때 설치되는 플러그인 중 하나다. 이를 사용하려면 먼저 깃허브에서 개인용 액세스 토큰을 생성해야 한다.

깃허브 개인용 액세스 토큰 생성하기

개인용 액세스 토큰을 생성하면 플러그인들이 깃허브에 푸시된 코드에 접근할 수 있고 신규 커밋 및 풀 요청의 발생 알림을 얻는 데 필요한 가로채기 절차를 작성할 수 있다. 토큰을 생성하려면 다음 절차를 수행하라.

1. 브라우저에서 https://github.com/settings/tokens를 열자.
2. Generate new token신규 토큰 생성하기을 클릭하라.

3. 'Effective DevOps with AWS Jenkins'와 같이 설명이 포함된 이름을 제공하라.
4. repo, admin:repo_hook 및 admin:org_hook 범위를 선택하라.
5. Generate token[토큰 생성] 버튼을 클릭하라.
6. 초기 토큰 페이지로 이동한다. 생성된 토큰을 저장하라. 이 토큰은 나중에 필요하다.

젠킨스 자격증명에 액세스 토큰 추가하기

이제 젠킨스에 액세스 토큰을 다음과 같이 추가하라.

1. 젠킨스를 연다. 여기서는 http://18.208.183.35:8080이다.
2. 왼편 메뉴에서 Credentials를 클릭하라. 그런 다음 바로 아래에 있는 System을 클릭하고, Global credentials를 클릭하라.
3. 다음 화면에서 Add credentials를 클릭하라.
4. 여기서 생성하려는 자격증명은 Username with password 유형이다.
5. 범위는 Global이 돼야 한다.
6. 사용자명은 깃허브 조직을 사용하라.
7. 비밀번호는 앞에서 생성한 깃허브 토큰을 사용하라.
8. ID는 다음 스크린샷과 같이 GitHub로 하라.

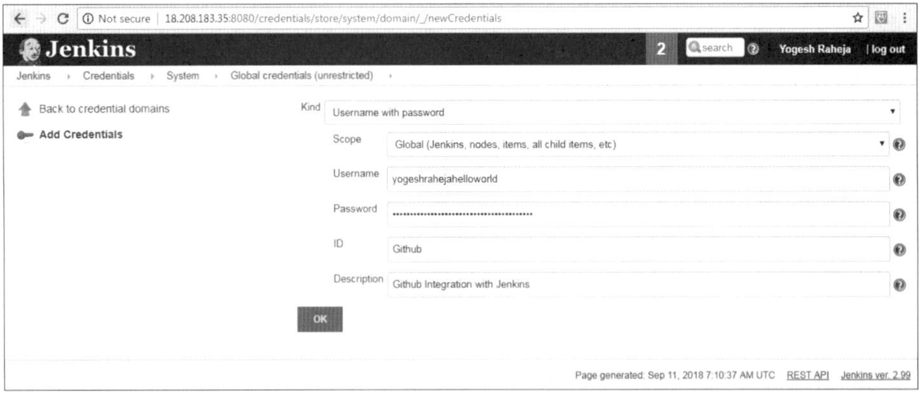

9. Description을 입력할 수도 있다. 이제 OK를 클릭하라.

초기화 절차의 마지막 단계는 젠킨스 작업을 생성하는 것이다.

자동으로 빌드를 할 수 있는 젠킨스 작업 생성하기

젠킨스는 깃허브를 통합할 수 있는 플러그인을 갖고 있다. 깃허브 조직 작업을 생성함으로써 이 플러그인을 쉽게 사용할 수 있다. 다음 단계를 수행하라.

1. http://18.208.183.35:8080/을 입력해 젠킨스 홈페이지로 이동하고 Create new jobs[새 작업 생성]를 클릭하라.
2. Enter an Item name에 깃허브 사용자명(또는 조직명)을 입력하고, Github Organization을 선택한 후 OK를 클릭하라.
3. 프로젝트를 구성할 수 있는 페이지로 이동한다. 여기서 프로젝트 영역을 구성할 수 있다.
    1. Credentials 드롭다운 메뉴에서 새롭게 생성한 자격증명을 선택하라.
    2. 소유자가 사용자명 또는 조직명 또는 작업을 생성하면서 제공했던 이름인지 확인하라. 이 이름은 젠킨스가 모든 리포지터리를 스캔하는 데 사용한다.
    3. `helloworld` 리포지터리만 보려면 Behaviours 섹션의 맨 밑에 있는 Add 버튼을 클릭하고 첫 번째 옵션인 Filter by Name (with regular expression)을 선택하라.
    4. 새롭게 채워진 필드인 Regular expression[정규식]에서 `.*`를 `helloworld`로 바꿔라. Discover branches 섹션에서 All branches 정책을 선택하고 동일 페이지의 화면 아래로 이동해 Scan Organization Triggers 섹션으로 가서 1분을 선택하라.

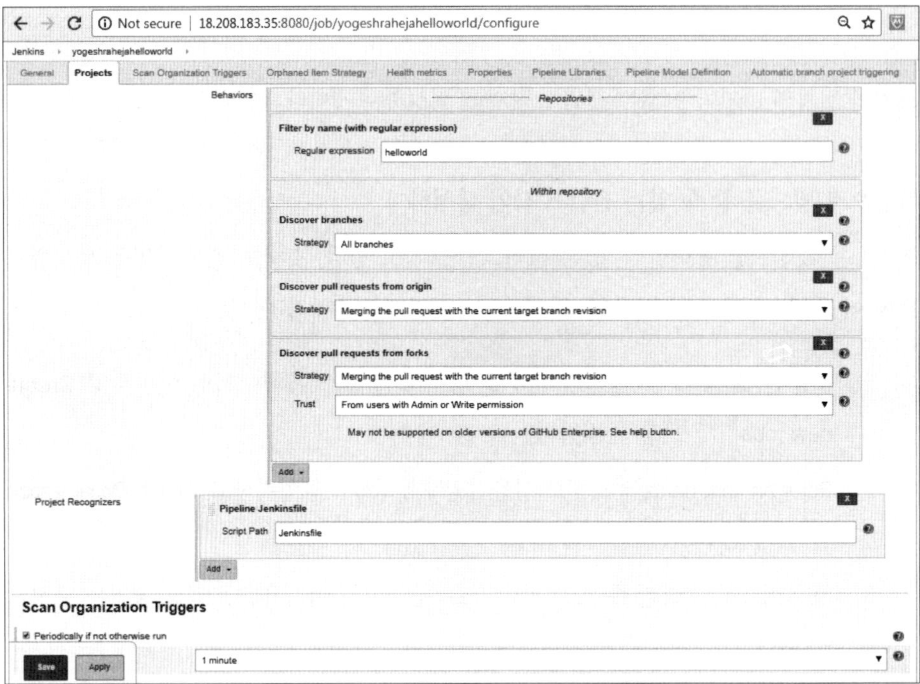
Not secure | 18.208.183.35:8080/job/yogeshrahejahelloworld/configure
Jenkins › yogeshrahejahelloworld ›
General
Projects
Scan Organization Triggers
Orphaned Item Strategy
Health metrics
Properties
Pipeline Libraries
Pipeline Model Definition
Automatic branch project triggering
Behaviors
Repositories
Filter by name (with regular expression)
Regular expression
helloworld
Within repository
Discover branches
Strategy
All branches
Discover pull requests from origin
Strategy
Merging the pull request with the current target branch revision
Discover pull requests from forks
Strategy
Merging the pull request with the current target branch revision
Trust
From users with Admin or Write permission
May not be supported on older versions of GitHub Enterprise. See help button.
Add
Project Recognizers
Pipeline Jenkinsfile
Script Path
Jenkinsfile
Add
Scan Organization Triggers
Periodically if not otherwise run
1 minute
Save
Apply

5. Save를 클릭한다.

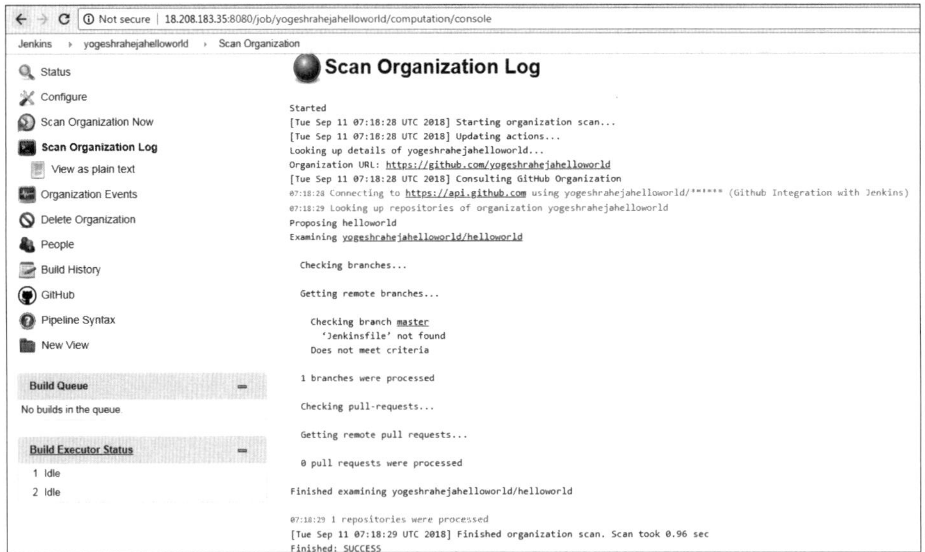
Not secure | 18.208.183.35:8080/job/yogeshrahejahelloworld/computation/console
Jenkins › yogeshrahejahelloworld › Scan Organization
Status
Configure
Scan Organization Now
Scan Organization Log
View as plain text
Organization Events
Delete Organization
People
Build History
GitHub
Pipeline Syntax
New View
Build Queue
No builds in the queue
Build Executor Status
1 Idle
2 Idle
Scan Organization Log
Started
[Tue Sep 11 07:18:28 UTC 2018] Starting organization scan...
[Tue Sep 11 07:18:28 UTC 2018] Updating actions...
Looking up details of yogeshrahejahelloworld...
Organization URL: https://github.com/yogeshrahejahelloworld
[Tue Sep 11 07:18:28 UTC 2018] Consulting GitHub Organization
07:18:28 Connecting to https://api.github.com using yogeshrahejahelloworld/****** (Github Integration with Jenkins)
07:18:29 Looking up repositories of organization yogeshrahejahelloworld
Proposing helloworld
Examining yogeshrahejahelloworld/helloworld
Checking branches...
Getting remote branches...
Checking branch master
'Jenkinsfile' not found
Does not meet criteria
1 branches were processed
Checking pull-requests...
Getting remote pull requests...
0 pull requests were processed
Finished examining yogeshrahejahelloworld/helloworld
07:18:29 1 repositories were processed
[Tue Sep 11 07:18:29 UTC 2018] Finished organization scan. Scan took 0.96 sec
Finished: SUCCESS

작업이 생성되고 젠킨스는 모든 브랜치를 찾으려고 프로젝트를 스캔하기 시작한다. README 파일이 있는 마스터 브랜치를 찾는다. 그러나 아무 코드도 없으므로 아무 일도 하지 않는다. 다음 절에서 `helloworld` 애플리케이션을 구현해 코드를 추가할 것이다.

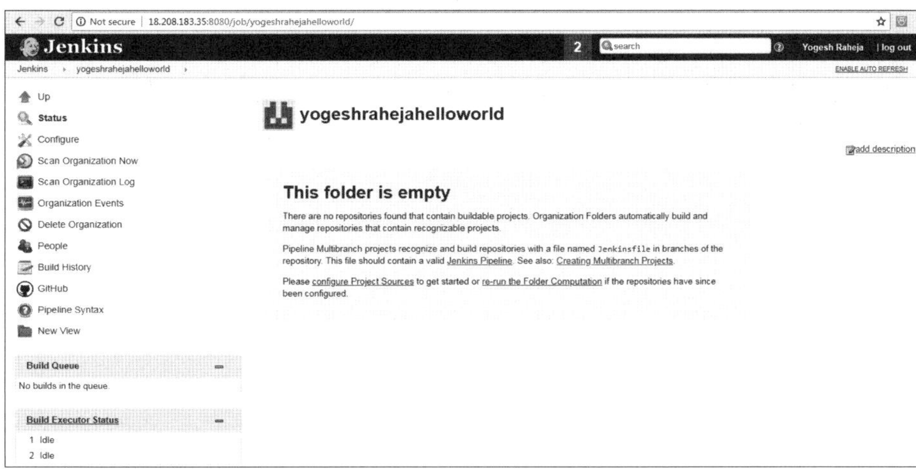

CI 환경을 이용해 helloworld 애플리케이션 구현하기

2장 '첫 번째 웹 애플리케이션 배포하기'에서 작성했던 간단한 `helloworld` 웹 애플리케이션을 다시 한번 사용하려고 한다. 여기서의 목표는 복잡한 웹 애플리케이션을 구축하기보다는 CI 파이프라인의 사용 방법을 보여주는 것이다.

프로젝트 초기화

젠킨스용으로 이전 절에서 구성해 배포했던 동일한 AWS 인스턴스를 개발 환경에서 사용하고자 한다. 인스턴스에 `nodejs`와 `npm`을 설치해야 한다. 아직 설치하지 않았다면 2장 '첫 번째 웹 애플리케이션 배포하기'의 설명을 참조하라.

```
$ ssh -i ~/.ssh/EffectiveDevOpsAWS.pem ec2-user@18.208.183.35
$ node -v
$ npm -v
```

이 명령어의 실행 결과는 다음과 같다.

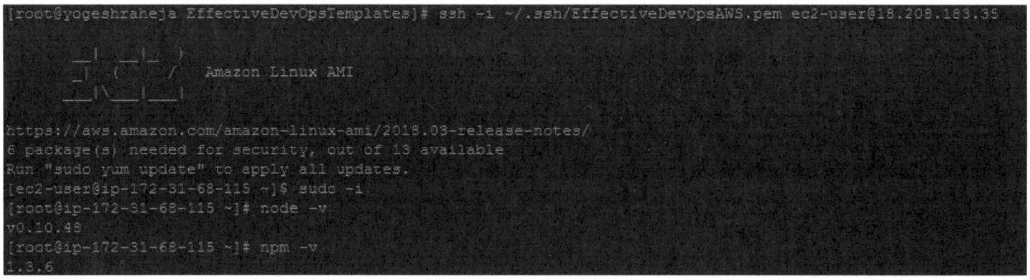

```
[root@yogeshraheja EffectiveDevOpsTemplates]# ssh -i ~/.ssh/EffectiveDevOpsAWS.pem ec2-user@18.208.183.35

       __|  __|_  )
       _|  (     /   Amazon Linux AMI
      ___|\___|___|

https://aws.amazon.com/amazon-linux-ami/2018.03-release-notes/
6 package(s) needed for security, out of 13 available
Run "sudo yum update" to apply all updates.
[ec2-user@ip-172-31-68-115 ~]$ sudo -i
[root@ip-172-31-68-115 ~]# node -v
v0.10.48
[root@ip-172-31-68-115 ~]# npm -v
1.3.6
```

첫 번째 단계는 이전 절에서 생성했던 `helloworld` 깃허브 리포지터리를 복제하는 것이다.

```
$ git clone https://github.com/<당신의 깃허브 조직>/helloworld.git
$ cd helloworld
```

이제 새로운 브랜치를 생성할 수 있다.

```
$ git checkout -b initial-branch
```

그리고 helloworld.js라는 빈 파일을 생성하라.

```
$ touch helloworld.js
```

이런 유형의 프로젝트 테스트를 작성하는 가장 좋은 방법 중 하나는 **테스트 기반 개발 방법론**TDD, Test Driven Development이다. 이 방법론에서 개발자는 먼저 테스트를 작성한 다음, 실패인지 확인하고 코드를 작성하고 테스트를 다시 한다. 여기서 테스트가 성공하면 코드의 풀 요청을 생성할 수 있고 코드 리뷰 후 승인되면 이를 병합할 수 있다.

모카를 이용해 기능 테스트 작성하기

TDD 접근 방법론의 테스트 코드를 작성하는 절차를 설명하기 위해 **모카**Mocha(https://

mochajs.org/)라는 도구를 이용할 것이다. 모카는 테스트를 작성하기 위한 아주 일반적이고 사용하기 쉬운 자바스크립트 테스트 프레임워크다.

다음과 같이 Node.js 패키지 관리자 명령어인 npm으로 로컬 컴퓨터에 모카를 설치한다.

먼저 다음 명령어로 npm을 초기화하라.

```
$ npm config set registry http://registry.npmjs.org/
$ npm init -yes
```

위 명령어의 실행 결과는 다음과 같다.

```
[root@ip-172-31-68-115 helloworld]# npm init -yes
This utility will walk you through creating a package.json file.
It only covers the most common items, and tries to guess sane defaults.

See `npm help json` for definitive documentation on these fields
and exactly what they do.

Use `npm install <pkg> --save` afterwards to install a package and
save it as a dependency in the package.json file.

Press ^C at any time to quit.
name: (helloworld)
version: (0.0.0) 1.0.0
description:
entry point: (helloworld.js)
test command:
git repository: (https://github.com/yogeshrahejahelloworld/helloworld.git)
keywords:
author:
license: (BSD)
About to write to /root/helloworld/package.json:

{
  "name": "helloworld",
  "version": "1.0.0",
  "description": "",
  "main": "helloworld.js",
  "scripts": {
    "test": "echo \"Error: no test specified\" && exit 1"
  },
  "repository": {
    "type": "git",
    "url": "https://github.com/yogeshrahejahelloworld/helloworld.git"
  },
  "author": "",
  "license": "BSD",
  "bugs": {
    "url": "https://github.com/yogeshrahejahelloworld/helloworld/issues"
  }
}


Is this ok? (yes)
[root@ip-172-31-68-115 helloworld]# 
```

이 명령어는 package.json이라는 파일을 생성한다. 다음으로 아래와 같이 모카를 설치하고 개발 종속성 목록에 추가하라.

```
$ npm install mocha@2.5.3 --save-dev
```

이 명령어는 node_modules라는 폴더를 생성한다. 모카는 이 폴더에 설치된다.

모카와 함께 `helloworld` 애플리케이션을 렌더링할 헤드리스 브라우저 테스트 모듈인 **좀비**Zombie라는 모듈을 추가하자. 동일한 명령어로 이를 설치할 수 있다.

```
$ npm install zombie@3.0.15 --save-dev
```

프로젝트의 나머지로부터 테스트를 분리하기 위해, `helloworld` 프로젝트의 루트 폴더 아래에 test라는 폴더를 생성하라. 기본적으로 모카는 이 폴더에 있는 테스트를 찾는다.

```
$ mkdir test
```

마지막으로 작성할 코드는 테스트할 때 모카를 사용하도록 `npm`을 구성하는 것이다. 편집기로 package.json 파일을 열고 테스트 스크립트를 다음과 같이 교체하라.

```
"scripts": {
  "test": "node_modules/mocha/bin/mocha"
},
```

test 폴더 안에 helloworld_test.js 파일을 생성하고 편집하라.

가장 먼저 할 일은 테스트에 필요한 2개의 모듈을 띄우는 것이다. 첫 번째는 헤드리스 브라우저인 `zombie` 모듈이고, 두 번째는 Node.js 애플리케이션에서 단위 테스트를 작성할 때 사용하는 표준 모듈인 `assert` 모듈이다.

```
var Browser = require('zombie')
var assert = require('assert')
```

다음으로 애플리케이션을 띄워야 한다. 이는 동일한 **require()** 함수를 호출하는 것으로 완료할 수 있다. 그러나 이번에는 곧 구현할 helloworld.js 파일을 띄우라고 요청한다. 현재는 빈 파일이다.

```
var app = require('../helloworld')
```

이제 테스트를 생성하자. 모카의 기본 문법은 명세 문서의 요구사항에 대해 모방을 시도하는 것이다. 세 가지 요구사항이 있다. 다음과 같이 추가하라.

```
describe('main page', function() {
  it('should say hello world')
})
```

웹 애플리케이션과 상호작용을 할 수 있도록 테스트에 가로채기 함수를 추가해야 한다.

첫 번째 단계는 테스트가 애플리케이션의 엔드포인트를 가리키도록 하는 것이다. 이전 장들에서와 같이 애플리케이션은 http://localhost:3000에서 실행된다. 여기서는 선행 조건을 구성하려고 **before()**라는 가로채기 함수를 사용한다. **it()**을 호출하는 코드 앞에 헤드리스 브라우저가 적절한 서버를 가리키도록 다음 코드를 추가하라.

```
describe('main page', function() {
  before(function() {
    this.browser = new Browser({ site: 'http://localhost:3000' })
  })

  it('should say hello world')
})
...
```

헤드리스 브라우저는 애플리케이션에 연결된다. 그러나 어떠한 페이지도 요청하지 않는다. 또 다른 before() 함수를 다음과 같이 추가하라.

```
describe('main page', function() {
  before(function() {
    this.browser = new Browser({ site: 'http://localhost:3000' })
  })

  before(function(done) {
    this.browser.visit('/', done)
  })

  it('should say hello world')
})
...
```

이제 홈페이지가 시작된다. assert으로 검증하도록 it() 함수 코드를 구현해야 한다. 다음과 같이 it() 함수에 줄을 추가하라.

```
describe('main page', function() {
  before(function() {
    this.browser = new Browser({ site: 'http://localhost:3000' })
  })

  before(function(done) {
    this.browser.visit('/', done)
  })

  it('should say hello world', function() {
    assert.ok(this.browser.success)
    assert.equal(this.browser.text(), "Hello World")
  })
})
```

테스트가 준비됐다. 코드는 다음 링크와 같다. https://raw.githubusercontent.com/yogeshraheja/helloworld/master/test/helloworld_test.js

터미널에서 간단히 모카 명령어를 호출해 다음과 같이 테스트할 수 있다.

```
$ npm test

./node_modules/mocha/bin/mocha
  main page
    1) "before all" hook
  0 passing (48ms)
  1 failing
  1) main page "before all" hook:
     TypeError: connect ECONNREFUSED 127.0.0.1:3000
```

테스트가 실패했다. 웹 애플리케이션에 접속할 수 없다고 나왔다. 물론 아직 애플리케이션 코드를 구현하지 않았으므로 예상했던 결과다.

애플리케이션의 나머지 부분 개발하기

이제 애플리케이션을 개발할 준비가 됐다. 2장 '첫 번째 웹 애플리케이션 배포하기'에서 정확한 코드를 이미 작성했으므로 이를 다시 복사하거나 다음 URL에서 내려받아라.

```
$ curl -L https://raw.githubusercontent.com/yogeshraheja/Effective-DevOps-with-AWS/
master/Chapter02/helloworld.js > helloworld.js
```

이제 npm 명령어를 이용해 코드를 다시 테스트하자.

```
$ npm test
Server running
  main page
      should say hello world
  1 passing (78ms)
```

이 명령어의 실행 결과는 다음과 같다.

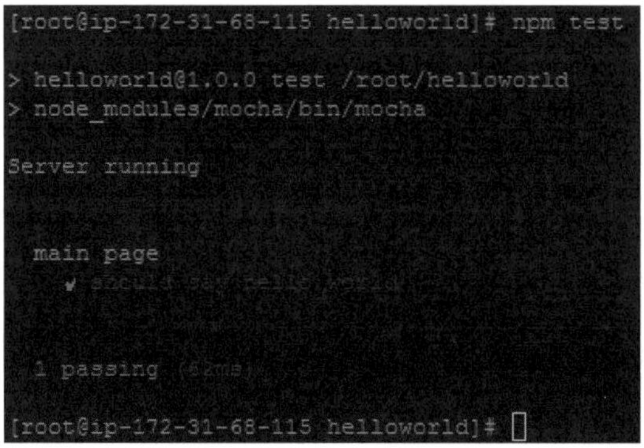

```
[root@ip-172-31-68-115 helloworld]# npm test

> helloworld@1.0.0 test /root/helloworld
> node_modules/mocha/bin/mocha

Server running


  main page
    ✓ should say hello world


  1 passing (62ms)

[root@ip-172-31-68-115 helloworld]# 
```

이제 테스트가 성공했다.

거의 다 왔다. 코드 커버리지를 테스트함으로써 구축 목표 중 하나를 달성했다. 물론 복잡도가 높은 실제 애플리케이션에는 더 많은 테스트 코드가 존재한다. 그러나 이제 집중해야 할 부분은 자동화다. 수동으로 코드를 테스트하는 방식으로 검증했으므로 이제는 젠킨스로 하는 방법을 확인할 것이다.

젠킨스에 CI 파이프라인 생성하기

앞에서 작업을 생성하고 실행함으로써 젠킨스를 동작시켰다. 역사적으로 파이프라인을 생성하는 한 가지 방법은 브라우저에서 젠킨스를 열고 이전에 생성했던 작업으로 이동해 테스트 코드를 포함한 여러 단계를 생성하려고 편집하는 것이었다. 이 솔루션의 문제점은 적절한 검토 절차가 포함되어 있지 않고 시간이 지남에 따라 모든 변경사항을 추적하기가 어렵다는 점이다. 게다가 프로젝트의 코드와 프로젝트 빌드 작업이 서로 동기화되지 않으므로 개발자가 프로젝트에 새로운 빌드 단계를 추가하려고 변경하는 작업은 매우 어렵다. 젠킨스 2는 로컬 파일에 빌드 절차를 기술하는 개념을 기본 기능으로 구현했다. 여기서는 이 기능을 사용하려고 한다.

프로젝트에 Jenkinsfile(J는 대문자이고 파일 확장자는 없음) 파일을 작성하자. 이 파일은 **그루비**Groovy(http://www.groovy-lang.org)로 작성한다.

첫 번째 줄에 다음과 같이 추가하라.

```
#!groovy
```

이 줄은 여러 IDE와 깃허브에서 파일의 속성을 이해할 때 유용하게 사용된다. 이 스크립트에서 가장 먼저 할 일은 젠킨스가 노드에 작업을 할당하게 하는 것이다.

```
node { }
```

현재 설치된 젠킨스 구성은 아주 단순하다. 한 대의 서버만 있으므로 하나의 노드만 있으면 된다. 더 많은 노드가 있다면 특별한 아키텍처를 가진 노드들 또는 병렬 처리를 위한 노드들의 매개변수를 추가해야 할 수도 있다.

CI 테스트는 논리적으로 몇 가지 단계로 분리할 수 있다.

1. 깃허브로부터 코드를 얻는다.
2. `npm install`을 실행해 여러 종속 모듈을 설치한다.
3. `mocha` 명령어를 이용해 명령을 실행한다.
4. 환경을 정리한다.

이 단계들은 젠킨스에서 **스테이지**stage라고 부른다. 노드 라우팅 안에 이들을 추가하라. 첫 번째 스테이지는 다음과 같다.

```
node {
    stage 'Checkout'
        checkout scm
}
```

이 코드는 젠킨스가 소스 제어에서 코드를 얻도록 한다. 앞에서 깃허브 작업을 생성했으므로 젠킨스는 이 코드를 정상적으로 실행한다.

다음으로 npm install을 실행해야 한다. 그루비는 npm처럼 각 언어에 특화된 명령어는 이해하지 못한다. 이를 구현하려면 셸을 구동해 해당 명령어를 실행하도록 sh 명령어를 사용해야 한다. 두 번째 스테이지는 다음과 같다.

```
stage 'Checkout'
    checkout scm

stage 'Setup'
    sh 'npm config set registry http://registry.npmjs.org/'
    sh 'npm install'
```

다음 스테이지는 모카를 실행하는 것이다. 아래는 Setup 스테이지다. 다음과 같이 추가하라.

```
stage 'Mocha test'
    sh './node_modules/mocha/bin/mocha'
```

다음 스테이지에서는 리포지터리를 정리한다.

```
stage 'Cleanup'
    echo 'prune and cleanup'
    sh 'npm prune'
    sh 'rm node_modules -rf'
```

젠킨스 파일이 준비됐다. 다음 링크와 같다. https://raw.githubusercontent.com/yogeshraheja/helloworld/master/Jenkinsfile

이제 코드를 커밋하고 테스트를 진행하라.

```
$ git add Jenkinsfile helloworld.js package.json test
$ git commit -m "Helloworld application"
$ git push origin initial-branch
```

initial-branch라는 원격 브랜치를 생성한다. 브랜치가 생성되면 젠킨스는 깃허브로부터 변경사항 알람을 받고 CI 파이프라인을 실행한다. 몇 초 안에 젠킨스가 테스트를 실행하고 실행 결과를 깃허브로 다시 보낸다. 다음과 같이 확인할 수 있다.

1. 브라우저에서 깃허브에 들어가서 helloworld 프로젝트로 이동하라.
2. Branch[브랜치]를 클릭하고 initial-branch를 선택하라.
3. 이 화면에서 New pull request를 클릭한 다음, 제목을 입력하고 변경사항을 입력하라. 가능하다면 @을 이용해 변경사항을 검토할 개발자를 지정하라.
4. Create pull request를 클릭하고 풀[pull] 요청을 생성하기 위한 단계들을 진행하라. 풀 요청이 생성되면 깃허브가 풀 요청의 모든 점검사항을 패스했음을 확인할 수 있다.

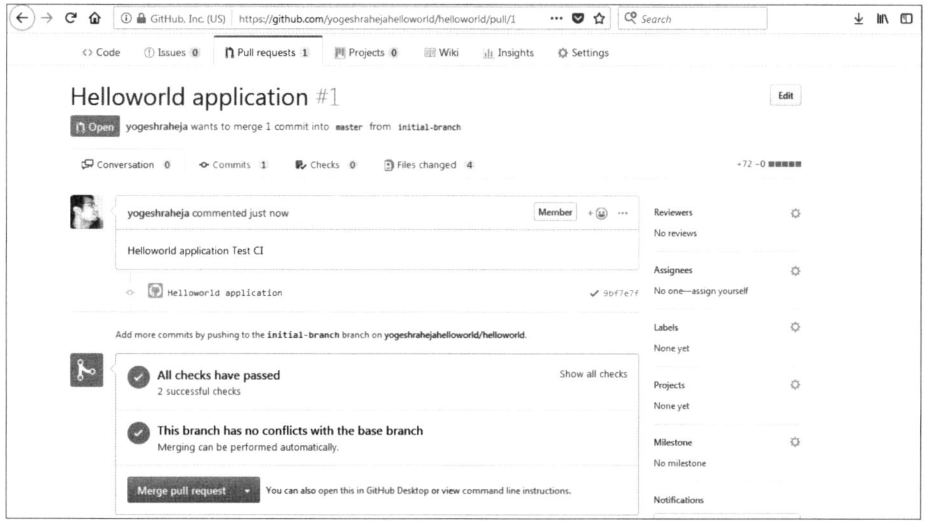

5. 또한 젠킨스 브라우저에서 빌드 이력을 확인할 수 있다. 조직을 클릭하고 리포지터리와 브랜치를 클릭해 젠킨스에서 상세 내역도 확인할 수 있다. 이렇게 하면 젠킨스 작업으로 가게 되고 작업과 파이프라인의 실행 상세 내역을 확인할 수 있다.

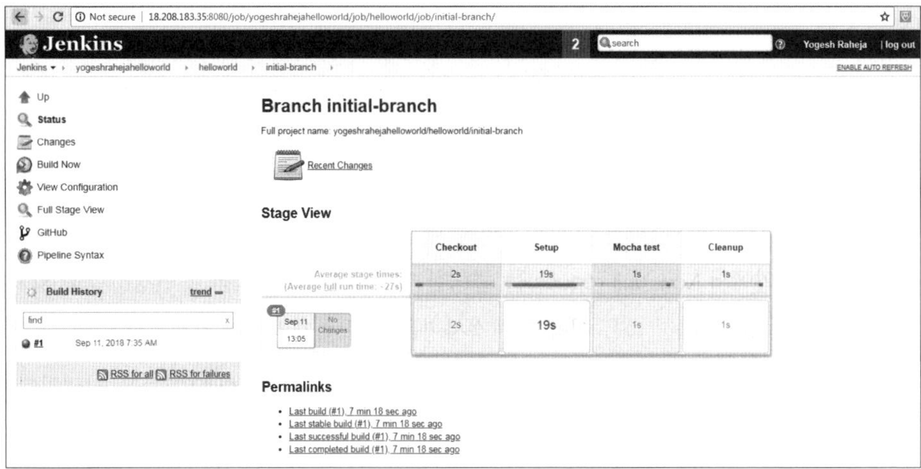

6. 여기서 다른 개발자들을 언급했다면 그들은 알람을 받게 되고 풀 요청 내용을 볼 수 있다. 검토 및 승인을 받은 후 풀 요청은 병합된다. 이후 개발자가 마스터 브랜치를 풀하거나 브랜치를 다시 구성하면 병합된 코드를 볼 수 있게 된다.

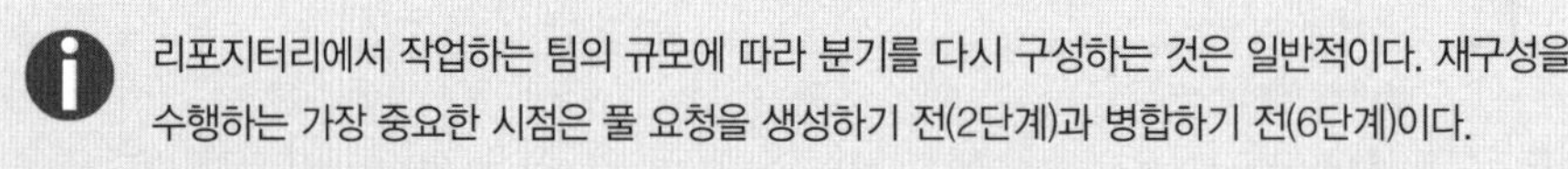

리포지터리에서 작업하는 팀의 규모에 따라 분기를 다시 구성하는 것은 일반적이다. 재구성을 수행하는 가장 중요한 시점은 풀 요청을 생성하기 전(2단계)과 병합하기 전(6단계)이다.

CI 파이프라인 상용화하기

이 책으로 기본적이지만 기능적인 CI 파이프라인을 구축했다. 이는 좋은 시작점인 반면 일반적인 경우 이 시스템의 세부사항을 완벽하게 구축하길 바랄 것이다. 앞에서 언급했듯이 젠킨스의 앤서블 레시피는 수작업으로 생성한 `helloworld` 작업과 같은 작업 구성을 포함시킴으로써 개선할 수 있다.

TDD 방법론을 사용하는 방법과 테스트 단계를 파이프라인에 통합하는 방법을 설명하기 위해 간단한 기능 테스트만을 작성했다. 연속 통합 파이프라인의 성공은 생성된 테스트의 양과 질에 크게 의존한다. 테스트는 일반적으로 기능 테스트와 비기능 테스트로 구분된다. 파이프라인을 최대한 활용하려면 가능한 한 빨리 오류를 찾아야 한다. 이는 기능 테스트, 특히 클래스 함수와 같이 작은 코드 단위를 검증하는 **단위 테스트**unit test에 집중해야 함을 의미한다.

그런 다음 좀 더 많은 기능을 커버하고 코드상에서 다른 기능들과 데이터 리포지터리와 일반적으로 상호작용하는 **통합 테스트**integration test에 집중할 수 있다. 끝으로, 스토리보드상의 모든 요구사항이 완성됐는지 검증하기 위한 사용자 **수락 테스트**acceptance test를 추가한다.

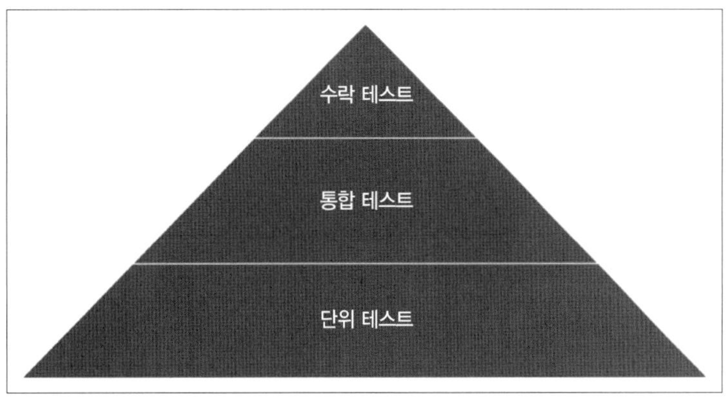

비기능 테스트 측면에서는 일반적으로 **성능**performance, **보안**security, **가용성**usability, **호환성**compatibility 테스트를 살펴본다.

마지막으로, 코드 커버리지(자동화된 테스트에 의해 얼마나 많은 라인이 테스트됐는지 확인)를 파악하기 위한 코드 분석 도구들로 테스트를 좀 더 보완할 수 있다.

데브옵스에서는 측정 항목을 수집하는 일이 언제나 중요하다. CI 파이프라인에서 일반적으로 CI 파이프라인을 통과하는 빌드 수와 풀 요청의 품질을 모니터링할 수 있다.

다른 시스템들과 마찬가지로, 백업과 모니터링을 구성하는 데 약간의 시간을 할애해야 할 수도 있다. 작업들과 젠킨스 구성 정보를 구성 관리 시스템(앤서블)이 관리하도록 이전하지 않는다면 젠킨스 홈 폴더를 백업하도록 해야 할 수도 있다. 측정 항목 측면에서 시스템 성능, 가용성 및 시스템 상태에 중점을 둬야 한다. 빌드 파이프라인의 손상은 모든 개발자와 운영자의 생산성에 영향을 미치기 때문에 이는 심각한 문제로 고려해야 한다.

끝으로, 시간이 지남에 따라 CI 인프라 성능의 확장을 고려해야 한다. 코드와 테스트가 추가될수록 테스트 실행이 점점 더 오래 걸린다. 젠킨스 슬레이브를 추가해 병렬로 테스트를 실행하거나 더 큰 인스턴스를 사용할 수 있다. 현재 형태는 변경사항이 브랜치에 푸시될 때마다 젠킨스는 `helloworld` 파이프라인을 실행한다. 풀 요청이 생성될 때만 파이프라인을 실행하게 할 수도 있다.

이 장의 첫 절에서는 개발자가 코드를 커밋하고 개별적인 브랜치에서 테스트하고 엔지니어링의 다른 조직원들과 제안된 변경을 공유하기 위해 빈번하게 풀 요청을 보내는 새로운 워크플로우를 채택했다. 부가적으로 연속 통합 파이프라인을 생성해 신규 코드가 완전히 테스트됐는지 확인했다. 이를 위해 젠킨스 서버를 생성하고 깃허브에 연결했다. 이 시스템 덕분에 프로젝트에 커밋된 모든 테스트는 자동으로 실행되고 결과가 깃허브로 전달된다. 이제 워크플로우를 다음 수준으로 끌어올려 배포 자동화를 구축할 수 있는 이상적인 상태에 와 있다.

데브옵스에서 QA 팀은 더 이상 필요하지 않을까?

그렇기도 하고 아니기도 하다. 효과적인 데브옵스 조직에서는 기술적이지 못한 QA 작업은 일반적으로 필요 없다. 모든 것이 완전히 자동화되어 있고 개발자들이 코드의 모든 측면을 커버하는 충분한 테스트 코드를 작성한다면 더 이상 누군가에게 테스트 계획을 작성하고 실행하게 할 필요가 없다. 그 대신에 데브옵스 중심 조직은 품질에 초점을 맞추면서도 자동화를 염두에 둔 엔지니어들을 QA 엔지니어라고 부르기도 한다. 이것은 자동화된 코드 테스트 역량을 향상시키기 위해 도구와 절차를 가지고 작업하는 것을 의미한다.

연속 배포 파이프라인 구축하기

CI 파이프라인을 작성함으로써 효과적인 엔지니어링 조직으로 가는 첫걸음을 내디뎠다. 개별적인 브랜치로 작업하고 이를 자동화된 테스트와 사람에 의한 검토를 통해 마스터 브랜치에 병합하는 워크플로우 덕분에 마스터 브랜치에 있는 코드는 고품질이며 배포하기 안전하다고 가정할 수 있다. 다음에 도전할 주제는 마스터 브랜치에 병합된 새로운 코드를 자동으로 배포하는 것이다.

새로운 코드를 연속적으로 배포함으로써 데브옵스가 제공하는 피드백 루프 절차를 획기적으로 가속화할 수 있다. 새로운 코드를 빠른 속도로 상용에 배포하면 새로운 이슈 또는 종종 예기치 않은 이슈를 발생시키는 실제 고객 지표들을 수집할 수 있다. 많은 회사에서 상용에 새로운 코드를 배포하는 것은 큰 도전이다. 1년에 몇 번 정도만 업그레이드를 하는 프로세스에서 상용에 수천 개의 커밋을 동시 배포한다는 것은 매우 걱정되는 일이다. 이런 회사들은 종종 주말이나 한밤중에 유지 보수 작업을 진행했던 회사들 중 하나다. 이 장의 나머지에서 다룰 좀 더 현대적인 접근 방법을 채택하면 엔지니어링 팀의 일과 삶의 균형에 엄청난 긍정적인 영향을 미칠 수 있다.

구글처럼 잘 알려진 대부분의 회사들은 금요일에 코드를 배포하지 않는다. 토요일이나 일요일에 예기치 않은 일로 이어질 수도 있는 주말 전 배포로 인한 버그 발생을 피하기 위해서다. 그들은 코드 배포를 두려워하지 않기 때문에 부하에 관련된 이슈를 신속히 파악할 수 있는 시간에 코드를 배포한다.

연속 배포 파이프라인을 구현하기 위해 **코드 파이프라인**CodePipeline과 **코드 디플로이**CodeDeploy라는 새로운 AWS 서비스를 살펴볼 것이다.

- 코드 파이프라인으로 배포 파이프라인을 생성할 수 있다. 앞에서와 같이 코드 파이프라인은 깃허브에서 코드를 얻어와서 이를 젠킨스에 보내고 CI 테스트를 수행하게 할 수 있다. 그러나 깃허브에서 단순히 결과만 받는 대신에 코드를 가져온 후 AWS 코드 디플로이를 이용해 EC2 인스턴스에 이를 배포할 수 있다.

- 코드 디플로이는 EC2 인스턴스에 코드를 적절히 배포해주는 서비스다. 몇 가지 구성 파일과 스크립트를 추가함으로써 코드를 안정적으로 테스트하고 배포하는 데 코드 디플로이를 이용할 수 있다. 코드 디플로이 덕분에 배포 순서를 조정하는 데 있어 어떠한 종류의 복잡한 로직도 구성할 필요가 없어졌다. 코드 디플로이는 EC2와 긴밀하게 통합되어 있어서 다중 인스턴스에 걸쳐 롤링 업데이트 rolling update를 수행할 수 있고 필요시 롤백도 수행할 수 있다.

3장 '코드로 인프라 다루기'에서 앤서블을 이용해 서버를 구성하고 `helloworld` 애플리케이션을 배포하는 방법을 살펴봤다. 이 솔루션으로 구성 관리를 사용하는 방법을 살펴봤지만, 좀 더 결정적인 서비스를 위해서는 이 솔루션만으로는 충분하지 않다. 순차 처리 개념이 없고, 배포가 어떻게 되고 있는지의 피드백 메커니즘도 없고, 어떠한 검증 단계도 구현하지 않았다.

AWS에 배포하는 전용 서비스가 있다면 애플리케이션의 배포를 더 잘할 수 있다. 다음 절에서 이를 살펴볼 것이다. 이 서비스들을 시연하기 위해 먼저 앤서블을 이용해 새로운 범용 Node.js 웹 서버를 구축하겠다.

연속 배포를 위한 새로운 웹 서버 생성하기

코드 디플로이를 사용하려면 EC2 인스턴스에 코드 디플로이 에이전트를 실행해야 한다. 이는 일반적으로 인스턴스가 구동되는 지역에 따라 다른 S3 버킷에서 실행 파일을 다운로드함으로써 처리된다. AWS는 이 단계들을 자동화하는 커스텀 앤서블 라이브러리도 출시했다. 이 라이브러리는 표준 앤서블 라이브러리에 포함되어 있지 않기 때문에 먼저 앤서블 리포지터리에 이 라이브러리를 추가해야 한다.

AWS 코드 디플로이의 커스텀 라이브러리 임포트하기

기본적으로 앤서블은 /usr/share/my_modules/ 폴더에서 커스텀 라이브러리를 찾는다. 3장 '코드로 인프라 다루기'에서 인벤토리 스크립트를 살펴본 것처럼 ansible.cfg 파일을 편집해 기본 동작을 변경한다. 나머지 앤서블 파일과 함께 호스트에 라이브러리를 다운로드할 수 있도록 필요한 변경 작업을 수행하자. 이를 처리하는 가장 쉬운 방법은 `ansible` 리포지터리의 루트에 신규 폴더를 생성하고 라이브러리를 이 폴더에 복사하는 것이다.

컴퓨터에서 터미널을 열고 ansible 폴더로 이동하라.

ansible.cfg가 있는 `ansible` 리포지터리의 루트 폴더에 AWS 코드 디플로이 `ansible` 라이브러리를 저장하기 위해 library 폴더를 생성하라.

```
$ mkdir library
```

폴더를 생성한 후 해당 폴더에 `ansible` 라이브러리를 다운로드하라.

```
$ curl -L https://raw.githubusercontent.com/yogeshraheja/Effective-DevOps-with-AWS/
master/Chapter05/ansible/library/aws_codedeploy > library/aws_codedeploy
```

끝으로, `ansible` 리포지터리의 루트 폴더에 있는 ansible.cfg 파일을 열고 라이브러리 폴더 위치를 다음과 같이 지정한 후 저장하라.

```
# ansible.cfg 수정
[defaults]
Inventory = ./ec2.py
remote_user = ec2-user
become= True
become_method = sudo
become_user = root
nocows= 1
library = library
```

이제 라이브러리를 사용할 준비가 됐다. 코드 디플로이는 새로운 서비스가 시스템에 추가됨에 따라 재사용될 가능성이 높은 서비스다. DRY Don't Repeat Yourself(반복 코드 금지) 원칙에 따라 앤서블 리포지터리 코드를 재사용하기 위해, 코드 디플로이 전용 앤서블 역할을 구성할 것이다.

코드 디플로이 앤서블 역할 생성하기

먼저 ansible 리포지터리의 루트 폴더에 있는 roles 폴더로 이동하라.

```
$ cd roles
```

앞에서와 같이 역할을 생성하는 데 필요한 코드를 생성하기 위해 ansible-galaxy를 이용하라.

```
$ ansible-galaxy init codedeploy
```

추가된 역할은 아주 간단하다. codedeploy/tasks/main.yml을 열고, 다음과 같이 aws_codedeploy 라이브러리에 있는 새로운 모듈을 호출하도록 편집하면 된다.

```
---
# codedeploy용 태스크 파일
- name: Installs and starts the AWS CodeDeploy Agent
  aws_codedeploy:
    enabled: yes
```

이제 범용적인 nodejs 웹 서버의 새로운 플레이북을 만들 수 있다. 먼저 ansible 리포지터리 루트 폴더로 이동하라.

```
$ cd ..
```

nodeserver.yml이라는 새로운 파일을 생성하라.

```
$ touch nodeserver.yml
```

플레이북으로 앞에서 한 것과 같은 동일한 방법을 수행할 것이다. 서버 구성의 목표는

Node.js 애플리케이션을 실행하고 코드 디플로이 데몬을 실행하는 것이다. nodeserver.yml 파일을 열고 다음 코드를 추가하라.

```
---
- hosts: "{{ target | default('localhost') }}"
  become: yes
  roles:
    - nodejs
    - codedeploy
```

앤서블 및 클라우드 포메이션 같은 구성 관리 시스템에서 코드 디플로이를 사용할 때 코드 디플로이를 시작하기 전에 애플리케이션의 모든 종속 파일을 설치하는 것은 중요하다. 이로써 경쟁 조건(race condition)을 피할 수 있다.

이제 변경사항을 git에 커밋한다. 먼저 새로운 브랜치를 생성하고 그런 다음 생성했던 새로운 파일과 폴더를 추가하라.

```
$ git checkout -b code-deploy
$ git add library roles/codedeploy nodeserver.yml ansible.cfg
```

끝으로, 변경사항을 커밋하고 푸시하라.

```
$ git commit -m "adding aws_codedeploy library, role and a nodeserver playbook"
$ git push origin code-deploy
```

앞에서와 같이 이제 풀 요청을 생성할 수 있다. 풀 요청이 검토되고 승인되면 이를 마스터에 병합하라. 위 단계를 따른 후의 앤서블 리포지터리는 다음과 같다. https://github.com/yogeshraheja/Effective-DevOps-with-AWS/tree/master/Chapter05/ansible

웹 서버 클라우드 포메이션 템플릿 생성하기

이제 앤서블 플레이북이 준비됐으므로 트로포스피어를 이용해 클라우드 포메이션 템플릿을 생성하자. 이 장의 앞에서 젠킨스용으로 생성했던 트로포스피어 스크립트를 복사한 후 시작하자.

```
$ cd EffectiveDevOpsTemplates
$ cp jenkins-cf-template.py nodeserver-cf-template.py
```

nodeserver-cf-template.py 파일을 열고 다음과 같이 수정하라. 먼저 애플리케이션 이름과 포트 변수를 다음과 같이 수정하라.

```
ApplicationName = "nodeserver"
ApplicationPort = "3000"
```

인스턴스에서 S3에 있는 파일을 추가적으로 다운로드해야 한다. 이를 가능케 하고자 젠킨스 인스턴스에서 코드 파이프라인 허용 정책을 S3 허용 정책으로 변경하라. `AllowCodePipeline`이라는 정책을 편집해 정책 이름과 동작을 갱신하자. 인스턴스 초기화 스크립트에 다음과 같은 새로운 IAM 정책을 추가하라.

```
t.add_resource(IAMPolicy(
    "Policy",
    PolicyName="AllowS3",
    PolicyDocument=Policy(
        Statement=[
            Statement(
                Effect=Allow,
                Action=[Action("s3", "*")],
                Resource=["*"])
        ]
    ),
    Roles=[Ref("Role")]
))
```

이 새로운 스크립트는 다음과 같다. https://raw.githubusercontent.com/yogeshraheja/EffectiveDevOpsTemplates/master/nodeserver-cf-template.py

새로운 스크립트가 준비됐다. 이를 커밋하고 다음과 같이 클라우드 포메이션 템플릿을 생성하라.

```
$ git add nodeserver-cf-template.py
$ git commit -m "Adding node server troposhere script"
$ git push
$ python nodeserver-cf-template.py > nodeserver-cf.template
```

웹 서버 띄우기

앞에서와 같이 클라우드 포메이션을 이용해 인스턴스를 띄우자. 스택 이름을 helloworld-staging이라고 한 것에 주목하라. 먼저 코드를 스테이징 환경에 배포하는 방법으로 코드 디플로이를 살펴볼 것이다. 특정 스택에 배포 대상을 지정하는 방식으로 스택 이름을 코드 디플로이에서 사용할 것이다.

```
$ aws cloudformation create-stack \
    --capabilities CAPABILITY_IAM \
    --stack-name helloworld-staging \
    --template-body file://nodeserver-cf.template \
    --parameters ParameterKey=KeyPair,ParameterValue=EffectiveDevOpsAWS
```

몇 분 안에 인스턴스가 준비된다.

데브옵스로 전환하는 데 있어 하나의 중요한 시점에 와 있다. 코드를 쉽게 배포할 수 있는 기능을 가진 가장 일반적인 nodejs 웹 서버를 작성했다. 효과적인 회사들이 전통적으로 배포하고 서비스하는 데 이용하는 실제 환경과 매우 근접했다. 이런 환경을 즉석으로 아주 쉽고 간단하게 생성할 수 있다는 사실은 성공을 위한 열쇠다.

서비스를 설계할 때는 항상 인프라를 쉽게 다시 만들 수 있어야 한다. 문제를 해결할 수 있는 능력은 중요하다. 그러나 종종 서비스 호스트를 신속하게 재구성해 사용자에게 주는 영향을 없애는 것이 훨씬 더 바람직하다.

코드 디플로이로 helloworld 애플리케이션 통합하기

서버들이 초기화됐고 코드 디플로이 에이전트가 동작하고 있으므로 이들로 시작할 것이다. 먼저 코드 디플로이의 IAM 서비스 역할을 생성하라. 그런 다음 애플리케이션을 정의하기 위해 코드 디플로이 서비스 항목을 추가한다. 끝으로, `helloworld` 애플리케이션에 애플리케이션 명세 파일과 서비스를 배포하고 실행하는 데 도움을 주는 몇 개의 스크립트를 추가하라.

코드 디플로이의 IAM 서비스 역할 생성하기

코드 디플로이 권한은 개별 애플리케이션 수준에서 IAM과 함께 작동한다. 충분한 권한을 제공하려고 다음과 같은 정책을 갖는 IAM 서비스 역할을 생성할 것이다.

```
{
  "Version": "2012-10-17",
  "Statement": [
    {
      "Sid": "",
      "Effect": "Allow",
      "Principal": {
        "Service": [
          "codedeploy.amazonaws.com"
        ]
      },
      "Action": "sts:AssumeRole"
    }
  ]
}
```

명령줄 인터페이스에서 다음 명령어를 이용해 CodeDeployServiceRole이라는 역할을 생성하라.

```
$ aws iam create-role \
    --role-name CodeDeployServiceRole \
    --assume-role-policy-document \
    https://raw.githubusercontent.com/yogeshraheja/Effective-DevOps-with-AWS/master/
Chapter05/misc/CodeDeploy-Trust.json
```

이제 서비스 역할에 적절한 권한을 제공하려고 역할 정책을 추가해야 한다.

```
$ aws iam attach-role-policy \
    --role-name CodeDeployServiceRole \
    --policy-arn \
    arn:aws:iam::aws:policy/service-role/AWSCodeDeployRole
```

IAM 서비스 역할이 준비됐으므로, 끝으로 코드 디플로이 웹 인터페이스를 사용해 작업하자.

코드 디플로이 애플리케이션 생성하기

코드 디플로이 서비스가 동작하는 EC2 인스턴스를 띄웠고 IAM 서비스 역할을 정의했으므로 코드 디플로이 애플리케이션을 생성하는 데 필요한 모든 요구사항이 준비됐다. 항상 그렇듯, AWS 서비스를 사용하는 여러 가지 방법이 있다. 여기서는 웹 인터페이스로 기본적인 것들을 살펴볼 것이다.

1. 브라우저에서 https://console.aws.amazon.com/codedeploy를 열자.
2. 화면이 뜨면 Get Started Now[지금 시작]를 클릭하라.
3. Sample Deployment[샘플 배포] 또는 Custom Deployment[사용자 지정 배포], 두 가지 중 하나를 선택할 수 있는 시작하기 화면이 나온다. Custom Deployment를 선택하고

Skip Walkthrough연습 건너뛰기를 클릭하라. 애플리케이션 생성Create Application 화면으로 넘어간다.

4. 이 화면에서 Application Name애플리케이션 이름을 'helloworld'라고 입력하라.

5. 배포 그룹은 애플리케이션이 동작할 환경으로 보면 된다. 먼저 스테이징 환경을 생성할 것이다. Deployment Group Name배포 그룹 이름을 'staging'이라고 입력하라.

6. 이제 애플리케이션에 인스턴스를 추가해야 한다. 여기서의 목표는 앞에서 클라우드 포메이션으로 생성한 EC2 인스턴스를 지정하는 것이다. 스택명은 `helloworld-staging`이었다. Environment configuration환경 구성에서 Amazon EC2 instances아마존 EC2 인스턴스 탭을 선택하고, Key키 필드에서 `aws:cloudformation:stack-name`을 선택하고, Value값 필드에서 `helloworld-staging`을 선택한다. 이는 코드 디플로이가 애플리케이션에서 사용하기로 한 인스턴스만 선택할 수 있게 해준다. AWS 코드 디플로이가 1개의 인스턴스가 해당 태그와 일치한다고 표시한다.

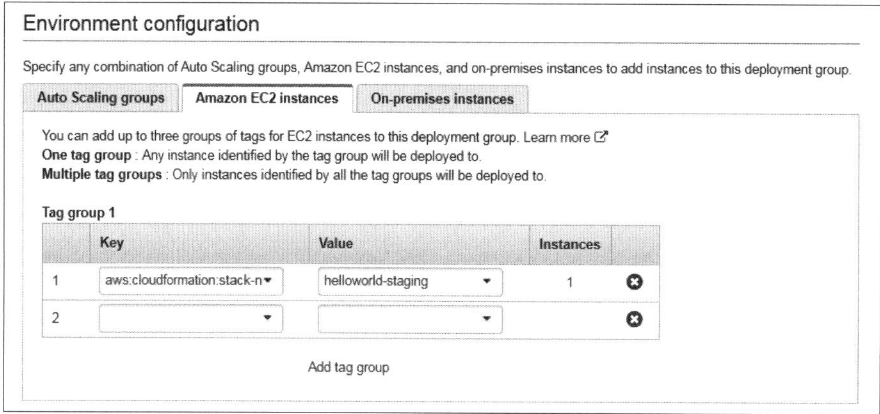

7. 다음 영역은 배포 구성Deployment configuration이다. 코드 디플로이의 강점 중 하나는 코드를 서버 클러스터에 배포하는 방법을 이해하는 기능이다. 이 기능 덕분에 배포하는 동안에 서비스 중단을 막을 수 있다. 기본적으로 서비스에는 세 종류의 배포 옵션을 갖고 있다(한 번에 하나씩 배포하기, 한 번에 모두 배포하기, 한 번에 절반씩 배포하기). 사용자 정의 배포 구성을 생성할 수도 있으나 하나의 인스턴스만 갖고 있으므로 기본 옵션인 `CodeDeployDefault.OneAtATime`을 선택하라.

8. 다음 두 영역은 트리거와 알람이다. 이 책에서는 상세히 다루지 않으나, 트리거는 배포와 모니터링의 측정 지표를 수집할 때 유용하다. SNS에 알림을 푸시하는 트리거를 생성하고 클라우드 와치[CloudWatch] 측정 지표를 생성함으로써 배포 측정 항목을 쉽게 수집할 수 있다. 얼마나 많은 배포가 일어났는지, 얼마나 많이 실패했는지, 얼마나 많은 배포가 롤백됐는지 등의 질문에 답변을 하는 데 도움이 된다.
9. 애플리케이션은 상태를 유지하지 않으므로 실패의 롤백을 가능케 하는 것은 매우 좋은 생각이다. Roll back when a deployment fails[배포에 실패하는 경우 롤백] 옵션을 선택하라.
10. 끝으로, 앞 단계에서 생성했던 서비스 역할을 선택해야 한다. Service Role ARN[서비스 역할 ARN]에서 문자열 뒤가 CodeDeployServiceRole인 역할을 선택하라.
11. 마지막으로 Create Application[애플리케이션 생성]을 클릭하라.

새롭게 생성한 `helloworld` 애플리케이션의 코드 디플로이 애플리케이션 페이지가 나온다.

코드 디플로이에서 애플리케이션을 생성하면 새롭게 생성한 애플리케이션이 배포될 곳을 정할 수 있다. 이제 코드를 어떻게 배포하는지 살펴볼 것이다.

리포지터리에 코드 디플로이 구성 정보 및 스크립트 추가하기

이 장의 앞부분에서 젠킨스 파이프라인을 생성했을 때 `helloworld` 깃허브 리포지터리에 Jenkinsfile 파일을 생성했었다. 그 이유는 코드 변경 시 동일한 방식으로 변경사항을 테스트하도록 하기 위함이었다. 동일한 이유로 코드 자체를 배포하는 로직을 같이 두는 것은 좋은 생각이다.

`helloworld` 리포지터리는 현재 신규 깃허브 조직 안에서 작성했던 애플리케이션을 포함하고 있다(내 경우 `yogeshrahejahelloworld`). 또한 `helloworld`라는 이름을 가진 리포지터리와 애플리케이션 테스트도 포함하고 있다. 이제 서비스 배포를 실행는 코드 디플로이가 필요로 하는 정보를 추가하자.

코드 디플로이는 배포를 관리하는 데 애플리케이션 명세 파일인 appspec.yml을 이용한다. 먼저 이 파일을 작성해야 한다. `helloworld` 깃허브 프로젝트가 복제되어 있는 폴더로 가서 마스터 브랜치에 새로운 브랜치를 생성하라.

```
$ git clone https://github.com/<당신의 깃허브 조직>/helloworld.git
$ cd helloworld
$ git checkout -b helloworld-codedeploy
```

이제 appspec.yml이란 파일을 편집하자.

```
$ touch appspec.yml
```

첫 번째 줄에 사용하는 AppSpec 파일은 버전 정보를 의미한다. 현재의 유일한 버전은 `0.0`이다.

```
version: 0.0
```

다음 줄에 서비스를 배포할 운영체제를 지정하라. 여기서는 리눅스다.

```
os: linux
```

이제 어떤 파일이 어디에 있는지 기록하라. `files`라는 섹션을 생성하고 `source`와 같은 형식으로 배포할 각 파일을 추가하라. YAML 형식으로 작성하고 있으므로 간격과 정렬이 중요하다.

```
version: 0.0
os: linux
files:
  - source: helloworld.js
  destination: /usr/local/helloworld/
```

이제 코드 디플로이는 이 코드로 대상 폴더인 /usr/local/helloworld에서 helloworld.js 파일을 복사할 수 있게 됐다. 코드 디플로이는 helloworld 폴더를 자동으로 생성한다. 애플리케이션을 시작하도록 현재 리포지터리에 존재하지 않는 업스타트 스크립트도 필요하다.

터미널로 가서 helloworld 프로젝트의 루트 폴더로 이동해 scripts라는 하위 폴더를 생성하고 업스타트 스크립트를 추가하자.

```
$ mkdir scripts
$ wget https://raw.githubusercontent.com/yogeshraheja/Effective-DevOps-with-AWS/master/
Chapter02/helloworld.conf -O scripts/helloworld.conf
```

이제 다음과 같이 업스타트 스크립트의 소스와 목적지 블록을 추가하라. appspsec.yml에 새로운 파일인 helloworld.conf를 추가할 수 있다.

```
files:
  - source: helloworld.js
    destination: /usr/local/helloworld/
  - source: scripts/helloworld.conf
    destination: /etc/init/
```

애플리케이션을 서비스로 구동하는 데 필요한 2개의 파일을 적절한 위치에 배치했다. 애플리케이션을 배포하려면 더 많은 파일이 필요하다. 서비스를 시작하고 중지하는 데도 코드 디플로이가 필요하다. 앞에서는 앤서블을 이용해 애플리케이션을 시작했으나 이번에는 서비스를 관리하는 데 앤서블을 이용하지 않는다. 코드 디플로이는 훨씬 더 편리한 솔루션이다. 배포가 시작되면 EC2 인스턴스에서 돌고 있는 코드 디플로이 에이전트가 다음과 같은 일련의 이벤트를 수행한다.

애플리케이션을 포함한 아카이브는 **다운로드 번들**DownloadBundle 이벤트 동안 시스템으로 다운로드된다. 그리고 설치 단계 동안에는 템플릿에 정의된 파일들이 대상 폴더에 복사된다.

코드 디플로이에는 가로채기hooks의 개념이 있다. appspec.yml 파일에서 앞에서 기술한 각 단계에 사용자 정의 스크립트를 실행하는 여러 가로채기를 작성할 수 있다. 여기서는 세 가지 스크립트(애플리케이션을 시작하는 스크립트, 애플리케이션을 중지하는 스크립트, 배포가 성공적인지 확인하는 스크립트)를 작성하자.

앞에서 생성한 스크립트 폴더에 이 세 가지 스크립트를 집어 넣자. 첫 번째 파일인 start.sh를 편집하자.

```
$ touch scripts/start.sh
```

이 스크립트는 매우 간단하다. 서비스를 시작하는 업스타트를 호출한다.

```
#!/bin/sh
start helloworld
```

필요한 사항은 이게 전부다. 이제 중지 스크립트 파일을 작성하라.

```
$ touch scripts/stop.sh
```

앞에서 한 것과 같이 다음과 같이 편집하라.

```
#!/bin/sh
[[ -e /etc/init/helloworld.conf ]] \
  && status helloworld | \
     grep -q '^helloworld start/running, process' \
  && [[ $? -eq 0 ]] \
  && stop helloworld || echo "Application not started"
```

중지 스크립트는 BeforeInstall 단계 동안 실행돼야 하므로 시작 스크립트보다는 좀 더 복잡하다. 기본 로직은 동일하며 helloworld 애플리케이션 중지를 호출한다. 애플리케이션이 설치되어 있지 않아서 실행되지 않는 초기 배포인 경우를 처리하므로 중지를 호출하기 전 약간의 추가적인 로직이 포함되어 있다.

마지막으로 작성할 스크립트는 validate.sh라는 스크립트다.

```
$ touch scripts/validate.sh
```

이 코드 역시 매우 간단하다.

```
#!/bin/sh
curl -I localhost:3000
```

이 책의 목적에 따라 가능한 한 가장 기본적인 검증 절차만 수행한다. 애플리케이션의 유일한 경로로 보내는 HEAD 요청으로 구성되어 있다. 실제 애플리케이션에서는 신규 코드가 추가됐을 때 잠재적인 오류를 일으킬 수 있도록 좀 더 많은 경로를 테스트하게 된다.

코드 디플로이에서 불필요한 경고를 내는 것을 피하려면 스크립트에 실행 권한을 부여해야 한다.

```
$ chmod a+x scripts/{start,stop,validate}.sh
```

이제 appspec.yml 파일에 가로채기를 추가하자. 해당 파일을 열고 files 섹션 아래에 hooks 섹션을 생성하라.

```
version: 0.0
os: linux
files:
[...]
hooks:
```

먼저 BeforeInstall 단계에서 실행할 수 있도록 중지 스크립트를 선언하자. hooks 섹션에 다음을 추가하라.

```
hooks:
  BeforeInstall:
    - location: scripts/stop.sh
      timeout: 30
```

중지 명령어의 수행을 종료하는 데 30초를 제공한다. 다음과 같이 시작 및 검증 스크립트를 추가하는 유사한 작업을 반복하자.

```
hooks:
  BeforeInstall:
    - location: scripts/stop.sh
      timeout: 30
  ApplicationStart:
    - location: scripts/start.sh
      timeout: 30
  ValidateService:
    - location: scripts/validate.sh
```

배포 파이프라인이 동작할 때 다음을 시도한다.

1. 애플리케이션 패키지를 다운로드하고 임시 폴더에 압축을 풀어 저장한다.
2. 중지 스크립트를 실행한다.
3. 애플리케이션과 업스타트 스크립트를 복사한다.
4. 시작 스크립트를 실행한다.
5. 예상한 대로 동작하는지 확인하고자 검증 스크립트를 실행한다.

이제 모든 파일을 깃에 추가하고 변경사항을 커밋하고 푸시한 후 풀 요청을 보내자.

```
$ git add scripts appspec.yml
$ git commit -m "Adding CodeDeploy support to the application"
$ git push
```

젠킨스가 해당 브랜치 테스트를 수행한다. 그런 다음 동료가 변경 코드를 리뷰한 후 승인하면 풀 요청을 병합할 수 있다.

배포를 수행하기 위해서는 다음과 같은 세 가지 질문에 반드시 답해야 한다. 무엇을 배포할 것인가? 어디에 배포할 것인가? 어떻게 배포할 것인가? 코드 디플로이에 작업을 생성했을 때 두 번째 질문에는 답을 했고, appspec 파일과 보조 스크립트로 세 번째 질문에도 답했다. 이제 첫 번째 질문을 살펴봐야 한다. 즉, 무엇을 배포할 것인가? 이에 대해 AWS 코드 파이프라인을 사용할 것이다.

AWS 코드 파이프라인으로 배포 파이프라인 구축하기

AWS 코드 파이프라인은 전달 파이프라인 생성 전용 서비스다. AWS와 통합되어 있는 젠킨스 파이프라인으로 상상해보자. 서비스는 AWS 에코 시스템의 나머지와 잘 통합이 되어 있어서 이 서비스는 젠킨스를 능가하는 여러 훌륭한 기능과 장점을 제공한다. 코드 파이프라인은 완벽하게 관리되는 서비스로 단일 젠킨스 인스턴스를 가동하는 데 드는 시간을 걱정할 필요가 없다. 이 서비스는 코드 디플로이와 함께 즉시 사용할 수 있어서 편리하다. 많은 자세한 부분을 다루지는 않겠지만 이 서비스는 IAM 서비스와 완전히 통합되어 있다. 이는 인가받지 않은 사용자가 배포를 수행하는 것을 막을 수 있을 정도로 매우 세부적인 수준까지 제어할 수 있음을 의미한다. 예를 들어, 이 서비스는 인가받지 않은 사용자가 배포를 수행하지 못하게 할 수 있다. API 덕분에 젠킨스와 깃허브를 포함한 많은 수의 서비스를 파이프라인에 통합할 수 있다.

먼저 두 단계로 기본적인 파이프라인을 생성하는 방법을 살펴볼 것이다. 첫 번째 단계는 깃허브에서 코드를 가져와서 패키지를 만들고 S3에 저장하는 것이다. 두 번째 단계는 패키지를 가져와서 코드 디플로이를 이용하는 스테이징 인스턴스에 배포하는 것이다.

그다음으로 좀 더 고급 시나리오를 살펴볼 것이다. 코드를 스테이징에 배포하기 전에 코드를 테스트하는 젠킨스 인스턴스를 사용하는 방법을 확인할 것이다. 또한 상용 환경을 생성하고 즉석 상용 배포 절차를 추가할 것이다. 이를 연속 전달 파이프라인이라고 부른다. 마지막으로, 즉석 상용 배포 절차를 제거해 완전히 자동화된 배포 파이프라인으로 바꿀 수 있도록 파이프라인을 통과하는 등록된 코드에 확신을 갖게 하는 전략을 살펴볼 것이다.

스테이징에 연속 배포 파이프라인 생성하기

코드 파이프라인으로 첫 번째 배포 파이프라인을 생성하는 데 매우 직관적인 웹 인터페이스를 제공하는 AWS 콘솔을 사용하자.

1. 브라우저를 열고 https://console.aws.amazon.com/codepipeline을 방문하라.
2. 화면이 뜨면 **Get started**시작하기를 클릭하라.
3. 다음 화면에서 파이프라인 명칭을 'helloworld'라고 입력하고 **Next Step**다음 단계을 클릭하라.
4. 소스 위치에서 깃허브를 **Source provider**소스 프로바이더로 선택하고 **Connect to Github**깃허브에 연결를 클릭하라. 필요하다면 깃허브 계정으로 로그인하라.
5. 이후에 AWS 코드 파이프라인 화면으로 돌아간다. 이제 **Repository**리포지터리와 **Branch**브랜치를 선택할 수 있다. `helloworld` 프로젝트와 마스터 브랜치를 선택한 후 **Next step**을 클릭하라.

> 조직명/리포지터리명(yogeshrahejahelloworld/helloworld)이 보이지 않는다면, 대안으로 조직명/리포지터리명을 전역 깃허브 리포지터리에 복제 및 복사하라(내 경우는 yogeshrahejahelloworld/helloworld를 yogeshraheja/hellworld).

6. 이제 Build provider빌드 프로바이더를 선택하는 파이프라인의 3단계로 간다. 애플리케이션이 Node.js로 작성됐으므로 빌드하기를 선택할 필요가 없다. No Build빌드 없음를 선택하고 Next step을 클릭하라.

7. 다음 단계는 **베타**Beta라고 부른다. 이것은 스테이징 배포 단계를 위해 필수적이다. Deployment provider배포 프로바이더로 AWS CodeDeployAWS 코드 디플로이를 선택하라. 애플리케이션 이름으로 `helloworld`를 선택하라. 마지막으로 Deployment group배포 그룹으로 staging을 선택하라. Next step을 클릭하라.

8. 이 단계에서 Role name역할명을 선택할 수 있다. 편리하게도 AWS는 Create Role역할 만들기 버튼을 추가했다. 이를 클릭하라.

9. 다음 화면에서 Create a new IAM Role신규 IAM 역할 생성하기을 선택하고 이름을 `AWS-CodePipeline-Service`로 정의하라. 제안된 정책을 사용할 것이므로 Allow를 클릭하라.

10. 코드 파이프라인 단계로 돌아가라. 역할 이름이 `AWS-CodePipeline-Service`인지 확인하고 Next step을 클릭하라.

11. 검토 화면에서 모든 정보가 올바른지 확인하라. 끝으로 Create Pipeline파이프라인 생성을 클릭하라.

웹 인터페이스를 사용하고 있으므로 파이프라인이 실행될 때 만들어지는 아티팩트의 저장을 위한 S3 버킷을 아마존이 대신해 자동으로 생성한다.

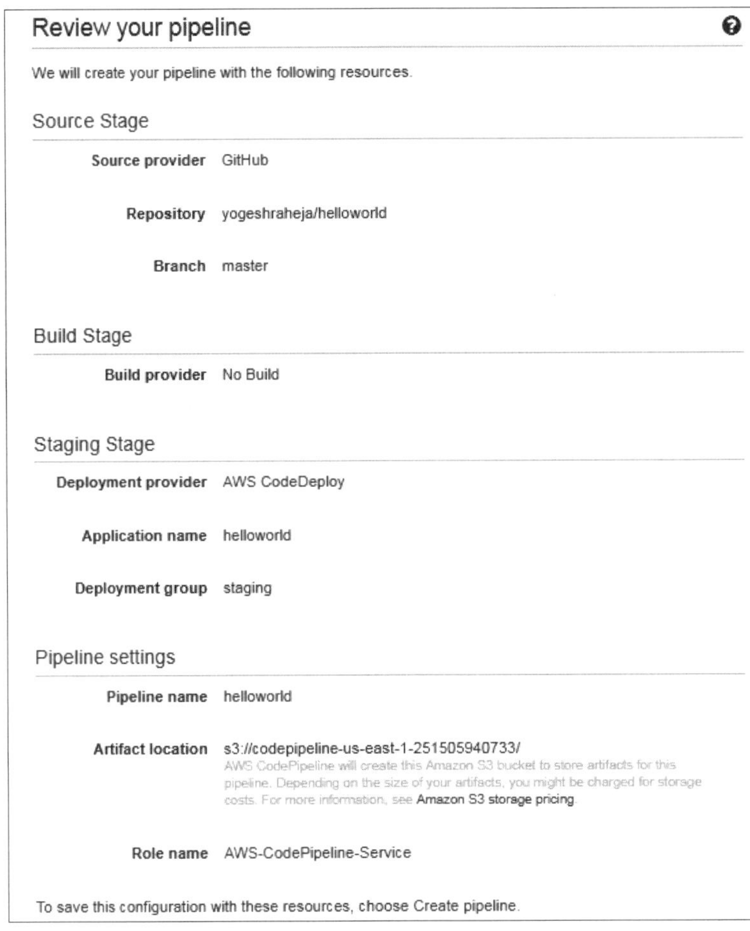

파이프라인은 몇 초 만에 생성되고 최초로 실행이 된다.

코드 디플로이와 코드 파이프라인의 기본 기능을 보여주려고 웹과 명령줄 인터페이스를 사용했다. 이 절차는 아주 수동적이며 어떤 종류의 검토 절차도 거치지 않는다. 클라우드 포메이션은 이 두 서비스를 지원한다. 실제 상용 시스템에서는 수작업으로 변경하는 대신 이들 서비스를 관리하기 위해 프로그래밍 방식으로 템플릿을 생성하는 데 트로포스피어 같은 라이브러리를 이용하는 것이 최선이다.

두 단계가 실행되면 브라우저에서 http://〈인스턴스 IP〉:3000을 입력해 코드가 정상적으로 배포됐는지 확인할 수 있다. 인스턴스 IP는 클라우드 포메이션 템플릿 또는 EC2 콘솔에서 찾을 수 있다. 다음 한 줄짜리 명령어로 성공인지를 확인할 수도 있다.

```
$ aws cloudformation describe-stacks \
    --stack-name helloworld-staging \
    --query 'Stacks[0].Outputs[0].OutputValue' \
    | xargs -I {} curl {}:3000
Hello World
```

기본 파이프라인을 완성했다. 코드 파이프라인, 코드 디플로이, 깃허브, S3를 이용해 웹 애플리케이션의 배포를 취급할 수 있는 매우 편리한 솔루션을 구축했다. 풀 요청이 마스터에 병합될 때마다 파이프라인은 변경사항을 가져와 새로운 코드로 새로운 패키지를 만든다. 이를 S3에 저장한 후 스테이징에 배포한다. 코드 디플로이 덕분에 해당 버전이 정상 동작하는지 검증하는 기본 테스트를 수행할 수 있게 됐다. 필요하다면 이전에 빌드한 모든 버전으로 원상 복구할 수도 있다.

파이프라인은 스테이징에 국한되어 있지 않다. 이 솔루션으로 실제적으로는 더 많은 일을 할 수 있다. 앞에서 언급한 대로 코드 파이프라인은 젠킨스와 통합될 수 있다. 아티팩트를 빌드하는 데 젠킨스를 사용할 것이다. 그러나 추가적인 일련의 테스트도 실행할 수 있다. 스테이징에 배포하기 전에 이것을 파이프라인에 추가하자.

코드 파이프라인에 젠킨스 통합하기

젠킨스가 널리 알려질 수 있었던 기능 중 하나는 플러그인 기능이다. AWS는 젠킨스에 여러 가지 서비스를 통합할 수 있는 많은 수의 플러그인을 출시했다. 여기서는 코드 파이프라인 연계용으로 작성된 플러그인을 사용할 것이다. 우선 젠킨스가 코드 파이프라인과 상호작용을 할 수 있도록 인스턴스의 IAM 프로파일 역할을 변경해야 한다. 다음으로 젠킨스에 코드 파이프라인 플러그인을 설치하고, 테스트를 수행할 작업을 생성하고, 마지막으로 새로운 스테이지와 통합할 수 있도록 파이프라인을 수정할 것이다.

클라우드 포메이션으로 IAM 프로파일 업데이트하기

인스턴스 프로파일에 새로운 권한을 추가하고자 이 장의 앞에서 생성했던 jenkins-cf-template.py 파일을 편집하자. 코드 파이프라인과 의사소통을 할 수 있도록 젠킨스 인스턴스에 권한을 부여하는 정책을 추가하자. 이 단계는 앞에서 웹 서버에 S3 접근 권한을 제공했던 것과 매우 유사하다.

인스턴스 초기화 위에 다음을 추가하라.

```
t.add_resource(IAMPolicy(
    "Policy",
    PolicyName="AllowS3",
    PolicyDocument=Policy(
        Statement=[
            Statement(
                Effect=Allow,
                Action=[Action("s3", "*")],
                Resource=["*"])
        ]
    ),
))
```

그런 다음 변경사항을 저장하고 템플릿을 다시 생성하라. 새로운 템플릿은 다음과 같다. https://raw.githubusercontent.com/yogeshraheja/Effective-DevOps-with-AWS/master/Chapter05/EffectiveDevOpsTemplates/jenkins-cf-template.py

```
$ git add jenkins-cf-template.py
$ git commit -m "Allowing Jenkins to interact with CodePipeline"
$ git push
$ python jenkins-cf-template.py > jenkins-cf.template
```

웹 인터페이스로 스택을 업데이트하자.

1. https://console.aws.amazon.com/cloudformation을 방문하라.

2. 젠킨스 스택 옆에 있는 체크박스를 체크하고 Actions작업 메뉴에서 Update Stack스택 업데이트을 선택한다.

3. 새롭게 생성한 jenkins-cf.template을 선택한 후 검토 화면이 나올 때까지 Next 버튼을 클릭하라.

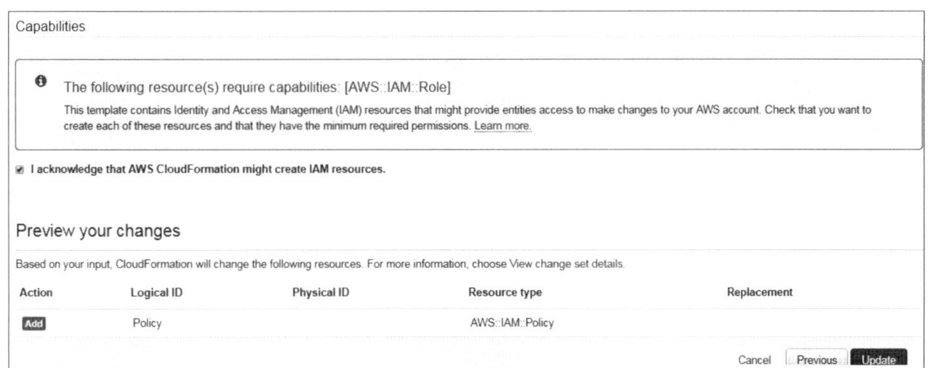

4. 위의 스크린샷에서 볼 수 있듯이 인스턴스 프로파일을 가진 인스턴스를 생성했으므로 IAM 정책만 추가되어 있음을 알 수 있다. EC2 인스턴스에는 아무 변경 없이 변경사항을 안전하게 반영할 수 있다. 변경사항을 확인하고 Update를 클릭하라.

인스턴스 정책이 수정돼서 젠킨스가 코드 파이프라인과 상호작용하는 데 충분한 권한이 부여됐다. 이제 코드 파이프라인을 위한 젠킨스 플러그인을 설치하자.

코드 파이프라인 젠킨스 플러그인 설치하고 사용하기

젠킨스 플러그인을 설치하는 방법은 아주 간단하다.

1. 브라우저에서 젠킨스 인스턴스를 띄워라(여기서는 http://18.208.183.35:8080).
2. 필요하다면 로그인을 하고 Manage Jenkins젠킨스 관리를 클릭하라.
3. 젠킨스 관리 페이지에서 Manage Plugins플러그인 관리를 선택하라.

4. AWS CodePipeline Plugin[AWS 코드 파이프라인 플러그인]을 검색한 후 선택하고 설치하라. 이제 플러그인을 사용할 수 있게 됐다.
5. 젠킨스 서버의 홈을 클릭하라.
6. 왼편 메뉴에서 New Item[새로운 아이템]을 클릭하라.
7. 이름을 'HelloworldTest'로 입력하고 Freestyle project[프리스타일 프로젝트]를 선택한 다음, 페이지의 아래에 있는 OK 버튼을 클릭하라.
8. 다음 화면의 Source Code Management[소스 코드 관리]에서 AWS CodePipeline[AWS 코드 파이프라인]을 선택하라. 인스턴스 프로파일 수준의 권한을 구성했으므로 구성할 유일한 옵션은 AWS Region[AWS 리전]과 Category[범주]이고, 각각 `US_EAST_1`과 `Test`다.
9. Build Triggers[빌드 트리거]에서 Poll SCM을 선택하고 '* * * * *'를 입력해 젠킨스가 코드 파이프라인에 테스트 요청이 있는지 분마다 체크한다.
10. Build에서 Add build step을 클릭하고 Execute shell을 선택하라.
11. 이 장의 앞부분에서 작성했던 테스트를 다시 한번 실행할 것이다. Command 섹션에서 다음을 입력하라.

```
npm config set registry http://registry.npmjs.org/
npm install ./node_modules/mocha/bin/mocha
```

12. post-build action을 추가하고 AWS CodePipline Publisher라는 작업을 선택하라.
13. 새롭게 생성된 AWS CodePipline Publisher에서, Add를 클릭하고 Location은 공백으로 둬라.
14. 필요하다면 작업의 나머지를 구성하고 신규 작업을 생성하도록 Save 버튼을 클릭하라.

이제 젠킨스의 테스트 작업은 사용할 준비가 됐다. 이를 이용하고자 파이프라인을 업데이트할 것이다.

파이프라인에 테스트 스테이지 추가하기

웹 인터페이스를 통해 변경사항을 반영할 것이다.

1. 브라우저에서 https://console.aws.amazon.com/codepipeline을 열자.
2. 앞에서 생성한 `helloworld` 파이프라인을 선택하라.
3. `helloworld` 파이프라인 페이지에서 파이프라인 상단의 Edit편집 버튼을 클릭하라.
4. 이제 소스와 스테이지 사이에 있는 + Stage+ 스테이지 버튼을 클릭해 스테이지를 추가하라.
5. 스테이지명을 'Test'로 하고 Action작업을 클릭하라.
6. 오른편 메뉴의 Action category작업 범주에서 `Test`를 선택하라.
7. 작업 이름을 'Jenkins'로 하고 Test provider테스트 프로바이더로 Add Jenkins젠킨스 추가를 선택하라.
8. Add Jenkins젠킨스 추가 메뉴에서 Provider Name프로바이더 이름은 그대로 유지하고 젠킨스 URL을 입력하라. 여기서는 http://18.203.183.35:8080이다. 프로젝트 이름은 젠킨스의 작업 이름과 일치해야 한다. 여기서는 `HelloworldTest`다. 다 입력한 후 Add action작업 추가을 클릭하라.
9. 파이프라인 상단의 Save pipeline changes파이프라인 변경사항 저장를 클릭해 변경사항을 반영하라.
10. Release change변경사항 배포를 클릭해 파이프라인을 시작하라. 몇 분 후에, 젠킨스가 실행되는 것을 볼 수 있다. 모든 단계가 잘 마무리되면 전체가 녹색이 된다.

이제 파이프라인이 흥미롭게 보이기 시작할 것이다. 여기서는 젠킨스 통합의 가장 기초적인 기능만 보여줬다. 그러나 더 나은 통합, 로드, 침투 테스트와 같이 좀 더 엄격한 검증을 할 수 있도록 스테이징에 코드를 배포하는 단계 뒤에 새로운 단계를 추가하는, 좀 더 실제적인 시나리오를 쉽게 상상할 수 있을 것이다.

AWS 코드 파이프라인의 목표는 소스 제어에서 상용까지의 서비스를 제공하는 것이다.

서비스 작업을 처음 시작할 때는 상용 서비스의 중단 없이 연속 배포를 수행할 만큼의 확신을 얻는 데 필요한 테스트 커버리지를 가질 필요가 없으므로 여기서는 원 클릭 상용 배포를 대신 선택했다. 이 장에서 지금까지 구축한 자동화를 이용해 상용을 위한 연속 전달 파이프라인을 구축할 것이다.

상용을 위한 연속 전달 파이프라인 구축하기

연속 전달 파이프라인을 구축하기 위해 먼저 상용 환경용 클라우드 포메이션 스택을 생성하자. 그다음으로 코드 디플로이에 새로운 배포 그룹을 추가해 새로운 클라우드 포메이션 스택에 코드를 배포할 수 있게 하자. 끝으로, 상용에 코드를 배포하는 승인 절차와 상용 배포 환경 자체를 포함하도록 파이프라인을 업그레이드하자.

상용 환경용 신규 클라우드 포메이션 스택 생성하기

여기서는 스테이징에서 사용했던 템플릿과 동일한 템플릿을 재활용한다. 터미널에서 노드 서버 템플릿을 생성했던 폴더로 이동해 이전과 동일한 명령어를 실행하라. 그러나 이번에는 스택 이름이 `helloworld-production`이다.

```
$ aws cloudformation create-stack \
    --capabilities CAPABILITY_IAM \
    --stack-name helloworld-production \
    --template-body file://nodeserver.template \
    --parameters ParameterKey=KeyPair,ParameterValue=EffectiveDevOpsAWS
```

다음으로 아래 명령어를 실행해 스택이 준비되기를 기다려라.

```
$ aws cloudformation wait stack-create-complete \
    --stack-name helloworld-production
```

EC2 인스턴스가 단 한 개만 있다 보니 상용 스택이 취약하다는 사실을 인지했을 수도 있다. 6장 '인프라 확장하기'에서 규모의 전략을 살펴볼 때 이 부분을 다루겠다.

상용 배포용 코드 디플로이 그룹 생성하기

앞에서 코드 디플로이 애플리케이션과 코드를 스테이징에 배포할 수 있는 최초의 배포 그룹을 생성했다. 명령줄 인터페이스를 이용해 이제 새롭게 생성한 상용 환경에 코드를 배포할 수 있도록 새로운 배포 그룹을 추가하자.

새로운 배포 그룹을 추가하는 데 필요한 매개변수 중 하나는 초기에 생성했던 정책의 arn이다. 이 정보는 앞에서 생성한 스테이징 배포 그룹에서 쉽게 가져올 수 있다. 이 값을 arn이라는 환경 변수에 저장하자.

```
$ arn=$(aws deploy get-deployment-group \
    --application-name helloworld \
    --deployment-group-name staging \
    --query 'deploymentGroupInfo.serviceRoleArn')
```

이제 다음 명령어를 실행해 새로운 배포 그룹을 생성할 수 있다.

```
$ aws deploy create-deployment-group \
    --application-name helloworld \
    --ec2-tag-filters Key=aws:cloudformation:stack-name,Type=KEY_AND_VALUE,
Value=helloworld-production \
    --deployment-group-name production \
    --service-role-arn $arn
```

모든 것이 정상적으로 실행됐다면 새로운 배포 그룹이 생성되어 있어야 한다. 코드 디플로이 웹 페이지 또는 다음 명령어로 이를 확인할 수 있다.

```
$ aws deploy list-deployment-groups \
    --application-name helloworld
{
    "applicationName": "helloworld",
        "deploymentGroups": [
            "staging",
            "production"
```

```
    ]
}
```

파이프라인에 연속 전달 단계 추가하기

이 장의 앞에서 확인했듯이 파이프라인은 여러 단계로 구성되어 있다. 코드 파이프라인에서 각 단계는 범주로 구분되어 있는데, 세 가지 범주(소스, 배포, 테스트)는 이미 확인했다. 상용에 서비스를 배포하는 데 확인 단계를 추가하기 위해 **승인**approval이라는 새로운 범주를 사용하자.

승인 작업은 배포 작업이 승인을 기다릴 때 알람을 보내는 여러 가지 구성 옵션을 제공한다. 이 기능을 가장 잘 보여주고자 새로운 SNS 토픽을 생성하고 이를 SNS에 등록하자. SNS는 3장 '코드로 인프라 다루기'에서 살펴봤듯이 인프라를 모니터링하는 데 사용했던 단순 알람 서비스다.

명령줄을 이용해 신규 토픽을 생성하고 이를 구독하자.

```
$ aws sns create-topic --name production-deploy-appoval
{
    "TopicArn": "arn:aws:sns:us-east-1:511912822958:production-deploy-appoval"
}
```

여기서는 구독을 위해 이메일을 사용하자. 그러나 SNS는 SMS, HTTP, SQS 같은 여러 가지 프로토콜도 지원한다. 구독하려면 `TopicArn`을 알아야 하는데 `TopicArn`은 위 명령어의 반환값이다.

```
$ aws sns subscribe --topic-arn \
    arn:aws:sns:us-east-1:511912822958:production-deploy-appoval \
    --protocol email \
    --notification-endpoint yogeshraheja07@gmail.com
{
    "SubscriptionArn": "pending confirmation"
}
```

메일을 열고 구독 확인을 클릭하라.

이제 승인 단계로 시작하는 새로운 단계를 추가할 수 있다.

1. 브라우저에서 https://console.aws.amazon.com/codepipeline을 열자.
2. `helloworld` 애플리케이션을 선택하라.
3. 파이프라인 상단의 Edit를 클릭하라.
4. 베타 스테이징 아래의 파이프라인 맨 아래에 있는 + Stage 버튼을 클릭하라.
5. 이름을 'Approval'이라 입력하라.
6. + Action을 클릭하라.
7. Action Category 메뉴에서 Approval[승인]을 선택하라.
8. 작업 이름을 'Approval'로 하라.
9. 승인 유형은 Manual approval[수동 승인]을 선택하라.
10. 방금 생성한 SNS **토픽**을 선택하라. 'production deploy'라고 입력하면 자동 완성 기능 덕분에 해당 토픽을 쉽게 찾을 수 있다.
11. 마지막으로 Add action 버튼을 클릭하라. 이제 승인 단계 아래에 상용 배포 단계를 추가하자.
12. 새롭게 생성한 승인 단계 아래에 있는 + Stage 버튼을 클릭하라.
13. 스테이지 이름을 'Production'으로 입력하라.
14. + Action을 클릭하라.
15. 작업 범주를 Deploy[배포]로 선택하라.
16. 작업 이름을 'Production'으로 하라.
17. CodeDeploy 프로바이더를 선택하라.
18. 애플리케이션 이름을 'helloworld'로 입력하라.
19. 배포 그룹으로 production을 선택하라.
20. 입력 아티팩트를 'MyApp'으로 입력하라.

21. Add action 버튼을 클릭하라.

22. 파이프라인의 상단에 있는 Save pipeline changes^파이프라인 변경사항 저장^를 클릭해 새로운 스테이지의 생성을 마무리하라.

변경된 파이프라인을 테스트하기 위해 Release change^변경사항 배포^를 다시 한번 클릭할 수 있다.

파이프라인은 먼저 세 단계를 거친다. 그런 다음 승인 단계에서 멈춘다. 메일에서 승인 또는 반려할 수 있는 검토 링크를 확인할 수 있다. 대안으로 웹 인터페이스를 간단히 사용해 승인 단계에서 검토 버튼을 클릭할 수 있다.

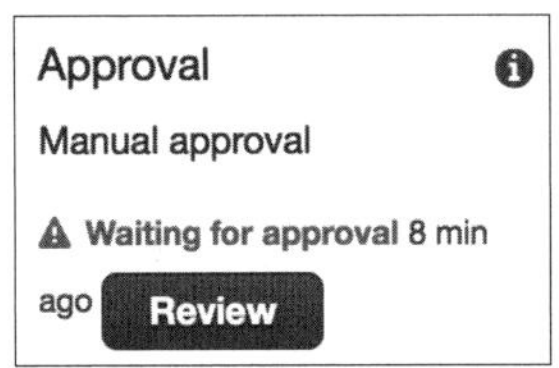

스테이지의 변경사항을 신중히 검토한 후에 변경사항의 승인 또는 반려를 클릭할 수 있다. 승인했다면 배포는 마지막 단계로 가고 코드는 상용에 배포된다.

이제 모든 배포 절차의 자동화를 완료했다. `helloworld` 애플리케이션은 실제 애플리케이션을 반영할 수는 없다. 그러나 파이프라인은 반영할 수 있다. 작성한 것을 더 복잡한 애플리케이션 환경에서 안전하게 배포하는 기본 설계도로 활용할 수 있다.

빠르게 움직여 새로운 기능과 서비스를 고객 앞에 빨리 선보일 수 있는 능력은 서비스의 쇠퇴를 막는 가장 중요한 능력인 점은 의심의 여지가 없다. 연속 배포 파이프라인 구축의 최종 단계는 상용으로 코드를 배포하는 수동 승인 단계를 없애고 배포 절차에서 사람이 연관되는 단계를 최종 단계로 만드는 것이다. 수년에 걸쳐 여러 회사에서 안전한 절차로 상용 배포를 하기 위해 여러 가지 전략을 만들어왔다. 다음 절에서 구현할 만한 몇 가지 솔루션을 살펴보자.

상용에 연속 배포를 실행하기 위한 전략

항상 그렇듯이 첫 번째 방어선은 제품의 가장 민감한 루틴과 기능의 대부분을 커버하는 충분한 테스트 커버리지와 정교한 검증 스크립트를 갖추는 것이다. 상용 배포용 연속 배포 파이프라인을 안전하게 만들 수 있는 잘 알려진 기술과 전략이 있다. 이 절에서는 세 가지 일반적인 것들을 살펴보자.

빠르게 실패하기

우리가 구축한 파이프라인은 매우 빠르고 견고하다. 서비스의 성격에 따라, 팀에서 생성하는 코드의 품질을 신뢰하므로 항상 상용에 코드를 배포할 수도 있을 것이다. 로그와 애플리케이션 측정 지표로 충분한 모니터링을 함으로써 코드를 배포한 후 몇 분 안에 문제를 찾을 수 있다. 그런 다음 이 문제를 해결하고자 코드 디플로이의 이전 버전으로 빠르게 배포하는 기능을 이용할 수 있다.

이 접근 방식을 취하고 문제가 감지되면 간단히 이전 버전으로 원상 복구를 하라. 무엇이 문제인지 정확히 알 것이고 쉽게 수정할 수 있음도 알 것이다. 그러나 사용자에게 영향을 주는 문제가 계속 발생하고 있는 상황이 되면, 일반적으로 좀 더 많은 실수를 유발해 상황을 더 나쁘게 만들 수 있다.

카나리아 배포

유사하게, 코드를 상용에 최적화해 배포를 시도할 것이다. 그러나 새로운 코드를 트래픽 중 일부에 일부 시간 동안만 노출한다. 작은 비율의 트래픽만 새로운 코드가 돌고 있는 신규 서버에 접속할 수 있게 해 짧은 기간 동안 각 배포판의 성능과 오류 비율을 비교할 수 있는 시스템을 구축할 수 있다. 일반적으로 10%의 트래픽으로 신규 빌드 품질의 충분한 근거 자료를 수집할 수 있다. 그 후 모든 것이 괜찮아 보이면 새로운 버전 서비스로 트래픽의 100%를 옮길 수 있다.

메모리가 새는 버그는 일반적으로 늦게 발견된다. 일단 배포가 끝나면 모든 것이 문제가 없는지 확인하는 핵심 지표를 이용해 달라진 시스템의 밀착 모니터링을 지속하라.

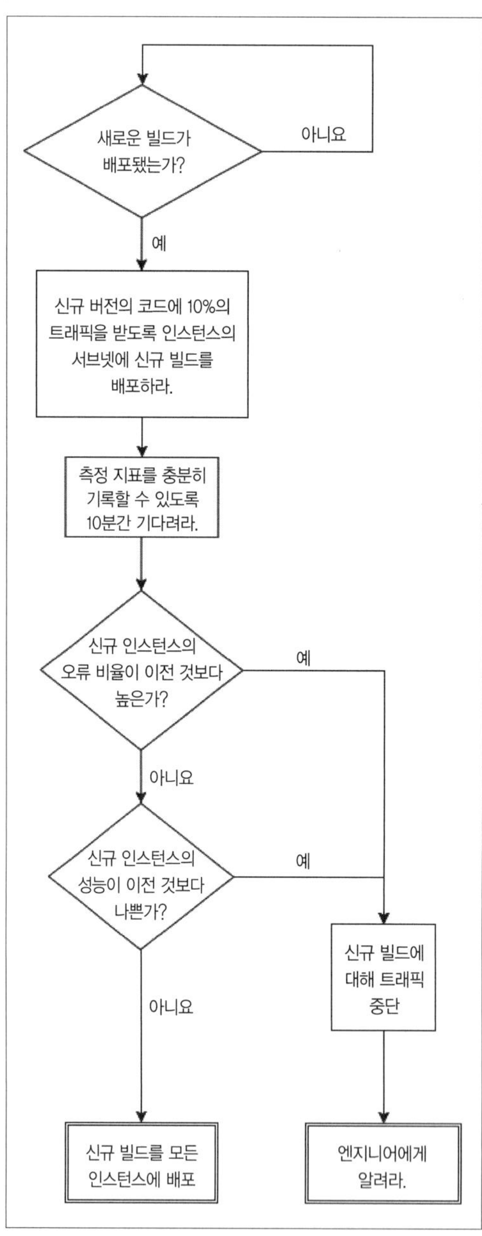

기능 플래그

마지막으로 소개할 이 전략은 '다크 런치dark launch'라고도 불리는데, 가장 구현하기 힘든 동시에 가장 가치 있는 전략이다. 대부분의 잘 알려진 기술 회사들은 이 전략을 사용한다. 이 전략의 아이디어는 각 기능마다 여러 개의 스마트 스위치를 갖는 것이다. 새 기능의 코드를 처음으로 배포할 때 스위치를 끄고 배포한다. 그런 다음 사용자들의 여러 하위 집합에 점진적으로 이 기능 스위치를 켠다. 회사 직원만 이 기능을 경험하게 할 수도 있다. 그런 다음 신뢰하는 사용자 집합을 추가해 해당 기능에 노출되는 사람 수를 늘려야 할지 결정해야 할 것이다. 사용자의 20%에 이 기능을 노출할 것이다. 그런 다음 50% 그리고 그 이상에 노출할 것이다. 이런 소프트 런치soft launch에 부가적으로 이런 유형의 기능을 제품 수준의 A/B 테스트, 특정 기능을 끄고 유지 보수를 수행하거나, 부하 테스트를 수행하는 데 이용할 수 있다.

다크 런치의 가장 좋은 사례 중 하나는 페이스북의 블로그 포스트에 요약되어 있다. 2008년 페이스북은 채팅 기능을 시작했다. 이 기능은 매우 도전적인 기능이었는데, 페이스북에서 얼랑(Erlang)으로 개발한 최초 서비스였기 때문이다. 이 서비스가 페이스북이 운영하는 규모를 감당할 수 있는지 확인하기 위해 다크 런치 전략을 사용했다. 공식 출시로 이끄는 몇 달 동안 UI 없이 서비스를 배포해 실제 트래픽이 어떠할지를 시뮬레이션했다. 실 사용자의 브라우저가 채팅 서버에 접속을 맺고 부하를 시뮬레이션하기 위해 눈에 보이지 않게 메시지를 주고받도록 했다. 서비스를 시작할 때가 됐을 때 페이스북은 새로운 코드를 배포하지 않고 UI상에 채팅 창이 보이도록 간단하게 스위치만 켰다. 더 많은 정보는 다음 링크를 참조하라. https://www.facebook.com/notes/facebook-engineering/facebook-chat/14218138919/

요약

5장에서는 코드 배포 방식을 바꿈으로써 데브옵스 전략의 가장 중요한 측면 전체를 경험했다.

첫 번째 목적은 개발자의 생산성을 높이는 것이었다. 이를 위해 연속 통합 파이브라인을 구축했다. 젠킨스와 깃허브를 이용해 개발자가 그들의 코드를 개인 브랜치에 커밋하고 풀 요청을 등록하는 새로운 워크플로우를 생성했다. 브랜치들은 젠킨스에서 자동으로 테스트되고 마지막으로 피어 검토는 커밋된 코드의 높은 품질을 보장하게 했다.

이런 변화 덕분에 프로젝트의 마스터 브랜치에 있는 코드는 스테이징에 보낼 수 있을 만큼 항상 좋은 상태를 유지하고 있다고 보증할 수 있다. 이를 위해 연속 배포 파이프라인을 구축했다. AWS의 코드 디플로이와 코드 파이프라인으로 완벽한 기능을 갖춘 파이프라인을 쉽게 구축할 수 있었다. 파이프라인은 운영자가 원하는 모든 기능을 갖고 있다. 풀 요청을 병합한 개발자들의 변경사항을 자동으로 선택하고, 새로운 버전의 애플리케이션으로 자동으로 패키징하고, S3에 패키지를 저장한 다음 이를 스테이징에 자동으로 배포한다. 새로운 코드를 스테이징에 배포하고 검증 단계에서 애플리케이션이 오동작하는지 확인하고 필요하다면 애플리케이션은 쉽게 원상 복구될 수 있다.

연속 배포 파이프라인을 완성하고 스테이징에 코드를 자동으로 배포할 수 있게 됐으므로, 연속 전달 기능을 확장해 필요에 따라 즉석 상용 배포를 수행할 수 있게 했다. 또한 젠킨스를 파이프라인에 통합해 테스트를 수행할 수 있도록 별도의 단계를 추가했다. 마지막으로, 주어진 어떠한 서비스에 대해서도 하루에 여러 번 상용 배포를 수행할 수 있는 연속 배포 파이프라인에 관련된 여러 기술과 전략을 논의했다.

아키텍처와 서비스를 관리하는 데 있어 데브옵스 접근 방법을 많이 고려했으나 부하 분산 및 고가용성 개념은 살펴보지 않았다. 5장에서는 상용 환경용으로 단 하나의 EC2 인스턴스만 생성했다. 이 점에 대해서는 6장 '인프라 확장하기'에서 인프라를 확장하고 대용량의 트래픽을 다룰 수 있는 서비스와 도구를 살펴볼 것이다.

질문

1. 연속 통합, 연속 배포, 연속 전달이란 무엇인가?
2. 젠킨스란 무엇이며, SDLC 생태계에 어떤 도움을 제공하는가?
3. 여러분의 첫 번째 연속 배포 파이프라인 구축 방법을 기술하라.

더 읽을거리

더 많은 정보는 다음 자료를 참고하라.

- **젠킨스 참조**: https://www.jenkins.io/
- **모카 참조**: https://mochajs.org/
- **AWS 코드 디플로이 참조**: https://docs.aws.amazon.com/codedeploy/latest/userguide/welcome.html
- **AWS 코드 파이프라인 참조**: https://docs.aws.amazon.com/codepipeline/latest/userguide/welcome.html

06

인프라 확장하기

6장에서는 **아마존 웹 서비스**AWS, Amazon Web Services에 완성된 웹 애플리케이션을 배포하는 데 사용하는 모든 기술을 분석해볼 것이다. 특히 단일 머신에 모놀리식 애플리케이션을 구성하는 방법과 확장성 및 안정성이 있도록 애플리케이션 구성을 여러 개로 분할 구성하는 방법을 살펴볼 것이다.

각 절의 초반은 구현하는 데 필요한 AWS 기술 및 중요한 아이디어를 주로 설명하는 이론적인 내용을 제공할 것이다. 그 후에 실제 사례를 제시하고 설명한 내용을 실제로 적용할 것이다.

단일 머신에 모든 소프트웨어를 설치하는 모놀리식 접근법으로 시작해 더 개선된 확장성과 안정성을 얻는 여러 부분 분리를 언제 하고 왜 하는지 살펴볼 것이다. 데이터(애플리케이션의 상태)를 EC2 머신 외부로 옮기는 것이 첫 번째 단계이고 아마존 클라우드 서비스의 데이터베이스 서비스인 RDS를 사용해 처리할 수 있다. 로드 밸런서를 추가함으로써, **AWS 인증서 관리자**ACM, AWS Certification Manager를 사용하는 것부터 인프라를 준비하고 규모를 확장 및 축소하는 것까지 많은 장점을 얻을 수 있다. 애플리케이션의 규모 확장/규모 축소를 가능케 하는 마지막 단계는 오토스케일링 그룹 및 시작 구성을 설정하는 것이다.

기술 요구사항

6장에서는 AWS 콘솔 기본 지식이 있다고 가정한다. 이 지식은 5장에서 이미 다뤘을 뿐만 아니라 4장 '테라폼 코드로 인프라 다루기'에서 테라폼 구성으로 이미 다뤘다.

AWS 계정에서 공용 도메인을 사용할 수 있다. 이는 웹 애플리케이션의 모든 측면을 테스트하는 데는 유용할 수 있으나, 그저 선택 가능한 단계일 뿐이다.

리눅스 명령줄 도구에 관한 기본 지식도 요구된다. 왜냐하면 각 예제가 아마존 리눅스 2 운영체제에서 구축되기 때문이다. 6장의 코드는 다음 깃허브 링크에서 확인할 수 있다. https://github.com/giuseppeborgese/effective_devops_with_aws_second_edition

모놀리식 애플리케이션

6장의 목표는 일반적으로 모놀리식이라고 부르는 애플리케이션을 동적이고 확장 가능한 애플리케이션으로 변환하는 것이다.

모놀리식 애플리케이션이란 무엇인가?

확장을 얘기할 때 **모놀리식 애플리케이션**monolithic application이라는 용어를 자주 접하게 되는데, 이는 정확히 무엇인가? (사용자 제공 부분, 백엔드 및 데이터 부분을 포함한) 모든 것이 하나의 블록에 조합된 소프트웨어 또는 인프라를 일반적으로 모놀리식이라고 한다. 여기서는 인프라에만 집중할 것이다. 모놀리식 애플리케이션의 개념을 설명하고자 다음 그림과 같은 구성요소를 갖는 예제 애플리케이션을 구축할 것이다.

- 숫자형 필드 하나를 갖는 단일 테이블로 구성된 MySQL 데이터베이스
- 기본 8080 포트로 리스닝을 하면서 데이터베이스를 읽고 값을 보여주고 숫잣값을 증가시키는 백엔드 및 프론트엔드 자바[Java]/톰캣[Tomcat] 구성요소
- 기본 포트 80으로 리스닝하면서 톰켓과 통신하고 웹 페이지를 보여주는 아파치 2.2 웹 서버
- 공인 IP가 할당되어 인터넷으로 통신을 할 수 있고 모든 것을 포함하는 단일 EC2 가상 머신

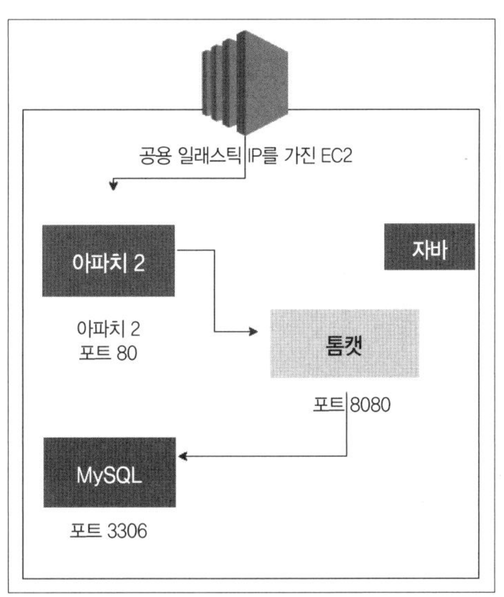

분할 후 확장할 수 있는 예제 애플리케이션을 작성해보자.

이전 장들에서 테라폼 사용법을 배웠다. 다음 스크린샷과 같이 EC2 머신과 보안 그룹을 작성하는 **모놀리식 애플리케이션**이라는 모듈을 사용할 수 있다. AWS 계정에서 이를 사용하려면 초기화 매개변수를 변경하고 개인 키를 제공해야 한다(* `vpc-id` * `subnet` * `pem` 키).

AMI는 명시된 대신 다음 스크린샷에서 보여주는 대로 적합한 것을 찾을 수 있다. 이 예시는 북 버지니아 아마존 리전과 아마존 리눅스 2Amazon Linux 2 운영체제에서 테스트됐다. 다음 스크린샷과 같이 해당 리전에서 AMI ID를 조회하라.

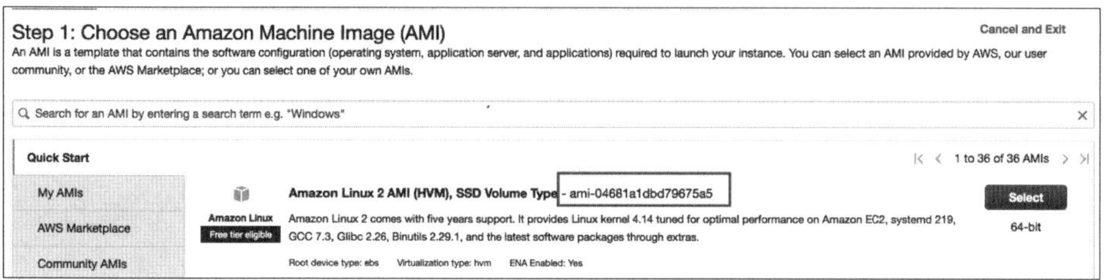


```
module "monolith_application" {
    source ="github.com/giuseppeborgese/effective_devops_with_aws__second_edition/
terraform-modules/monolith-playground"
    my_vpc_id = "${var.my_default_vpcid}"
    my_subnet = "subnet-54840730"
    my_ami_id = "ami-04681a1dbd79675a5"
    my_pem_keyname = "effectivedevops"
}
```

모듈을 생성하는 명령어는 다음과 같다.

```
terraform init -upgrade
terraform plan -out /tmp/tf11.out -target module.monolith_application
terraform apply /tmp/tf11.out
```

실행 결과는 다음과 같다.

```
Apply complete! Resources: 3 added, 0 changed, 0 destroyed.
Outputs:
monolith_url = http://54.209.174.12/visits
```

애플리케이션이 실행되어 소프트웨어와 구성 정보를 설치할 때까지 몇 분을 기다려라. 브라우저에 URL을 입력하면 다음 스크린샷과 같은 결과를 확인할 수 있다.

아래 결과가 출력되면 몇 분을 기다려야 한다. 오류가 해결되지 않는다면 설치에 문제가 발생한 것이다. 오류 메시지는 다음과 같다.

Not Secure | 54.209.174.12/visits

Service Unavailable

The server is temporarily unable to service your request due to maintenance downtime or capacity problems. Please try again later.

공인 IP는 이 책과 다를 것이다. 페이지 또는 URL을 갱신할 때마다 자바 애플리케이션은 MySQL 데이터베이스로부터 값을 읽어서 1씩 증가시키고 해당 데이터베이스에 이를 기록한다.

모든 것이 어떻게 설치됐는지 알기 위해 코드 일부를 확인하는 것은 의미 있다. 이 코드는 위에서 본 monolith_application에서 찾을 수 있다.

monolith_application 설치 스크립트는 다음과 같다.

```
yum -y install httpd mariadb.x86_64 mariadb-server java

systemctl start mariadb
chkconfig httpd on
chkconfig mariadb on
systemctl restart httpd
```

이제 MySQL(MariaDB)을 설치한다. 아파치 2 및 자바 소프트웨어와 마찬가지로 아마존 리눅스 2 **롱텀 서포트**LTS, Long Term Support의 기본 리포지터리에서 설치할 수 있는 MySQL이다.

다음은 설치 스크립트다.

```
echo "<VirtualHost *>" > /etc/httpd/conf.d/tomcat-proxy.conf
echo " ProxyPass /visits http://localhost:8080/visits" >>
/etc/httpd/conf.d/tomcat-proxy.conf
echo " ProxyPassReverse /visits http://localhost:8080/visits" >>
/etc/httpd/conf.d/tomcat-proxy.conf
echo "</VirtualHost>" >> /etc/httpd/conf.d/tomcat-proxy.conf
```

아파치는 트래픽을 톰캣 포트 8080으로 전달하도록 구성되어 있다.

비대화식 방식으로 MySQL을 설정하기 위해 다음과 같이 자바 애플리케이션의 데이터베이스, 테이블 및 사용자를 생성하는 행들을 사용했다.

```
mysql -u root -e "create database demodb;"
mysql -u root -e "CREATE TABLE visits (id bigint(20) NOT NULL AUTO_INCREMENT, count
bigint(20) NOT NULL, version bigint(20) NOT NULL, PRIMARY KEY (id)) ENGINE=InnoDB
DEFAULT CHARSET=latin1;" demodb
mysql -u root -e "INSERT INTO demodb.visits (count) values (0) ;"
mysql -u root -e "CREATE USER 'monty'@'localhost' IDENTIFIED BY 'some_pass';"
mysql -u root -e "GRANT ALL PRIVILEGES ON *.* TO 'monty'@'localhost' WITH GRANT
OPTION;"
```

user_data 스크립트는 module_application에 있고 user_data 필드의 매개변수로 제공된다. 이 스크립트는 데이터베이스에 결과를 저장하는 자바 애플리케이션 예제를 다운로드한다. 설치를 단순화하려고 톰캣에 jar 파일이 포함되어 있다. 이 방식은 테스트에는 사용할 수 있지만 실제에는 허용해서는 안 된다.

```
runuser -l ec2-user -c 'cd /home/ec2-user ; curl -O https://raw.githubusercontent.com/
giuseppeborgese/effective_devops_with_aws__second_edition/master/terraform-modules/
monolith-playground/demo-0.0.1-SNAPSHOT.jar'
runuser -l ec2-user -c 'cd /home/ec2-user ; curl -O https://raw.githubusercontent.com/
giuseppeborgese/effective_devops_with_aws_second_edition/master/terraform-modules/
monolith-playground/tomcat.sh'
cd /etc/systemd/system/ ; curl -O https://raw.githubusercontent.com/giuseppeborgese/
effective_devops_with_aws_second_edition/master/terraform-modules/monolith-playground/
tomcat.service
chmod +x /home/ec2-user/tomcat.sh
systemctl enable tomcat.service
systemctl start tomcat.service
```

톰캣 시작 시 서비스로 동작하도록 jar 파일과 구성 파일이 다운로드되고 자동으로 구성된다.

이 테스트 애플리케이션의 목적은 계산 결과(상태 정보)를 데이터베이스에 저장하는 것이다. URL이 호출될 때마다 데이터베이스에서 상태 정보를 읽어들이고, 증가시키고, 다시 저장한다.

DNS 이름 연결하기

실습에 반드시 필요한 것은 아니지만 공용 도메인을 갖고 있다면 DNS **레코드**를 만들 수 있다.

내 도메인명은 devopstools.link다. 라우트 53에 공용 도메인을 등록해야 한다. 등록하는 방법을 모른다면 https://docs.aws.amazon.com/Route53/latest/DeveloperGuide/domain-register-update.html의 지침을 따르라. 내 경험에 의하면 신규 도메인이 사용 가능해질 때까지 30분에서 2시간 정도 기다려야 한다. 레코드를 생성하려면 다음 단계를 수행하라.

1. Route53 라우트 53 ➤ Hosted zones 호스트 존으로 가서 존을 선택하라.
2. Create Record Set 레코드셋 생성 버튼을 클릭하라.

3. 이름을 'bookapp'이라고 입력하라.

4. EC2 인스턴스의 공인 IP를 입력하라.

5. 다음 스크린샷과 같이 Create[생성] 버튼을 클릭하라.

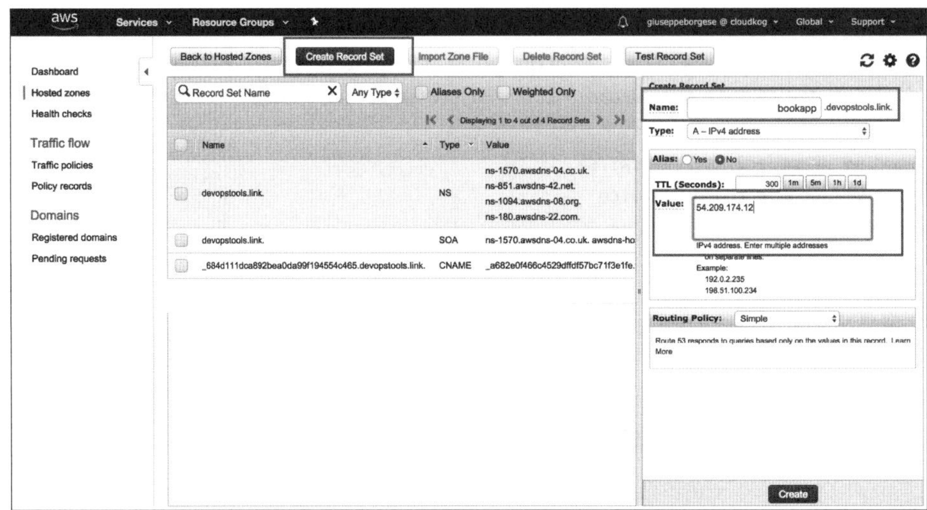

6. 이제 애플리케이션을 쿼리하는 데 이 레코드를 사용할 수 있다.

모놀리식 애플리케이션 확장하기

이제 인프라를 생성했고 애플리케이션을 배포했으며 잘 작동하고 있다. 많은 수의 사람들이 애플리케이션을 선호한다면 이용자 수, 요청량 및 데이터양을 빠르게 늘릴 수 있는 절호의 기회다. 정확히 모든 애플리케이션 소유자가 원하는 일이다.

선택한 EC2는 많은 양의 데이터를 관리하기에 충분치 않을 가능성이 있다. 다음과 같은 문제가 있을 수 있다.

- 프로그램 3개(아파치, 톰캣, MySQL)를 동시에 돌리기에 CPU 또는 메모리가 충분치 않다.
- EC2 가상 머신의 대역폭이 대량의 동시 요청에 충분치 않다.
- 톰캣 또는 MySQL이 각 사용자 데이터를 저장해야 하는데 디스크 공간이 충분치 않다.
- MySQL과 톰캣이 단일 디스크에서 많은 데이터를 동시에 읽어야 한다. 게다가 싱글 디스크에는 컨텍스트 스위치context switch가 발생한다.

애플리케이션을 확장하는 데는 다음과 같은 두 가지 방법이 있다.

- **수직 확장**: 더 많은 CPU, 더 많은 메모리 및 더 큰 네트워크 성능을 얻을 수 있는 더 큰 EC2 인스턴스의 사용을 의미한다.
- **수평 확장**: 동일 코드가 동작하고 트래픽이 부하 분산되도록 더 많은 EC2 인스턴스를 추가하는 것을 의미한다.

현재는 모놀리식이므로 수직 확장만 할 수 있다. 다음 절에서는 모놀리식을 여러 부분으로 나누고 EC2 가상 디스크에서 상태를 제거할 것이다. 이런 방식으로 더 많은 머신을 추가할 수 있고, CDN을 사용해 로드 밸런서와 데이터베이스 사이의 부하를 분산할 수 있다.

모놀리식을 수직적으로 확장하려면 다음 단계를 따라야 한다.

1. https://aws.amazon.com/ec2/instance-types/에서 신규 인스턴스 유형을 선택하라.
2. 인스턴스를 중지하라.
3. 인스턴스 유형을 변경하라.

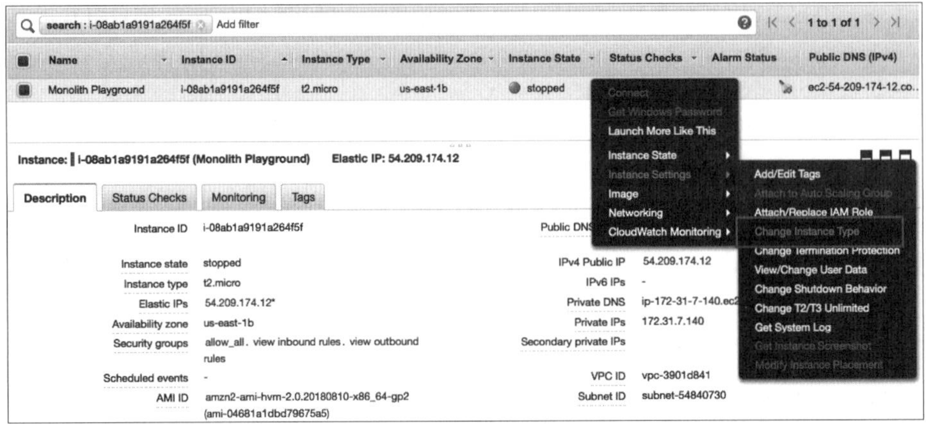

4. 인스턴스를 시작하라.

단, 디스크 공간은 약간 더 복잡하다. 크기를 확장하는 절차는 다음과 같다.

1. 날짜의 불일치를 피하기 위해 머신을 중지하라.
2. 인스턴스에 부착된 각 볼륨을 분리하라. 그러나 그렇게 하기 전에, 사용된 디바이스 정보를 기록하라. /dev/sda1 또는 /dev/xdc 등
3. 인스턴스에 부착된 각 볼륨의 스냅샷을 생성하라.
4. 앞 단계에서 생성된 각 스냅샷으로 신규 볼륨을 생성하라. 요구되는 볼륨 크기를 지정해야 한다.
5. 2단계와 같은 디바이스명으로 각 신규 볼륨을 인스턴스에 부착하라.
6. 머신을 시작하라.
7. 머신에 로그인해 리눅스와 윈도우용 지침으로 파일 시스템의 크기를 조정하라. 더 많은 정보는 이 장 끝의 '더 읽을거리' 절을 참조하라.

모놀리식의 장점

모놀리식을 분할해 확장하기 전에 애플리케이션 변경 노력을 기울일지 말지 아는 것은

중요하다. 단일 블록 아키텍처의 모든 장점을 조사해보자.

- 첫 번째 장점은 인프라 비용이다. 여기서는 확장이 가능한 여러 부분으로 나눌 것이다. 그러나 이는 아키텍처 각 부분의 비용을 지불해야 함을 의미한다. 인프라의 최종 비용은 모놀리식보다는 더 비싸다.
- 다중 계층의 확장 가능한 아키텍처를 구축하는 데는 명확히 모놀리식보다 훨씬 더 많은 비용이 요구된다. 이는 더 많은 역량과 더 많은 구축 시간이 필요함을 의미한다. 이 책의 목적 또한 이 역량의 차이를 줄이는 것이다.
- 분리된 아키텍처는 많은 구성을 요구한다. 예를 들어 보안 그룹의 구성을 정확히 해야 하고, 올바른 로드 밸런서를 선택해야 하고, 올바른 RDS를 선택해야 하고, 가상 디스크에서 상태를 이동시키기 위해 S3 또는 EFS를 구성해야 한다. 이에 대한 예외는 SSL 구성이다. AWS 인증서 관리자를 사용해 SSL을 구성하는 것이 아파치의 SSL 인증서를 구매하고 구성하는 것보다 훨씬 더 쉽다.

그래서 많은 트래픽이 기대되지 않고 예산이 제한적이라면, 웹 애플리케이션 호스팅 시 모놀리식 인프라 구축을 고려할 수 있다. 물론 확장의 제약 및 수직으로 확장 또는 축소를 할 때 다운타임이 필요하다는 점은 명심하라.

데이터베이스

이제 모놀리식 애플리케이션의 장단점을 확인했고 애플리케이션을 여러 부분을 분할하기로 했으므로 모놀리식 외부로 첫 번째 리소스를 이동시킬 때다.

이 장의 첫 절에서 언급한 대로 (상태state라고도 하는) 데이터를 EC2 머신 외부로 이동시켜야 한다. 어떤 웹 애플리케이션에서는 데이터베이스가 유일한 데이터 소스다. 그러나 어떤 경우에는 사용자가 업로드해 디스크에 저장된 파일 또는 **아파치 솔라**Apache Solr 같은 색인 엔진의 색인 파일 등이다. 더 많은 정보는 http://lucene.apache.org/solr/를 참조하라.

가능하다면 프로그램을 가상 머신에 설치하는 대신 클라우드 서비스를 사용하는 것이 좋다. 데이터베이스의 경우 RDS 서비스(https://aws.amazon.com/rds/)는 더 광범위한 오픈 또는 상용 소스(아마존 오로라Amazon Aurora, PostgresSQL, MySQL, MariaDB, 오라클Oracle, 마이크로소프트 SQL 서버) 데이터베이스를 제공한다. 그래서 IBM Db2(https://www.ibm.com/products/db2-database)가 필요하다면 해당 데이터베이스에 대한 RDS를 사용하면 된다.

MySQL RDS 인스턴스를 생성하려면 https://registry.terraform.io/modules/terraform-aws-modules/rds/aws/1.21.0의 공식적인 레지스트리에 등록된 모듈을 참고하라.

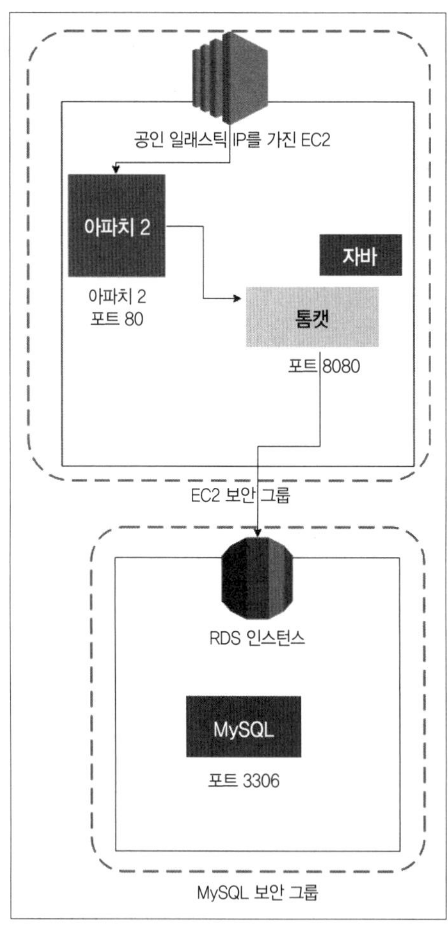

여러 부분으로 나눌 때는 EC2 인스턴스가 RDS 인스턴스의 포트 3306에 접속하도록 보안 그룹을 올바르게 구성하는 것이 중요하다. 이는 데이터베이스에 불필요하게 접근하는 것을 방지할 수 있다.

EC2 인스턴스의 서브넷은 공용 서브넷을 사용하는 것이 좋다. 반면에 RDS 인스턴스는 사설 서브넷을 선택하는 것이 좋다. 이 주제는 8장 'AWS 환경의 보안 강화하기'에서 더 자세히 다룰 것이다.

데이터페이스를 RDS로 이동하기

MySQL 데이터베이스를 생성하려면 다음 링크의 공인 리포지터리에서 찾을 수 있는 공용 모듈을 사용하면 된다. https://registry.terraform.io/modules/terraform-aws-modules/rds/aws/1.21.0

다음과 같이 원본 예시를 일부 간략화하고 보안 그룹을 추가하라. main.tf 파일을 참조하라.

```
resource "aws_security_group" "rds" {
    name = "allow_from_my_vpc"
    description = "Allow from my vpc"
    vpc_id = "${var.my_default_vpcid}"

    ingress {
        from_port = 3306
        to_port = 3306
        protocol = "tcp"
        cidr_blocks = ["172.31.0.0/16"]
    }
}

module "db" {
    source = "terraform-aws-modules/rds/aws"
    identifier = "demodb"
```

```
    engine = "mysql"
    engine_version = "5.7.19"
    instance_class = "db.t2.micro"
    allocated_storage = 5
    name = "demodb"
    username = "monty"
    password = "some_pass"
    port = "3306"

    vpc_security_group_ids = ["${aws_security_group.rds.id}"]
    # DB 서브넷 그룹
    subnet_ids = ["subnet-d056b4ff", "subnet-b541edfe"]
    maintenance_window = "Mon:00:00-Mon:03:00"
    backup_window = "03:00-06:00"
    # DB 파라미터 그룹
    family = "mysql5.7"
    # DB 옵션 그룹
    major_engine_version = "5.7"
}

the plan shows 5 these 5 resources to add

    + aws_security_group.rds

    + module.db.module.db_instance.aws_db_instance.this

    + module.db.module.db_option_group.aws_db_option_group.this

    + module.db.module.db_parameter_group.aws_db_parameter_group.this

    + module.db.module.db_subnet_group.aws_db_subnet_group.this

Plan: 5 to add, 0 to change, 0 to destroy.
```

RDS에는 옵션 그룹, 파라미터 그룹, 서브넷 그룹을 추가해야 한다.

다음과 같이 RDS 콘솔에서 속성을 클릭해 신규 인스턴스를 확인할 수 있다.

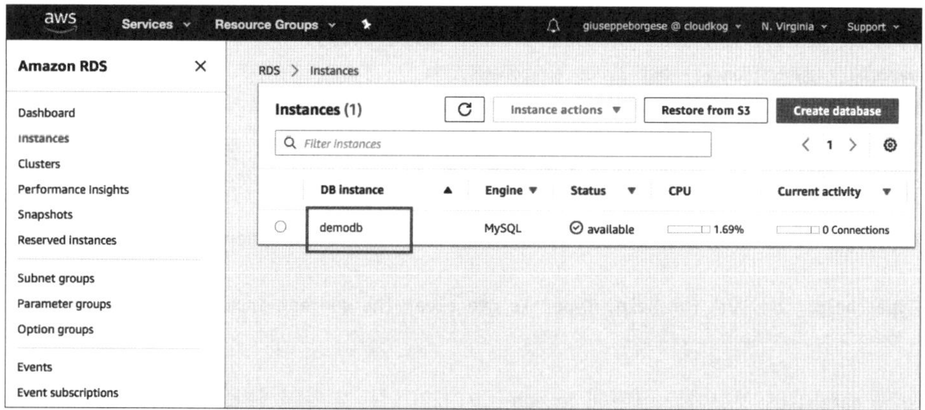

선택한 인스턴스의 속성이 나오면 다음 스크린샷과 같이 Endpoint[엔드포인트] 필드 값을 기록해두라.

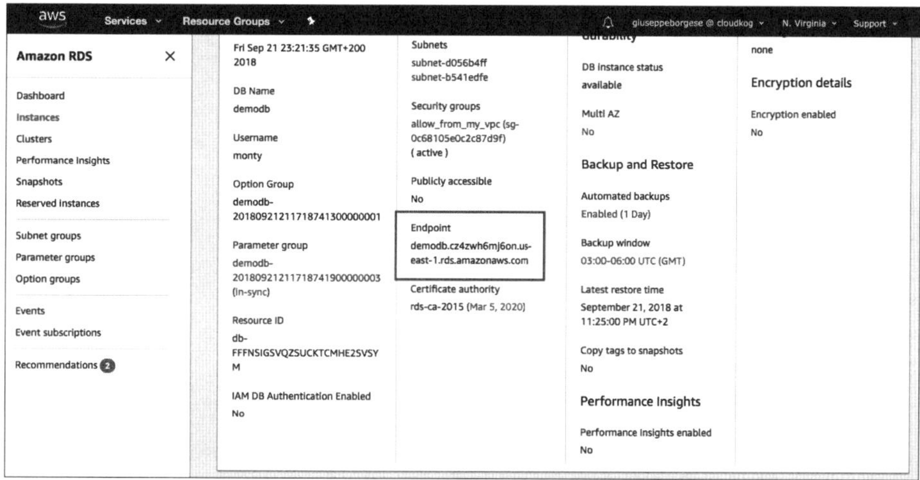

내 경우 이 값은 `demodb.cz4zwh6mj6on.us-east-1.rds.amazonaws.com`이다.

EC2 인스턴스에서 SSH로 접속한 후 RDS에 접속을 시도하라.

```
[ec2-user@ip-172-31-7-140 ~]$ mysql -u monty -psome_pass -h
demodb.cz4zwh6mj6on.us-east-1.rds.amazonaws.com
Welcome to the MariaDB monitor. Commands end with ; or \g.
Your MySQL connection id is 7
Server version: 5.7.19-log MySQL Community Server (GPL)

Copyright (c) 2000, 2018, Oracle, MariaDB Corporation Ab and others.

Type 'help;' or '\h' for help. Type '\c' to clear the current input statement.
```

show databases 명령어를 실행해 demodb 스키마가 있는지 확인하라.

```
MySQL [(none)]> show databases;
+--------------------+
| Database |
+--------------------+
| information_schema |
| demodb |
| innodb |
| mysql |
| performance_schema |
| sys |
+--------------------+
6 rows in set (0.00 sec)
MySQL [(none)]> exit
Bye
[ec2-user@ip-172-31-7-140 ~]$
```

데이터베이스를 이전하려면 다음 단계를 실행하라.

1. pkill 자바 명령어로 자바 프로세스를 종료하라.
2. 다음 명령어로 로컬 데이터베이스를 덤프하라.

```
mysqldump -u monty -psome_pass -h localhost demodb > demodbdump.sql
```

3. 더 이상 로컬 데이터베이스가 필요 없으므로 다음 명령어로 중지하라.

```
sudo service mariadb stop
```

4. 이제 다음 명령어로 RDS에 덤프를 복구하라.

```
mysql -u monty -psome_pass -h demodb.cz4zwh6mj6on.us-east-1.rds.amazonaws.com
demodb < demodbdump.sql
```

5. 다음과 같이 내용이 올바르게 복사됐는지 확인하라.

```
mysql -u monty -psome_pass -h demodb.cz4zwh6mj6on.us-east-1.rds.amazonaws.com
Welcome to the MariaDB monitor. Commands end with ; or \g.
Your MySQL connection id is 12
Server version: 5.7.19-log MySQL Community Server (GPL)

Copyright (c) 2000, 2018, Oracle, MariaDB Corporation Ab and others.

Type 'help;' or '\h' for help. Type '\c' to clear the current input statement.

MySQL [(none)]> use demodb;
Reading table information for completion of table and column names
You can turn off this feature to get a quicker startup with -A

Database changed
MySQL [demodb]> select * from visits;
+----+-------+---------+
| id | count | version |
+----+-------+---------+
| 1 | 5 | 5 |
+----+-------+---------+
1 row in set (0.00 sec)
```

덤프가 올바르게 됐으므로 /home/ec2-user/tomcat.sh의 접속 정보를 변경해야 한다.

```
sudo nano /home/ec2-user/tomcat.sh
```

파일에서 다음 문자열을 검색하라.

```
db_url=jdbc:mysql://localhost:3306/
```

이 줄을 다음 코드로 변경하라.

```
db_url=jdbc:mysql://demodb.cz4zwh6mj6on.us-east-1.rds.amazonaws.com:3306/
```

그 외 나머지는 그대로 유지하라.

```
pkill java
systemctl start tomcat
```

이제 애플리케이션의 재가동 결과를 확인할 수 있다.

끝으로, 다음 명령어로 로컬 데이터베이스를 쉽게 제거하라.

```
sudo yum remove mariadb-server
```

RDS 유형 선택하기

앞 예시에서 확인했듯이 MySQL 엔진이 있다면 다음과 같은 인스턴스 유형 중에서 선택해야 한다.

- MySQL 클래식MySQL Classic
- 오로라 MySQLAurora MySQL
- 새로운 유형의 서버리스 오로라 MySQLServerless Aurora MySQL(https://aws.amazon.com/rds/aurora/serverless/)

대부분의 경우 MySQL 클래식이 이상적이다. 그러나 관리할 데이타의 양이 많다면 오로라 MySQL이 이상적이다. 서버리스 옵션은 자주 사용하지 않거나 변화가 빈번하거나 부하를 예측하기 힘든 경우 선택하라.

백업

RDS 인스턴스의 백업을 활성화하고 윈도우 방식 백업을 선택하는 것은 중요하다. 백업은 다운타임 없이 실행돼야 하지만 성능에 영향을 줄 수 있는 것도 사실이므로 데이터베이스 쓰기 부하가 적을 때 진행하는 것이 중요하다. 아마존 RDS의 모범 사례에 관한 더 자세한 정보는 다음 URL을 참고하라. https://docs.aws.amazon.com/AmazonRDS/latest/UserGuide/CHAP_BestPractices.html

일 단위 백업을 설정하고 최대 35개의 스냅샷을 보관하도록 지정할 수 있다. 복구에 대해서는 35개의 스냅샷 중 하나를 선택하거나 특정 시점에 복구하는 신규 기능으로 35일 중에서 아무 시점이나 선택할 수 있다. 더 자세한 정보는 다음 URL을 참조하라. https://docs.aws.amazon.com/AmazonRDS/latest/UserGuide/USER_PIT.html

다중 AZ

https://aws.amazon.com/rds/details/multi-az/에 있는 다중 AZ 기능은 **마스터-슬레이브**master-slave 기술을 이용해 다른 **가용 영역**AZ, availability zone에 RDS 인스턴스의 두 번째 복사본을 저장하는 것이다. 마스터 인스턴스에(또는 마스터 인스턴스가 위치한 가용 영역에) 문제가 있다면, DNS가 자동으로 슬레이브 인스턴스로 이전된다. 이 기능을 사용하면

2개의 RDS 인스턴스가 항상 떠 있게 된다. 더불어 비용도 두 배가 된다. 이런 이유로 이 옵션은 상용에서만 이용하는 것이 좋다.

다음 다이어그램에서 다중 AZ 아키텍처를 확인할 수 있다.

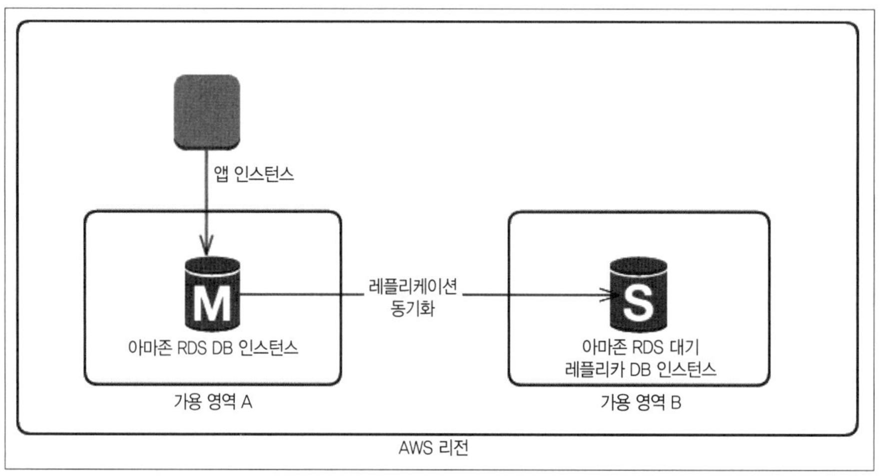

ElastiCache

RDS 인스턴스의 부하를 경감하기 위해 데이터베이스에 캐시를 추가하는 것을 고려할 수 있다. 이는 인프라에 또 다른 리소스를 도입하는 것이고, RDS 단독 대신 캐시를 사용하도록 소프트웨어 코드의 변경 또한 필요하다. 저장해야 할 데이터의 유형에 따라 AWS ElastiCache 서비스는 https://aws.amazon.com/elasticache를 보면 사용 가능한 두 가지 유형인 **레디스**Redis와 **맴캐시디**Memcached를 제공한다.

일래스틱 로드 밸런서(ELB)

이 절에서 다음 다이어그램과 같이 아파치를 ELB로 대치하고 SSL 인증서도 추가할 것이다.

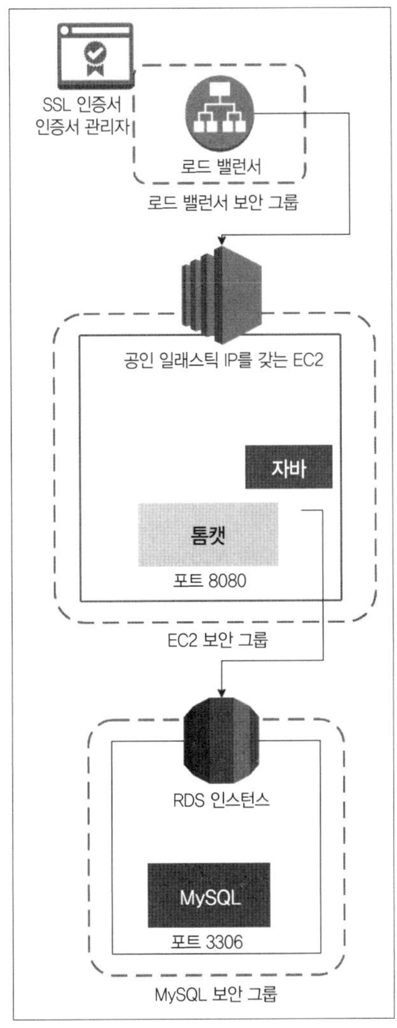

앞 절의 RDS에서 했던 것과 같이 EC2에 설치한 소프트웨어를 관리형 서비스로 대체하는 것이 좋다.

다음 기능을 활용할 수 있다.

- 다중 AZ에 대한 전개 및 가용성 제공
- 아파치 구성 파일 대신 프록시를 관리하는 웹 인터페이스

- 소프트웨어 업그레이드를 수행할 필요가 없는 완전한 관리형 서비스
- 요청을 처리하는 확장성(일부 시나리오에서는 프리워밍이 필요하다.)
- S3 버킷에 로그를 저장하기가 용이함

반면에 ELB를 이용하면 AWS 방식을 따라야 하며 원하는 대로 커스터마이징할 수 없다. 아파치는 웹 서버 계의 스위스 나이프다(아파치는 많은 다양한 종류의 동작과 작업을 수행할 수 있는 모듈을 제공한다). ELB를 사용하면 HTTP에서 HTTPS로 전환해주는 것 같은 일부 유용한 기능은 포기해야 할 수도 있다.

적합한 ELB 선택하기

https://aws.amazon.com/elasticloadbalancing에 문서화된 대로 두 가지 버전과 세 가지 유형의 ELB를 사용할 수 있다.

- 버전 1, **클래식 로드 밸런서**CLB, Classic Load Balancer
- 버전 2, **애플리케이션 로드 밸런서**ALB, Application Load Balancer와 **네트워크 로드 밸런서**NLB, Network Load Balancer

각 제품은 다음과 같이 설명할 수 있다.

- CLB는 초기 버전의 일래스틱 로드 밸런서로 2009년 봄에 출시됐다. 더 자세한 정보는 다음 URL을 참고하라. https://aws.amazon.com/blogs/aws/new-aws-load-balancing-automatic-scaling-and-cloud-monitoring-services/. 가장 유명한 로드 밸런서이나 기능이 가장 적은 로드 밸런서이기도 하다.
- ALB는 2016년 여름부터 사용 가능했다. ALB에 대한 더 자세한 정보는 다음 URL을 참고하라. https://aws.amazon.com/blogs/aws/new-aws-application-load-balancer/. 이 로드 밸런서는 CLB를 확장해 많은 기능을 제공한다.

- NLB는 2017년 9월에 출시됐다. 더 자세한 정보는 다음 URL을 참고하라. https://aws.amazon.com/blogs/aws/new-network-load-balancer-effortless-scaling-to-millions-of-requests-per-second/. 이 로드 밸런서는 ALB의 보완제로 네트워크 영역에 더 중점을 두었다.

이 세 제품 각각의 모든 기능을 비교해보고 싶다면 다음 URL을 참고하라. https://aws.amazon.com/elasticloadbalancing/details/#compare. 차이점을 요약해보면 다음과 같다.

- EC2 클래식 네트워크를 사용하면 CLB를 더 이상 사용할 수 없다. 이런 경우는 가능하면 빨리 VPC 네트워크 유형으로의 이전을 고려해야 한다. 또한 CLB에 친숙해질 필요가 있다. 왜냐하면 AWS 클라우드 환경에서 가장 유명한 제품이기 때문이다.
- HTTP/HTTPS 접속을 관리한다면(대부분의 웹 애플리케이션에 해당한다) 반드시 ALB를 사용해야 한다.
- TCP 접속을 관리해야 하거나 로드 밸런서의 공인 IP를 대신 제어해야 한다면 NLB가 적합한 선택이다. 이 유형의 밸런서에서는 SSL 기능을 사용할 수 없음을 명심하라.[1]

여기서 배포할 적합한 밸런서는 ALB다. 그 이유는 HTTP/S 프로토콜을 이용하는 웹 애플리케이션을 사용하기 때문이고 SSL 인증서를 이용할 것이기 때문이다.

밸런서 배포하기

앞에서 확인한 대로 다음 단계에 따라 밸런서를 애플리케이션에 추가해보자.

1. 로드 밸런서에서 EC2 머신의 8080으로 접근을 허용하도록 보안 그룹을 구성하

1 현재 버전은 SSL/TLS를 지원함 – 옮긴이

라. ALB ===〉 8080(애플리케이션 로드 밸런서에서 EC2 머신으로의 연결을 나타낸다). 간단히 하고자 전체 VPC CIDR[Classless Inter-Domain Routing]에 대한 접근 권한을 부여하자.

2. ALB를 생성하고 EC2 머신을 연결한 후 머신이 서비스 중인지 확인하라.
3. 이제 DNS 레코드를 EC2 머신의 공인 IP를 DNS 밸런서의 별칭으로 변경하라.
4. 머신에서 아파치 소프트웨어를 제거하라(더 이상 필요치 않다).

모든 환경에서 다른 AZ에 속한 여러 서브넷에 밸런서를 배포하는 것이 좋다. 각 영역은 데이터 센터와 같다. 문제는 항상 데이터 센터에서 발생한다. 다중 영역에 배포해도 다중 AZ을 사용하면 비용이 두 배가 되는 RDS와 달리 비용이 올라가지는 않는다.

5장 '연속 통합과 연속 배포 추가하기'에서 ALB를 생성하는 데 테라폼을 사용했다. 여기서는 각 단계의 세부사항을 이해할 수 있도록 이 작업을 웹 콘솔로 수행할 것이다.

1단계 포트 8080에 대한 접근을 전체 VPC CIDR에 개방

다음과 같이 포트 8080 접근을 전체 VPC CIDR에 개방하라.

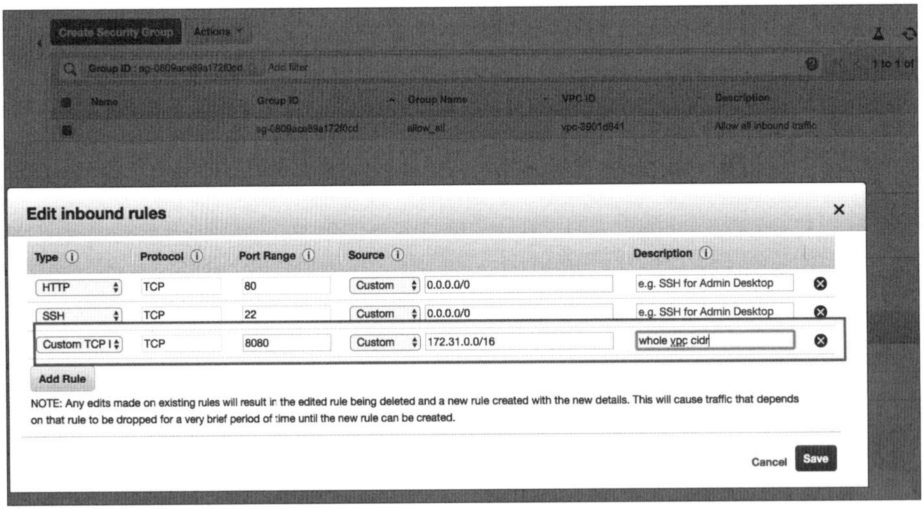

2단계: ALB를 생성하고 EC2 머신을 연결

다음과 같이 ALB를 생성하고 EC2 머신을 연결하라.

다음 스크린샷과 같이 Load Balancers로드 밸런서 ➤ Create Load Balancer로드 밸런서 생성로 가서 애플리케이션 로드 밸런서를 선택하고 Application Load Balancer애플리케이션 로드 밸런서 섹션에 있는 Create생성 버튼을 클릭하라.

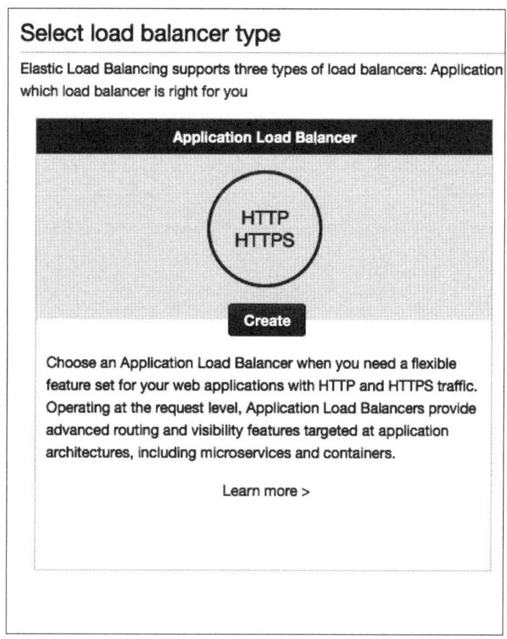

Scheme스키마 섹션에서 internet-facing 옵션을 선택하라. 이것은 외부에서 로드 밸런서로 접속이 가능해야 하기 때문에 중요하고, 적어도 2개의 각기 다른 AZ 서브넷을 사용해야 한다.

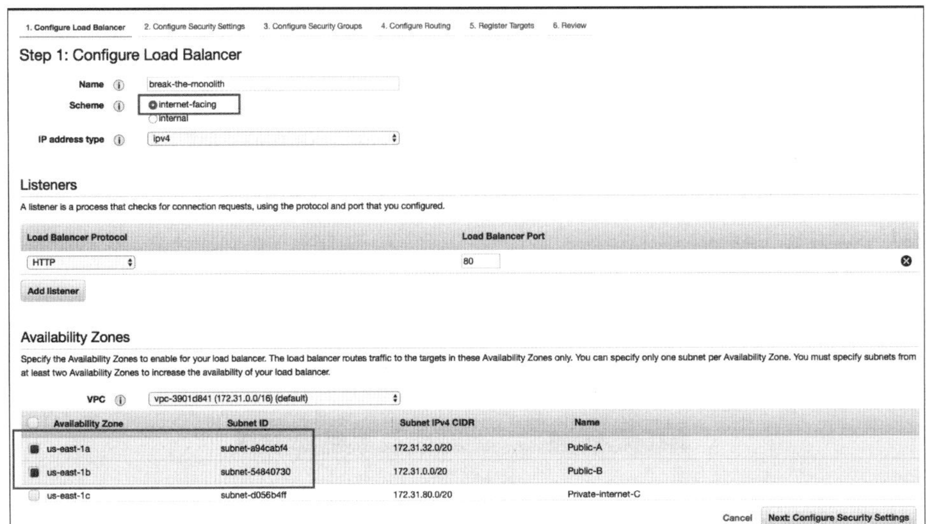

다음 메시지는 무시하라.

```
Improve your load balancer's security. Your load balancer is not using any secure listener.
(당신의 로드 밸런서 보안을 향상시켜라. 당신의 로드 밸런서는 어떠한 보안 리스너도 사용하고 있지 않다.)
```

다음으로 보안 리스너를 추가하자.

로드 밸런서의 Create a new security group[신규 보안 그룹 생성] 라디오 버튼을 클릭하고 HTTP에 대한 80번 포트를 개방하라.

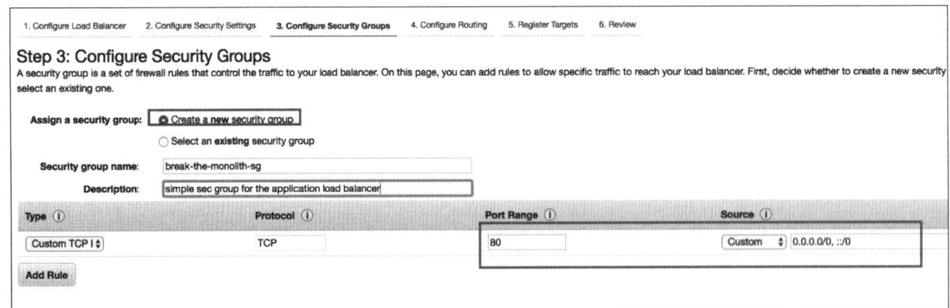

이제 신규 대상 그룹을 생성하라. 웹 요청이 이 그룹으로 EC2 인스턴스에 교대해 도달한다. 8080번 포트는 EC2 머신의 톰캣 소프트웨어의 포트다.

테스트 애플리케이션은 /visits라는 하나의 URL만 갖고 있으므로 이를 입력해야 한다. 헬스 체크가 실행될 때마다 DB 카운터를 증가시키게 된다. 실제 환경에서는 아래 예시와 달리 DB에 쓰는 것 대신 읽고 제어하는 헬스 체크 URL이 필요하다. 여기서는 그대로 구성하자.

1. Configure Load Balancer　2. Configure Security Settings　3. Configure Security Groups　**4. Configure Routing**

Step 4: Configure Routing

Your load balancer routes requests to the targets in this target group using the protocol and port that you specify group can be associated with only one load balancer.

Target group

Target group: New target group
Name: break-the-monolith
Protocol: HTTP
Port: 8080
Target type: instance

Health checks

Protocol: HTTP
Path: /visits

▸ Advanced health check settings

다음 스크린샷과 같이 EC2 인스턴스를 선택하고 Add to registered[등록된 항목에 추가] 버튼을 클릭하라.

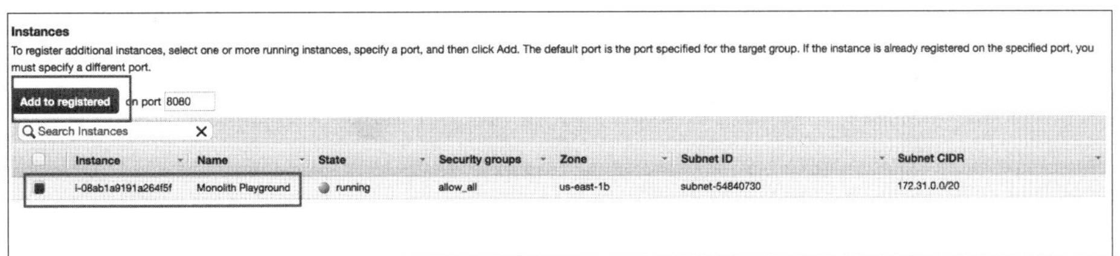

이 인스턴스는 Registered targets[등록된 대상] 목록에 추가된다.

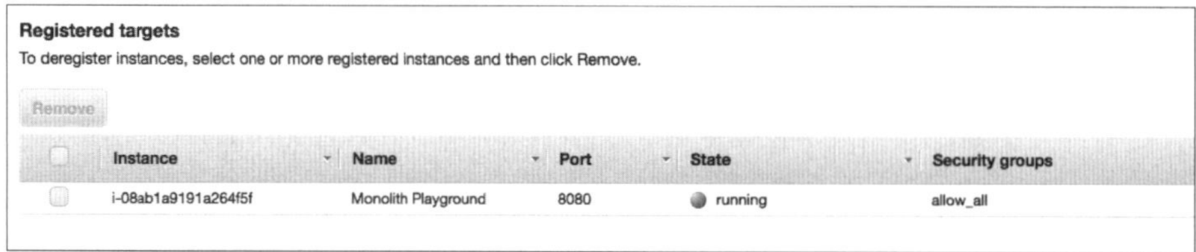

이제 Targets[대상] 탭에 방금 생성된 대상 그룹을 확인하면 인스턴스와 Status[상태] 열을 확인할 수 있다. 30초 안에 상태가 healthy가 되지 않는다면 구성에 오류가 있는 것이다.

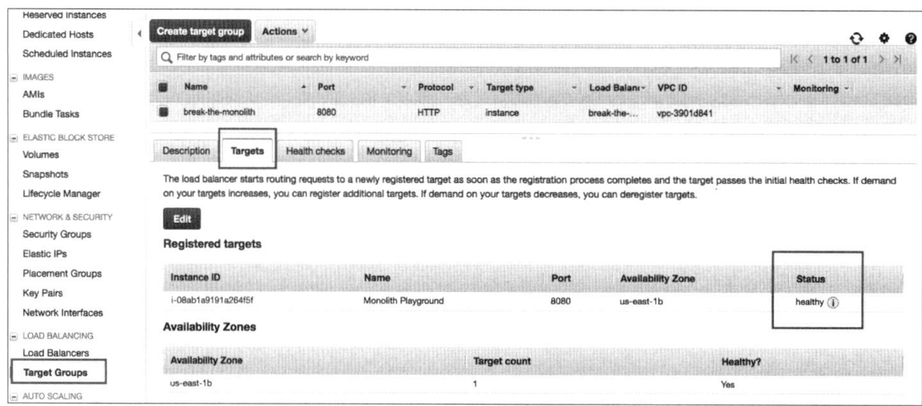

이제 로드 밸런서의 URL을 확인할 수 있다. http://break-the-monolith-939654549.us-east-1.elb.amazonaws.com/visits

여러분의 URL은 위 URL과 다를 것이다. 그러나 여기서는 어떻게 동작하는지 이해하는 것이 중요하다.

3단계: ELB에 대한 별칭 생성하기

다음 스크린샷과 같이 신규 라우트 53 존으로 가서 A 레코드를 생성하기 전에 CNAME 별칭으로 변경하라.

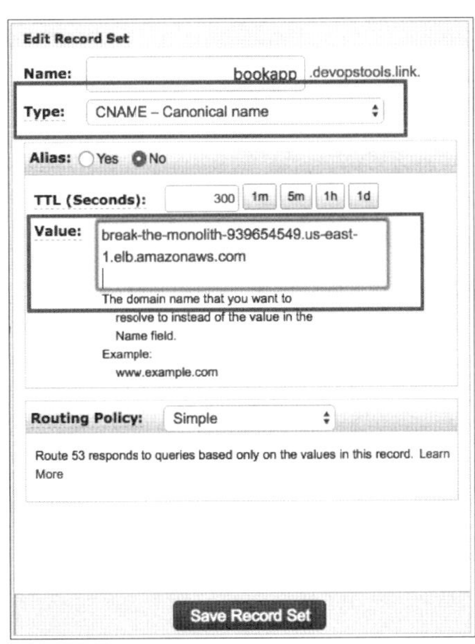

300초 안에 변경 내용을 확인할 수 있고 DNS는 신규 도메인을 반환할 것이다.

4단계: 머신에서 아파치 소프트웨어 제거하기

이제 EC2 머신에 있는 아파치 소프트웨어는 더 이상 필요하지 않다. 이를 제거하려면 다음 명령어를 실행하라.

```
sudo yum remove httpd
```

80 포트 접근을 제거해 EC2의 보안 그룹을 정리하는 것도 좋다.

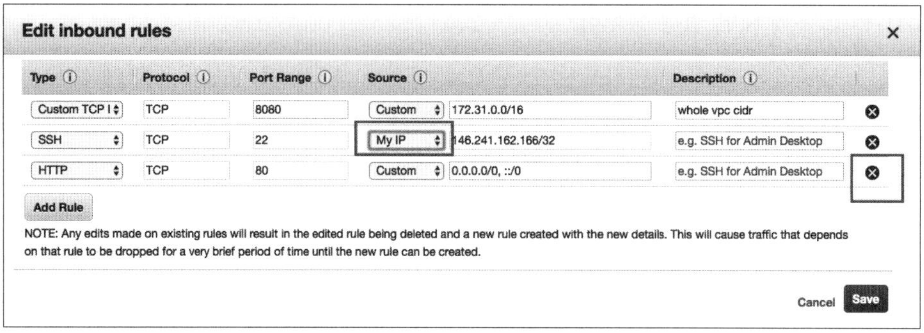

Edit inbound rules ×

Type	Protocol	Port Range	Source		Description
Custom TCP I	TCP	8080	Custom	172.31.0.0/16	whole vpc cidr
SSH	TCP	22	My IP	146.241.162.166/32	e.g. SSH for Admin Desktop
HTTP	TCP	80	Custom	0.0.0.0/0, ::/0	e.g. SSH for Admin Desktop

Add Rule

NOTE: Any edits made on existing rules will result in the edited rule being deleted and a new rule created with the new details. This will cause traffic that depends on that rule to be dropped for a very brief period of time until the new rule can be created.

Cancel Save

My IP 소스 옵션을 이용해 자신의 IP에 대해 SSH를 열어둔 채로 저장하라.

SSL 인증서 구성하기

example.devopstools.link와 같은 단일 DNS 레코드 또는 각 서브 도메인에 유효한 *.devopstools.link와 같은 일반적인 레코드에 유효한 단일 인증서를 구성할 수 있다. 내 조언은 신규 리소스를 추가할 때마다 인증서 절차를 반복할 필요가 없게 *를 사용하라는 것이다.

인증서 관리자는 개인 권한을 사용하지 않는다면 SSL 인증서를 무료로 획득할 수 있게 해준다. SSL 인증서를 생성하려면 다음 절차를 따르라.

AWS 인증서 관리자[AWS Certificate Manager] 서비스로 가서 다음 스크린샷과 같이 Provision certificates[인증서 프로비전]를 클릭하라.

다음 스크린샷과 같이 Request a public certificate[공인 인증서 요청] 옵션을 선택하라.

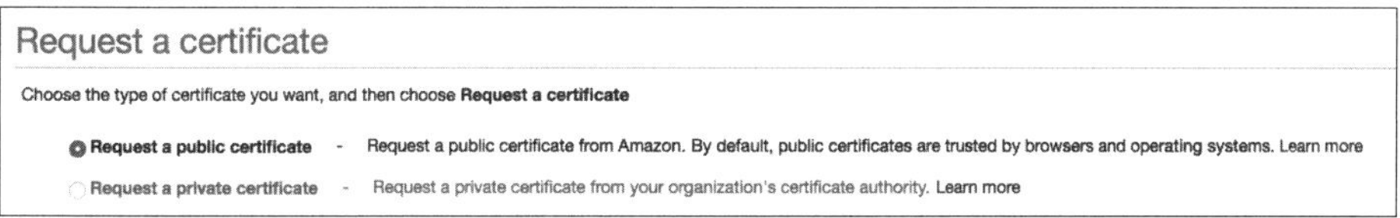

이제 도메인명을 입력하라. 내 경우 이 값은 도메인명과 *를 가진 도메인명을 포함한다.

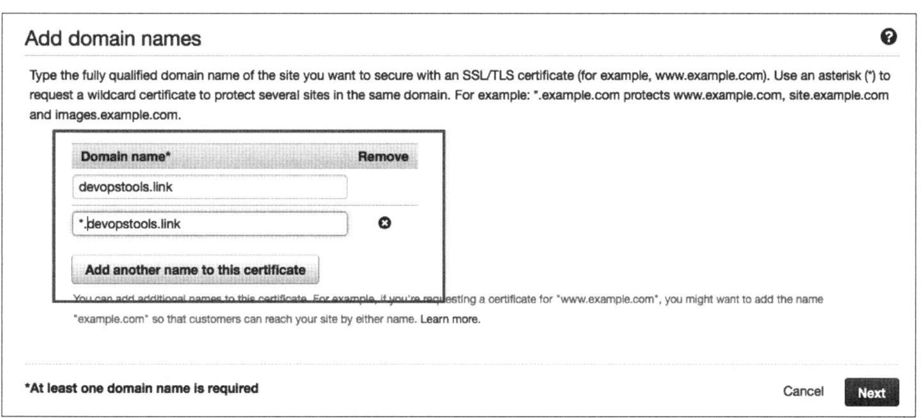

나는 DNS validation[DNS 검증] 옵션을 사용하기로 했다. 그러나 Email validation[이메일 검증] 옵션도 괜찮다. 이런 경우 도메인을 등록하려면 이메일 주소가 있어야 한다.

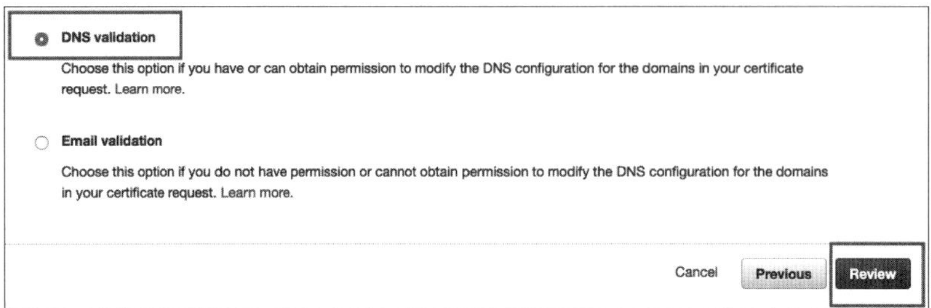

위저드는 처음에 입력했던 각 도메인에 하나의 DNS 레코드를 작성하라는 메시지를 표시한다. 여기서는 두 도메인을 표시한다(*.devopstools.link와 devopstools.link). 다음 스크린샷과 같이 위저드를 따라 Create record in Route 53[라우드 53에 레코드 생성] 버튼을 클릭해 만들 수 있다.

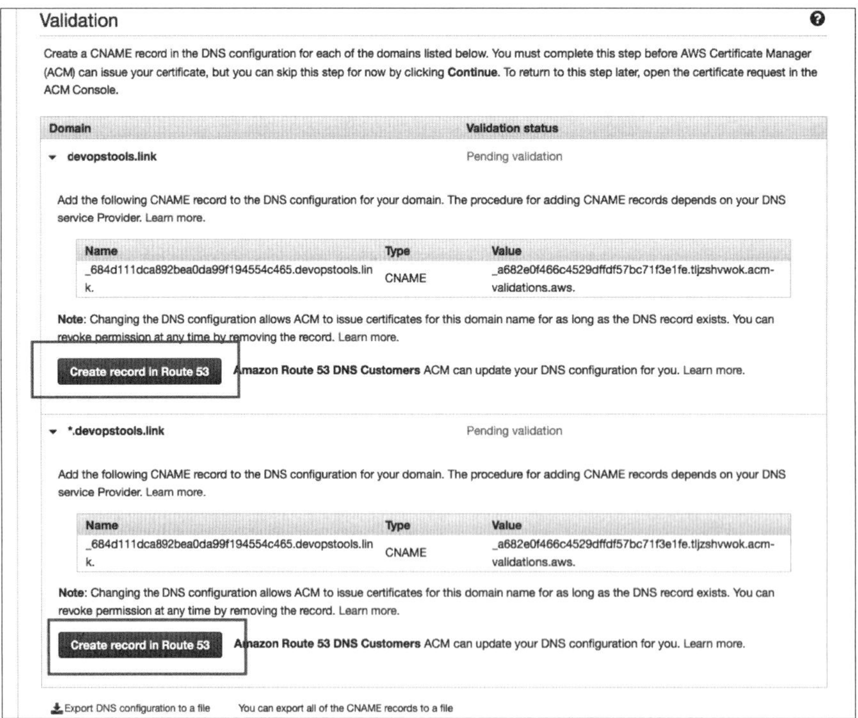

두 DNS 레코드에 대한 Create[생성] 버튼을 클릭하라. 이제 다음과 같이 레코드가 생성됐다.

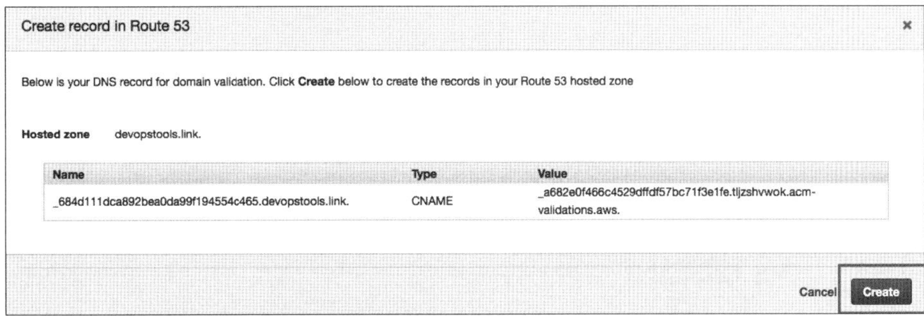

1분 안에 신규 SSL 인증서의 상태가 Issued로 표시되고 사용 가능하다고 표시된다.

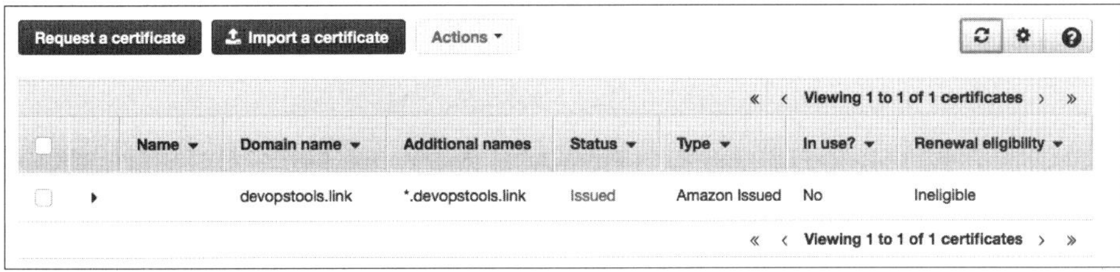

이전에 SSL 인증서를 발급받아본 적이 있다면 원래 절차에 비해 이 절차가 얼마나 간단하고 쉬운지 알 수 있을 것이다. 이제 밸런서에 신규 인증서를 추가한 SSL 리스너를 사용할 수 있다.

먼저 다음 스크린샷과 같이 ALB의 보안 그룹에서 443 포트를 신규로 추가해야 한다.

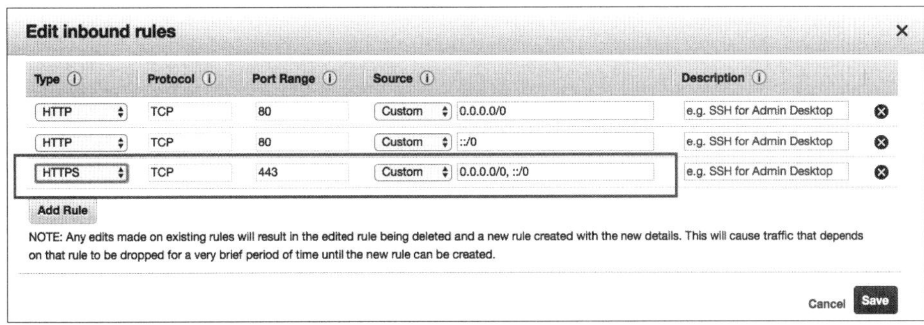

로드 밸런서로 가서 Listeners^{리스너} 탭을 클릭한 후 다음과 같이 Add listener^{리스너 추가} 버튼을 클릭하라.

- HTTPS 프로토콜과 기본 포트 443을 선택하라.
- 규칙은 생성 시 이미 정의되어 있는 대상으로 전달하기다.
- 끝으로, 다음 스크린샷과 같이 From ACM (recommended) 드롭다운을 선택하고 앞에서 생성한 인증서를 선택하라.

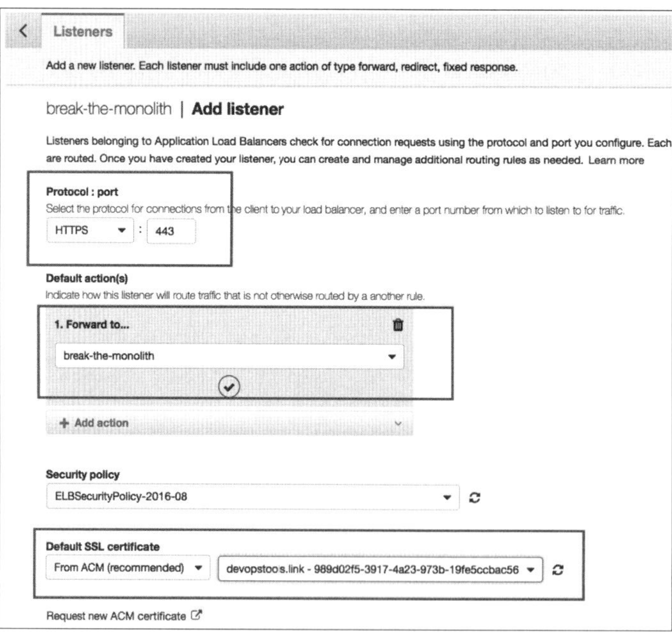

이제 다음 스크린샷과 같이 애플리케이션의 보안 인증서를 볼 수 있다.

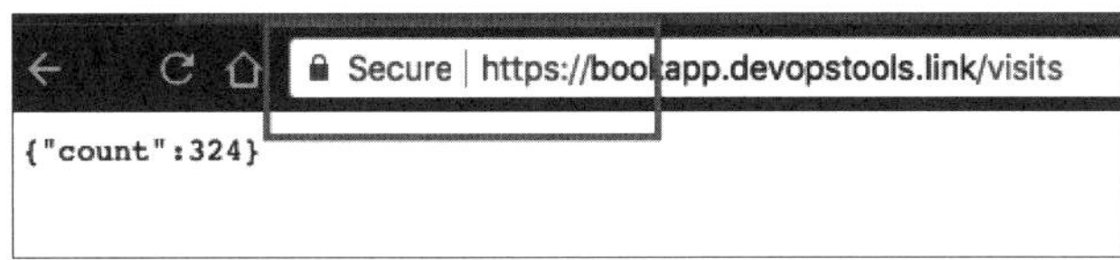

ALB와 Auth0 통합

사용자가 로드 밸런서에서 제공하는 컨텐츠에 접근하기 전에 인증받도록 하기를 원한다면 https://auth0.com/에서 제공하는 Auth0 서비스를 ALB와 통합하면 된다. 이는 클라우드 서비스로 여러 다른 종류의 인증으로 사용자를 관리하도록 설계되어 있다. 사용자의 홈페이지에 있는 내용의 사용을 허가받도록 웹, 모바일 및 구형 애플리케이션의 범용 인증 및 권한 부여를 제공하는 플랫폼이다.

이 흥미로운 구성 기능을 시도해보고 싶다면 다음 URL에 있는 지침을 따르라. https://medium.com/@sandrinodm/securing-your-applications-with-aws-alb-built-in-authentication-and-auth0-310ad84c8595

로드 밸런서 프리워밍

CLB의 잘 알려진 문제점은 트래픽 폭증을 관리하려면 프리워밍pre-warming을 해야 한다는 점이다. 왜냐하면 설명서에서 읽을 수 있듯이 밸런서 시스템 규모가 확장되기 때문이다. 5분마다 50% 이내의 비율로 부하 늘리기를 권고한다.

이 주제에 대한 공식적인 발표는 https://aws.amazon.com/articles/best-practices-in-evaluating-elastic-load-balancing/#pre-warming에서 확인할 수 있는데, 내용은 다음과 같다.

> "아마존 ELB는 '프리워밍'(로드 밸런서를 예상되는 트래픽에 기반해 적절한 수준의 규모를 갖도록 구성하는 것) 없이도 고객의 수많은 사용 사례를 다룰 수 있다. 순식간의 대량 트래픽이 예상되는 어떤 시나리오 또는 점진적으로 트래픽이 증가하도록 구성하지 않은 부하 테스트의 경우 https://aws.amazon.com/contact-us/에 접속해 로드 밸런서의 '프리워밍'을 신청하기를 권고한다. 그러면 예상되는 규모의 트래픽에 기반해 적절한 수준의 용량을 갖는 로드 밸런서를 구성할 것이다. 테스트의 시작 및 종료 일자 또는 예상되는 급격한 트래픽양, 초당 예상 요청 비율 및 테스트할 일반적인 요청/응답의 전체 크기를 알아야 한다."

ALB와 NLB의 차이는 다음과 같다.

- NLB는 고객의 노력 없이도 매우 낮은 응답 시간으로 높은 처리량을 유지하면서도 초당 수억의 요청을 처리하도록 설계되어 있다. 결과적으로 프리워밍이 필요 없다.
- 반면에 ALB는 CLB와 동일한 규칙을 따른다.
- 요약하면 NLB는 프리워밍이 필요 없지만 CLB와 ALB는 여전히 필요하다.

액세스/오류 로그

ELB의 액세스/오류 로그를 S3 버킷에 저장하도록 구성하는 것이 모범 사례다.

- **CLB**: https://docs.aws.amazon.com/elasticloadbalancing/latest/classic/enable-access-logs.html
- **ALB**: https://docs.aws.amazon.com/elasticloadbalancing/latest/application/load-balancer-access-logs.html
- **NLB**: 이런 류의 로그를 제공하지 않는다. 왜냐하면 네트워크 수준의 TCP/IP에서 동작하기 때문이다.

다음 단계

SSL을 구성한 다중 AZ 기반 로드 밸런서뿐만 아니라 확장 가능한 시스템을 확보했고 RDS는 다중 AZ 배포가 가능하다. 그러나 EC2 머신은 여전히 단일 AZ에 존재하므로 자동으로 확장이 되지 않는, 결과적으로 단일 지점 오류다. EC2의 오토스케일링Auto Scaling 기능을 구성해야 한다. 그러나 가장 먼저 머신 내에 여전히 있는 상태 정보를 머신 바깥으로 이전해야 한다.

EC2 머신 바깥으로 상태 정보 이전하기

디스크에 저장하는 상태 정보와 관련된 뭔가가 애플리케이션에 있다면 오토스케일링을 적용하기 전에 제거해야 한다. EC2 머신에 파일로 저장했던 것은 반드시 제거해야 하고 서비스로 관리돼야 한다. 다음과 같이 두 가지 옵션이 있다.

- **AWS 일래스틱 파일 시스템**(https://aws.amazon.com/efs/): 몇 단어로 요약하면 EC2에 마운트되는 가상화된 네트워크 파일 시스템으로 무제한의 공간을 제공하고 파일이 사용한 공간만큼만 비용을 지불하면 된다.
- **AWS S3**(https://aws.amazon.com/s3/): AWS에서 최초로 상용화한 서비스이고 99.999999999%의 내구성을 제공하도록 설계된 오브젝트 스토리지다.

일반적으로 선호하는 솔루션은 S3일 것이다. 그러나 이를 사용하려면 애플리케이션 소프트웨어의 변경이 필요하므로 항상 적용 가능한 것은 아니다. 결과적으로 어떤 경우에는 EFS를 활용하는 대안이 필요할 수도 있다.

이 세상에는 S3와 관련된 수많은 소프트웨어와 플러그인이 존재한다. 예를 들어, 워드프레스WordPress는 사용자가 업로드한 파일의 기본 저장은 디스크이지만 추가 플러그인으로 AWS S3에 저장할 수 있고 이런 방식으로 EC2 머신에서 상태 정보를 제거할 수 있다.

로그 내보내기

이제 인스턴스는 제거할 수 있으므로 언제든지 교체하거나 종료할 수 있다. 애플리케이션 지정 로그가 필요하다면 로그를 S3 또는 클라우드 와치로 내보내는 프로그램을 사용해야 한다.

오토스케일링 그룹 구성하기

아래에 보이는 Launch Configurations[시작 구성]와 Auto Scaling Groups[오토스케일링 그룹]의 목적은 확장성과 안정성을 보장하는 것이다.

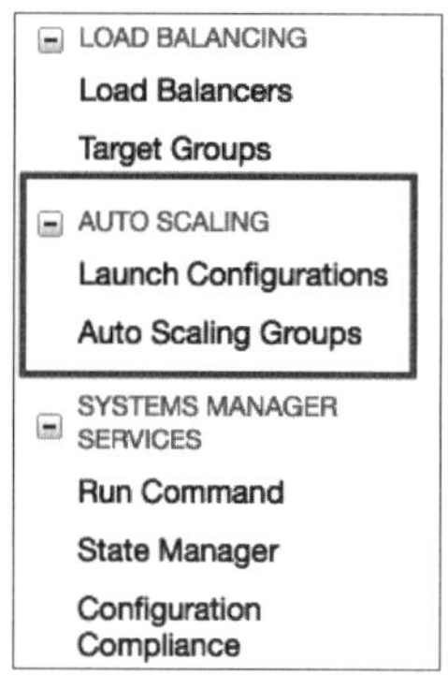

확장성과 안정성은 다음과 같이 기술할 수 있다.

- **확장성**: CPU당 요청이 증가하면 시스템의 규모를 확장하고 인스턴스를 추가해야 한다. 동일한 방식으로 트래픽이 줄면 불필요한 리소스를 줄여야 한다.
- **안정성**: 어떤 이유로 하나의 인스턴스가 죽으면 오토스케일링 시스템이 자동으로 새것으로 교체한다.

이미지를 생성해 인스턴스를 빠르게 시작해야 한다. 이 장의 앞에 있는 모놀리식 구성과 같이 `user_data` 옵션을 이용해 시작 시 소프트웨어 프로그램을 설치할 수도 있으나 이는 신규 인스턴스가 시작될 때 추가적인 시간이 필요하다.

확장이 필요할 때 수요 증가를 충족시켜야 하므로 가능한 한 빨리 이 작업을 수행해야 한다. 이런 이유로 모든 소프트웨어와 구성 정보 파일이 설치된 이미지를 생성하고 실제 실행 시 user_data에서 런타임에 전달할 매개변수 또는 구성 파일을 추가하는 것이 좋다.

오토스케일링으로 이전하기

이제 애플리케이션은 오토스케일링할 준비가 됐다. EC2에서 상태가 제거됐고 RDS 데이터베이스에만 존재한다. 밸런서에서 연결 여부를 테스트했고 데이터베이스와 통신이 되는지 확인했다. 다음은 생성할 것들이다.

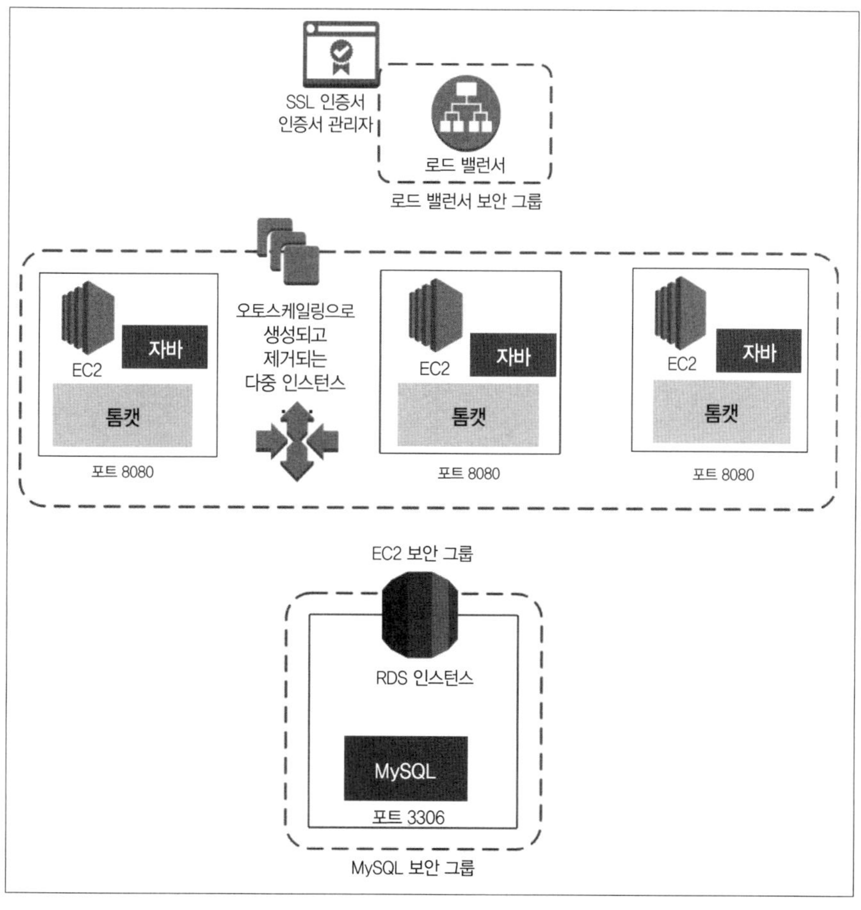

이미지 준비하기

시작 구성에 매개변수를 전달하는 AMI가 필요하다. 좋은 AMI를 얻으려면 먼저 머신을 중지시키는 것이 좋다. 머신이 중지되면 AMI를 생성하라. 다음 스크린샷과 같이 Image이미지 섹션에서 우클릭을 한 후 Create Image이미지 생성 옵션을 클릭하라.

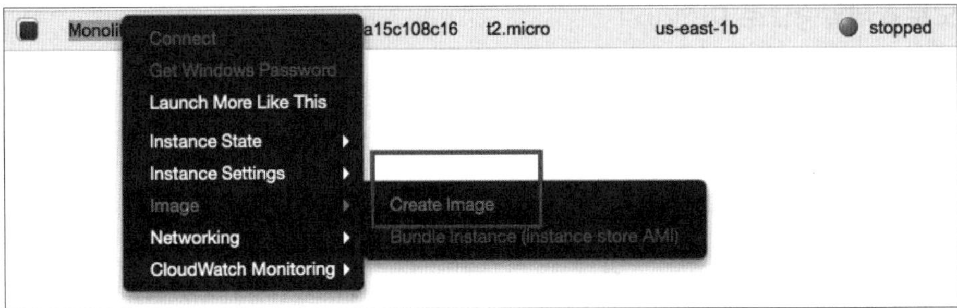

Create Image 버튼을 클릭하기 전에 의미 있는 이름과 설명을 정하라.

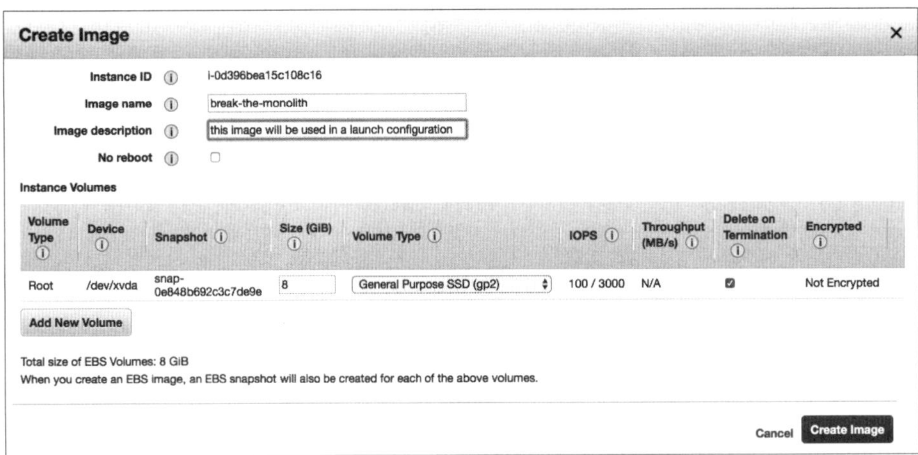

디스크 크기에 따라 몇 분 후에 이미지가 생성된다. 8GB 디스크를 갖는 이 예시에서는 기다리는 시간이 짧을 것이다.

위저드 기반 시작 구성 이용하기

오토스케일링 프로세스를 수행하려면 다음 두 가지 오브젝트가 필요하다.

- 시작 구성
- 오토스케일링 그룹

Auto Scaling Groups[오토스케일링 그룹] 옵션을 클릭하면 필요한 리소스를 생성하는 자동 위저드가 시작된다.

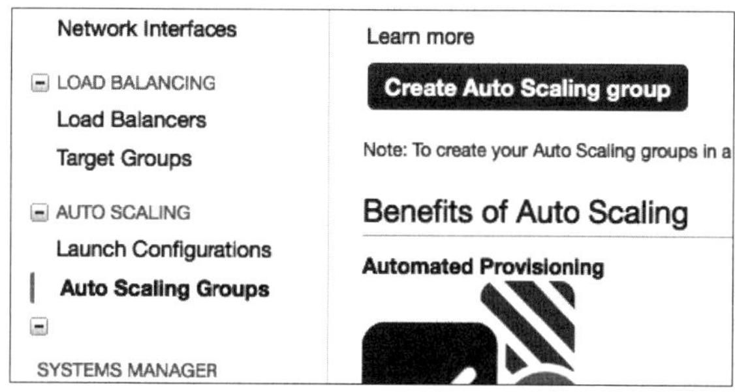

시작 구성이 첫 번째 단계다. 여기서 다음과 같이 My AMIs 옵션을 선택하고 이전 단계에서 생성했던 이미지를 조회하라.

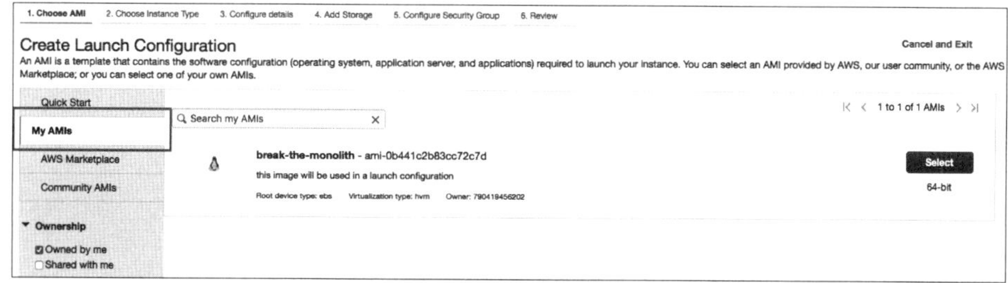

이제 이름을 선택하라. 이 단계에서는 아무것도 수정하지 마라.

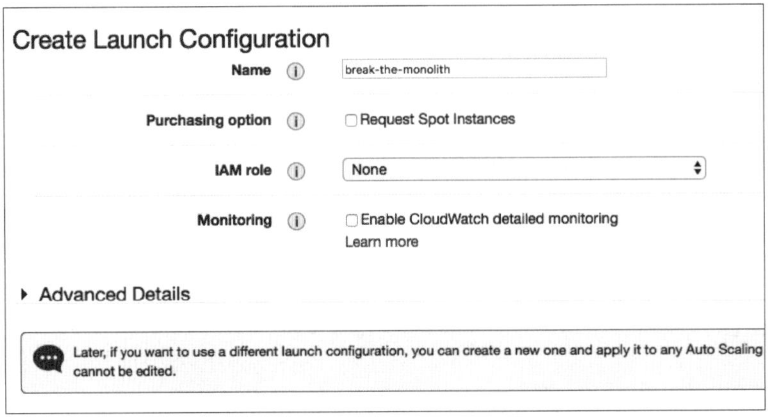

Create Launch Configuration

Name break-the-monolith

Purchasing option Request Spot Instances

IAM role None

Monitoring Enable CloudWatch detailed monitoring
Learn more

▸ Advanced Details

Later, if you want to use a different launch configuration, you can create a new one and apply it to any Auto Scaling
cannot be edited.

오토스케일링 그룹 부분

이때 위저드는 구성 절차 시작 시 오토스케일링 그룹 부분의 세부 정보를 제공하라고 요청한다. 모든 것이 제대로 동작하는지 확인하려면 단일 인스턴스로 시작하는 것이 좋다.

오토스케일링에서 지정한 VPC와 서브넷은 이전 예시에서 사용하던 것과 동일할 수 있다. 그러나 명심할 것은 ALB에 대해서는 반드시 공용 서브넷을 선택해야 한다. 반면에 EC2에 대해서는 사설 또는 공용 서브넷을 선택할 수 있다. 5장 '연속 통합과 연속 배포 추가하기'에서는 보안에 중점을 뒀고 EC2를 사설 서브넷에 두는 것이 왜 유익한지 설명했다.

그러나 여기서는 아무 서브넷이나 선택해도 관계없다. 해야 할 일은 다른 AZ에서 2개 이상의 서브넷을 선택하는 것이다.

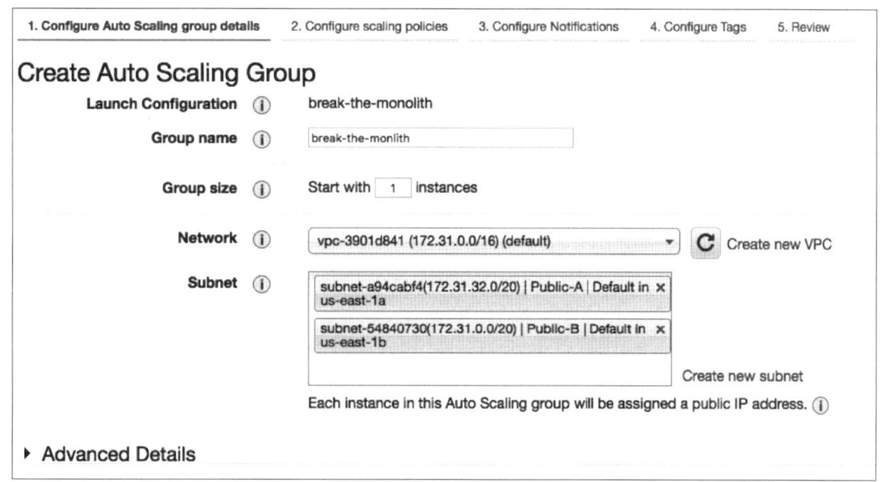

보안 그룹은 우선 EC2 머신에 할당된 것을 선택하라(신규로 생성하지 마라).

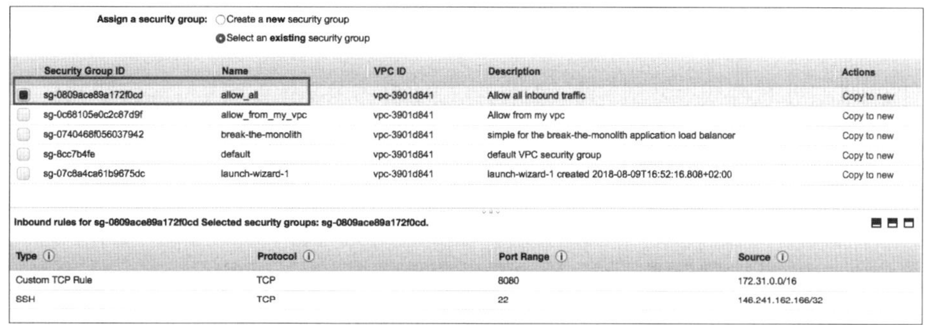

일반 EC2에 소유한 키 페어를 사용하라. 이론적으로는 오토스케일링으로 생성된 머신에는 로그인할 필요가 없다. 오류가 발생하거나 무엇인가를 디버깅해야 할 때만 키를 이용해 로그인하면 된다.

Select an existing key pair or create a new key pair ×

A key pair consists of a **public key** that AWS stores, and a **private key file** that you store. Together, they allow you to connect to your instance securely. For Windows AMIs, the private key file is required to obtain the password used to log into your instance. For Linux AMIs, the private key file allows you to securely SSH into your instance.

Note: The selected key pair will be added to the set of keys authorized for this instance. Learn more about removing existing key pairs from a public AMI.

Choose an existing key pair

Select a key pair

effectivedeops

☑ I acknowledge that I have access to the selected private key file (effectivedeops.pem), and that without this file, I won't be able to log into my instance.

Cancel | Create launch configuration

스케일링 정책

이 부분은 위저드의 중요한 부분이다. 그러나 약간 더 어려운 단계다. 스케일링 정책은 확장(오토스케일링 그룹에 인스턴스 추가) 및 축소(그룹에서 인스턴스 제거) 여부 조건을 결정한다. 이에 관한 많은 방법이 있는데, 여기서는 CPU의 % 사용률을 이용하는 가장 쉬운 방법을 선택했다.

- CPU 사용률이 5분 이상 70% 미만인 경우, 1 인스턴스 추가
- CPU 사용률이 5분 이상 40% 미만인 경우, 1 인스턴스 제거

물론 선택할 측정 지표와 값은 애플리케이션에 따라 다르지만 이 예제에서는 이대로 진행하자.

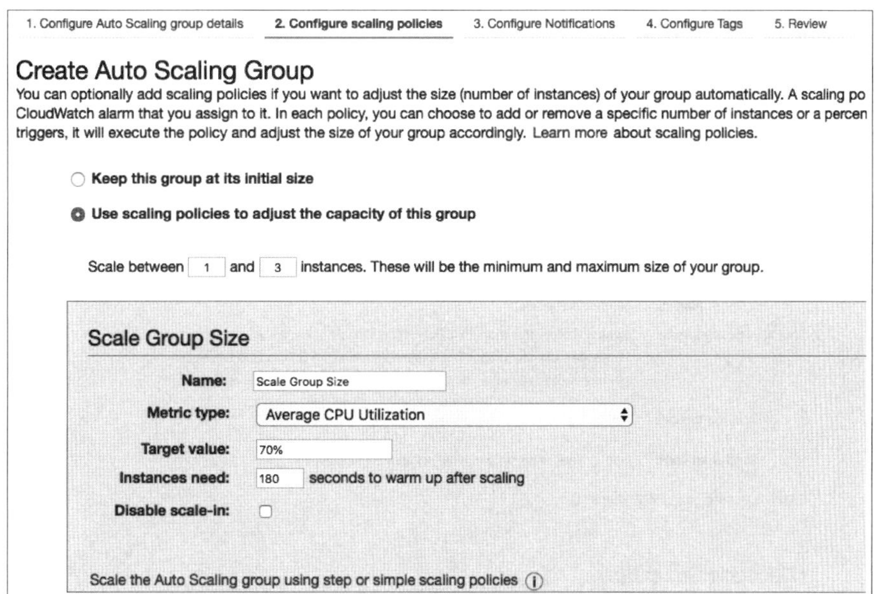

오토스케일링 그룹에 연결하려면 2개의 알람(각 규칙마다 하나씩)을 생성해야 한다.

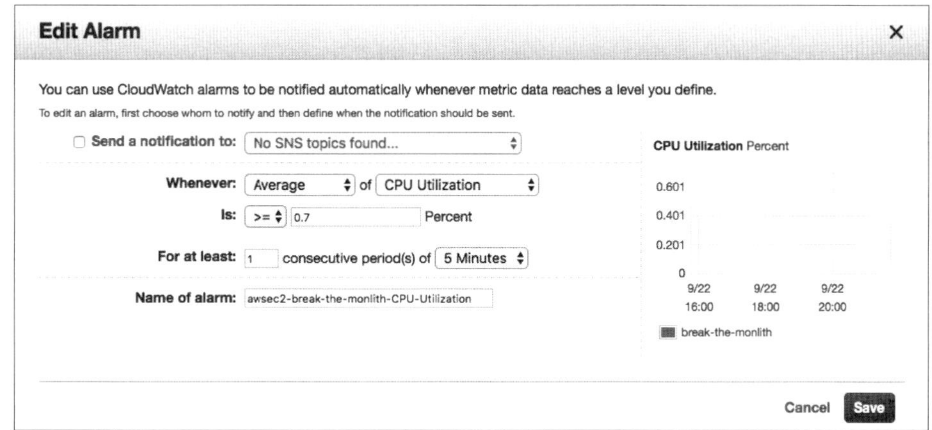

다음은 최종 결과다.

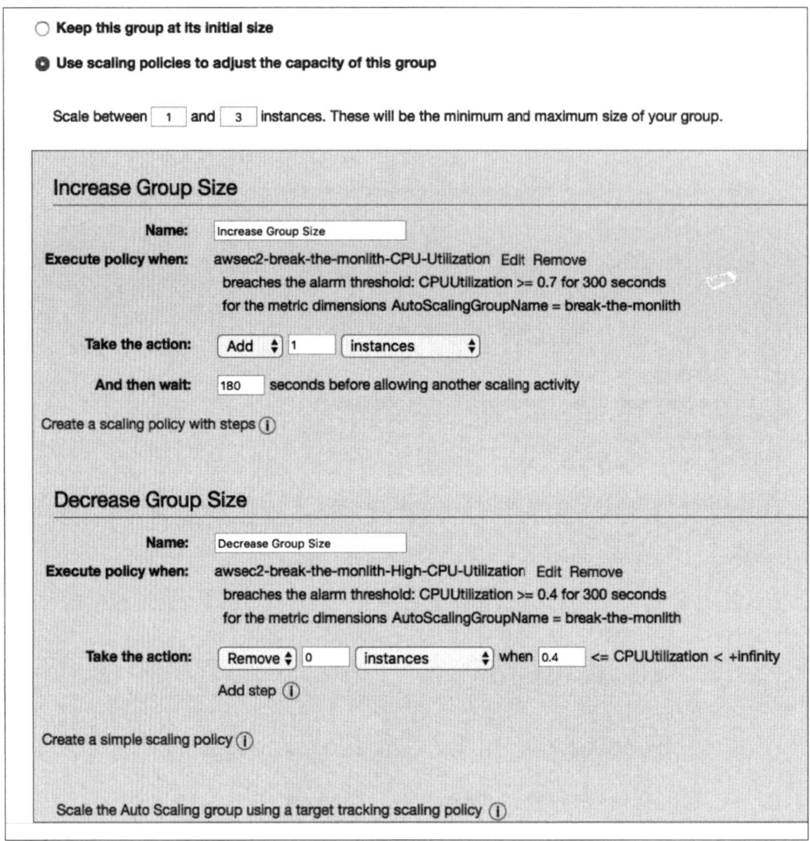

다음 단계에서 오토스케일링 그룹에서 생성한 인스턴스의 식별을 좀 더 쉽게 할 수 있도록 최소한의 태그를 추가하라.

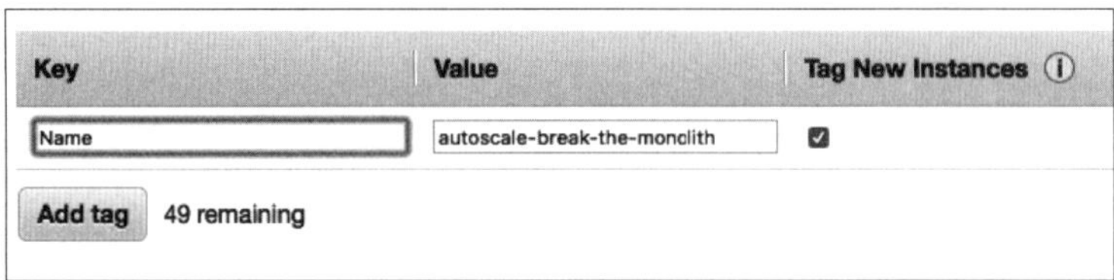

오토스케일링 그룹 수정하기

시작 구성을 수정해야 한다면 복사본을 생성해 생성 시점을 가지고 변경을 수행해야 한다. 왜냐하면 변경이 허용되지 않기 때문이다. 오토스케일링 그룹은 신규 생성 없이도 변경이 가능하다.

각 인스턴스를 ALB에 연결된 대상 그룹에 등록해야 하기 때문에 오토스케일링 그룹을 수정해야 한다.

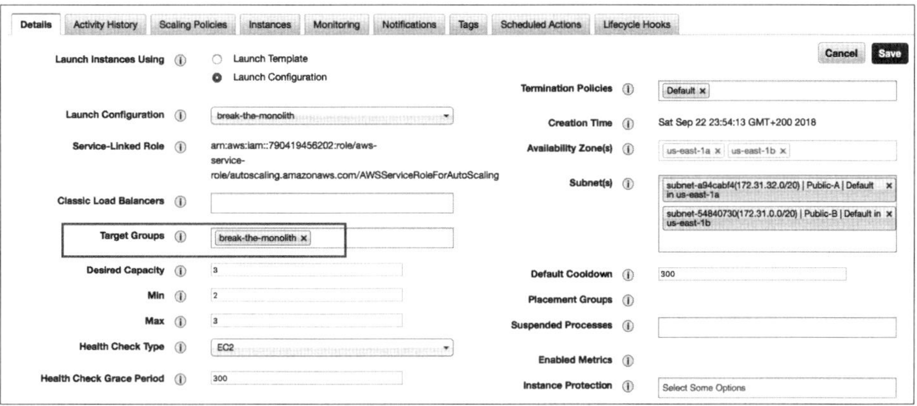

인스턴스 수를 수동으로 증가시키려면 Min^{최소}을 수정하면 된다. Desired Capacity$^{\text{목표 용량}}$는 Min과 Max^{최대} 사이의 값을 지정해야 한다.

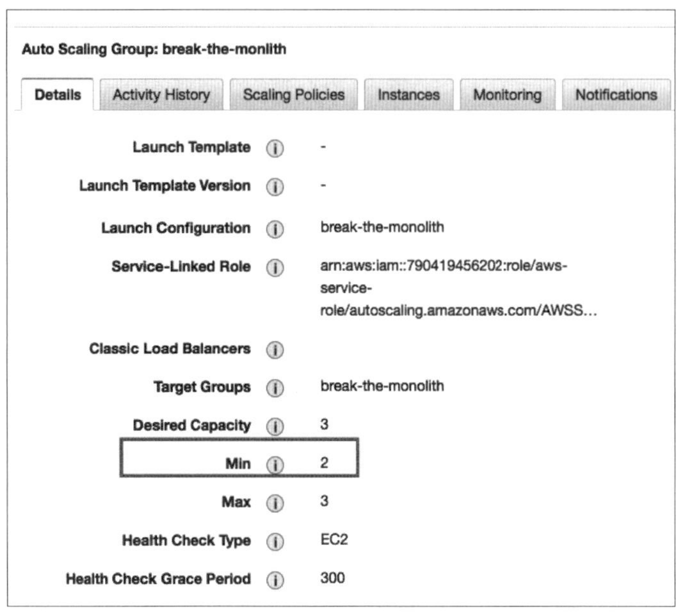

인스턴스 탭에서 오토스케일링 그룹이 생성한 신규 인스턴스를 확인할 수 있다.

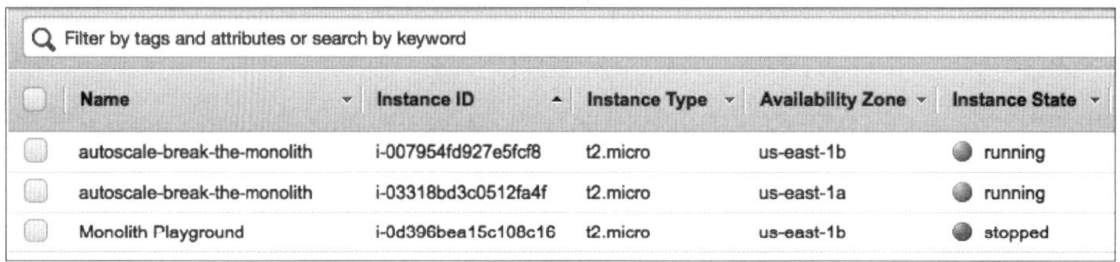
Filter by tags and attributes or search by keyword

Name	Instance ID	Instance Type	Availability Zone	Instance State
autoscale-break-the-monolith	i-007954fd927e5fcf8	t2.micro	us-east-1b	running
autoscale-break-the-monolith	i-03318bd3c0512fa4f	t2.micro	us-east-1a	running
Monolith Playground	i-0d396bea15c108c16	t2.micro	us-east-1b	stopped

수동으로 생성한 인스턴스를 밸런서에서 제거하기

이제 오토스케일링 그룹이 동작하므로 로드 밸런서의 구성에 사용한 EC2 인스턴스는 삭제하고 자동으로 생성된 인스턴스는 그냥 둘 수 있다. 인스턴스를 제거하면 즉시 제거되는 것이 아니고 짧은 시간 동안 드레이닝draining(제거) 상태를 유지한다. 이는 여전히 접속 중인 사용자의 가능성을 관리하고 서비스 품질이 나빠지지 않게 하기 위해서다.

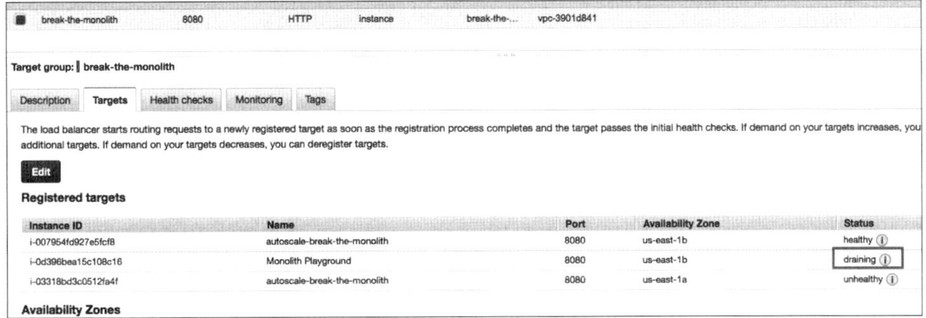

이제 오토스케일링 구성을 완성했으므로 확장성과 안정성 요구사항을 충족시키는 애플리케이션이 준비됐다.

마이크로서비스와 서버리스 사용하기

6장 전체를 통해 테스트했듯이 모놀리식을 여러 부분으로 나누면 많은 장점이 있지만 전체 시스템이 복잡해진다.

마이크로서비스microservices와 서버리스serverless 접근을 하려고 할 때 이 개념은 확장된다. 올바른 방식으로 두 접근 방법을 사용한다면 확장성 및 안정성을 증가시키고 인프라 비용을 감소시키기 때문이다. 그러나 시스템을 구축하고 관리하는 일이 더 복잡할 것이라 항상 예상해야 한다. 이는 구축 및 운영 비용의 증가를 초래한다. 특히, 처음으로 이 접근 방식으로 시스템을 구축하고 관리한다면 더 그렇다. 다음 이미지는 마이크로서비스와 서버리스의 부하 및 비용 개념을 나타낸다.

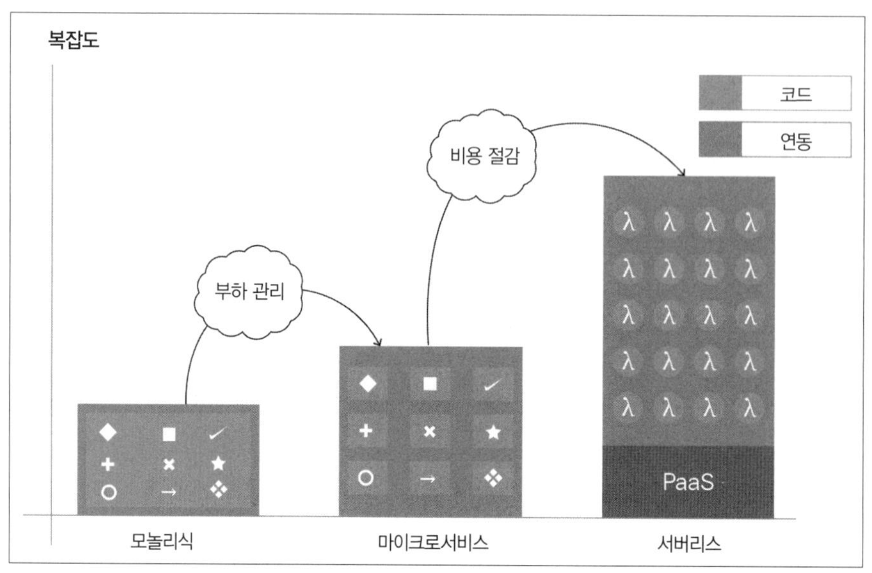

▲ 이미지 출처: https://medium.freecodecamp.org/serverless-is-cheaper-not-simpler-a10c4fc30e49

요약

스케일링은 확장 잠재력의 긴 과정이다. 6장에서 첫 번째 단계를 완수했고, 모놀리식을 AWS 서비스를 이용해 여러 부분으로 분할하는 방법을 배웠다. 이 접근법은 많은 장점을 제공하지만 최초 인프라를 복잡하게 만든다. 다시 말해, 구성하고 버그 픽스하고 신규 서비스를 공부하는 데 많은 시간이 소비됨을 의미한다. AWS의 모든 도구가 확장성에 얼마나 강력하고 유용한지 살펴봤다. 그러나 때때로 특히 맨 처음에는 이를 사용하기가 어려울 수 있다. 테라폼 모듈과 함께 자동화를 사용하면 모듈 제작자의 지식을 이용해 즉시 결과를 얻을 수 있다. 또한 솔루션의 복잡성을 감추는 것은 실제로 뒤에서 어떤 일이 일어나는지를 이해하는 데는 도움이 되지 않는다. 그러나 버그 픽스를 하는 동안 이에 대한 이해가 필요할 수 있다. 이런 이유로 이 책의 일부는 오토스케일, ALB, SSL 인증서 같은 서비스 구성을 웹 콘솔과 위저드로 완료했다.

질문

1. 모놀리식을 다계층 애플리케이션으로 분리하는 것이 항상 편리한가?
2. 다계층 접근법과 마이크로서비스/서버리스 접근법의 차이점은 무엇인가?
3. 가상 머신에 설치된 소프트웨어를 서비스 구성요소로 이전하는 것이 어려운 일인가?
4. 로드 밸런서는 어떠한 개입 없이도 트래픽이 폭증하는 것을 관리할 수 있는가?
5. 클래식 SSL 인증 기관 대신 인증서 관리자를 사용하는 것으로 비용을 줄일 수 있는가?
6. 다중 AZ로 리소스를 확장하는 것이 왜 중요한가?

더 읽을거리

더 많은 정보는 다음 기사를 참조하라.

- **인스턴스 유형 변경하기**: https://docs.aws.amazon.com/AWSEC2/latest/UserGuide/ec2-instance-resize.html
- **볼륨 크기를 변경한 후 리눅스 파일 시스템 확장하기**: https://docs.aws.amazon.com/AWSEC2/latest/UserGuide/recognize-expanded-volume-linux.html
- **볼륨 크기를 변경한 후 윈도우 파일 시스템 확장하기**: https://docs.aws.amazon.com/AWSEC2/latest/WindowsGuide/recognize-expanded-volume-windows.html
- **일래스틱 로드 밸런서 문서**: https://aws.amazon.com/documentation/elastic-load-balancing/
- **일래스틱 로드 밸런서 제품 비교**: https://aws.amazon.com/elasticloadbalancing/details/#compare

- **일래스틱 로드 밸런서 검증에 대한 모범 사례**: https://aws.amazon.com/articles/best-practices-in-evaluating-elastic-load-balancing/#pre-warming과 https://aws.amazon.com/articles/best-practices-in-evaluating-elastic-load-balancing/
- **스프링 부트, MySQL, JPA, 하이버네이트 Restful CRUD API 지침**: https://www.callicoder.com/spring-boot-rest-api-tutorial-with-mysql-jpa-hibernate/ 이 지침은 예시를 만드는 데 사용됐다.
- **서버리스는 저렴하지만 간단하지 않다**: https://medium.freecodecamp.org/serverless-is-cheaper-not-simpler-a10c4fc30e49

07

AWS에서 컨테이너 실행하기

6장 '인프라 확장하기'에서 아키텍처의 일부를 변경했다. AWS에서 애플리케이션의 규모를 확장하는 여러 가지 방법을 살펴봤으나 도입할 주요 기술 중 하나는 컨테이너다. 컨테이너는 많은 주요 기술 회사 **소프트웨어 개발 라이프 사이클**SDLC, software development life cycle의 핵심이다.

지금까지는 애플리케이션을 개발하는 데 개인 PC를 사용했다. 이 환경은 Hello World 애플리케이션 같은 간단한 프로젝트에서는 잘 동작한다. 하지만 많은 종속성이 존재하는 복잡한 프로젝트에서는 전혀 다른 얘기다. 개발자의 노트북에서는 특정 기능이 동작하지만 다른 조직에서는 동작하지 않거나 심지어 상용에서 동작하지 않는 문제에 대해 들어본 적이 있는가? 이런 문제의 대부분은 환경 간의 차이 때문이다. 스테이징 환경과 상용 환경을 구성할 때는 환경의 일관성을 유지하려고 클라우드 포메이션, 테라폼 및 앤서블을 이용한다. 그러나 불행하게도 로컬 개발 환경은 쉽게 복제할 수 없다.

컨테이너는 이런 문제의 해결책을 제시한다. 컨테이너는 운영체제와 애플리케이션 코드를 패키징하고 이 둘 사이에 있는 모든 것을 포함한다. 또한 컨테이너는 모놀리식 접근법을 개선할 때 애플리케이션 분할 후 단계에 도움을 제공할 수 있다.

7장에서는 가장 널리 사용하는 컨테이너 기술인 **도커**Docker를 살펴본다. 도커의 정의 및 기본 기능 사용법을 간략히 설명한 후 애플리케이션을 도커화할 것이다. 이는 개발자로서 도커를 사용하는 가치를 이해하는 데 도움이 될 것이다.

7장에서 다루는 내용은 다음과 같다.

- Hello World 애플리케이션 도커화하기
- EC2 컨테이너 서비스 사용하기
- ECS를 활용해 CI/CD 파이프라인 업데이트하기

> 이 책에서는 ECS를 다룬다. 그러나 AWS에서 도커를 사용하는 데 있어 더 많은 옵션을 제공한다. 코어OS 텍토닉(CoreOS Tectonic, https://tectonic.com/), 메소스피어 DC/OS(Mesosphere DC/OS, https://mesosphere.com), 도커 데이터 센터(Docker Datacenter, https://www.docker.com/products/docker-datacenter)도 살펴보자.

기술 요구사항

7장의 기술 요구사항은 다음과 같다.

- 도커
- Dockerfile
- EC2 컨테이너 레지스트리ECR, EC2 Container Registry

- **일래스틱 컨테이너 서비스**ECS, Elastic Container Service
- **애플리케이션 로드 밸런서**ALB, Application Load Balancer
- 코드 빌드CodeBuild
- 코드 파이프라인CodePipeline

7장에서 사용한 코드의 깃허브 링크는 다음과 같다.

- https://github.com/yogeshraheja/helloworld/blob/master/helloworld.js
- https://github.com/yogeshraheja/helloworld/blob/master/package.json
- https://github.com/yogeshraheja/helloworld/blob/master/Dockerfile
- https://github.com/yogeshraheja/EffectiveDevOpsTemplates/blob/master/ecr-repository-cf-template.py
- https://github.com/yogeshraheja/EffectiveDevOpsTemplates/blob/master/ecs-cluster-cf-template.py
- https://github.com/yogeshraheja/EffectiveDevOpsTemplates/blob/master/helloworld-ecs-alb-cf-template.py
- https://github.com/yogeshraheja/EffectiveDevOpsTemplates/blob/master/helloworld-ecs-service-cf-template.py
- https://github.com/yogeshraheja/EffectiveDevOpsTemplates/blob/master/helloworld-codebuild-cf-template.py
- https://raw.githubusercontent.com/yogeshraheja/EffectiveDevOpsTemplates/master/helloworld-ecs-service-cf-template.py
- https://github.com/yogeshraheja/EffectiveDevOpsTemplates/blob/master/helloworld-codepipeline-cf-template.py

Hello World 애플리케이션 도커화하기

일반적으로 도커와 컨테이너는 매우 강력한 도구로 공부할 가치가 있다. 결합 가능한 파일 시스템UCF, union capable filesystem을 갖는 리소스 격리 기능을 조합해 도커를 사용할 수 있다. 도커는 애플리케이션을 구동하는 데 필요한 모든 것을 포함하는 컨테이너container라는 패키지를 생성할 수 있다. 컨테이너는 가상 머신과 같이 OS 및 모든 리소스를 자체적으로 갖고 있지만 하드웨어를 가상화하는 대신 운영체제 자체를 가상화한다. 이는 커다란 차이점이다. 이미 눈치챘겠지만 EC2 인스턴스 같은 가상 머신은 띄우는 데 시간이 걸린다. 이는 가상 머신을 시작하려면 하이퍼바이저(가상 머신을 생성하고 구동하는 기술)가 물리 서버를 시작하고 운영체제를 띄우고 끝으로 여러 다른 런 레벨run-levels을 실행하는 데 포함되는 모든 동작을 시뮬레이트해야 하기 때문이다. 또한 가상 머신은 메모리와 디스크에 훨씬 큰 공간을 차지한다. 도커를 이용하면 추가되는 계층이 매우 작다. 이 때문에 컨테이너의 크기가 아주 작다. 이를 더 잘 이해하기 위해 도커를 먼저 설치하고 기본 사용법을 살펴보자.

도커 시작하기

도커를 사용하기에 앞서 도커의 개념과 아키텍처를 좀 더 이해하면 좋을 것이다. 먼저 소프트웨어 라이프 사이클 개발과 관련된 도커의 근본적인 변화를 알아보자. 설명에 따라 로컬 컴퓨터에 도커를 설치하고 도커 사용에 필요한 가장 일반적인 명령어들을 살펴보겠다.

도커 기본

도커의 작동 방식을 이해하는 가장 좋은 방법은 도커의 사용이 지금까지 했던 것과 어떻게 다른지 비교하는 것이다.

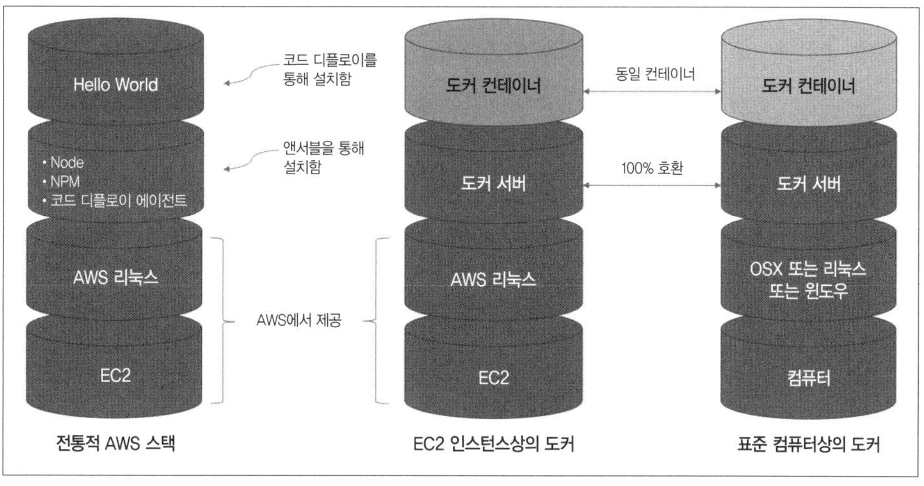

위의 다이어그램은 다음과 같이 설명할 수 있다.

- 왼쪽의 첫 번째 스택은 지금까지 작성했던 것이다. EC2 서비스를 사용해 AWS 리눅스 AMI를 선택했고 시스템을 구성하는 데 사용자 데이터 필드를 이용해 앤서블을 설치했다. 앤서블이 시작되면 시스템에 소프트웨어를 설치하고 구성했다. 나중에는 코드 디플로이가 애플리케이션을 배포하고 실행했다.
- 중간 스택은 EC2상에서 도커를 사용하는 것을 의미하는 그림이다. 이 절차는 AWS 리눅스상에서 AMI를 실행하는 것과 동일한 방법으로 시작한다. 그러나 여기서는 앤서블과 코드 디플로이를 이용하는 대신에 도커 서버 애플리케이션을 간단히 설치할 것이다. 그 후에 앞에서 앤서블과 코드 디플로이로 제공했던 모든 것으로 도커 컨테이너를 배포할 것이다.
- 마지막으로 이 아키텍처의 큰 장점은 오른쪽에 있는 마지막 스택에서 볼 수 있다. 기반 기술이 무엇이든 상관없이 도커 서버를 실행할 수 있는 한 정확히 동일한 컨테이너를 실행할 수 있다. 이는 EC2에 배포할 대상을 쉽게 테스트할 수 있음을 의미한다. 유사하게 EC2 인스턴스상에서 동작하는 컨테이너에서 문제가 발생하면 정확히 동일한 컨테이너를 갖고 로컬에 실행해 문제를 해결할 수 있다.

이를 위해 도커는 다음 다이어그램에서 볼 수 있는 것 같은 핵심 개념을 이용한다.

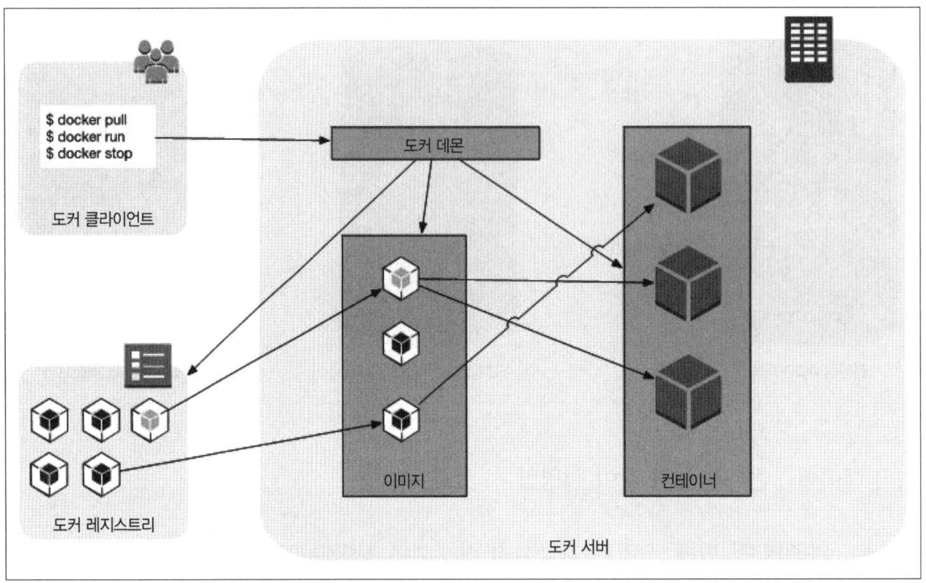

도커의 핵심은 이미지(운영체제, 애플리케이션 코드 및 구성 파일을 포함한 애플리케이션의 스택을 기술하는 템플릿)를 띄우는 데몬이다. 그리고 컨테이너라고 불리는 자체적인 폴더에서 이 이미지를 실행한다. 개발자로서 도커로 작업할 때 주로 하는 일은 이미 존재하는 이미지에 신규 명령어를 추가해 새로운 이미지를 만드는 것이다. 이미지는 외부 레지스트리에 저장된다. 이런 레지스트리는 공용 또는 사설이 될 수 있다. 끝으로, 일반적으로 모든 통신은 명령줄 인터페이스를 이용한 REST API를 통해 이뤄진다.

도커 이용하기

도커를 이용하는 방법을 살펴보려면 먼저 PC에 도커를 설치해야 한다. 도커 설치는 매우 간단하다. 맥, 리눅스, 윈도우에 도커를 설치하고 실행하려면 http://dockr.ly/2iVx6yG에 있는 설치 가이드를 따르면 된다. 도커는 두 가지 버전을 제공하는데, 도커 **커뮤니티 에디션**CE, Community Edition과 도커 **엔터프라이즈 에디션**EE, Enterprise Edition이다. 이 책에서는 오픈소스를 주로 사용한다. 그래서 무료인 도커 CE를 사용한다. 또한 리눅스 기반의 센트OS 7.x 배포판으로 다음 예제를 구현한다. 동일한 운영체제를 사용한다면 도커를 시스템 로컬에 설치하는 https://docs.docker.com/install/linux/docker-ce/centos의 지침을 따르라. 도커 CE의 설치가 완료되면 도커 유틸리티로 설치된 도커 버전을 확인하라. 이 책을 쓰는 시점의 도커 최신 버전은 18.06이다. 당신의 시스템에서는 더 최신 버전일 수도 있다.

```
$ docker -version
Docker version 18.06.1-ce, build e68fc7a
```

도커가 시작되면 다음과 같이 진행하라.

1. 가장 먼저 할 일은 레지스트리에서 이미지를 가져오는 것이다. 기본적으로 도커의 기본 레지스트리는 도커 회사에서 관리하는 공식 도커 레지스트리인 도커 허브(https://hub.docker.com)다. 이미지를 가져오려면 다음을 실행하라.

   ```
   $ docker pull alpine
   ```

   다음과 같이 latest 기본 태그를 사용하라.

   ```
   Using default tag: latest
   latest: Pulling from library/alpine
   8e3ba11ec2a2: Pull complete
   Digest: sha256:7043076348bf5040220df6ad703798fd8593a0918d06d3ce30c6c93be11
   7e430
   Status: Downloaded newer image for alpine:latest
   ```

2. 도커는 몇 초 안에 레지스트리에서 alpine이라는 이미지를 다운로드한다. alpine은 모든 패키지 인덱스를 갖는 알파인 리눅스Alpine Linux 기반의 소형 도커 이미지로, 크기가 겨우 4.41MB다.

```
$ docker images
REPOSITORY  TAG     IMAGE ID      CREATED       SIZE
alpine      latest  11cd0b38bc3c  2 months ago  4.41 MB
```

도커로 작업할 때는 컨테이터의 크기가 중요하다. 따라서 알파인 리눅스 같은 작은 기본 이미지로 작업하기를 적극 추천한다.

3. 이제 컨테이너를 실행할 수 있다. 다음과 같이 간단한 명령어를 실행하라.

```
$ docker run alpine echo "Hello World" Hello World
```

4. 표면적으로는 아무 일도 없는 것 같이 보일 것이다. 도커 없이 echo Hello World를 실행했을 때와 같은 결과를 반환하고 처리가 종료된다. 실제로 일어난 일은 매우 흥미롭다. 도커는 사전에 가져온 alpine 리눅스 이미지를 띄우고 운영체제에서 echo 명령어를 실행해 Hello World를 출력한다. 끝으로, echo 명령어가 종료됐으므로 컨테이너는 종료된다.

컨테이너는 다음과 같이 좀 더 대화식으로 사용할 수도 있다.

- 다음 명령어로 셸을 시작해 대화형으로 사용할 수 있다.

  ```
  $ docker run -it alpine /bin/sh
  ```

  -i 옵션은 대화형을 의미한다(컨테이너에 접속해 명령어를 입력할 수 있다). 반면에 -t 옵션은 가상 TTY를 할당해 입력한 문자열뿐만 아니라 명령어의 결과를 볼 수 있게 해준다.

- -d 옵션을 이용해 백그라운드로 실행할 수도 있다. 이를 통해 컨테이너를 터미널에서 분리할 수 있다.

  ```
  $ docker run -d alpine sleep 1000
  c274537aec04d08c3033f45ab723ba90bcb40240d265851b28f39122199b0600
  ```

이 명령어는 alpine 이미지로 구동 중인 64비트 길이의 컨테이너 ID를 반환하고 sleep 1000 명령어를 실행한다.

- 다음 명령어로 실행 중인 다른 컨테이너를 추적할 수 있다.

```
$ docker ps
```

위 명령어의 출력 결과는 다음과 같다.

```
[root@yogeshraheja ~]# docker ps
CONTAINER ID        IMAGE               COMMAND             CREATED              STATUS              PORTS               NAMES
c274537aec04        alpine              "sleep 1000"        About a minute ago   Up About a minute                       friendly_dijkstra
[root@yogeshraheja ~]# 
```

- stop 옵션과 (docker ps 명령어의 결과에서 얻은 ID 및 이름을 이용한) 컨테이너명 또는 ID를 사용해 실행 중인 컨테이너를 중지할 수 있다.

```
$ docker stop c274537aec04 c274537aec04
```

다음 명령어를 사용할 수도 있다.

```
$ docker stop friendly_dijkstra friendly_dijkstra
```

- 다음과 같이 중지된 컨테이너는 start 옵션으로 다시 가동할 수 있다.

```
$ docker start friendly_dijkstra friendly_dijkstra
```

- 끝으로, 컨테이너는 rm 명령어로 제거할 수 있다. 그러나 컨테이너를 제거하기 전에 먼저 컨테이너를 항상 정지시켜야 한다.

```
$ docker stop <ID/이름>
$ docker rm <ID/이름>
```

이 명령어의 출력 결과는 다음과 같다.

```
[root@yogeshraheja ~]# docker stop c274537aec04
c274537aec04
[root@yogeshraheja ~]# docker rm c274537aec04
c274537aec04
[root@yogeshraheja ~]# docker ps
CONTAINER ID        IMAGE               COMMAND             CREATED             STATUS              PORTS               NAMES
[root@yogeshraheja ~]# 
```

이 장 전체에서 이 간략한 개요를 활용할 것이다. 앞으로 몇 가지 옵션을 더 살펴보겠지만, 전체 옵션 목록을 보려면 `docker help` 명령어를 활용하거나 http://dockr.ly/2jEF8hj의 도커 CLI 설명서를 참조하라. 컨테이너로 간단한 명령어를 실행하는 것이 유용할 때도 있지만, 도커의 진정한 강점은 웹 애플리케이션을 포함한 모든 코드를 처리하는 기능이다. 이를 위해 도커의 또 다른 핵심 개념인 Dockerfile을 사용할 것이다.

Dockerfile 작성하기

Dockerfile은 일반적으로 애플리케이션과 함께 배치된 텍스트 파일로, 도커가 신규 도커 이미지를 작성하는 방법을 알리는 역할을 한다. 이 파일로 도커 이미지의 생성을 어떻게 시작할지, 컨테이너 파일 시스템에 무엇을 복사할지, 어떤 네트워크 포트를 확장할지 등을 알릴 수 있다. http://dockr.ly/2jmoZMw에서 Dockerfile 전체 설명서를 확인할 수 있다. 깃허브 레피치토리에 생성했던 `helloworld` 프로젝트의 루트 폴더에서 `helloworld` 애플리케이션의 Dockerfile을 다음 명령어로 작성하라.

```
$ cd helloworld
$ touch Dockerfile
```

Dockerfile의 첫 번째 구문은 항상 `FROM` 구문이다. 이는 어떤 도커 이미지에서 시작하는지 도커에 알려준다. 여기서는 알파인 이미지를 사용했지만 운영체제 외의 것들이 포함된 이미지를 사용하면 시간도 절약할 수 있다. 공식 도커 레지스트리인 도커 허브[Docker Hub]를 통해 도커는 많은 수의 선별된 **공식** 도커 리포지터리 세트를 제공한다. 애플리케이션을 실행하려면 Node.js와 npm이 필요하다는 사실은 알고 있다. 공식적인 node 이미지를 찾는 데 도커 CLI를 사용할 수 있다. 이를 위해 docker search 명령어를 사용하고 공식 이미지로 검색 범위를 제한하라.

```
$ docker search --filter=is-official=true node
NAME    DESCRIPTION                                       STARS  OFFICIAL
           AUTOMATED
node    Node.js is a JavaScript-based platform for s... 6123    [OK]
```

또 다른 방법은 웹 브라우저로 검색하는 것이다. 결과적으로는 동일한 이미지(https://hub.docker.com/_/node/)가 검색된다. 다음 스크린샷은 여러 가지 버전을 보여준다.

지원되는 태그와 해당 Dockerfile 링크

- `8.11.4-jessie`, `8.11-jessie`, `8-jessie`, `carbon-jessie`, `8.11.4`, `8.11`, `8`, `carbon` (*8/jessie/Dockerfile*)
- `8.11.4-alpine`, `8.11-alpine`, `8-alpine`, `carbon-alpine` (*8/alpine/Dockerfile*)
- `8.11.4-onbuild`, `8.11-onbuild`, `8-onbuild`, `carbon-onbuild` (*8/onbuild/Dockerfile*)
- `8.11.4-slim`, `8.11-slim`, `8-slim`, `carbon-slim` (*8/slim/Dockerfile*)
- `8.11.4-stretch`, `8.11-stretch`, `8-stretch`, `carbon-stretch` (*8/stretch/Dockerfile*)
- `6.14.4-jessie`, `6.14-jessie`, `6-jessie`, `boron-jessie`, `6.14.4`, `6.14`, `6`, `boron` (*6/jessie/Dockerfile*)
- `6.14.4-alpine`, `6.14-alpine`, `6-alpine`, `boron-alpine` (*6/alpine/Dockerfile*)
- `6.14.4-onbuild`, `6.14-onbuild`, `6-onbuild`, `boron-onbuild` (*6/onbuild/Dockerfile*)
- `6.14.4-slim`, `6.14-slim`, `6-slim`, `boron-slim` (*6/slim/Dockerfile*)
- `6.14.4-stretch`, `6.14-stretch`, `6-stretch`, `boron-stretch` (*6/stretch/Dockerfile*)
- `10.9.0-jessie`, `10.9-jessie`, `10-jessie`, `jessie`, `10.9.0`, `10.9`, `10`, `latest` (*10/jessie/Dockerfile*)
- `10.9.0-alpine`, `10.9-alpine`, `10-alpine`, `alpine` (*10/alpine/Dockerfile*)
- `10.9.0-slim`, `10.9-slim`, `10-slim`, `slim` (*10/slim/Dockerfile*)
- `10.9.0-stretch`, `10.9-stretch`, `10-stretch`, `stretch` (*10/stretch/Dockerfile*)
- `chakracore-8.11.1`, `chakracore-8.11`, `chakracore-8` (*chakracore/8/Dockerfile*)
- `chakracore-10.6.0`, `chakracore-10.6`, `chakracore-10`, `chakracore` (*chakracore/10/Dockerfile*)

도커 이미지는 항상 이름과 태그로 구성되고 문법은 '이름:태그'다. 태그를 생략하면 도커는 기본적으로 latest를 선택한다. 앞의 docker pull 명령어에서 Using default tag:latest

라는 출력 결과를 볼 수 있다. Dockerfile을 생성할 때는 (latest 말고) 시간이 지나도 변하지 않는 명시적인 태그를 사용하는 것이 좋다.

AWS 리눅스상에서 동작 중인 애플리케이션을 마이그레이션하고 해당 OS 기반으로 뭔가를 하고자 한다면 공식 AWS 도커 이미지를 찾아야 할 것이다. 더 자세한 사항은 http://amzn.to/2jnmklF를 참고하라.

Dockerfile의 첫 줄은 다음과 같다.

```
FROM node:carbon
```

이는 특정 버전의 node 이미지를 사용할 것을 도커에게 알려준다. 또한 node 또는 npm을 설치할 필요가 없음도 의미한다. 애플리케이션에 필요한 운영체제와 런타임 바이너리가 이미 설치되어 있으므로 이미지에 애플리케이션을 바로 추가할 수 있다. 먼저 node:carbon 이미지의 파일시스템 최상단에 코드를 저장할 수 있는 폴더를 생성하라. RUN이라는 구문을 사용해 처리할 수 있다.

```
RUN mkdir -p /usr/local/helloworld/
```

이제 애플리케이션 파일들을 이미지에 복사하자. 다음과 같이 COPY 구문을 사용하라.

```
COPY helloworld.js package.json /usr/local/helloworld/
```

helloworld.js와 package.json 파일을 개발 중인 Dockerfile이 있는 /helloworld 프로젝트의 로컬 폴더 안에 복사해야 한다. 이 파일들은 https://github.com/yogeshraheja/helloworld/blob/master/helloworld.js와 https://github.com/yogeshraheja/helloworld/blob/master/package.json에 있다.

이제 WORKDIR라는 구문으로 새 작업 폴더를 helloworld 폴더로 지정하라.

```
WORKDIR /usr/local/helloworld/
```

종속 파일을 다운로드하고 설치하기 위해 npm install 명령어를 실행해야 한다. 컨테이너에서 코드를 테스트하는 것이 아니므로 다음과 같이 상용 npm 패키지를 설치하라.

```
RUN npm install --production
```

애플리케이션은 3000번 포트를 사용한다. 이 포트로 접속할 수 있게 해야 한다. EXPOSE 구문을 사용하라.

```
EXPOSE 3000
```

마지막으로, 애플리케이션을 시작하자. ENTRYPOINT 구문을 사용하라.

```
ENTRYPOINT [ "node", "helloworld.js" ]
```

이제 파일을 저장하라. 다음 URL의 템플릿 내용과 같다. https://github.com/yogeshraheja/helloworld/blob/master/Dockerfile. 이제 새로운 이미지를 생성하자.

터미널로 돌아가서 도커 명령어를 다시 사용하자. 그러나 이번에는 build 매개변수를 사용하자. 이미지에 helloworld라는 이름을 부여하는 데 -t 옵션도 사용하고 이어서 점(.)을 이용해 Dockefile의 위치를 표시하라.

```
$ docker build -t helloworld .
Sending build context to Docker daemon 4.608kB
Step 1/7 : FROM node:carbon
carbon: Pulling from library/node
f189db1b88b3: Pull complete
```

```
3d06cf2f1b5e: Pull complete
687ebdda822c: Pull complete
99119ca3f34e: Pull complete
e771d6006054: Pull complete
b0cc28d0be2c: Pull complete
9bbe77ca0944: Pull complete
75f7d70e2d07: Pull complete
Digest: sha256:3422df4f7532b26b55275ad7b6dc17ec35f77192b04ce22e62e43541f3d28eb3
Status: Downloaded newer image for node:carbon
 ---> 8198006b2b57
Step 2/7 : RUN mkdir -p /usr/local/helloworld/
 ---> Running in 2c727397cb3e
Removing intermediate container 2c727397cb3e
 ---> dfce290bb326
Step 3/7 : COPY helloworld.js package.json /usr/local/helloworld/
 ---> ad79109b5462
Step 4/7 : WORKDIR /usr/local/helloworld/
 ---> Running in e712a394acd7
Removing intermediate container e712a394acd7
 ---> b80e558dff23
Step 5/7 : RUN npm install --production
 ---> Running in 53c81e3c707a
npm notice created a lockfile as package-lock.json. You should commit this file.
npm WARN helloworld@1.0.0 No description

up to date in 0.089s
Removing intermediate container 53c81e3c707a
 ---> 66c0acc080f2
Step 6/7 : EXPOSE 3000
 ---> Running in 8ceba9409a63
Removing intermediate container 8ceba9409a63
 ---> 1902103f865c
Step 7/7 : ENTRYPOINT [ "node", "helloworld.js" ]
 ---> Running in f73783248c5f
Removing intermediate container f73783248c5f
 ---> 4a6cb81d088d
Successfully built 4a6cb81d088d
Successfully tagged helloworld:latest
```

각 구문은 단계에 따라 변경사항을 포함한 새로운 중간 컨테이너들을 생성한다.

이제 다음 명령어를 통해 새롭게 생성된 컨테이너를 실행하라.

```
$ docker run -p 3000:3000 -d helloworld
e47e4130e545e1b2d5eb2b8abb3a228dada2b194230f96f462a5612af521ddc5
```

여기서는 -p 옵션을 추가해 컨테이너 노출 포트를 컴퓨터의 포트에 연결했다. 컨테이너가 제대로 동작하는지 검증하는 몇 가지 방법이 있다. 컨테이너가 생성한 로그를 확인할 수 있다(이전 명령어의 출력 내용으로 컨테이너 ID를 변경하라).

```
$ docker logs
e47e4130e545e1b2d5eb2b8abb3a228dada2b194230f96f462a5612af521ddc5
Server running
```

컨테이너의 상태를 확인하기 위해 docker ps 명령어를 사용할 수 있다.

```
$ docker ps
```

위 명령어의 실행 결과는 다음과 같다.

```
[root@yogeshraheja helloworld]# docker ps
CONTAINER ID        IMAGE               COMMAND               CREATED              STATUS              PORTS                    NAMES
e47e4130e545        helloworld          "node helloworld.js"  About a minute ago   Up About a minute   0.0.0.0:3000->3000/tcp   zen_heisenberg
[root@yogeshraheja helloworld]#
```

그리고 curl을 이용해 간단히 애플리케이션을 테스트할 수도 있다.

```
$ curl localhost:3000
Hello World
```

호스트가 공인 IP를 갖고 있다면 브라우저에서도 <ip:노출포트>를 입력해 검사할 수 있다. 여기서는 54.205.200.149:3000이다.

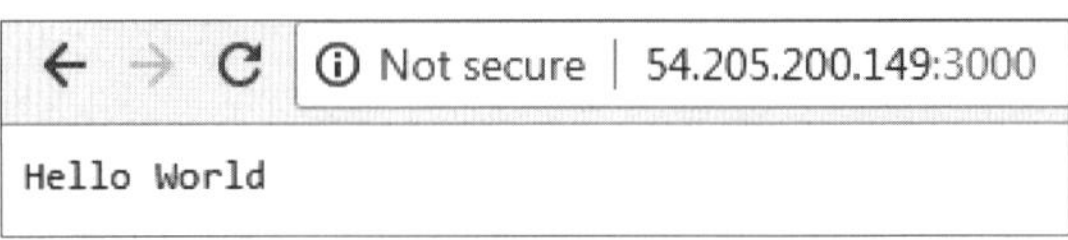

끝으로, docker kill 명령어와 컨테이너 ID로 컨테이너를 종료하라.

```
$ docker kill e47e4130e545
e47e4130e545
```

이미지가 정상 동작하므로 깃허브에 코드를 커밋할 수 있다.

```
$ git add Dockerfile
$ git commit -m "Adding Dockerfile"
$ git push
```

추가적으로 이제 도커 허브에 계정을 (무료로) 생성하고 새로운 이미지를 업로드할 수 있다. 등록하려면 http://dockr.ly/2ki6DQV에 있는 설명서를 참고하라.

컨테이너를 쉽게 공유할 수 있다는 점은 공동 작업을 할 때 커다란 차이를 만들어낸다. 코드를 공유하고 컴파일 및 패키지 빌드하도록 요청하는 대신 실제 도커 이미지를 공유할 수 있다. 다음과 같이 실행하면 된다.

```
docker pull yogeshraheja/helloworld
```

위 명령어의 실행 결과는 다음과 같다.

```
[root@yogeshraheja helloworld]# docker pull yogeshraheja/helloworld
Using default tag: latest
latest: Pulling from yogeshraheja/helloworld
Digest: sha256:95906ec13adf9894e4611cd37c8a06569964af0adbb035fcafa602099467516l
Status: Downloaded newer image for yogeshraheja/helloworld:latest
[root@yogeshraheja helloworld]#
```

기반 아키텍처가 무엇이든 관계없이 동일한 Hello World 애플리케이션을 확인할 수 있다. 이런 새로운 애플리케이션 실행 방식 때문에 도커는 작업을 공유하거나 프로젝트 협업을 하는 데 매우 강력한 솔루션이 됐다. 도커의 강점은 프로젝트 협업에만 있는 것이 아니다. 바로 살펴보겠지만 상용에서 도커를 사용하는 것 또한 매우 흥미롭다. 이런 솔루션을 쉽게 구현할 수 있도록 AWS는 EC2 컨테이너 서비스를 만들었다. 새롭게 생성한 `helloworld` 이미지를 여기에 배포하자.

EC2 컨테이너 서비스 이용하기

방금 애플리케이션에 대한 도커 이미지를 작성했다. 도커로 컨테이너를 시작하는 것이 얼마나 빠르고 간단한지 확인했다. 이는 EC2와 같이 가상 머신만 사용하는 기술과 비교해 큰 변혁이다. 지금까지 명시적으로 언급하지 않은 한 가지 기능은 동일 이미지로 여러 개의 컨테이너를 시작할 수 있다는 점이다. 예를 들어, 다음 명령어로 `helloworld` 컨테이너를 5개의 다른 포트에 바인딩해 다섯 번 시작할 수 있다(생성한 이미지 ID를 이용하라. 필요하다면 ID를 찾기 위해 `docker images`를 실행하라).

```
$ for p in {3001..3005}; do docker run -d -p ${p}:3000 4a6cb81d088d; done
```

`ps`와 `curl`로 모든 컨테이너가 정상 동작하는지 검증할 수 있다.

```
$ docker ps
$ curl localhost:3005
```

위 명령어의 실행 결과는 다음과 같다.

```
[root@yogeshraheja helloworld]# for p in {3001..3005}; do docker run -d -p $(p):3000 4a6cb81d088d; done
90094af21de987618f11f347321fbc3225003736f926d61f0789afc28a0f8214
ff6758efd820890c07fa8f3c961fd0587f6050f78b66766319936cdbe6529616
11f15cfbc88d705d35cc77448d1728b6336ec3ca576b04a4efac8332ffb0db6a
ec27b272835b904c5ccbab3ebc8d063be6be4e63e926b457bda11832b9e1ec7c
cbaca3bb4f18a4510293a72d25c91a30471c095cb88b946217c56d96abc6a065
[root@yogeshraheja helloworld]# docker ps
CONTAINER ID        IMAGE               COMMAND                  CREATED             STATUS              PORTS                    NAMES
cbaca3bb4f18        4a6cb81d088d        "node helloworld.js"     30 seconds ago      Up 29 seconds       0.0.0.0:3005->3000/tcp   suspicious_neumann
ec27b272835b        4a6cb81d088d        "node helloworld.js"     30 seconds ago      Up 29 seconds       0.0.0.0:3004->3000/tcp   musing_hamilton
11f15cfbc88d        4a6cb81d088d        "node helloworld.js"     31 seconds ago      Up 30 seconds       0.0.0.0:3003->3000/tcp   wonderful_spence
ff6758efd820        4a6cb81d088d        "node helloworld.js"     31 seconds ago      Up 31 seconds       0.0.0.0:3002->3000/tcp   tender_fermi
90094af21de9        4a6cb81d088d        "node helloworld.js"     32 seconds ago      Up 31 seconds       0.0.0.0:3001->3000/tcp   keen_elbakyan
[root@yogeshraheja helloworld]# curl localhost:3005
Hello World
[root@yogeshraheja helloworld]# curl localhost:3004
Hello World
[root@yogeshraheja helloworld]# curl localhost:3003
Hello World
[root@yogeshraheja helloworld]# curl localhost:3002
Hello World
[root@yogeshraheja helloworld]# curl localhost:3001
Hello World
[root@yogeshraheja helloworld]#
```

컨테이너 정리하기

다음과 같은 2개의 간단한 한 줄짜리 명령어로 모든 컨테이너를 정지시키고 제거해 모든 것을 정리할 수 있다.

- `$ docker stop $(docker ps -a -q)`
- `$ docker system prune`

위 명령어의 실행 결과는 다음과 같다.

```
[root@yogeshraheja helloworld]# docker stop $(docker ps -a -q)
cbaca3bb4f18
ec27b272835b
11f15cfbc88d
ff6758efd820
90094af21de9
e47e4130e545
0829a984024f
bd5003395c51
874eb1968d49
[root@yogeshraheja helloworld]# docker system prune
WARNING! This will remove:
        - all stopped containers
        - all networks not used by at least one container
        - all dangling images
        - all build cache
Are you sure you want to continue? [y/N] y
Deleted Containers:
cbaca3bb4f18a4510293a72d25c91a30471c095cb88b946217c56d96abc6a065
ec27b272835b904c5ccbab3ebc8d063be6be4e63e926b457bda11832b9e1ec7c
11f15cfbc88d705d35cc77448d1728b6336ec3ca576b04a4efac8332ffb0db6a
ff6758efd820890c07fa8f3c961fd0587f6050f78b66766319936cdbe6529616
90094af21de987618f11f347321fbc3225003736f926d61f0789afc28a0f8214
e47e4130e545e1b2d5eb2b8abb3a228dada2b194230f96f462a5612af521ddc5
0829a984024fcdb9b6330f074bc9d1a8a80fd4985bc536864a0918a813b3844e
bd5003395c51517ac94aea78d5b0e21fddc4730512ba1e79a3fb6829e2861d97
874eb1968d49ee484aecdca25da40bf80f4d88cc1e4e636391400dc2a60f83fe

Total reclaimed space: 10B
[root@yogeshraheja helloworld]#
```

오버헤드가 없거나 응답 지연이 거의 없는 단일 호스트에 여러 컨테이너를 띄울 수 있는 기능으로 도커는 상용 환경의 이상적인 후보가 됐다. 또한 점점 더 많은 회사가 각 비즈니스 기능을 개별적인 서비스로 분리하는 서비스 지향 아키텍처 접근 방식을 완전히 새로운 수준으로 끌어올리기로 결정하고 있다. 이를 **마이크로서비스**microservices 접근 방식이라고도 한다. 도커는 마이크로서비스와 마이크로서비스 아키텍처를 관리하는 데 꼭 맞는 옷과 같다. 도커는 언어 중립적이고(컨테이너 내부에서는 모든 언어로 작성된 모든 유형의 애플리케이션을 시작할 수 있음) 단순한 수평 및 수직 확장이 가능하고 다양한 서비스 배포 대신 공통적인 방식의 컨테이너 배포를 제공하는 플랫폼이다. **코드로 인프라 다루기**IaC, Infrastructure as Code의 모범 사례와 트로포스피어를 활용한 클라우드 포메이션으로 컨테이너 아키텍처를 구현해보자. 살펴볼 첫 번째 서비스는 AWS의 EC2 컨테이너 레지스트리ECR다.

도커 이미지를 관리할 ECR 리포지터리 생성하기

이 장의 첫 절에서는 도커 허브 공용 레지스트리를 사용했다. AWS는 ECR이라는 이와 유사한 서비스를 제공한다. 이를 통해 **리포지터리**repository라는 사설 레지스트리에 이미지를 보관할 수 있게 해준다. ECR은 도커 CLI와 완벽히 호환될 뿐만 아니라 나머지 ECS 서비스와도 밀접하게 통합되어 있다. ECR을 이용해 `helloworld` 이미지를 저장해보자.

앞서 언급한 대로 아키텍처를 변경하는 데 클라우드 포메이션을 집중적으로 사용할 것이다. 앞에서 살펴본 것과 달리 구축하고자 하는 ECS 인프라는 본질적으로 모듈화가 잘되어 있어야 한다. 이는 다른 서비스에 구성요소 중 일부를 실제로 공유할 것이기 때문이다. 따라서 여러 템플릿을 작성하고 서로 연결할 것이다. 이에 대한 좋은 방법은 스택 간 참조할 수 있는 클라우드 포메이션의 익스포트 기능을 사용하는 것이다. 이를 통해 스택 간의 교차 참조가 가능해진다.

익스포트가 제공하는 보너스 중 하나는 실패 방지 메커니즘이다. 다른 스택이 익스포트 값을 참조한다면 값을 제공한 스택을 삭제하거나 편집할 수 없다.

템플릿을 생성하는 새로운 트로포스피어 스크립트를 작성하자. EffectiveDevOpsTemplates 리포지터리로 가서 ecr-repository-cf-template.py 템플릿을 생성하라.

직전에 언급한 Export를 포함한 여러 모듈과 리포지터리를 생성하는 ecr 모듈을 임포트하는 것으로 시작하자. 앞 장에서 사용했던 템플릿 변수인 t도 생성하자.

```
"""Generating CloudFormation template."""

from troposphere import (
   Export,
    Join,
    Output,
    Parameter,
    Ref,
    Template
)
from troposphere.ecr import Repository
t = Template()
```

이 장에서는 여러 클라우드 포메이션 템플릿을 작성할 것이므로 AWS 콘솔에서 어떤 템플릿이 사용되고 있는지 더 쉽게 파악할 수 있도록 템플릿에 대한 설명을 추가하라.

```
t.add_description("Effective DevOps in AWS: ECR Repository")
```

리포지터리 이름을 매개변수로 작성해 리포지터리 생성용 클라우드 포메이션 템플릿을 재사용할 수 있게 하자.

```
t.add_parameter(Parameter(
    "RepoName",
    Type="String",
    Description="Name of the ECR repository to create"
))
```

이제 다음과 같이 리포지터리를 생성하자.

```
t.add_resource(Repository(
    "Repository",
    RepositoryName=Ref("RepoName")
))
```

여기서는 코드를 매우 단순하게 유지하려고 어떠한 특별한 권한도 부여하지 않는다. 리포지터리 접근을 제한해야 하고 좀 더 복잡한 구성이 필요하다면 관련 AWS 문서를 참조하라. 특히 http://amzn.to/2j7hA2P를 참조하라. 끝으로, 생성한 리포지터리의 이름을 내보내고 템플릿 변수 t로 생성 결과를 출력하라.

```
t.add_output(Output(
    "Repository",
    Description="ECR repository",
    Value=Ref("RepoName"),
    Export=Export(Join("-", [Ref("RepoName"), "repo"])),
))
print(t.to_json())
```

이제 스크립트를 저장하라. 결과는 https://github.com/yogeshraheja/EffectiveDevOpsTemplates/blob/master/ecr-repository-cf-template.py와 같다. 이제 다음과 같이 클라우드 포메이션 템플릿을 생성하고 스택을 생성하라.

```
$ python ecr-repository-cf-template.py > ecr-repository-cf.template
$ aws cloudformation create-stack \
    --stack-name helloworld-ecr \
    --capabilities CAPABILITY_IAM \
    --template-body file://ecr-repository-cf.template \
    --parameters \
      ParameterKey=RepoName,ParameterValue=helloworld
```

몇 분 후 스택이 생성된다. 리포지터리가 올바르게 생성됐는지 다음과 같이 확인할 수 있다.

```
$ aws ecr describe-repositories
{
    "repositories": [
        {
            "registryId": "094507990803",
            "repositoryName": "helloworld",
            "repositoryArn": "arn:aws:ecr:us-east-1:094507990803:repository/helloworld",
            "createdAt": 1536345671.0,
            "repositoryUri": "094507990803.dkr.ecr.us-east-1.amazonaws.com/helloworld"
        }
    ]
}
```

다음 명령어로 익스포트 값을 확인할 수 있다.

```
$ aws cloudformation list-exports
{
    "Exports": [
        {
            "ExportingStackId": "arn:aws:cloudformation:us-east-1:094507990803:stack/
helloworld-ecr/94d9ed70-b2cd-11e8-b767-50d501eed2b3",
            "Value": "helloworld",
            "Name": "helloworld-repo"
        }
    ]
}
```

이제 이 리포지터리는 helloworld 이미지를 저장하는 데 사용할 수 있다. 이를 위해 도커 CLI를 사용하자. 이 절차의 첫 단계는 ecr 서비스에 로그인하는 것이다. 한 줄짜리 명령어로 로그인할 수 있다.

```
$ eval "$(aws ecr get-login --region us-east-1 --no-include-email )"
```

이 명령어의 출력 결과는 다음과 같다.

```
[root@yogeshraheja EffectiveDevOpsTemplates]# eval "$(aws ecr get-login --region us-east-1 --no-include-email )"
WARNING! Using --password via the CLI is insecure. Use --password-stdin.
WARNING! Your password will be stored unencrypted in /root/.docker/config.json.
Configure a credential helper to remove this warning. See
https://docs.docker.com/engine/reference/commandline/login/#credentials-store

Login Succeeded
[root@yogeshraheja EffectiveDevOpsTemplates]# 
```

Dockerfile이 있는 helloworld로 돌아가서 다음과 같이 이미지에 태깅을 추가하라.

```
$ cd helloworld
```

latest 태그로 최신 버전의 이미지를 지정하는 것이 일반적이다. 또한 aws ecr describe-repositories의 출력 결과를 다음 명령어에 적용해야 한다(여기서는 이미 이미지를 생성했다고 가정한다).

```
$ docker tag helloworld:latest 094507990803.dkr.ecr.us-east-1.amazonaws.com/
helloworld:latest
```

이제 레지스트리에 이미지를 업로드하라.

```
$ docker push 094507990803.dkr.ecr.us-east-1.amazonaws.com/helloworld:latest
The push refers to a repository [094507990803.dkr.ecr.us-east-1.amazonaws.com/
helloworld]
c7f21f8d59de: Pushed
3c36cf19a914: Pushed
8faa1d9821d6: Pushed
be0fb77bfb1f: Pushed
63c810287aa2: Pushed
2793dc0607dd: Pushed
74800c25aa8c: Pushed
ba504a540674: Pushed
81101ce649d5: Pushed
daf45b2cad9a: Pushed
8c466bf4ca6f: Pushed
```

```
latest: digest:
sha256:95906ec13adf9894e4611cd37c8a06569964af0adbb035fcafa6020994675161
size: 2628
```

이미지의 각 계층이 레지스트리에 동시에 업로드되는 것을 볼 수 있다. 이 작업이 완료되면 다음과 같이 레지스트리에 신규 이미지가 존재하는지 확인할 수 있다.

```
$ aws ecr describe-images --repository-name helloworld
{
    "imageDetails": [
        {
            "imageSizeInBytes": 263616934,
            "imageDigest": "sha256:95906ec13adf9894e4611cd37c8a06569964af0adbb035fca
fa6020994675161",
            "imageTags": [
                "latest"
            ],
            "registryId": "094507990803",
            "repositoryName": "helloworld",
            "imagePushedAt": 1536346218.0
        }
    ]
}
```

생성된 이미지는 인프라의 다른 곳에서도 사용할 수 있다. 여기에서 ECS 클러스터를 생성하는 다음 단계로 이동하자.

ECS 클러스터 생성하기

ECS 클러스터 생성하기는 6장 '인프라 확장하기'에서 했던 것과 매우 유사하다. 6장에서 Hello World 애플리케이션을 구동하는 데 오토스케일링 그룹을 생성했다. 주요 차이점은 추상화 단계가 하나 더 있다는 점이다. **태스크**task 라고 불리는 단계로, 여기서 여러 서비스를 구동할 수 있다.

트래픽을 처리하는 태스크가 여러 개 존재할 수 있다.

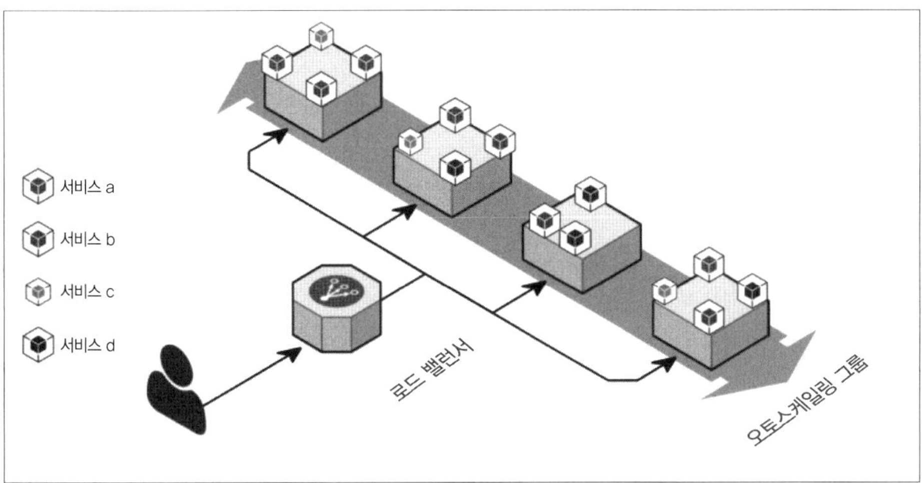

이 때문에 ECS 서비스는 오케스트레이션 계층을 제공한다. 오케스트레이션 계층은 컨테이너의 업그레이드 또는 다운그레이드, 규모 확장/축소를 포함한 컨테이너 라이프 사이클을 관리하는 역할을 담당한다. 오케스트레이션 계층은 또한 클러스터에 있는 모든 인스턴스에 모든 서비스용 컨테이너를 최적으로 배포한다. 끝으로, ALB와 ELB 같은 서비스와 상호작용해 컨테이너를 등록 또는 등록 취소하는 검색 메커니즘도 제공한다.

태스크 배치 전략

기본적으로 모든 오케스트레이션은 AWS에 의해 관리되지만, 태스크 배치 전략의 생성을 통해 커스터마이징할 수도 있다. 이를 통해 오케스트레이션 구성 시 인스턴스 수, 부하 분산을 최적화하거나 제약 조건을 추가할 수 있고 특정 태스크를 동일 인스턴스에서 시작하게 할 수 있다.

ECS 클러스터를 생성하는 새로운 스크립트를 작성하자. 파일 이름은 ecs-cluster-cf-template.py다. 이 템플릿은 6장 '인프라 확장하기'에서 오토스케일링 그룹용으로 작성한 템플릿과 거의 같다.

```
"""Generating CloudFormation template."""

from ipaddress import ip_network
from ipify import get_ip
from troposphere import (
    Base64,
    Export,
    Join,
    Output,
    Parameter,
    Ref,
    Sub,
    Template,
    ec2
)

from troposphere.autoscaling import (
    AutoScalingGroup,
    LaunchConfiguration,
    ScalingPolicy
)

from troposphere.cloudwatch import (
    Alarm,
    MetricDimension
)
from troposphere.ecs import Cluster
from troposphere.iam import (
    InstanceProfile,
    Role
)
```

여기서 신규로 추가된 것은 ECS 모듈의 클러스터에 대한 임포트 부분이다. 6장 '인프라 확장하기'와 동일하게 SSH 보안 그룹에 사용할 공인 IP 주소를 추출하고 템플릿 변수를 생성하고 스택 설명을 추가하라.

```
PublicCidrIp = str(ip_network(get_ip()))
t = Template()
t.add_description("Effective DevOps in AWS: ECS Cluster")
```

이제 6장 '인프라 확장하기'에서 사용했던 동일한 매개변수를 추가하자. SSH 키 페어, VPC ID 및 서브넷 정보의 매개변수를 포함한다.

```
t.add_parameter(Parameter(
    "KeyPair",
    Description="Name of an existing EC2 KeyPair to SSH",
    Type="AWS::EC2::KeyPair::KeyName",
    ConstraintDescription="must be the name of an existing EC2 KeyPair.",
))

t.add_parameter(Parameter(
    "VpcId",
    Type="AWS::EC2::VPC::Id",
    Description="VPC"
))

t.add_parameter(Parameter(
    "PublicSubnet",
    Description="PublicSubnet",
    Type="List<AWS::EC2::Subnet::Id>",
    ConstraintDescription="PublicSubnet"
))
```

다음으로 보안 그룹 리소스를 추가하라.

```
t.add_resource(ec2.SecurityGroup(
    "SecurityGroup",
    GroupDescription="Allow SSH and private network access",
    SecurityGroupIngress=[
        ec2.SecurityGroupRule(
            IpProtocol="tcp",
            FromPort=0,
```

```
            ToPort=65535,
            CidrIp="172.16.0.0/12",
        ),
        ec2.SecurityGroupRule(
            IpProtocol="tcp",
            FromPort="22",
            ToPort="22",
            CidrIp=PublicCidrIp,
        ),
    ],
    VpcId=Ref("VpcId")
))
```

여기에는 한 가지 중요한 차이가 있다. 6장 '인프라 확장하기'에서는 애플리케이션의 포트 3000번을 개방했다. 여기서는 내부 네트워크의 사설 IP 주소 공간인 CIDR 172.16.0.0/12 모든 포트를 열었다. 이는 ECS 클러스터가 동일 호스트에서 여러 개의 helloworld 컨테이너에 다른 포트를 바인딩하면서 실행하기 위해서다.

이제 클러스터 리소스를 생성하라. 다음 명령어로 간단히 처리할 수 있다.

```
t.add_resource(Cluster(
    'ECSCluster',
))
```

다음으로 클러스터 인스턴스의 IAM 역할을 구성하자. ECS 클러스터는 일반적으로 다른 AWS 서비스와 많은 상호작용을 하는 복잡한 리소스 중 하나다. 다음과 같이 사용자 정의된 정책을 완벽하게 생성하거나 AWS가 제공하는 정책을 가져와서 적용하라.

```
t.add_resource(Role(
    'EcsClusterRole',
    ManagedPolicyArns=[
        'arn:aws:iam::aws:policy/service-role/AmazonEC2RoleforSSM',
```

```
            'arn:aws:iam::aws:policy/AmazonEC2ContainerRegistryReadOnly',
            'arn:aws:iam::aws:policy/service-role/AmazonEC2ContainerServiceforEC2Role',
            'arn:aws:iam::aws:policy/CloudWatchFullAccess'
    ],
    AssumeRolePolicyDocument={
        'Version': '2012-10-17',
        'Statement': [{
            'Action': 'sts:AssumeRole',
            'Principal': {'Service': 'ec2.amazonaws.com'},
            'Effect': 'Allow',
        }]
    }
))
```

이제 인스턴스 프로파일을 역할에 연결할 수 있다.

```
t.add_resource(InstanceProfile(
    'EC2InstanceProfile',
    Roles=[Ref('EcsClusterRole')],
))
```

다음 단계는 시작 구성 정보를 작성하는 것이다. 다음과 같이 작성한다.

```
t.add_resource(LaunchConfiguration(
    'ContainerInstances',
    UserData=Base64(Join('', [
        "#!/bin/bash -xe\n",
        "echo ECS_CLUSTER=",
        Ref('ECSCluster'),
        " >> /etc/ecs/ecs.config\n",
        "yum install -y aws-cfn-bootstrap\n",
        "/opt/aws/bin/cfn-signal -e $? ",
        " --stack ",
        Ref('AWS::StackName'),
        " --resource ECSAutoScalingGroup ",
        " --region ",
        Ref('AWS::Region'),
```

```
        "\n"])),
    ImageId='ami-04351e12',
    KeyName=Ref("KeyPair"),
    SecurityGroups=[Ref("SecurityGroup")],
    IamInstanceProfile=Ref('EC2InstanceProfile'),
    InstanceType='t2.micro',
    AssociatePublicIpAddress='true',
))
```

이 예시에서는 앞에서와 같이 앤서블을 설치하지는 않는다. 대신에 ECS에 최적화된 AMI(자세한 정보는 http://amzn.to/2jX0xVu를 참고하라)를 사용해 ECS 서비스를 구성하고 시작 스크립트에 대한 `UserData` 필드를 이용한다. 구성 정보를 작성했으므로 오토스케일링 그룹 리소스를 생성하자.

ECS로 작업할 때 스케일링은 두 가지 수준에서 요구된다.

- 컨테이너 수준: 트래픽이 폭주할 때 해당 서비스를 띄울 더 많은 컨테이너가 필요하다.
- 기반 인프라 수준

컨테이너는 태스크 정의를 매개로 CPU 및 메모리의 요구사항을 지정한다. 예를 들어 1024개의 CPU 단위는 1개의 코어를 의미하고, 256개의 메모리 단위는 250MB RAM을 의미한다. ECS 인스턴스가 이 두 가지 제약 조건에 근접하면 ECS 오토스케일링 그룹은 인스턴스를 하나 더 추가한다.

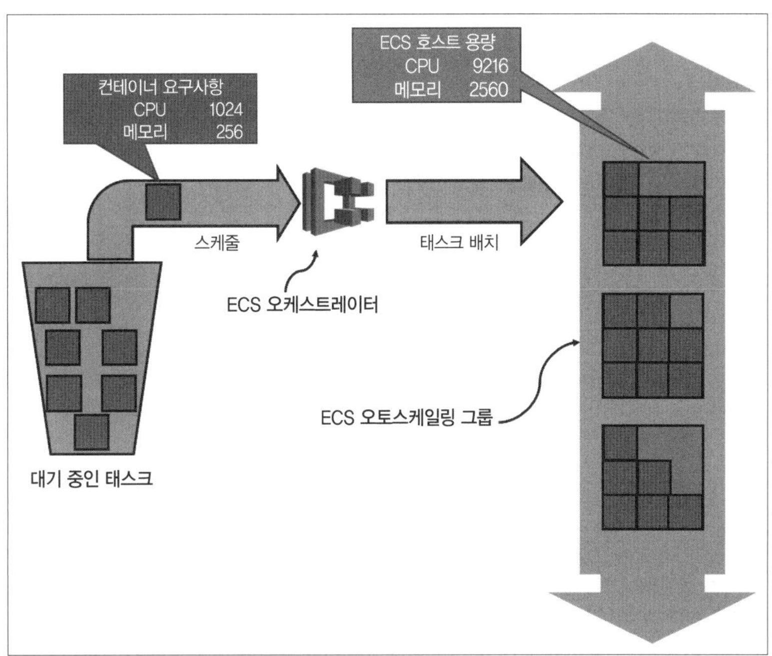

구현은 6장 '인프라 확장하기'에서 했던 절차와 매우 유사하다. 여기서는 다음과 같이 오토스케일링 그룹Auto Scaling Group 리소스를 먼저 생성하라.

```
t.add_resource(AutoScalingGroup(
    'ECSAutoScalingGroup',
    DesiredCapacity='1',
    MinSize='1',
    MaxSize='5',
    VPCZoneIdentifier=Ref("PublicSubnet"),
    LaunchConfigurationName=Ref('ContainerInstances'),
))
```

다음으로 CPU와 메모리 예약 메트릭을 모니터링하는 스케일링 정책scaling policy과 알람을 생성하라. 이를 위해 다음과 같이 파이썬으로 스택을 생성하고 for 루프를 작성하라.

```
states = {
    "High": {
        "threshold": "75",
        "alarmPrefix": "ScaleUpPolicyFor",
        "operator": "GreaterThanThreshold",
        "adjustment": "1"
    },
    "Low": {
        "threshold": "30",
        "alarmPrefix": "ScaleDownPolicyFor",
        "operator": "LessThanThreshold",
        "adjustment": "-1"
    }
}

for reservation in {"CPU", "Memory"}:
    for state, value in states.iteritems():
        t.add_resource(Alarm(
            "{}ReservationToo{}".format(reservation, state),
            AlarmDescription="Alarm if {} reservation too {}".format(
                reservation,
                state),
        Namespace="AWS/ECS",
        MetricName="{}Reservation".format(reservation),
        Dimensions=[
            MetricDimension(
                Name="ClusterName",
                Value=Ref("ECSCluster")
            ),
        ],
        Statistic="Average",
        Period="60",
        EvaluationPeriods="1",
        Threshold=value['threshold'],
        ComparisonOperator=value['operator'],
        AlarmActions=[
            Ref("{}{}".format(value['alarmPrefix'], reservation))]
    ))
    t.add_resource(ScalingPolicy(
        "{}{}".format(value['alarmPrefix'], reservation),
```

```
        ScalingAdjustment=value['adjustment'],
        AutoScalingGroupName=Ref("ECSAutoScalingGroup"),
        AdjustmentType="ChangeInCapacity",
    ))
```

끝으로 스택 ID, VPC ID, 공용 서브넷 등 일부 리소스 정보를 출력하라.

```
t.add_output(Output(
    "Cluster",
    Description="ECS Cluster Name",
    Value=Ref("ECSCluster"),
    Export=Export(Sub("${AWS::StackName}-id")),
))

t.add_output(Output(
    "VpcId",
    Description="VpcId",
    Value=Ref("VpcId"),
    Export=Export(Sub("${AWS::StackName}-vpc-id")),
))

t.add_output(Output(
    "PublicSubnet",
    Description="PublicSubnet",
    Value=Join(',', Ref("PublicSubnet")),
    Export=Export(Sub("${AWS::StackName}-public-subnets")),
))

print(t.to_json())
```

클라우드 포메이션은 AWS::StackName 같은 여러 의사(pseudo) 매개변수를 제공한다. 이 장에서는 템플릿을 각기 다른 환경과 서비스에서 사용할 수 있게 의사 매개변수를 이용한 일반적인 템플릿을 만들 것이다. 위의 코드에서 helloworld 컨테이너의 ECR 리포지터리를 만들었다. 리포지터리 이름은 스택 생성 명령어로 생성된 것이다. 필요시 동일 템플릿을 재사용해 다른 컨테이너의 리포지터리를 생성할 수 있다.

스크립트가 완성됐다. 스크립트는 https://github.com/yogeshraheja/EffectiveDevOpsTemplates/blob/master/ecs-cluster-cf-template.py와 같다.

다음과 같이 이제 스크립트를 커밋하고 스택을 만드는 템플릿을 생성하라.

```
$ git add ecs-cluster-cf-template.py
$ git commit -m "Adding Troposphere script to generate an ECS cluster"
$ git push
$ python ecs-cluster-cf-template.py > ecs-cluster-cf.template
```

스택을 생성하는 데는 키 페어, VPC ID, 서브넷의 세 가지 매개변수가 필요하다. 이전 장들에서는 스택을 생성하는 데 웹 인터페이스를 이용했다. 여기서는 CLI를 이용해 해당 정보를 얻는 방법을 살펴볼 것이다.

VPC ID와 서브넷 ID를 얻으려면 다음 명령어를 실행하라.

```
$ aws ec2 describe-vpcs --query 'Vpcs[].VpcId'
[
    "vpc-4cddce2a"
]
$ aws ec2 describe-subnets --query 'Subnets[].SubnetId'
[
    "subnet-e67190bc",
    "subnet-658b6149",
    "subnet-d890d3e4",
    "subnet-6fdd7927",
    "subnet-4c99c229",
    "subnet-b03baebc"
]
```

이들 출력 결과를 조합해 스택을 생성할 수 있다. ECS 클러스터는 여러 가지 애플리케이션과 서비스를 갖는 다양한 컨테이너를 실행할 수 있다. 환경마다 개별적인 ECS 클러스터 구축을 목표로 할 것이다. 스테이징 환경에서 시작하자. 각 환경을 구별하려면 스택 이름을 사용해야 한다. 따라서 여기에 표시된 대로 스택 이름을 staging-cluster로 하는 것은 좋다.

```
$ aws cloudformation create-stack \
    --stack-name staging-cluster \
    --capabilities CAPABILITY_IAM \
    --template-body file://ecs-cluster-cf.template \
    --parameters \
    ParameterKey=KeyPair,ParameterValue=EffectiveDevOpsAWS \
    ParameterKey=VpcId,ParameterValue=vpc-bfe537d9 \
    ParameterKey=PublicSubnet,ParameterValue=subnet-e67190bc\\,subnet-658b6149\\,
subnet-d890d3e4\\,subnet-6fdd7927\\,subnet-4c99c229\\,subnet-b03baebc
{
    "StackId": "arn:aws:cloudformation:us-east-1:094507990803:stack/staging-cluster/
581e30d0-b2d2-11e8-b48f-503acac41e99"
}
```

이제 로드 밸런서를 추가하자. 앞 장에서는 오토스케일링 그룹에 ELB를 사용했다. 나중에는 ALB 서비스도 언급했다. 이번에는 ALB를 생성해 애플리케이션의 트래픽을 처리하자.

ALB 생성하기

앞에서 언급한 대로 ECS는 오토스케일링 그룹에 각 컨테이너를 할당하는 오케스트레이터를 제공한다. 또한 각 컨테이너가 사용하는 포트와 ALB를 통합해 들어오는 트래픽을 로드 밸런서가 모든 컨테이너로 올바르게 라우팅하게 한다. ECS는 ELB와 ALB 서비스를 모두 지원한다. 그러나 컨테이너를 이용할 때는 ALB가 좀 더 유연하다. 트로포스피어 기반의 클라우드 포메이션으로 ALB를 어떻게 생성하는지 보여줄 것이다.

helloworld-ecs-alb-cf-template.py라는 파일로 시작하자. 그런 다음 임포트를 추가하고, 템플릿 변수를 생성하고 설명을 추가하라.

```
"""Generating CloudFormation template."""

from troposphere import elasticloadbalancingv2 as elb

from troposphere import (
    Export,
    GetAtt,
    ImportValue,
    Join,
    Output,
    Ref,
    Select,
    Split,
    Sub,
    Template,
    ec2
)

t = Template()

t.add_description("Effective DevOps in AWS: ALB for the ECS Cluster")
```

이제 보안 그룹을 생성하라. 6장 '인프라 확장하기'에서 ELB를 사용했던 것과 같이 TCP/3000 포트를 인터넷에 오픈하라.

```
t.add_resource(ec2.SecurityGroup(
    "LoadBalancerSecurityGroup",
    GroupDescription="Web load balancer security group.",
    VpcId=ImportValue(
        Join(
            "-",
            [Select(0, Split("-", Ref("AWS::StackName"))),
                "cluster-vpc-id"]
        )
    ),
    SecurityGroupIngress=[
        ec2.SecurityGroupRule(
```

```
            IpProtocol="tcp",
            FromPort="3000",
            ToPort="3000",
            CidrIp="0.0.0.0/0",
        ),
    ],
))
```

이전에 했던 것과의 주요 차이점은 매개변수 섹션을 채우는 데 VPC ID와 공용 서브넷을 요청하는 대신에 직전에 익스포트한 값을 활용한다는 점이다. 이 스택을 시작할 때 이름을 staging-alb라고 할 것이다. ImportValue 안에 있는 코드 블록은 다음을 수행한다.

1. 스택 이름을 먼저 얻는다. 스택은 staging-alb라는 이름으로 시작한다.
2. Split 함수로 스택 이름을 '-' 문자 기준으로 분리한다. 결과적으로 [staging, alb]로 분리된다.
3. Select 함수로 분리된 문자열 목록에서 첫 번째 항목인 staging을 선택한다.
4. Join 함수로 선택된 항목과 cluster-vpc-id를 연결한다. 결과적으로 Import("staging-cluster-vpc-id")가 되고, 이 값은 ECS 클러스터를 생성할 때 VPC ID로 익스포트한 키 이름이다.

이제 ALB를 생성하자. ELB보다 더 유연하고 기능이 많은 ALB는 구성을 하려면 약간의 노력이 필요하다. ALB는 세 가지 리소스를 매개로 동작한다. 첫 번째 리소스는 외부에서 들어오는 접속을 처리하는 ALB 리소스다. 반대편은 대상 그룹으로서, ECS 클러스터가 사용하는 리소스를 ALB에 등록한다. 마지막은 이 둘을 엮을 수 있는 리스너 리소스다. 먼저 로드 밸런서 리소스를 정의하라.

```
t.add_resource(elb.LoadBalancer(
    "LoadBalancer",
    Scheme="internet-facing",
    Subnets=Split(
        ',',
        ImportValue(
            Join("-",
                [Select(0, Split("-", Ref("AWS::StackName"))),
                "cluster-public-subnets"]
            )
        )
    ),
    SecurityGroups=[Ref("LoadBalancerSecurityGroup")],
))
```

VPC ID를 얻을 때 한 것과 동일하게 서브넷을 가져올 때 ImportValue, Join, Select 함수를 호출했다.

이제 대상 그룹을 생성하고 상태 검사를 구성하라.

```
t.add_resource(elb.TargetGroup(
    "TargetGroup",
    DependsOn='LoadBalancer',
    HealthCheckIntervalSeconds="20",
    HealthCheckProtocol="HTTP",
    HealthCheckTimeoutSeconds="15",
    HealthyThresholdCount="5",
    Matcher=elb.Matcher(
        HttpCode="200"),
    Port=3000,
    Protocol="HTTP",
    UnhealthyThresholdCount="3",
    VpcId=ImportValue(
        Join(
            "-",
            [Select(0, Split("-", Ref("AWS::StackName"))),
```

```
            "cluster-vpc-id"]
        )
    ),
))
```

마지막으로, 로드 밸런서에 대상 그룹을 연결하는 리스너를 추가하라.

```
t.add_resource(elb.Listener(
    "Listener",
    Port="3000",
    Protocol="HTTP",
    LoadBalancerArn=Ref("LoadBalancer"),
    DefaultActions=[elb.Action(
        Type="forward",
            TargetGroupArn=Ref("TargetGroup")
    )]
))
```

마지막으로 2개의 아웃풋을 생성하자. 첫 번째 아웃풋은 대상 그룹이다. 이 값을 익스포트해 애플리케이션이 그룹을 등록할 수 있게 한다. 두 번째 아웃풋은 ALB의 DNS 이름이다. 이 값은 애플리케이션의 엔드포인트다.

```
t.add_output(Output(
    "TargetGroup",
    Description="TargetGroup",
    Value=Ref("TargetGroup"),
    Export=Export(Sub("${AWS::StackName}-target-group")),
))

t.add_output(Output(
    "URL",
    Description="Helloworld URL",
    Value=Join("", ["http://", GetAtt("LoadBalancer", "DNSName"), ":3000"])
))

print(t.to_json())
```

이제 파일이 완성됐고 https://github.com/yogeshraheja/EffectiveDevOpsTemplates/blob/master/helloworld-ecs-alb-cf-template.py와 같다. 다음과 같이 템플릿을 생성한 후 스택을 생성하라.

```
$ git add helloworld-ecs-alb-cf-template.py
$ git commit -m "Adding a Load balancer template for our helloworld application on ECS"
$ git push
$ python helloworld-ecs-alb-cf-template.py > helloworld-ecs-alb-cf.template
$ aws cloudformation create-stack \
    --stack-name staging-alb \
    --capabilities CAPABILITY_IAM \
    --template-body file://helloworld-ecs-alb-cf.template
{
    "StackId": "arn:aws:cloudformation:us-east-1:094507990803:stack/staging-alb/
4929fee0-b2d4-11e8-825f-50fa5f2588d2"
}
```

스택명을 `staging-alb`로 해 명령을 실행하는 것은 중요하다. 왜냐하면 첫 번째 단어가 VPC ID와 서브넷을 가져오는 데 사용되기 때문이다. 마지막으로 필요한 스택은 컨테이너 서비스를 만드는 것이다.

ECS helloworld 서비스 만들기

이제 ECS 클러스터와 트래픽을 처리할 로드 밸런서가 준비됐고 애플리케이션의 이미지를 담고 있는 ECR 리포지터리도 준비됐다. 이제 이 둘을 연결해야 한다. 이는 ECS 서비스 리소스를 생성함으로써 완성된다. helloworld-ecs-service-cf-template.py라는 파일을 생성하고 앞에서 하던 대로 임포트, 템플릿 변수 생성 및 템플릿 설명으로 시작하라.

```
"""Generating CloudFormation template."""

from troposphere.ecs import (
    TaskDefinition,
```

```
    ContainerDefinition
)
from troposphere import ecs
from awacs.aws import (
    Allow,
    Statement,
    Principal,
    Policy
)
from troposphere.iam import Role

from troposphere import (
    Parameter,
    Ref,
    Template,
    Join,
    ImportValue,
    Select,
    Split,
)

from awacs.sts import AssumeRole

t = Template()

t.add_description("Effective DevOps in AWS: ECS service - Helloworld")
```

템플릿은 하나의 매개변수를 갖고 이는 배포하는 이미지의 태그 이름이다. 현재 리포지터리에는 latest라고 태그된 하나의 이미지만 있다. 그러나 다음 절에서 배포 파이프라인을 업데이트하고 ECS로의 서비스 배포를 자동화할 것이다.

```
t.add_parameter(Parameter(
    "Tag",
    Type="String",
    Default="latest",
    Description="Tag to deploy"
))
```

ECS에서는 애플리케이션을 태스크로 정의한다. 태스크 정의에서는 이미지를 얻는 데 사용할 리포지터리와 애플리케이션을 구동하는 데 필요한 CPU, 메모리 용량, 포트 매핑, 환경 변수, 마운트 지점 같은 여러 시스템 속성을 정의한다. 여기서는 태스크 정의를 최소한으로 유지하자. (이전에 리포지터리 이름으로 익스포트했던) 적합한 이미지를 선택하는 `ImportValue` 함수와 `Join` 함수로 리포지터리의 URL을 생성하자. 애플리케이션을 실행하는 데 32MB의 메모리와 1/4의 CPU Core가 필요하다. 끝으로, 시스템에 매핑하는 3000 포트를 지정하라.

```
t.add_resource(TaskDefinition(
    "task",
    ContainerDefinitions=[
        ContainerDefinition(
            Image=Join("", [
                Ref("AWS::AccountId"),
                ".dkr.ecr.",
                Ref("AWS::Region"),
                ".amazonaws.com",
                "/",
                ImportValue("helloworld-repo"),
                ":",
                Ref("Tag")]),
            Memory=32,
            Cpu=256,
            Name="helloworld",
            PortMappings=[ecs.PortMapping(
                ContainerPort=3000)]
        )
    ],
))
```

대부분의 AWS 관리형 서비스와 같이 ECS 서비스에는 역할을 매개로 제공하는 특정 권한셋이 필요하다. 이 역할을 생성하고 ECS 서비스 역할의 기본 정책으로 사용하라.

```
t.add_resource(Role(
    "ServiceRole",
    AssumeRolePolicyDocument=Policy(
        Statement=[
            Statement(
                Effect=Allow,
                Action=[AssumeRole],
                Principal=Principal("Service", ["ecs.amazonaws.com"])
            )
        ]
    ),
    Path="/",
    ManagedPolicyArns=[
        'arn:aws:iam::aws:policy/service-role/AmazonEC2ContainerServiceRole']
))
```

역할 정의와 ECS 클러스터와 ALB를 연결하는 ECS 서비스 리소스를 추가해 템플릿의 작성을 완성하라.

```
t.add_resource(ecs.Service(
    "service",
    Cluster=ImportValue(
        Join(
            "-",
            [Select(0, Split("-", Ref("AWS::StackName"))),
                "cluster-id"]
        )
    ),
    DesiredCount=1,
    TaskDefinition=Ref("task"),
    LoadBalancers=[ecs.LoadBalancer(
        ContainerName="helloworld",
        ContainerPort=3000,
        TargetGroupArn=ImportValue(
            Join(
                "-",
                [Select(0, Split("-", Ref("AWS::StackName"))),
```

```
                    "alb-target-group"]
            ),
        ),
    )],
    Role=Ref("ServiceRole")
))
```

끝으로, 다음 명령어로 코드에서 생성된 템플릿을 출력하라.

```
print(t.to_json())
```

스크립트가 준비됐고 이는 https://github.com/yogeshraheja/EffectiveDevOps Templates/blob/master/helloworld-ecs-service-cf-template.py와 같다.

이제 다음과 같이 템플릿을 생성하고 스택을 생성하라.

```
$ git add helloworld-ecs-service-cf-template.py
$ git commit -m "Adding helloworld ECS service script"
$ git push
$ python helloworld-ecs-service-cf-template.py > helloworld-ecs-service-cf.template
$ aws cloudformation create-stack \
    --stack-name staging-helloworld-service \
    --capabilities CAPABILITY_IAM \
    --template-body file://helloworld-ecs-service-cf.template \
    --parameters \
      ParameterKey=Tag,ParameterValue=latest
```

몇 분 후에 스택이 생성된다. ALB 스택의 출력으로 가서 새롭게 배포된 애플리케이션의 URL로 다음과 같이 출력 결과를 테스트하라.

```
$ aws cloudformation describe-stacks \
    --stack-name staging-alb \
    --query 'Stacks[0].Outputs'
[
```

```
    {
        "Description": "TargetGroup",
        "ExportName": "staging-alb-target-group",
        "OutputKey": "TargetGroup",
        "OutputValue": "arn:aws:elasticloadbalancing:us-east-
1:094507990803:targetgroup/stagi-Targe-ZBW30U7GT7DX/329afe507c4abd4d"
    },
    {
        "Description": "Helloworld URL",
        "OutputKey": "URL",
        "OutputValue": "http://stagi-LoadB-122z9zdmcd68x-1452710042.us-east-1.elb.
amazonaws.com:3000"
    }
]

$ curl http://stagi-LoadB-122z9zdmcd68x-1452710042.us-east-1.elb.amazonaws.com:3000
Hello World
```

다음 스크린샷과 같이 브라우저에서도 확인할 수 있다.

Not secure | stagi-loadb-122z9zdmcd68x-1452710042.us-east-1.elb.amazonaws.com:3000

Hello World

이제 스테이징 ECS 환경의 생성을 완료했다. 다음과 같이 스테이징에 새로운 코드를 수동으로 쉽게 배포할 수 있다.

1. helloworld 코드를 로컬 환경에서 변경하라. 다음 스크린샷과 같이 Hello World를 Hello From Yogesh Raheja로 변경하라.

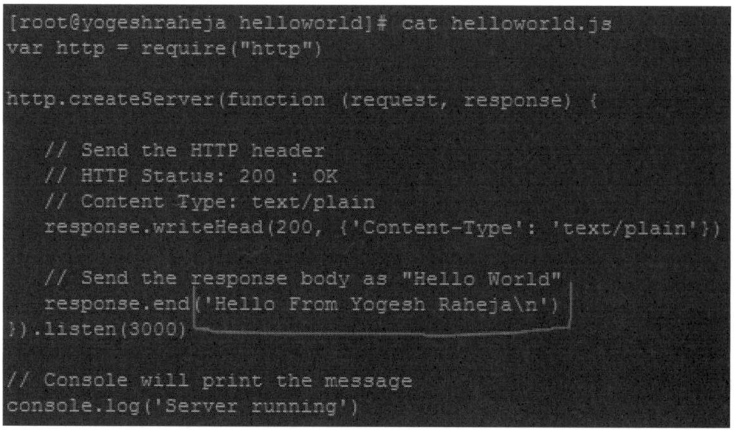

```
[root@yogeshraheja helloworld]# cat helloworld.js
var http = require("http")

http.createServer(function (request, response) {

   // Send the HTTP header
   // HTTP Status: 200 : OK
   // Content Type: text/plain
   response.writeHead(200, {'Content-Type': 'text/plain'})

   // Send the response body as "Hello World"
   response.end('Hello From Yogesh Raheja\n')
}).listen(3000)

// Console will print the message
console.log('Server running')
```

2. ecr 레지스트리에 로그인하라.

```
$ eval "$(aws ecr get-login --region us-east-1 --no-include-email)"
```

3. 도커 컨테이너를 생성하라.

```
$ docker build -t helloworld
```

4. 고유한 태그명을 선택하고 이미지에 태깅하라. 신규 태그를 foobar로 하라.

```
$ docker tag helloworld 094507990803.dkr.ecr.us-east-1.amazonaws.com/
helloworld:foobar
```

5. 이미지를 ecr 리포지터리에 푸시하라.

```
$ docker push 094507990803.dkr.ecr.us-east-1.amazonaws.com/helloworld:foobar
```

6. 클라우드 포메이션 스택의 ECS 서비스를 업데이트하라.

```
$ aws cloudformation update-stack \
    --stack-name staging-helloworld-service \
    --capabilities CAPABILITY_IAM \
    --template-body file://helloworld-ecs-service-cf.template \
    --parameters \
      ParameterKey=Tag,ParameterValue=foobar
```

7. 업데이트 후 출력 결과를 확인하라.

```
$ curl http://stagi-LoadB-122Z9ZDMCD68X-1452710042.us-east-1.elb.amazonaws.
com:3000

Hello From Yogesh Raheja
```

브라우저의 출력 결과도 업데이트된 이미지의 결과를 반영한다.

```
← → C  ⓘ Not secure | stagi-loadb-122z9zdmcd68x-1452710042.us-east-1.elb.amazonaws.com:3000
Hello From Yogesh Raheja
```

이 일련의 작업으로 배포 절차를 자동화하고 새로운 연속 통합/연속 배포 파이프라인을 작성하자.

ECS에 배포하는 CI/CD 파이프라인 작성하기

배포 환경 전반에 연속적으로 코드를 배포할 수 있는 능력을 갖는 것은 전통적인 개발 대 운영 사일로로부터 탈피해 신규 코드의 출시 속도를 높이는 데 도움을 주는 매우 강력한 도구다. Hello World 애플리케이션의 변경사항을 스테이징과 상용의 오토스케일링 그룹에 자동으로 배포할 수 있는 파이프라인을 생성했다. 이제 유사한 파이프라인을 생성할 것이다. 그러나 이번에는 변경사항을 ECS에 배포할 것이다. ECS 인프라는 다음과 같다.

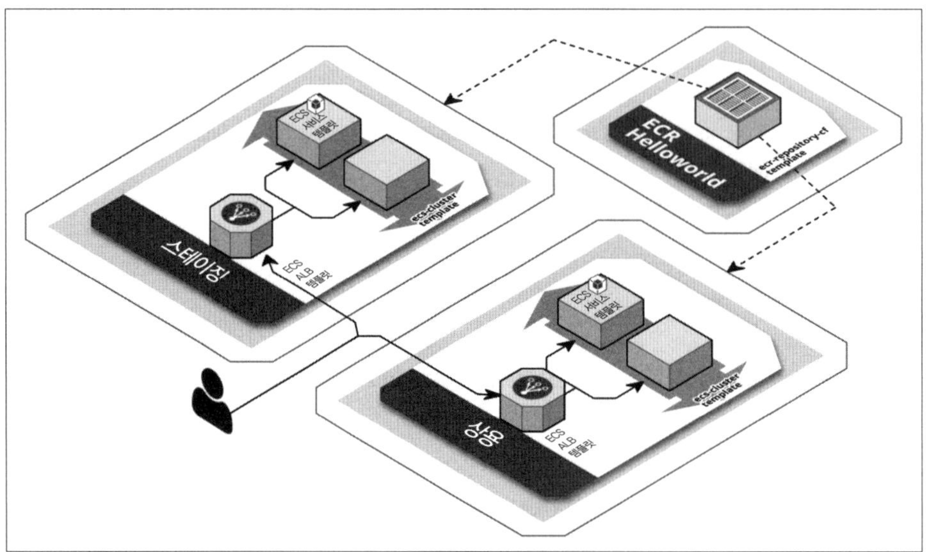

앞 절에서 만든 클라우드 포메이션을 재활용하면 스테이징 환경과 완전히 일치하는 상용 환경을 생성할 수 있다. ecr 리포지터리는 주어진 애플리케이션에 대해 유일함을 의미하므로 환경 전반에서 공유할 수 있다. 3장 '코드로 인프라 다루기'에서 배운 모범 사례를 따라 클라우드 포메이션 스택으로 파이프라인을 작성하자. 첫 번째 단계는 상용 ECS 클러스터를 생성하는 것이다.

상용 ECS 클러스터 생성하기

클라우드 포메이션 템플릿으로 했던 선행 작업 덕분에 새로운 환경을 추가하는 방법은 간단하다. 상용 ECS 클러스터를 시작하는 것으로 출발하라.

```
$ aws cloudformation create-stack \
    --stack-name production-cluster \
    --capabilities CAPABILITY_IAM \
    --template-body file://ecs-cluster-cf.template \
```

```
    --parameters \
      ParameterKey=KeyPair,ParameterValue=EffectiveDevOpsAWS \
      ParameterKey=VpcId,ParameterValue=vpc-4cddce2a\
      ParameterKey=PublicSubnet,ParameterValue=subnet-e67190bc\\,subnet-658b6149\\,
subnet-d890d3e4\\,subnet-6fdd7927\\,subnet-4c99c229\\,subnet-b03baebc
{
    "StackId": "arn:aws:cloudformation:us-east-1:094507990803:stack/production-
cluster/1e1a87f0-b2da-11e8-8fd2-503aca4a58d1"
}
```

클러스터 생성 시 익스포트한 값의 일부가 필요하기 때문에 스택의 생성을 완료할 때까지 기다려야 한다. 다음 스택을 생성할 수 있을 때까지 터미널이 멈추게 하려면 다음 명령어를 실행하면 된다.

```
$ aws cloudformation wait stack-create-complete \
    --stack-name production-cluster
```

잠시 후 ALB를 생성하고 완료할 때까지 기다려라.

```
$ aws cloudformation create-stack \
    --stack-name production-alb \
    --capabilities CAPABILITY_IAM \
    --template-body file://helloworld-ecs-alb-cf.template
{
    "StackId": "arn:aws:cloudformation:us-east-1:094507990803:stack/production-alb/
bea35530-b2da-11e8-a55e-500c28903236"
}

$ aws cloudformation wait stack-create-complete --stack-name production-alb
```

끝으로, 다음 코드로 서비스를 생성하라.

```
$ aws cloudformation create-stack \
    --stack-name production-helloworld-service \
```

```
    --capabilities CAPABILITY_IAM \
    --template-body file://helloworld-ecs-service-cf.template \
    --parameters \
      ParameterKey=Tag,ParameterValue=latest
{
    "StackId": "arn:aws:cloudformation:us-east-1:094507990803:stack/production-
helloworld-service/370a3d40-b2db-11e8-80a8-503f23fb5536"
}

$ aws cloudformation wait stack-create-complete \
    --stack-name production-helloworld-service
```

이제 상용 환경이 구동된다. 생성된 ALB 스택의 익스포트한 값에서 URL을 얻은 후 curl로 엔드포인트를 호출해 애플리케이션이 동작 중인지 확인할 수 있다.

```
$ aws cloudformation describe-stacks \
    --stack-name production-alb \
    --query 'Stacks[0].Outputs'
[
    {
        "Description": "TargetGroup",
        "ExportName": "production-alb-target-group",
        "OutputKey": "TargetGroup",
        "OutputValue": "arn:aws:elasticloadbalancing:us-east-1:094507990803:
targetgroup/produ-Targe-LVSNKY9T8S6E/83540dcf2b5a5b54"
    },
    {
        "Description": "Helloworld URL",
        "OutputKey": "URL",
        "OutputValue": "http://produ-LoadB-40X7DRUNEBE3-676991098.us-east-1.elb.
amazonaws.com:3000"
    }
]

$ curl http://produ-LoadB-40X7DRUNEBE3-676991098.us-east-1.elb.amazonaws.com:3000
Hello World
```

출력 결과는 다음과 같다.

```
← → C ⓘ Not secure | produ-loadb-40x7drunebe3-676991098.us-east-1.elb.amazonaws.com:3000

Hello World
```

이제 상용 환경이 준비됐으므로 컨테이너의 생성 자동화를 살펴볼 것이다. 이를 위해 코드 빌드 서비스를 이용하자.

코드 빌드로 컨테이너 생성 자동화하기

AWS 코드 빌드[CodeBuild]는 소스 코드의 컴파일에 맞춰진 관리형 서비스다. 젠킨스와 유사하지만 AWS 표준을 따르는 관리형 서비스이므로 다양한 기능과 이점을 제공한다. 여기서는 젠킨스상에서 코드 빌드를 사용해 여분의 EC2 인스턴스를 띄워서 관리하지 않으면서도 컨테이너를 생성할 것이다. 이 서비스는 배포 절차를 구동하는 코드 파이프라인과도 잘 통합된다.

코드 빌드 프로젝트를 생성하기 위해 트로포스피어를 이용한 클라우드 포메이션을 사용하라.

helloworld-codebuild-cf-template.py라는 새로운 템플릿을 생성하고 다음과 같이 임포트, 템플릿 변수 생성 및 템플릿 설명으로 시작하라.

```
"""Generating CloudFormation template."""

from awacs.aws import (
    Allow,
    Policy,
    Principal,
    Statement
)
```

```
from awacs.sts import AssumeRole

from troposphere import (
    Join,
    Ref,
    Template
)

from troposphere.codebuild import (
    Artifacts,
    Environment,
    Project,
    Source
)
from troposphere.iam import Role

t = Template()

t.add_description("Effective DevOps in AWS: CodeBuild - Helloworld container")
```

코드 빌드 프로젝트에 적절한 권한을 부여하는 신규 역할을 정의하자. 코드 빌드 프로젝트는 ECR, 코드 파이프라인, S3, 클라우드 와치 로그 같은 여러 가지 AWS 서비스와 상호작용을 한다. 이 절차를 빠르게 처리하기 위해 다음과 같이 AWS 기본 정책을 이용해 권한을 구성하라. 코드는 다음과 같다.

```
t.add_resource(Role(
    "ServiceRole",
    AssumeRolePolicyDocument=Policy(
        Statement=[
            Statement(
                Effect=Allow,
                Action=[AssumeRole],
                Principal=Principal("Service", ["codebuild.amazonaws.com"])
            )
        ]
    ),
    Path="/",
```

```
    ManagedPolicyArns=[
        'arn:aws:iam::aws:policy/AWSCodePipelineReadOnlyAccess',
        'arn:aws:iam::aws:policy/AWSCodeBuildDeveloperAccess',
        'arn:aws:iam::aws:policy/AmazonEC2ContainerRegistryPowerUser',
        'arn:aws:iam::aws:policy/AmazonS3FullAccess',
        'arn:aws:iam::aws:policy/CloudWatchLogsFullAccess'
    ]
))
```

코드 빌드 프로젝트에는 여러 가지 항목들을 정의해야 한다. 가장 먼저 정의해야 할 항목은 환경이다. 환경은 프로젝트를 빌드하는 데 필요한 OS와 하드웨어 유형 및 미리 설치가 돼야 할 것들을 코드 빌드에 제공한다. 또한 추가적인 환경 변수를 정의할 수도 있다. AWS가 제공하는 도커 이미지를 이용하자. 이 도커 이미지는 작업을 완료하는 데 필요한 모든 것을 제공한다. 이 도커 이미지에는 도커 CLI가 사전 설치 및 구성되어 있다. 이 이미지는 AWS에서 제공한다. ecr 리포지터리의 엔드포인트를 찾을 수 있는 환경 변수도 정의하라.

```
environment = Environment(
    ComputeType='BUILD_GENERAL1_SMALL',
    Image='aws/codebuild/docker:1.12.1',
    Type='LINUX_CONTAINER',
    EnvironmentVariables=[
        {'Name': 'REPOSITORY_NAME', 'Value': 'helloworld'},
        {'Name': 'REPOSITORY_URI',
            'Value': Join("", [
                Ref("AWS::AccountId"),
                ".dkr.ecr.",
                Ref("AWS::Region"),
                ".amazonaws.com",
                "/",
                "helloworld"])},
    ],
)
```

코드 빌드는 대부분의 로직을 `buildspec`이라는 리소스로 정의한다. `buildspec`은 빌드의 여러 단계와 각 단계에서 실행할 것들을 정의한다. 5장 '연속 통합과 연속 배포 추가하기'에서 작성했던 Jenkinsfile과 매우 유사하다. `buildspec`은 코드 빌드 프로젝트의 일부로 작성하거나 프로젝트의 루트 폴더에 YAML 파일 형태로 추가할 수 있다. 첫 번째 방식을 선택해 `buildspec`을 클라우드 포메이션 템플릿의 일부로 정의하자. 변수를 생성하고 YAML 문자열을 저장하라. 여러 행을 가진 변수가 될 것이므로 파이썬의 트리플 쿼트(""") 구문을 사용해야 한다.

지정할 첫 번째 키 페어는 템플릿 버전이다. 코드 빌드 템플릿의 현재 버전은 `0.1`이다.

```
buildspec = """version: 0.1
```

빌드 프로세스의 목표는 신규 컨테이너를 생성하고, 태깅하고, 이를 `ecr` 리포지터리에 푸시하는 것이다. 다음의 세 단계를 통해 처리한다.

1. **프리 빌드**pre-build **단계**: 컨테이너 태그를 생성하고 ECR에 로그인한다.
2. **빌드**build **단계**: 새로운 컨테이너를 빌드한다.
3. **포스트 빌드**post-build **단계**: 신규 컨테이너를 ECR에 푸시하고 새로운 컨테이너를 가리키도록 `latest` 태그를 업데이트한다.

각 컨테이너의 내용을 쉽게 이해하기 위해 `helloworld` 프로젝트에서 가장 최근에 커밋한 것의 SHA를 태깅하라. 이는 각 컨테이너 안에 뭐가 있는지 이해할 수 있게 해줄 뿐만 아니라 `git checkout` <컨테이너 태그> 또는 `git log` <컨테이너 태그> 같은 명령어를 실행할 수 있게 해준다. 코드 빌드와 코드 파이프라인의 설계 구조 때문에 코드 빌드에서 이 태그를 가져오려면 약간의 작업이 필요하다. 다음과 같이 두 가지 복잡한 명령어의 실행이 필요하다.

- 첫 번째 명령어는 현재의 코드 파이프라인 실행 ID를 얻는 것이다. AWS CLI와 환경 변수 `CODEBUILD_BUILD_ID` 및 `CODEBUILD_INITIATOR`를 조합해 수행한다. 이들은 빌드를 시작할 때 코드 빌드에 의해 정의된다.
- 다음으로 실행 ID를 이용해 SHA 커밋을 갖고 있는 아티팩트의 리비전 ID를 추출한다.

이 명령들은 `--query` 필터 옵션의 고급 기능 중 일부를 사용한다(이 고급 기능에 대해서는 http://amzn.to/2k7SoLE를 참조하라).

코드 빌드에서 각 명령어는 각자의 환경에서 실행된다. 그래서 각 단계별로 자료를 공유하는 가장 쉬운 방법은 임시 파일을 사용하는 것이다.

`buildspec` 버전 정의 아래에 프리 빌드 단계의 첫 부분을 생성하고 태그를 추출하는 내용을 추가하라.

```
phases:
    pre_build:
        commands:
            - aws codepipeline get-pipeline-state --name "${CODEBUILD_INITIATOR##*/}"
--query stageStates[?actionStates[0].latestExecution.externalExecutionId==\`$CODEBUILD
_BUILD_ID\`].latestExecution.pipelineExecutionId --output=text > /tmp/execution_id.txt
            - aws codepipeline get-pipeline-execution --pipeline-name "${CODEBUILD_
INITIATOR##*/}" --pipeline-execution-id $(cat /tmp/execution_id.txt) --query
'pipelineExecution.artifactRevisions[0].revisionId' --output=text > /tmp/tag.txt
```

태그는 이제 /tmp/tag.txt에 존재한다. 이제 2개의 파일을 다음과 같이 생성해야 한다.

- 첫 번째 파일은 `docker tag` 명령어의 매개변수를 포함한다(이것은 `<AWS::AccountId>.dkr.ecr.us-east-1.amazonaws.com/helloworld:<태그>`와 같다). 이를 위해 템플릿의 앞에서 정의한 환경 변수를 이용하라.

- 두 번째 파일은 태그의 키 페어를 정의하는 JSON 파일이다. 이 파일은 잠시 후 컨테이너를 ECS에 배포하는 작업에 사용된다.

위의 명령어 아래에 이에 대한 파일을 생성하는 다음 명령어를 추가하라.

```
- printf "%s:%s" "$REPOSITORY_URI" "$(cat /tmp/tag.txt)" > /tmp/build_tag.txt
- printf '{"tag":"%s"}' "$(cat /tmp/tag.txt)" > /tmp/build.json
```

ecr 리포지터리에 로그인하는 것으로 pre_build 섹션을 마무리하라.

```
- $(aws ecr get-login --no-include-email)
```

이제 빌드 단계를 정의하자. 앞에서 생성한 build_tag 덕분에 빌드 단계는 간단하다. 이 장의 첫 번째 절에서 했던 것과 유사하게 docker build 명령어를 호출하라.

```
build:
    commands:
        - docker build -t "$(cat /tmp/build_tag.txt)" .
```

이제 포스트 빌드 단계를 추가하자. 이 섹션은 새롭게 빌드된 컨테이너를 ecr 리포지터리에 푸시하는 것이다.

```
post_build:
    commands:
        - docker push "$(cat /tmp/build_tag.txt)"
        - aws ecr batch-get-image --repository-name $REPOSITORY_NAME --image-ids
imageTag="$(cat /tmp/tag.txt)" --query 'images[].imageManifest' --output text | tee /
tmp/latest_manifest.json
        - aws ecr put-image --repository-name $REPOSITORY_NAME --image-tag latest
--image-manifest "$(cat /tmp/latest_manifest.json)"
```

buildspec에 정의된 섹션 중 하나는 artifacts 섹션이다. 이 섹션은 빌드가 성공한 후에 S3에 업로드할 것과 이를 준비하는 방법을 정의하는 섹션이다. build.json 파일을 내보내고 /tmp/ 폴더를 포함시키지 않도록 discard-path 변숫값을 true로 정의하라. 끝으로, 다음과 같이 트리플 쿼트 문자열(""")로 문자열을 완성하라.

```
artifacts:
    files: /tmp/build.json
    discard-paths: yes
"""
```

buildspec 변수가 정의됐으므로 코드 빌드 프로젝트 리소스를 추가할 수 있다. 프로젝트의 실행으로 프로젝트의 이름을 설정하고, 앞에서 정의한 변수를 호출해 환경 변수를 설정하고, 서비스 역할을 설정하고, 빌드 프로세스와 출력을 처리하는 방법을 정의하는 소스와 아티팩트 리소스를 구성하라.

```
t.add_resource(Project(
    "CodeBuild",
    Name='HelloWorldContainer',
    Environment=environment,
    ServiceRole=Ref("ServiceRole"),
    Source=Source(
        Type="CODEPIPELINE",
        BuildSpec=buildspec
    ),
    Artifacts=Artifacts(
        Type="CODEPIPELINE",
        Name="output"
    ),
))
```

print 명령어로 스크립트의 작성을 마무리하라.

```
print(t.to_json())
```

이제 스크립트가 완성됐고 다음과 같다. https://github.com/yogeshraheja/EffectiveDevOpsTemplates/blob/master/helloworld-codebuild-cf-template.py

파일을 저장하고, 깃에 추가하고, 클라우드 포메이션 템플릿을 생성하고, 스택을 생성하라.

```
$ git add helloworld-codebuild-cf-template.py
$ git commit -m "Adding CodeBuild Template for our helloworld application"
$ git push
$ python helloworld-codebuild-cf-template.py > helloworld-codebuild-cf.template
$ aws cloudformation create-stack \
    --stack-name helloworld-codebuild \
    --capabilities CAPABILITY_IAM \
    --template-body file://helloworld-codebuild-cf.template
```

몇 분 안에 스택이 생성된다. 이제 이 스택을 사용하자. 코드 파이프라인을 다시 한번 사용해 컨테이너를 인지하는 완전히 새로운 파이프라인을 생성하자.

코드 파이프라인으로 배포 파이프라인 생성하기

이제 AWS 코드 파이프라인을 이용해 5장 '연속 통합과 연속 배포 추가하기'에서 생성했던 것과 유사한 파이프라인을 구축하자.

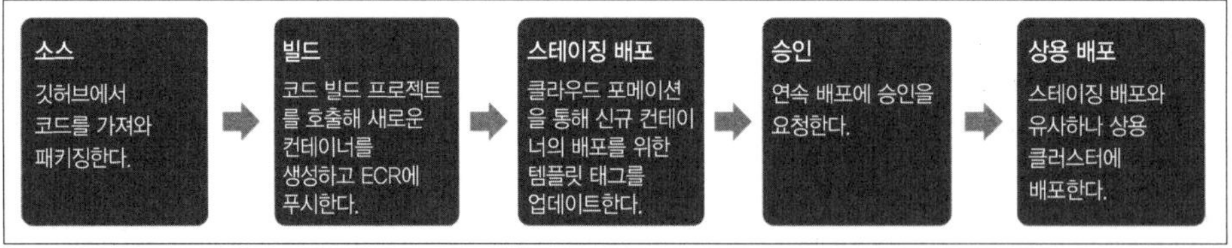

코드의 변경 발생 시 깃허브에 연결하고 자동으로 실행되는 신규 파이프라인을 시작하는 소스 단계부터 시작하자. 새로운 컨테이너를 빌드하고 방금 생성한 코드 빌드 프로젝트를 사용하는 ecr 리포지터리에 푸시하자. 그런 다음 새로운 컨테이너를 스테이징에 배포

하자. 코드 빌드 프로젝트의 buildspec 섹션에 작성된 build.json 파일과 결합한 코드 파이프라인이 제공하는 클라우드 포메이션 통합을 사용하자. helloworld 서비스 템플릿은 배포할 매개변수로 태그를 사용한다는 점을 기억하라. 여기서는 스택 업데이트 작업을 시작하고 매개변수의 기본값을 build.json 파일에 정의된 값으로 덮어쓴다. 그런 후에 동일한 배포이지만 상용 배포를 시작하기 전에 수동 승인 단계를 추가하자.

코드 파이프라인으로 클라우드 포메이션 템플릿을 배포하고 업데이트하려면 input 필드 내에서 템플릿의 위치를 지정해야 한다. 간단히 제공하기 위해 먼저 클라우드 포메이션 템플릿을 소스 코드에 추가하는 것으로 시작하자.

소스 코드에 클라우드 포메이션 템플릿 추가하기

ECS의 변경은 helloworld-ecs-service-cf.template 파일에 존재하는 태스크 정의에 의해 결정된다. 지금까지 파이썬 스크립트를 깃허브에만 저장했다. 해당 템플릿에 대한 특별한 경우를 만들고 이에 대한 JSON 출력을 저장해야 코드 파이프라인이 스택과 상호 작용할 수 있다. 이 파일을 깃 리포지터리의 새 폴더에 다음과 같이 추가하라.

```
$ cd helloworld
$ mkdir templates
$ curl -L https://raw.githubusercontent.com/yogeshraheja/EffectiveDevOpsTemplates/
master/helloworld-ecs-service-cf-template.py | python > templates/helloworld-ecs-
service-cf.template
$ git add templates
$ git commit -m "Adding CloudFormation template for the helloworld task"
$ git push
```

소스에 템플릿이 준비됐으므로 파이프라인에 대한 클라우드 포메이션 템플릿을 작성하자.

코드 파이프라인에 대한 클라우드 포메이션 작성하기

EffectiveDevOpsTemplates 안에 helloworld-codepipeline-cf-template.py 파일을 생성하는 것으로 시작하자.

늘 쓰던 코드로 스크립트를 시작하라.

```
"""Generating CloudFormation template."""

from awacs.aws import (
    Allow,
    Policy,
    Principal,
    Statement,
)
from awacs.sts import AssumeRole
from troposphere import (
    Ref,
    GetAtt,
    Template,
)
from troposphere.codepipeline import (
    Actions,
    ActionTypeID,
    ArtifactStore,
    InputArtifacts,
    OutputArtifacts,
    Pipeline,
    Stages
)
from troposphere.iam import Role
from troposphere.iam import Policy as IAMPolicy

from troposphere.s3 import Bucket, VersioningConfiguration

t = Template()

t.add_description("Effective DevOps in AWS: Helloworld Pipeline")
```

생성한 첫 번째 리소스는 S3 버킷으로 파이프라인이 각 단계에서 생성하는 모든 아티팩트를 저장하는 데 사용된다. 또한 버킷의 버전 관리 기능도 활성화하라.

```
t.add_resource(Bucket(
    "S3Bucket",
    VersioningConfiguration=VersioningConfiguration(
        Status="Enabled",
    )
))
```

필요한 IAM 역할을 다음과 같이 작성하라.

1. 정의해야 할 첫 번째 역할은 코드 파이프라인 서비스에 대한 정의다.

```
t.add_resource(Role(
    "PipelineRole",
    AssumeRolePolicyDocument=Policy(
        Statement=[
            Statement(
                Effect=Allow,
                Action=[AssumeRole],
                Principal=Principal("Service", ["codepipeline.amazonaws.com"])
            )
        ]
    ),
    Path="/",
    Policies=[
        IAMPolicy(
            PolicyName="HelloworldCodePipeline",
            PolicyDocument={
                "Statement": [
                    {"Effect": "Allow", "Action": "cloudformation:*",
"Resource": "*"},
                    {"Effect": "Allow", "Action": "codebuild:*", "Resource":
"*"},
                    {"Effect": "Allow", "Action": "codepipeline:*", "Resource":
"*"},
                    {"Effect": "Allow", "Action": "ecr:*", "Resource": "*"},
```

```
                    {"Effect": "Allow", "Action": "ecs:*", "Resource": "*"},
                    {"Effect": "Allow", "Action": "iam:*", "Resource": "*"},
                    {"Effect": "Allow", "Action": "s3:*", "Resource": "*"},
                ],
            }
        ),
    ]
))
```

2. 두 번째 역할은 클라우드 포메이션 변경 수행 시 배포 단계에 사용할 역할이다.

```
t.add_resource(Role(
    "CloudFormationHelloworldRole",
    RoleName="CloudFormationHelloworldRole",
    Path="/",
    AssumeRolePolicyDocument=Policy(
        Statement=[
            Statement(
                Effect=Allow,
                Action=[AssumeRole],
                Principal=Principal(
                    "Service", ["cloudformation.amazonaws.com"])
            ),
        ]
    ),
    Policies=[
        IAMPolicy(
            PolicyName="HelloworldCloudFormation",
            PolicyDocument={
                "Statement": [
                    {"Effect": "Allow", "Action": "cloudformation:*",
"Resource": "*"},
                    {"Effect": "Allow", "Action": "ecr:*", "Resource": "*"},
                    {"Effect": "Allow", "Action": "ecs:*", "Resource": "*"},
                    {"Effect": "Allow", "Action": "iam:*", "Resource": "*"},
                ],
            }
        ),
    ]
))
```

3. 이제 파이프라인 리소스를 만들 수 있다. 먼저 리소스 이름을 구성하고 방금 생성한 **아마존 리소스명**ARN, Amazon Resource Name 역할을 지정하라.

```
t.add_resource(Pipeline(
    "HelloWorldPipeline",
    RoleArn=GetAtt("PipelineRole", "Arn"),
```

4. 그런 다음, 파이프라인 실행을 통해 생성되는 여러 다른 아티팩트를 저장하는 앞에서 생성한 S3 버킷을 참조하라.

```
    ArtifactStore=ArtifactStore(
        Type="S3",
        Location=Ref("S3Bucket")
    ),
```

5. 파이프라인 각 단계를 정의하자. 클라우드 포메이션 구조는 웹 인터페이스를 통해 이전에 했던 것을 반영한다. 각 단계는 고유한 이름을 갖고 있고 작업들로 구성된다. 각 작업은 이름, 범주, 구성, 입력 및 출력 아티팩트로 정의된다.

   첫 번째 단계는 깃허브 단계로 다음과 같다.

```
    Stages=[
        Stages(
            Name="Source",
            Actions=[
                Actions(
                    Name="Source",
                    ActionTypeId=ActionTypeID(
                        Category="Source",
                        Owner="ThirdParty",
                        Version="1",
                        Provider="GitHub"
                    ),
                    Configuration={
                        "Owner": "ToBeConfiguredLater",
```

```
                "Repo": "ToBeConfiguredLater",
                "Branch": "ToBeConfiguredLater",
                "OAuthToken": "ToBeConfiguredLater"
            },
            OutputArtifacts=[
                OutputArtifacts(
                    Name="App"
                )
            ],
        )
    ]
),
```

6. 리포지터리의 내용으로 App이라는 첫 번째 아티팩트를 생성하라. OAuthToken의 하드코딩을 피하기 위해, 클라우드 포메이션 스택을 생성한 후 깃허브와 연동하도록 구성하라.

   다음 단계는 빌드를 구성하는 단계다. 이전 절에서 만들었던 코드 빌드 스택을 간단히 호출하라. BuildOutput이라는 이름 아래에 아티팩트 결과물을 저장하라. 2개의 아티팩트(App과 BuildOutput)가 있다. BuildOutput은 코드 빌드가 생성한 tag.json 파일을 포함한다.

```
Stages(
    Name="Build",
    Actions=[
        Actions(
            Name="Container",
            ActionTypeId=ActionTypeID(
                Category="Build",
                Owner="AWS",
                Version="1",
                Provider="CodeBuild"
            ),
            Configuration={
                "ProjectName": "HelloWorldContainer",
            },
            InputArtifacts=[
```

```
                InputArtifacts(
                    Name="App"
                )
            ],
            OutputArtifacts=[
                OutputArtifacts(
                    Name="BuildOutput"
                )
            ],
        )
    ]
),
```

7. 이제 배포 단계를 작성하라. 이전과 달리 코드 디플로이를 사용하지 않고 클라우드 포메이션 템플릿을 직접 업데이트하라. 이를 위해 작업에 템플릿 위치를 제공해야 한다. `helloworld` 깃허브 리포지터리에 이를 추가했으므로 `App` 아티팩트로 이를 참조할 수 있다. 템플릿은 〈루트 폴더〉/templates/helloworld-ecs-service-cf.template에 있고 코드 파이프라인의 App::templates/helloworld-ecs-service-cf.template을 의미한다.

   클라우드 포메이션 작업을 구성할 때의 다른 기능으로 스택에서 제공한 매개변수를 덮어쓸 수 있는 기능이 있다. 클라우드 포메이션은 동적인 매개변수를 지원하는 몇 가지 기능을 제공한다. 자세한 내용은 http://amzn.to/2kTgIUJ에서 확인하라. 여기서는 특별한 점, 즉 `Fn::GetParam`에 집중하라. 이 함수는 아티팩트에 존재하는 키 페어 파일의 값을 반환한다. 여기서 `{ "tag": "<latest git commit sha>" }` 형태와 같은 JSON 문자열을 포함하는 코드 빌드에서 생성한 파일을 활용하라.

```
Stages(
    Name="Staging",
    Actions=[
        Actions(
            Name="Deploy",
            ActionTypeId=ActionTypeID(
```

```
                    Category="Deploy",
                    Owner="AWS",
                    Version="1",
                    Provider="CloudFormation"
                ),
                Configuration={
                    "ChangeSetName": "Deploy",
                    "ActionMode": "CREATE_UPDATE",
                    "StackName": "staging-helloworld-ecs-service",
                    "Capabilities": "CAPABILITY_NAMED_IAM",
                    "TemplatePath": "App::templates/helloworld-ecs-
service-cf.template",
                    "RoleArn": GetAtt("CloudFormationHelloworldRole", "Arn"),
                    "ParameterOverrides": """{"Tag" : {
"Fn::GetParam" : [ "BuildOutput", "build.json", "tag" ] } }"""
                },
                InputArtifacts=[
                    InputArtifacts(
                        Name="App",
                    ),
                    InputArtifacts(
                        Name="BuildOutput"
                    )
                ],
            )
        ]
    ),
```

8. 스테이징 배포를 완료한 후 다음과 같이 수동 승인 단계를 추가한다.

```
    Stages(
        Name="Approval",
        Actions=[
            Actions(
                Name="Approval",
                ActionTypeId=ActionTypeID(
                    Category="Approval",
                    Owner="AWS",
                    Version="1",
```

```
                    Provider="Manual"
                ),
                Configuration={},
                InputArtifacts=[],
            )
        ]
    ),
```

9. 끝으로, 상용 배포를 실행하는 마지막 단계를 작성하자. 코드는 단계 이름과 목표 스택 구성을 제외하고 스테이징과 정확히 동일하다.

```
    Stages(
        Name="Production",
        Actions=[
            Actions(
                Name="Deploy",
                ActionTypeId=ActionTypeID(
                    Category="Deploy",
                    Owner="AWS",
                    Version="1",
                    Provider="CloudFormation"
                ),
                Configuration={
                    "ChangeSetName": "Deploy",
                    "ActionMode": "CREATE_UPDATE",
                    "StackName": "production-helloworld-ecs-service",
                    "Capabilities": "CAPABILITY_NAMED_IAM",
                    "TemplatePath": "App::templates/helloworld-ecs-
service-cf.template",
                    "RoleArn": GetAtt("CloudFormationHelloworldRole", "Arn"),
                    "ParameterOverrides": """{"Tag" : {
"Fn::GetParam" : [ "BuildOutput", "build.json", "tag" ] } }"""
                },
                InputArtifacts=[
                    InputArtifacts(
                        Name="App",
                    ),
                    InputArtifacts(
```

```
                                    Name="BuildOutput"
                                )
                            ],
                        )
                    ]
                )
            ],
))
```

10. 이제 파이프라인 리소스가 작성됐다. 템플릿을 출력하는 스크립트를 작성해 마무리하자.

```
print(t.to_json())
```

스크립트를 사용할 준비가 됐고 다음과 같다. https://github.com/ yogeshraheja/EffectiveDevOpsTemplates/blob/master/helloworld-codepipeline-cf-template.py

이제 파이프라인을 생성하자.

클라우드 포메이션 스택 시작 및 구성하기

다음과 같이 소스를 커밋하고 스택을 생성하라.

```
$ git add helloworld-codepipeline-cf-template.py
$ git commit -m "Adding Pipeline to deploy our helloworld application using ECS"
$ git push
$ python helloworld-codepipeline-cf-template.py > helloworld-codepipeline-cf.template
$ aws cloudformation create-stack \
    --stack-name helloworld-codepipeline \
    --capabilities CAPABILITY_NAMED_IAM \
    --template-body file://helloworld-codepipeline-cf.template
```

여기서는 CAPABILITY_NAMED_IAM을 사용하고 있다. IAM 수준에서 사용자 정의 이름을 정의해야 하기 때문이다.

파이프라인이 생성됐다. 그러나 파이프라인에 깃허브 자격증명을 지정하지 않았다는 작은 문제가 있다. 주요 이유는 깃허브에 자격증명을 일반 텍스트로 저장하고 싶지 않기 때문이다. AWS는 이를 암호화할 수 있는 IAM 서비스를 제공한다. 그러나 여기서는 다루지 않는다. 이제 파이프라인을 간단히 편집하자.

1. 브라우저에서 https://console.aws.amazon.com/codepipeline을 열자.
2. 새롭게 생성된 파이프라인을 선택하라.
3. 상단의 Edit편집를 클릭하라.
4. GitHub깃허브 작업에서 펜 아이콘을 클릭하라.

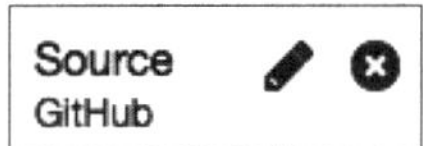

5. 오른쪽 메뉴에서 Connect to GitHub깃허브 연결를 클릭하고 AWS 코드 파이프라인을 인증하는 단계를 수행하라.
6. 리포지터리 단계에서 `helloworld` 프로젝트를 선택하고 마스터 브랜치를 선택하라.
7. Update업데이트를 클릭하고 파이프라인 변경을 저장한 후 Save and Continue저장 및 계속하기를 클릭하라.

몇 초 후에 파이프라인이 시작되고 첫 번째 배포가 시작되는 모습을 볼 수 있다. 이로써 CI/CD 파이프라인 생성을 마무리했다.

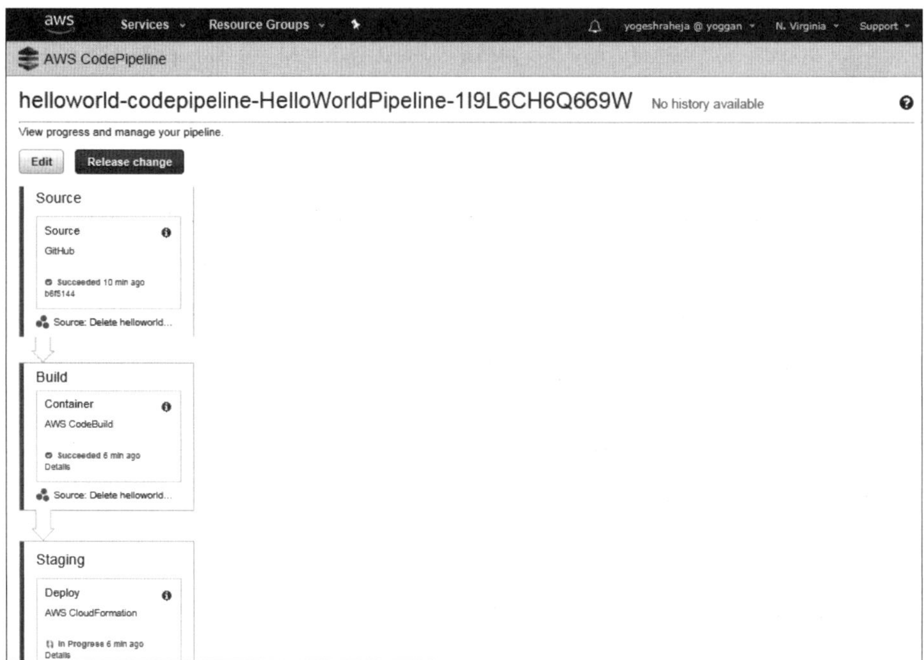

또한 다음 스크린샷과 같이 AWS 콘솔에서 모든 클라우드 포메이션 스택의 상세 내용에서 `CREATE_COMPLETE` 상태를 확인할 수 있다.

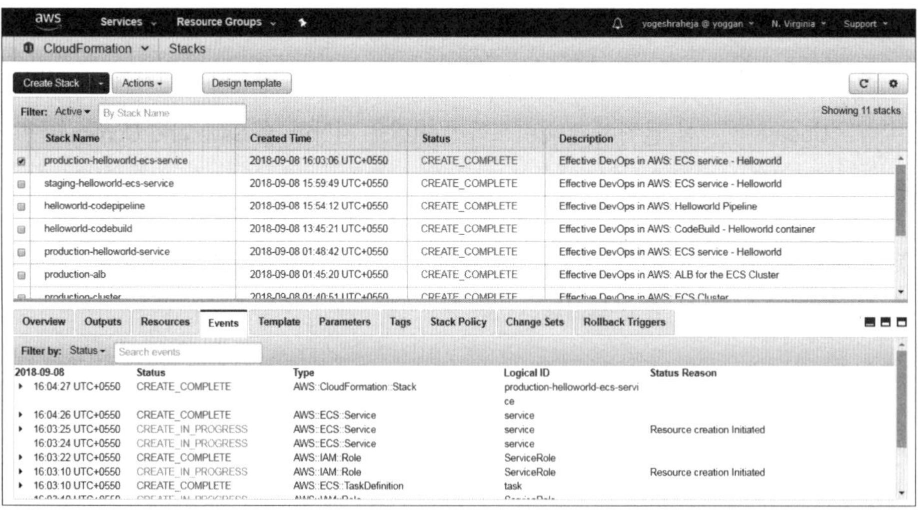

요약

7장에서는 도커와 ECS를 사용하는 컨테이너 개념을 살펴봤다. 도커의 기본 동작 원리를 살펴본 후 애플리케이션에 대한 컨테이너를 생성했다. 로컬에서 이를 실행한 후 AWS상에 도커 컨테이너를 실행할 수 있는 새로운 리소스셋을 생성했다. 데브옵스의 모범 사례를 이용해 작업했고 리소스를 생성하고 코드로 인프라를 다루는 클라우드 포메이션을 이용했다. 이 때문에 변경사항을 소스 제어로 유지할 수 있었다. 리소스 측면에서는 여러 버전의 컨테이너를 관리할 수 있는 `ecr` 리포지터리를 생성했다. 그리고 스테이징과 상용에 오토스케일링 기능을 갖는 2개의 ECS 클러스터를 생성했다. 컨테이너의 트래픽을 처리하는 2개의 ALB, 태스크셋 및 애플리케이션을 구성하고 배포할 수 있는 ECS 서비스를 생성했다.

끝으로, CI/CD 파이프라인을 다시 구현했다. 코드 빌드와 코드 파이프라인, 그리고 클라우드 포메이션과의 통합으로 이를 구현했다.

8장 'AWS 환경의 보안 강화하기'에서는 7장에서 구축한 구성요소를 계속해서 활용한다. 그러나 이번에는 보안의 관점에서 이용할 것이다.

질문

1. 도커란 무엇인가? 도커 엔진의 주요 구성요소를 나열하라.
2. 제공된 모든 운영체제 및 플랫폼에 최신 버전의 도커 CE를 설치하고 구성할 수 있는가?
3. 도커 이미지를 생성하고 웹 서버 컨테이너를 생성하기 위해 동일한 이미지를 사용할 수 있는가?
4. ECS 용어와 친숙해지기 위해 AWS 웹 콘솔을 사용해 ECR과 ECS를 생성할 수 있는가?

더 읽을거리

더 많은 정보는 다음 링크를 참조하라.

- **도커 문서**: https://docs.docker.com
- **도커 허브**: https://hub.docker.com
- **AWS 코드 빌드**: https://aws.amazon.com/codebuild/
- **AWS 코드 파이프라인**: https://aws.amazon.com/codepipeline/
- **AWS 일래스틱 컨테이너 서비스**: https://aws.amazon.com/ecs/

08

AWS 환경의 보안 강화하기

8장에서는 AWS 계정과 애플리케이션을 안전하게 유지하는 방법을 살펴볼 것이다. 클라우드와 보안은 양립할 수 없는 두 개념이다. 이는 클라우드의 타고난 속성 때문이 아니고 온프레미스 기반 서버가 클라우드 기반 서버보다 더 안전할 것이라는 생각 때문이다. 이는 온프레미스 서버의 위치와 서버에 연결하는 방법을 잘 알기 때문이다. 8장의 목표는 잘 관리되는 AWS 클라우드가 온프레미스 환경보다 더 안전할 수 있음을 보여주는 몇몇 활용 가능한 도구와 정보를 살펴보는 것이다.

먼저 IAM 사용자가 접속을 안전하게 하는 방법을 살펴볼 것이다. 그런 다음 클라우드 트레일과 네트워크 수준에서의 VPC 플로우 로그Flow Logs로 IAM 사용자를 로깅하는 방법을 살펴볼 것이다. 서브넷을 올바르게 생성하는 것은 애플리케이션과 인프라를 클라우드에 배치하기 전에 수행할 중요 단계다. 끝으로, AWS가 제공하는 놀라운 도구인 **웹 애플리케이션 방화벽**WAF, web application firewall의 기능을 살펴볼 것이다.

가장 중요한 보안 원칙 중 하나는 최소한의 권한 부여다. 이는 올바른 방식으로 작업을 마무리하는 데 있어 사용자의 접근 권한을 필요한 만큼 최소한으로 제한하는 것을 말한다.

이 장에서는 AWS 인프라의 여러 계층에서 이를 구현할 것이다. 8장에서 다루는 내용은 다음과 같다.

- **신원 접근 관리**IAM, Identity Access Management 보안
- 클라우드 트레일CloudTrail
- **가상 사설 클라우드**VPC, Virtual Private Cloud 서브넷
- AWS WAF

기술 요구사항

8장에 포함된 코드 파일은 다음 깃허브 링크에 있다.

- https://github.com/giuseppeborgese/effective_devops_with_aws__second_edition

IAM 보안

IAM은 AWS 서비스의 접근 제어를 안전하게 해주는 기능이다. 최소 권한 원칙으로 구현해야 하고, 모든 사용자의 작업을 기록해 누가 작업을 하는지 모니터링해야 한다.

루트 계정

AWS 계정을 생성하고 루트 계정으로 로그인하면 다음 스크린샷과 같은 화면을 볼 수 있다.

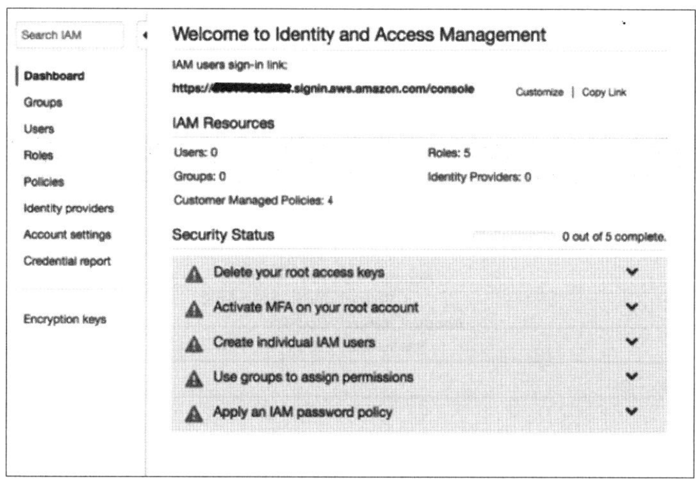

IAM 웹 콘솔에서 제시하는 모든 작업을 수행하는 것은 중요하고 루트 계정의 비밀번호를 바꾸는 것도 중요하다.

루트 계정 비밀번호

먼저 루트 계정의 비밀번호를 변경하라. 화면의 우상단 벨모양 아이콘과 Global글로벌 드롭다운 메뉴 중간에서 AWS 별명 또는 계정 번호를 찾아 클릭한 후 My Account나의 계정를 클릭하라.

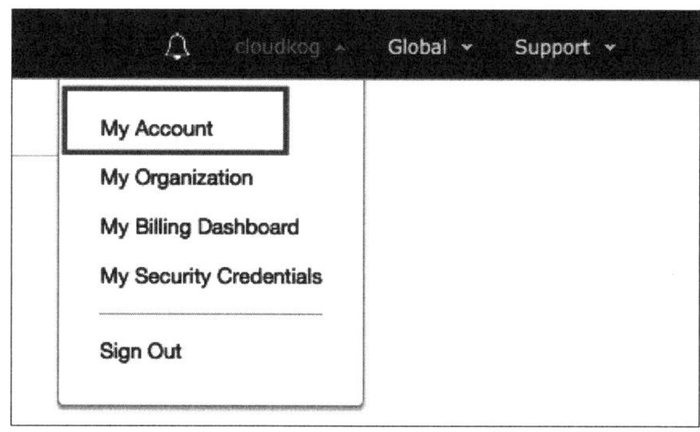

다음으로 Edit[편집] 버튼을 클릭하라. 다음과 같이 나머지 단계들은 좀 더 쉽고 논리정연하다.

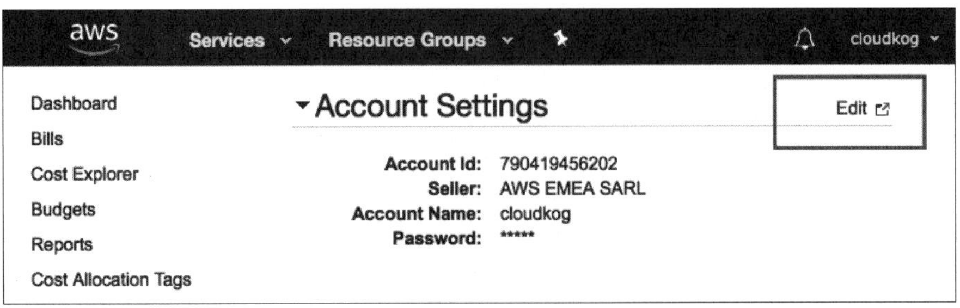

보안상의 이유로 웹 페이지는 로그인 정보를 다시 입력하도록 요구한다. 비밀번호를 이용한 보안, 특히 루트 계정에는 결코 충분하지 않다. 가상 디바이스나 물리 디바이스로 **멀티 팩터 인증**[MFA, multi-factor authentication]을 반드시 활성화해야 한다. 많은 솔루션이 존재한다. 몇 가지 예시만 제시하면 구글 인증기[Google Authenticator]는 안드로이드 디바이스에서 가장 잘 알려진 솔루션이다. 나는 유비코[Yubico](https://www.yubico.com/)에서 만든 실제 동글[dongle]도 사용한다.

루트 액세스 키 제거하기

액세스 키는 비밀번호로 접근하는 것과 동일한 권한을 갖는다. 그래서 (특별한 경우를 제외하고) 루트 권한에 대한 이런 형태의 접근을 제외시키고 사용 시 비밀번호로만 접근할 수 있게 해야 좀 더 안전한 환경이 된다. 다음 스크린샷에서 볼 수 있는 메시지는 무시해도 된다.

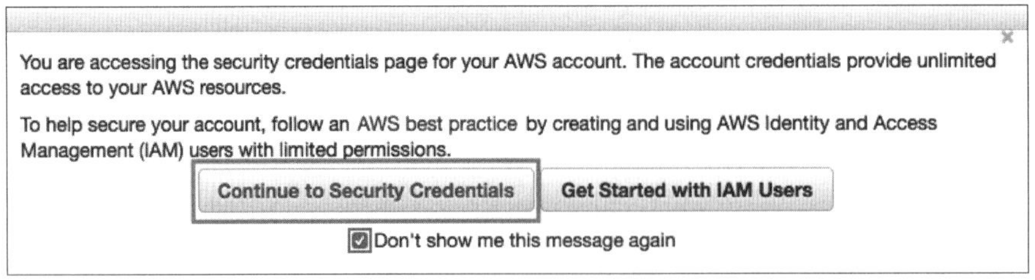

루트 계정의 액세스 키를 생성한 후 삭제했다면 다음과 같은 메시지를 볼 수 있다.

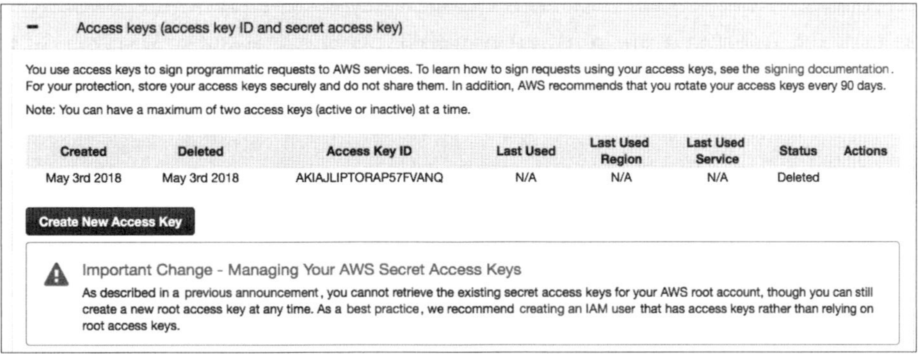

IAM 사용자의 비밀번호 정책 구성하기

비밀번호 정책은 IAM 계정 비밀번호에 적용하는 보안 수준에 따라 구성할 수 있다. 다음과 같이 구성하길 권고하지만 이는 어떻게 사용하는지에 따라 다르다.

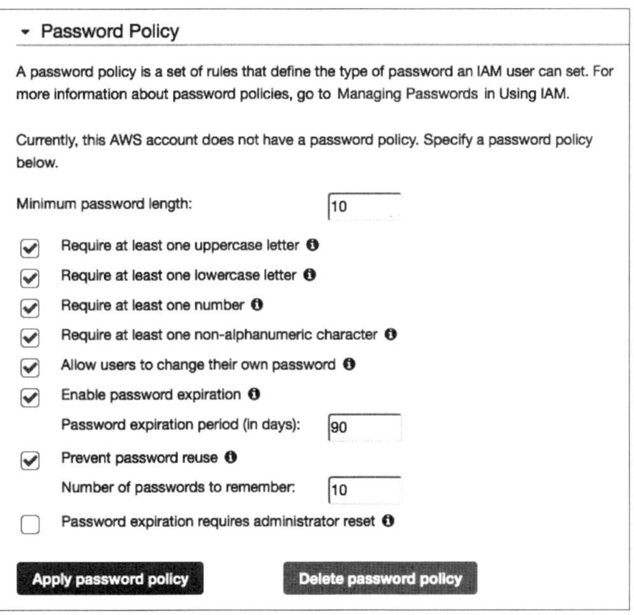

관리자 그룹 및 개인 IAM 사용자 생성하기

루트 계정으로 운영하지 말고 개인 IAM 계정을 생성해 운영하는 편이 더욱 안전하다. 또한 IAM 사용자에게 직접 권한을 부여하지 않고 그룹에 권한을 부여하는 것이 좋다. 다음과 같이 처리하라.

1. admins 또는 비슷한 명칭으로 그룹을 생성하라.
2. 그룹에 관리자 정책을 할당하라.
3. 몇몇 형태로 개인 IAM 사용자를 생성하라. 내 경우는 이름.성/giuseppe.borgese로 생성했다.
4. 신규 IAM 사용자를 admins 그룹에 추가하라.

이를 통해 다른 IAM 사용자에게 관리자보다 적은 권한의 그룹을 생성할지 여부를 판단할 수 있다. 또한 필요한 권한만 부여하고 요구된 이상의 권한은 부여하지 않을 수 있다. 예를 들어 IAM 사용자가 EC2 머신을 관리해야 한다면 사전에 정의된 AmazonEC2FullAccess 정책만 부여하면 되고, RDS 환경을 관리해야 한다면 AmazonRDSFullAccess 정책만 부여하면 된다.

AmazonEC2FullAccess 정책

루트 계정을 요구하는 작업은 AWS 문서인 https://docs.aws.amazon.com/general/latest/gr/aws_tasks-that-require-root.html에 명확히 나열되어 있다. 다음은 이런 작업들의 목록이다.

- 루트 사용자 세부사항 수정
- AWS 지원 계획 변경
- AWS 계정 닫기
- GovCloud에 가입
- 아마존 EC2 요청에 대한 역 DNS 등록

- 클라우드 프론트CloudFront 키 페어 생성
- AWS에서 생성한 X.509 서명 인증서 생성
- 또 다른 AWS 계정에 라우트 53 도메인 전달
- 더 긴 리소스 ID에 대해 아마존 EC2 설정 변경
- EC2 인스턴스에서 25번 포트 이메일 전송 제한 제거 요청
- AWS 계정의 정식 사용자 ID 찾기

이러한 작업들은 매우 드물게 발생하기 때문에 일상적인 작업에서 이런 작업을 찾는 일은 드물다.

최종 보안 상태

이제 모든 작업이 완료됐다. 루트 계정에서 로그아웃하고 위에서 생성한 관리자 권한을 갖는 IAM 사용자로 시작하자.

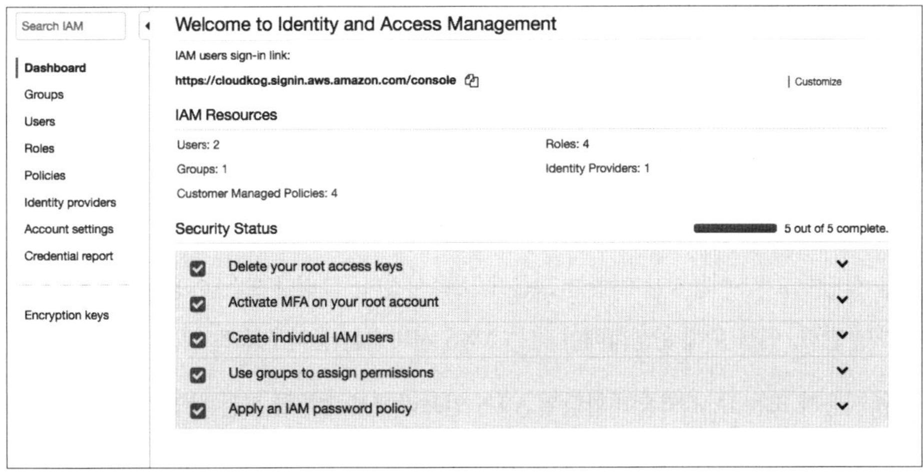

클라우드 사용이 완전히 처음이라면 시간을 내서 https://aws.amazon.com/compliance/shared-responsibility-model/에서 'AWS의 공유된 책임 모델'이라는 페이지를 확인하라. 이 페이지에는 AWS의 책임이 무엇인지(클라우드의 보안)와, (클라우드에

서의) 우리의 책임이 무엇인지 명확히 정의되어 있다. 간단히 말해, 클라우드 안에서 우리가 생성한 것과 생성하는 데 사용한 모든 도구가 AWS상에서 안전하다고 보증하는 것은 우리의 책임이다.

과거에는 유명한 S3 서비스에 대한 많은 보안 사고가 발생했었다. 이는 사람들이 서비스를 전 세계 어디서나 읽고 쓸 수 있도록 구성했기 때문이다. AWS는 서비스를 항상 업데이트하고 패치하는 것을 보증하지만 접근 시 부여하는 권한은 우리가 할 일이다.

유튜브의 https://www.youtube.com/watch?v=tIb5PGW_t1o에서 케이트 터친[Kate Turchin]의 아주 흥겨운 노래를 들을 수 있다. 이 노래는 공유된 책임 모델을 이해하기 쉽게 설명한다.

AWS의 공유된 책임 모델: 설명(노래)
Kate Turchin • 4555 visualizzazioni • 11 mesi fa
아마존의 공유된 책임 모델의 음악적 설명. 케이트 터친 작사 및 연주.
'클라우드 보안…'

클라우드 트레일

IAM 개인 계정을 활성화했고 루트 접근을 하지 않게 했다. 또한 그룹에 필요한 IAM 정책을 할당했고 각 이용자를 적합한 그룹에 소속시켰다. 그러나 모든 이용자의 작업도 기록해야 한다. 이를 위해 활성화해야 하는 AWS 서비스는 클라우드 트레일[CloudTrail]이다.

IAM 사용자 또는 IAM 역할이 할당된 AWS 인프라에서 수행한 모든 작업은 S3 버킷이나 클라우드 와치 로그 그룹에 기록된다. 내 조언은 AWS 문서인 https://docs.aws.amazon.com/awscloudtrail/latest/userguide/cloudtrail-create-a-trail-using-the-console-first-time.html을 준수하라는 것이다. 이 문서를 읽으면 웹 콘솔에서 추적 로그를 생성하는 일이 아주 간단하다는 사실을 알게 될 것이다.

VPC 플로우 로그

침입 탐지 시스템IDS, intrusion detection system 및 **침입 방지 시스템**IPS, intrusion prevention system은 보안 네트워크의 일반적인 도구들이다. 온프레미스 환경에서 이들은 구현하기에 저렴하거나 간단치 않다. 전용 하드웨어가 필요하고 이 기능을 적용하는 네트워크 구조도 필요하기 때문이다. 반면에 AWS에서는 VPC 서비스의 유일한 기능을 이용해 필요할 때마다 어디에든 이 도구들을 활성화/비활성화할 수 있다. 네트워크의 세 가지 수준에서 이 도구를 사용할 수 있다.

- VPC 수준
- 서브넷 수준
- **일래스틱 네트워크 인터페이스**ENI, Elastic Network Interface 수준

네트워크 인터페이스는 하나의 서브넷에 속해 있고, 하나의 서브넷은 하나의 VPC에 속해 있다. 그래서 서브넷 수준에서 도구를 활성화하면 네트워크 인터페이스 수준에서는 적용할 필요가 없다. 또한 VPC 수준에서 활성화하면 서브넷 수준에서는 적용할 필요가 없다. 이 기능을 활성화하기 전에 다음과 같은 세 가지 리소스를 생성해야 한다.

- 빈 클라우드 와치 그룹(데이터가 저장될 것임)
- VPC 플로우 로그 동작을 실행할 AWS 역할
- 필요한 권한을 갖는 역할과 연결된 정책

물론 리소스를 수동으로 생성할 수 있다. 이를 위한 모든 지침은 https://docs.aws.amazon.com/AmazonVPC/latest/UserGuide/flow-logs.html의 플로우 로그 문서에서 확인할 수 있다. 그러나 좀 더 데브옵스/자동화된 접근법을 취하려면 테라폼 모듈을 사용할 수 있다. 이를 위해 깃허브에서 생성한 원격 모듈을 사용할 것이다. 모듈 소스의 공식 테라폼 문서는 https://www.terraform.io/docs/modules/sources.html#github에서 확인할 수 있다. 깃허브는 지원되는 소스 유형 중 하나다. 그러나 자체적인 깃허브 리포지터리를 사용한다면 `ssh` 또는 `https` 모듈을 사용하면 된다. 더 자세한 정보는 다음

링크를 참조하라. https://www.terraform.io/docs/modules/sources.html#github

모듈을 호출하는 코드는 매우 간단하고 단지 2개의 매개변수(source, prefix)만 필요하다. prefix는 모든 모듈 리소스의 명칭으로 사용된다. 이 모듈이 하는 일이 무엇인지 자세히 확인하려면 '기술 요구사항' 절에 있는 깃허브 리포지터리 링크를 다운로드하거나 살펴보라. 이를 이용하려면 다음과 같이 몇 줄이면 충분하다.

```
module "flow-log-prerequisite" {
    source = "github.com/giuseppeborgese/effective_devops_with_aws__second_edition//
terraform-modules//vpc-flow-logs-prerequisite"
    prefix = "devops2nd"
}
output "role" { value = "${module.flow-log-prerequisite.rolename}" }
output "loggroup" { value = "${module.flow-log-prerequisite.cloudwatch_log_group_arn}" }
```

출력 결과의 명칭은 이후 웹 콘솔에서 사용하는 데 유용하다.

현행 파일에 모듈에 대한 행을 추가하거나, .tf 확장자를 갖는 신규 파일을 생성한 후 terraform init로 초기화해야 한다.

다음은 terraform init 명령어의 출력 결과다.

```
terraform init -upgrade
 Upgrading modules...
 -module.flow-log-prerequisite
 Updating source "github.com/giuseppeborgese/effective_devops_with_aws__second_
edition//terraform-modules//vpc-flow-logs-prerequisite"
Initializing the backend...
Initializing provider plugins...
....
```

terraform 바이너리로 방금 모듈 코드를 내려받았다. 앞에서 초기화하지 않았다면 사용 가능한 최신 버전으로 AWS 프로바이더 정보를 내려받아라. -upgrade 옵션으로 사용 가능한 최신 버전을 내려받는 것이 좋다.

이제 terraform plan으로 세 오브젝트가 생성되는지 확인할 수 있다.

```
terraform plan -out /tmp/tf11.out
 Refreshing Terraform state in-memory prior to plan...
 The refreshed state will be used to calculate this plan, but will not be persisted to
local or remote state storage.
...
...
An execution plan has been generated and is shown below.
 Resource actions are indicated with the following symbols:
 + create
Terraform will perform the following actions:
+ module.flow-log-prerequisite.aws_cloudwatch_log_group.flow_log
 id: <computed>
 arn: <computed>
 name: "devops2nd_flowlogs"
 retention_in_days: "0"
+ module.flow-log-prerequisite.aws_iam_role.flow_role
 id: <computed>
 arn: <computed>
 assume_role_policy: "{\n \"Version\": \"2012-10-17\",\n \"Statement\": [\n
{\n \"Sid\": \"\",\n \"Effect\": \"Allow\",\n \"Principal\": {\n
\"Service\": \"vpc-flow-logs.amazonaws.com\"\n },\n \"Action\":
\"sts:AssumeRole\"\n }\n ]\n}\n"
 create_date: <computed>
 force_detach_policies: "false"
 max_session_duration: "3600"
 name: "devops2nd_flowlogs"
 path: "/"
 unique_id: <computed>
+ module.flow-log-prerequisite.aws_iam_role_policy.flow_policy
 id: <computed>
 name: "devops2nd_flowlogs"
 policy: "{\n \"Version\": \"2012-10-17\",\n \"Statement\": [\n {\n
\"Action\": [\n \"logs:CreateLogGroup\",\n \"logs:CreateLogStream\",\n
\"logs:PutLogEvents\",\n \"logs:DescribeLogGroups\",\n
\"logs:DescribeLogStreams\"\n ],\n \"Effect\": \"Allow\",\n \"Resource\":
\"*\"\n }\n ]\n}\n"
 role: "${aws_iam_role.flow_role.id}"

Plan: 3 to add, 0 to change, 0 to destroy.
```

plan 결과는 /tmp/tf11.out에 저장된다.

이들 작업을 적용하려면 다음 명령어를 실행하라.

```
terraform apply /tmp/tf11.out
```

그런 다음 terraform apply 명령어를 실행하라.

```
tf11 apply /tmp/tf11.out
 module.flow-log-prerequisite.aws_cloudwatch_log_group.flow_log
Creating...
 arn: "" => "<computed>"
 name: "" => "devops2nd_flowlogs"
 retention_in_days: "" => "0"
 module.flow-log-prerequisite.aws_iam_role.flow_role: Creating...
 arn: "" => "<computed>"
 assume_role_policy: "" => "{\n \"Version\": \"2012-10-17\",\n
\"Statement\": [\n {\n \"Sid\": \"\",\n \"Effect\": \"Allow\",\n
\"Principal\": {\n \"Service\": \"vpc-flow-logs.amazonaws.com\"\n },\n
\"Action\": \"sts:AssumeRole\"\n }\n ]\n}\n"
 create_date: "" => "<computed>"
 force_detach_policies: "" => "false"
 max_session_duration: "" => "3600"
 name: "" => "devops2nd_flowlogs"
 path: "" => "/"
 unique_id: "" => "<computed>"
 module.flow-log-prerequisite.aws_iam_role.flow_role: Creation complete after 2s (ID:
devops2nd_flowlogs)
 module.flow-log-prerequisite.aws_iam_role_policy.flow_policy: Creating...
 name: "" => "devops2nd_flowlogs"
 policy: "" => "{\n \"Version\": \"2012-10-17\",\n \"Statement\": [\n {\n
\"Action\": [\n \"logs:CreateLogGroup\",\n \"logs:CreateLogStream\",\n
\"logs:PutLogEvents\",\n \"logs:DescribeLogGroups\",\n
\"logs:DescribeLogStreams\"\n ],\n \"Effect\": \"Allow\",\n \"Resource\":
\"*\"\n }\n ]\n}\n"
 role: "" => "devops2nd_flowlogs"
 module.flow-log-prerequisite.aws_cloudwatch_log_group.flow_log: Creation complete
 after 3s (ID: devops2nd_flowlogs)
```

```
module.flow-log-prerequisite.aws_iam_role_policy.flow_policy: Creation complete after
1s (ID: devops2nd_flowlogs:devops2nd_flowlogs)
Apply complete! Resources: 3 added, 0 changed, 0 destroyed.
 Outputs:
loggroup = arn:aws:logs:us-east-1:790419456202:log-group:devops2nd_flowlogs:*
 role = devops2nd_flowlogs
```

출력의 마지막 두 부분은 플로우 로그를 활성화하는 데 필요하므로 기록해두자.

단일 서브넷의 플로우 로그 생성하기

이제 모든 사전 요건이 준비됐으므로 AWS 웹 콘솔에서 VPC 서비스에 열려 있는 한 서브넷의 플로우 로그를 생성하자.

1. 다음 스크린샷과 같이 한 서브넷을 선택하라. 이제 Flow Logs플로우 로그 탭을 선택하고 Create flow log플로우 로그 생성 버튼을 클릭하라.

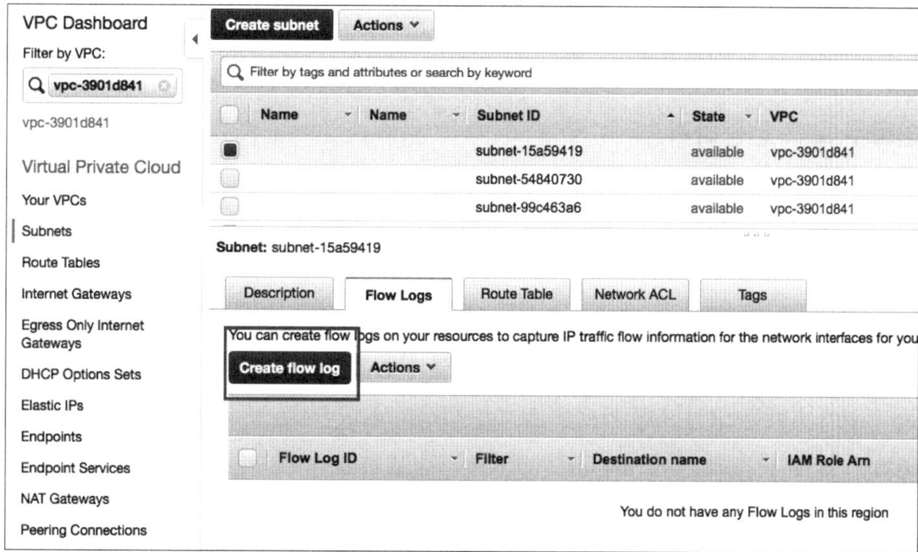

2. 다음 스크린샷대로 정보를 입력하라. 로그 그룹과 역할은 테라폼 모듈과 함께 생성된다. 이 예시에서는 허용되는 트래픽에 관심 있으므로 Filter 드롭다운 메뉴에서 Accept 옵션을 선택하라.

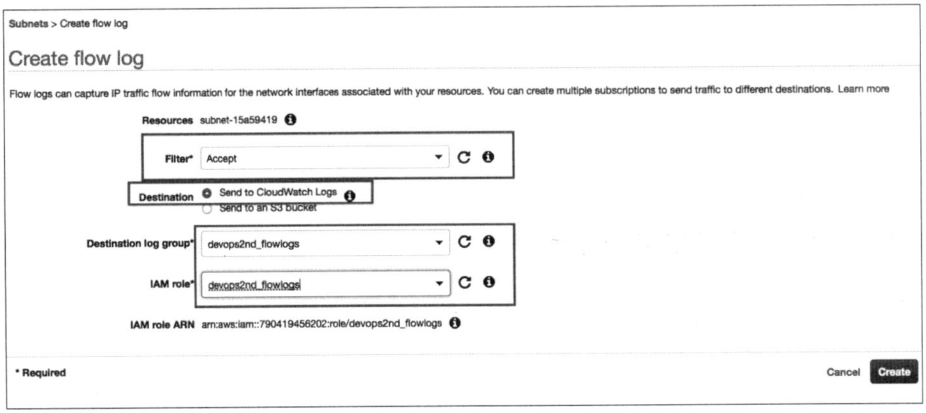

AWS 웹 콘솔에서 작업했으므로 서브넷 ID를 기록해둬라. 검증할 때 이 ID가 필요하기 때문이다. 물론 여러분의 서브넷 ID는 내 것(subnet-15a59419)과는 다를 것이다.

플로우 로그 검증하기

플로우 로그가 동작하는지 검증하고 플로우 로그로 실습하기 위해 해당 서브넷에 EC2 인스턴스를 생성해 SSH 로그인의 트래픽을 분석해보자.

여기서는 EC2 인스턴스를 생성하는 모든 절차를 설명하진 않는다. 기본 작업이므로 이미 알고 있을 테니 말이다. `t2.micro` 인스턴스를 사용하기를 추천한다. 무료 사용이 가능한 유형이기 때문이다. 또한 플로우 로그를 활성화하려는 서브넷에 머신을 생성하고 로컬 IP로 SSH에 접근하도록 허용하는 것은 매우 중요하다.

짧은 시간 경과 후 클라우드 와치 서비스로 가서 Logs[로그] 옵션을 클릭하고 테라폼으로 생성한 `devops2nd_flowlogs` 로그 그룹을 선택하라.

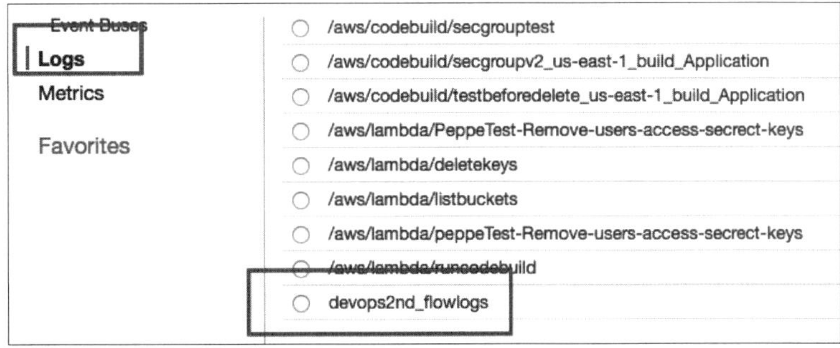

로그 그룹 안에서 다음 스크린샷과 같이 이전에 생성한 EC2 인스턴스에 연관된 네트워크 인터페이스 이름을 찾을 수 있다.

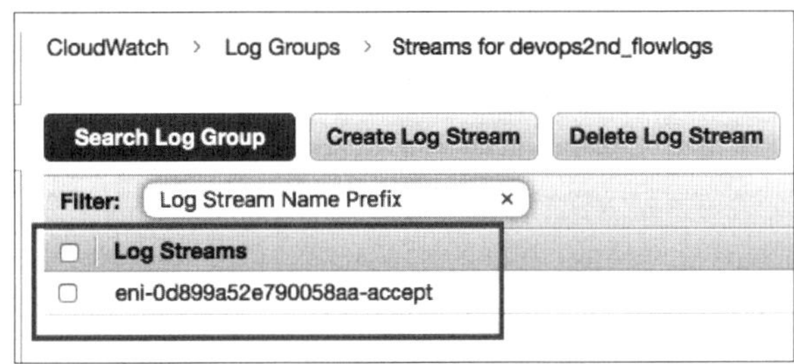

동일 서브넷에 많은 네트워크 인터페이스가 있다면 이는 여러 대의 머신이 존재함을 의미하므로 EC2 서비스의 Network Interfaces[네트워크 인터페이스] 옵션으로 이동해 다음 스크린샷과 같이 Instance ID[인스턴스 ID] 열을 이용해 네트워크 인터페이스를 찾아야 한다.

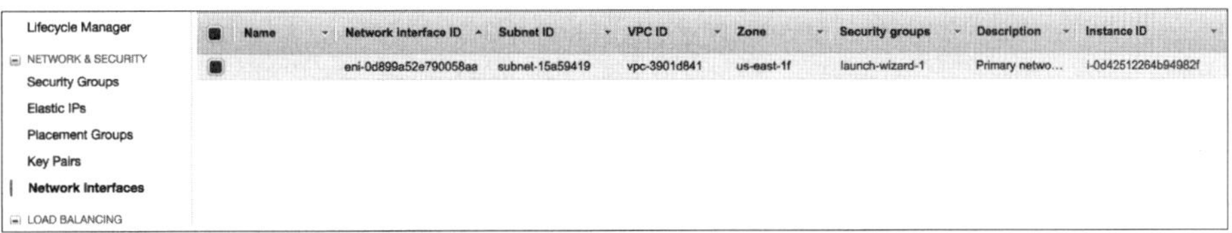

그러나 아마도 하나의 네트워크 인터페이스만 갖고 있을 테니 인터페이스명을 클릭하라. 내 경우는 `eni-0d899a52e790058aa-accept`다.

많은 행이 있는데, 각각의 세부 내역을 이해하려면 https://docs.aws.amazon.com/AmazonVPC/latest/UserGuide/flow-logs.html#flow-log-records 문서를 살펴보면 된다.

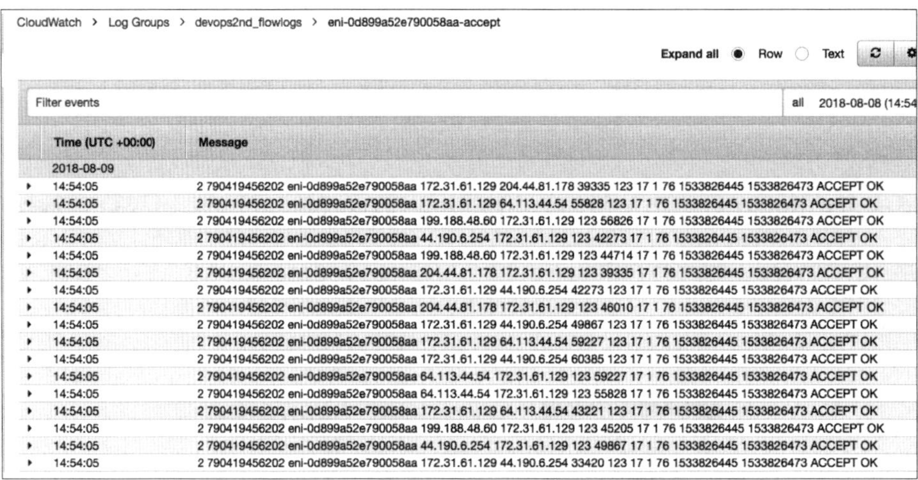

그러나 SSH 접속 시도를 찾기를 원하므로 http://www.whatsmyip.org/ 같은 서비스를 이용해 로컬 노트북의 공인 IP를 찾아야 한다. 그리고 다음과 같이 이를 필터로 집어넣어라.

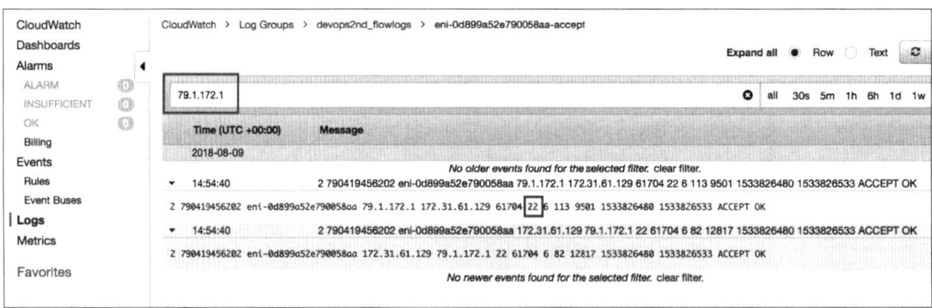

첫 번째 행에서 다음 항목을 확인할 수 있다.

- 내 노트북의 공인 IP는 79.1.172.1이다.
- EC2 인스턴스의 사설 IP는 172.31.61.129다.
- 노트북의 출발지 포트는 61704다.
- SSH 서비스에 대한 EC2 인스턴스의 도착지 포트는 22번 포트다.

VPC 플로우 로그 고려사항

개념 검증 PoC, proof of concept으로 VPC 플로우 로그 서비스의 여행을 마무리했다. 물론 이 서비스에는 사용 가능한 많은 옵션이 있고 이는 공식 AWS 문서에서 확인할 수 있다. 여기를 방문해 VPC 플로우 로그의 잠재력을 지속적으로 확인할 수 있다.

온프레미스 환경에서 VPC 플로우 로그를 보는 것과 동일한 작업을 수행해봤다면 AWS 클라우드에서 전체 트래픽을 모니터링하는 것이 온프레미스 환경에서 하는 경우에 비해 얼마나 쉬운지 명확해졌을 것이다.

불필요한 추가 요금이 발생하는 경우를 피하기 위해 이전에 생성했던 EC2 인스턴스를 제거하는 것을 잊지 마라. 서브넷에서 아주 많은 양의 트래픽이 발생하지 않는다면 나머지 리소스에서는 요금이 발생하지 않는다.

VPC 서브넷

이 절에서는 최소 권한 원칙에 따라 VPC 서브넷을 구성하는 방법을 살펴보겠다. 보안상의 공격 및 데이터 유출을 제한하려면 최소한의 가능한 환경에서 리소스(EC2, ELB, RDS)의 접근 허용 및 노출을 해야 한다.

각 AWS 리전에는 이미 생성된 기본 VPC가 존재한다. 이에 대한 모든 세부사항을 확인하려면 https://docs.aws.amazon.com/AmazonVPC/latest/UserGuide/default-vpc.html에 있는 '기본 VPC와 기본 서브넷' 문서를 읽어보기를 추천한다. 간단히 말하면, 모든 것을 개방하도록 보안 그룹을 구성한다면 모든 리소스를 공용 네트워크에 잠재적으로 개방한다는 뜻이다.

라우팅 및 서브넷 유형

https://docs.aws.amazon.com/AmazonVPC/latest/UserGuide/VPC_Scenarios.html의 공식 문서에 VPC 구성에 대한 네 가지 시나리오가 기술되어 있고 이는 살펴볼 가치가 있다. 서브넷에 배치한 리소스 접근이 세 가지 요소에 의해 결정된다는 사실을 이해하는 일은 중요하다.

- 라우팅
- **네트워크 액세스 제어**NAC, Network Access Control 목록(상태를 저장하지 않는 방화벽)
- 보안 그룹(상태를 저장하는 방화벽)

NAC를 손대지 않는 것이 좋다. 각 서브넷에 부착된 기본값을 유지하라. 이는 모든 입출력 트래픽을 허용한다. 그리고 방화벽 대신 보안 그룹을 사용하라. 서브넷은 보안 수준에 따라 세 가지 유형으로 분류할 수 있다.

- 공용 서브넷
- 인터넷 접속이 가능한 사설 서브넷
- 인터넷 접속이 불가능한 사설 서브넷

사설 서브넷 접속하기

공용 서브넷에 있는 리소스는 공인 IP로 접속이 가능하고 보안 그룹으로 접속을 할 수 있게 활성화할 수 있다. 사설 서브넷의 경우에는 접속하는 데 다음과 같이 적어도 세 가지 방식 중 하나를 사용해야 한다.

- 하나의 공용 서브넷에 있는 배스천 호스트bastion host에 접속하고 거기에서 사설 리소스에 접근

- AWS VPC 서비스로 사무실의 물리 라우터까지 사이트투사이트site-to-site VPN을 사용: https://docs.aws.amazon.com/AmazonVPC/latest/UserGuide/vpn-connections.html. 안정성을 위해 라우터를 이중화할 수 있다.
- EC2 머신에 가상 VPN 소프트웨어를 두고 장비로 VPN 연결: 수많은 솔루션이 있고 AWS 마켓플레이스에서 찾을 수 있다. 월간 비용을 지불하고 사용할 수 있다.

사무실에 물리 라우터가 있을 경우 선호되는 옵션은 사이트투사이트 솔루션이다.

어떤 서브넷에 무엇을 위치시킬까?

내 테스트 VPC에는 6개의 서브넷이 있다. 다음 스크린샷에서 볼 수 있듯이 유형별로 2개씩 존재한다.

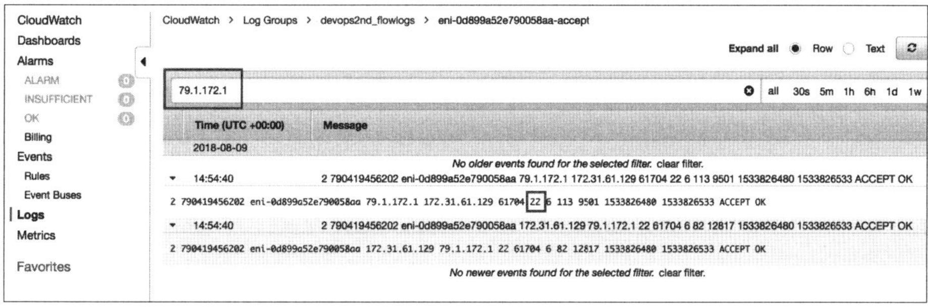

각 유형의 서브넷에 어떤 리소스를 추가할 것인가? 다음 요건을 고려하라.

- **공용 서브넷**: 공용 접속을 하는 모든 외부 **일래스틱 로드 밸런서**ELB, Elastic Load Balancing, 배스천 호스트(갖고 있다면), 가상 VPN 소프트웨어가 설치된 EC2 머신 및 인터넷으로부터 접근이 요구되며 다른 방식으로는 접근할 수 없는 모든 리소스
- **인터넷 접근이 가능한 사설 서브넷**: 모든 내부 ELB와 인터넷에서 다운로드 또는 업로드해야 하는 ELB 뒤에 있는 모든 EC2 머신, 인터넷에서 다운로드 또는 업로드해야 하는 데이터베이스

- **인터넷 접근이 불가능한 사설 서브넷**: 어떠한 이유로도 인터넷에 접근해서는 안 되는 모든 리소스 및 내부 리포지터리에서 업데이트를 내려받는 리소스

웹 콘솔에서 서브넷 지정하기

다음을 명심하라.

- 모든 서브넷은 하나의 연관 라우팅 테이블을 가질 수 있다.
- 하나의 라우팅 테이블은 여러 서브넷에 연관될 수 있다.
- 라우팅 테이블을 명시적으로 서브넷에 연관시키지 않으면 기본 라우팅 테이블이 자동으로 연관된다.

다음 스크린샷에서 3개의 라우팅 테이블을 볼 수 있고 공용 라우트Public Route가 기본 라우팅 테이블이다.

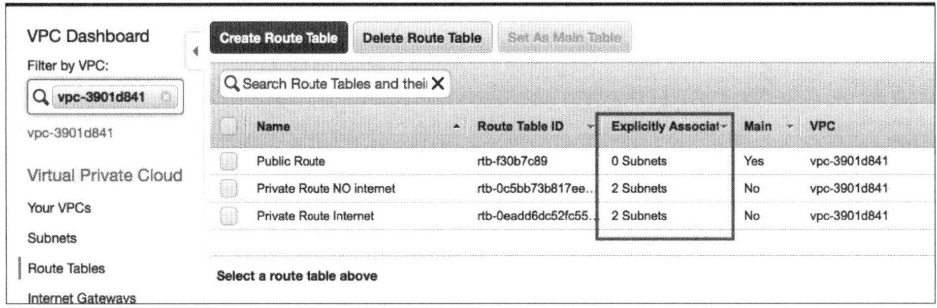

Subnets서브넷 섹션에서 서브넷과 단일 라우팅에 연관된 라우팅 테이블을 볼 수 있으나 라우팅 테이블의 내용을 변경하려면 Route Tables라우팅 테이블 섹션에서 편집해야만 한다. 사설 라우팅와 공용 라우팅 테이블/서브넷의 차이점은 목적지 라우트가 `0.0.0.0/0`이라는 점이다. `igw-xxxxx`는 인터넷 게이트웨이로 외부에서 서브넷에 접근할 수 있고 (보안 그룹이 이를 허용한다고 가정할 때) 인터넷에서 접속할 수 있음을 의미한다.

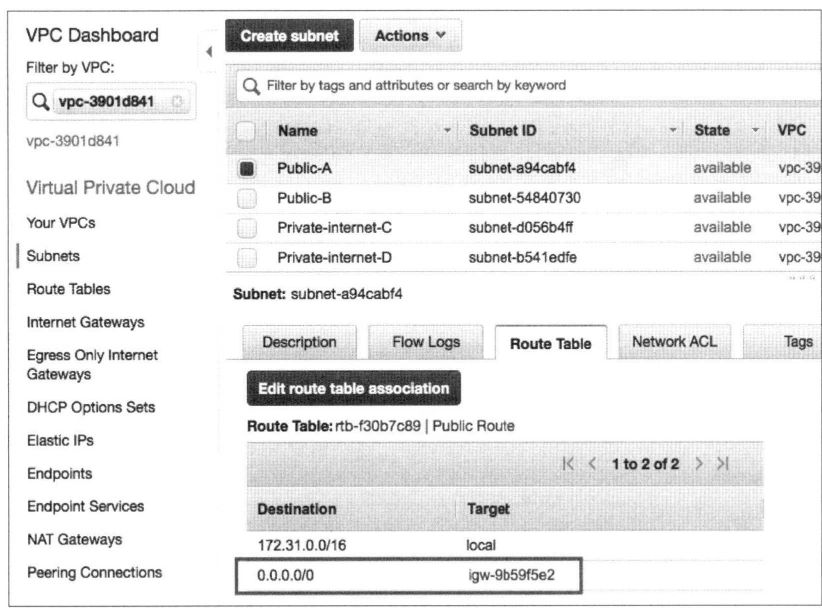

대신에 NAT 게이트웨이 또는 또 다른 EC2 인스턴스로 향한다면 인터넷 접근이 가능한 사설 서브넷을 의미하고 인터넷에 접근할 수 있고 외부 세계에 도달할 수 있다. 우선 다음과 같이 Create a NAT Gateway[NAT 게이트웨이 생성] 버튼을 클릭해야 한다.

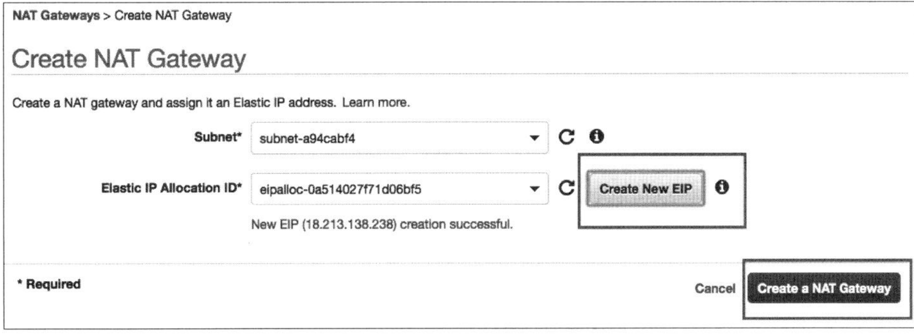

그런 다음 라우팅 테이블을 변경해 다음 스크린샷과 같은 상태로 만들어야 한다.

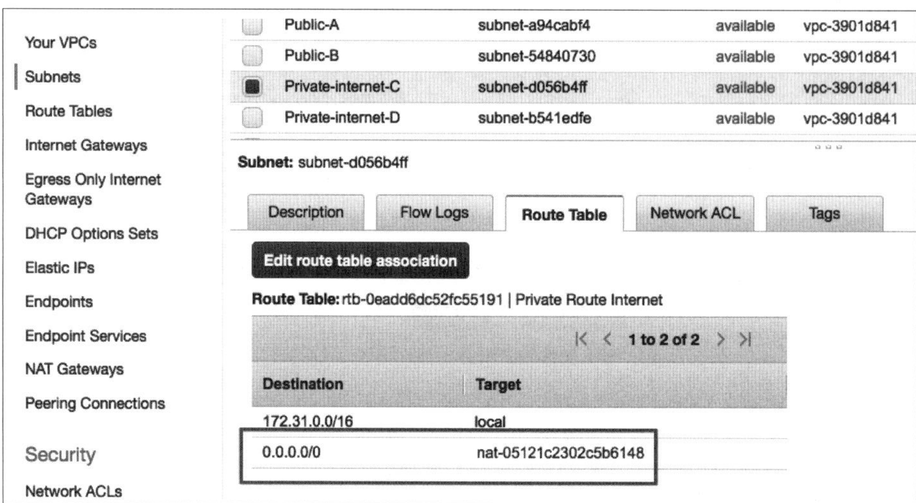

위 스크린샷과 같이 `0.0.0.0/0`이 없다면 이는 완전 사설 서브넷이다.

VPC Dashboard

Filter by VPC:

vpc-3901d841

Virtual Private Cloud

Your VPCs

Subnets

Route Tables

Internet Gateways

Egress Only Internet Gateways

DHCP Options Sets

Elastic IPs

Endpoints

Endpoint Services

NAT Gateways

Peering Connections

Create subnet | Actions

Filter by tags and attributes or search by keyword

Name	Subnet ID	State	VPC	IPv4 CIDR
Private-internet-C	subnet-d056b4ff	available	vpc-3901d841	172.31.80.0/2
Private-internet-D	subnet-b541edfe	available	vpc-3901d841	172.31.16.0/2
Private-NO-internet-E	subnet-99c463a6	available	vpc-3901d841	172.31.64.0/2
Private-NO-internet-F	subnet-15a59419	available	vpc-3901d841	172.31.48.0/2

Subnet: subnet-99c463a6

Description | Flow Logs | Route Table | Network ACL | Tags

Edit route table association

Route Table: rtb-0c5bb73b817ee6f8f | Private Route NO internet

1 to 1 of 1

Destination	Target
172.31.0.0/16	local

엔드포인트 라우팅

데이터베이스가 동일 리전에 있는 사설 S3 버킷에 백업을 업로드해야 한다면 인터넷 접속은 절대 허용하지 말고 사설의 내부 라우팅을 선택해야 한다. 이를 VPC 엔드포인트라고 한다. 이런 종류의 라우팅은 S3, 다이나모DB[DynamoDB], 클라우드 와치 같은 AWS 서비스에 도달 시 인터넷을 경유하는 것을 피하면서도 속도, 보안, 비용 절감(인터넷 트래픽은 비용이다)을 얻을 수 있다. 이런 류의 VPC 엔드포인트를 모두 확인하려면 https://docs.aws.amazon.com/AmazonVPC/latest/UserGuide/vpc-endpoints.html의 공식 문서를 확인하라.

여기서는 S3 서비스에서 사용할 수 있는 첫 번째 VPC 엔드포인트를 다음과 같이 구성해 보자.

1. VPC ➤ Endpoints[엔드포인트] ➤ Create Endpoint[엔드포인트 생성]로 이동하라.

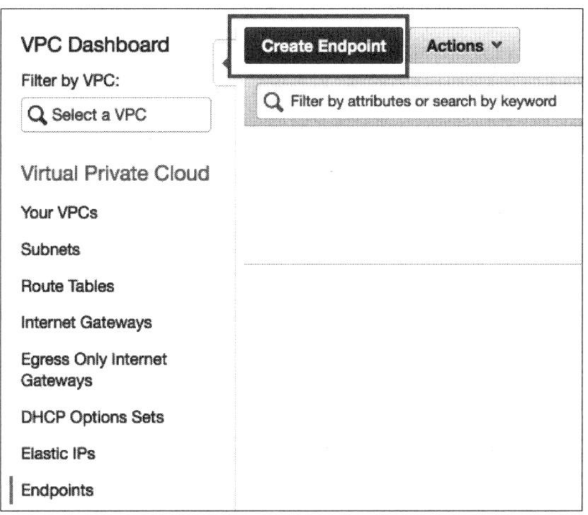

2. 기본으로 선택된 AWS 서비스는 그대로 두고 다음 스크린샷과 같이 S3를 선택하라.

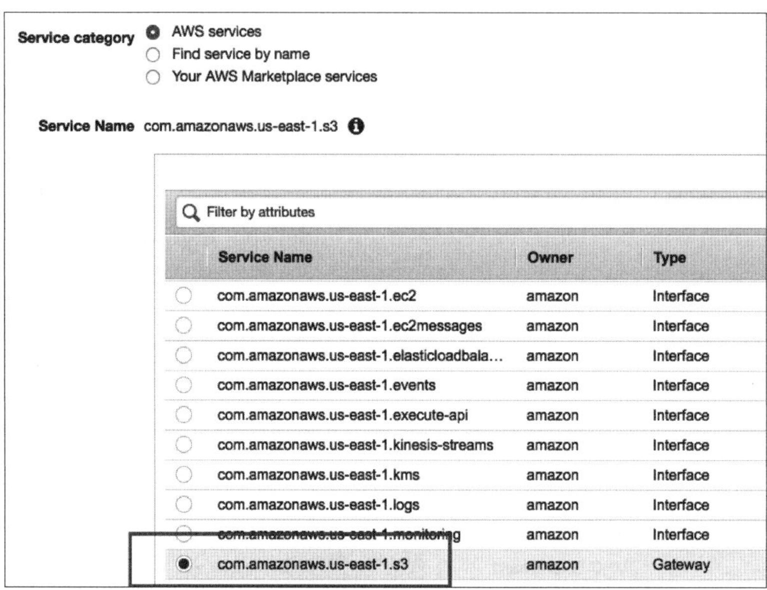

3. 작업할 VPC를 선택하고 수정할 모든 라우팅 테이블을 선택하라.

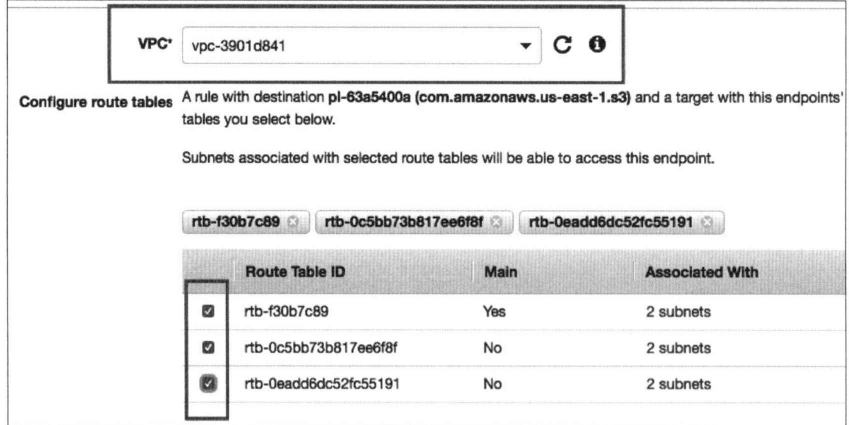

4. 이제 다음 스크린샷과 같이 새로운 라우팅 규칙을 볼 수 있다.

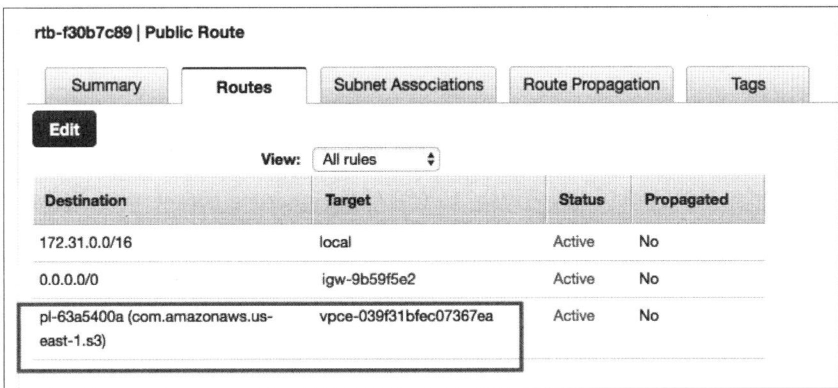
rtb-f30b7c89 | Public Route

Summary | Routes | Subnet Associations | Route Propagation | Tags

Edit

View: All rules

Destination	Target	Status	Propagated
172.31.0.0/16	local	Active	No
0.0.0.0/0	igw-9b59f5e2	Active	No
pl-63a5400a (com.amazonaws.us-east-1.s3)	vpce-039f31bfec07367ea	Active	No

이는 동일 VPC 리전에 생성된 모든 버킷에 대해 동작함을 명심하라. 이 예시에서는 `us-east-1`, 북 버지니아다.

'아마존 S3의 엔드포인트' AWS 문서인 https://docs.aws.amazon.com/AmazonVPC/latest/UserGuide/vpc-endpoints-s3.html에 다음과 같이 S3 버킷 정책 규칙을 강화하는 흥미로운 내용이 있다.

```
{
    "Version": "2012-10-17",
    "Id": "Policy1415115909152",
    "Statement": [
        {
            "Sid": "Access-to-specific-VPCE-only",
            "Principal": "*",
            "Action": "s3:*",
            "Effect": "Deny",
            "Resource": ["arn:aws:s3:::my_secure_bucket",
                         "arn:aws:s3:::my_secure_bucket/*"],
            "Condition": {
                "StringNotEquals": {
                    "aws:sourceVpce": "vpce-039f31bfec07367ea"
                }
```

```
            }
        }
    ]
}
```

문서에 있는 것 대신 내 VPC 엔드포인트 ID인 `vpce-039f31bfec07367ea`로 바꿨다. 이 규칙 덕분에 엔드포인트에 연관되어 있는 VPC에서만 `my_secure_bucket` 버킷 접근이 가능하다.

AWS WAF

모든 리소스는 보안 그룹과 사설 서브넷을 사용해 접근을 제한할 수 있다. 모니터링 로그로 VPC 플로우 로그와 클라우드 트레일[CloudTrails] 로그가 활성화되어 있다. IAM 정책이 시행되어 모든 것이 정상적으로 보안 처리가 되어 있고 아무것도 노출되어 있지 않다. 모든 리소스에 접근 시 VPN 서비스를 이용하고 있기 때문이다. 그러나 인터넷 서비스를 제공하기 원한다면 외부 세계의 접근을 위한 적어도 한 지점은 개방해야 한다. 'VPC 서브넷' 절에서 이미 논의했듯이 `0.0.0.0/0` 보안 그룹 규칙을 열어놓은 상태에서 공용 서브넷에 리소스를 최대한 적게 노출해야 한다. 가능하다면 ELB 하나만 이 상태로 유지하고 사설 서브넷에 있는 EC2 머신으로 전달해야 한다. EC2 머신은 엄격한 보안 규칙을 갖는 RDS 데이터베이스와 통신하기 때문이다.

이는 매우 표준적인 AWS 애플리케이션이므로 더 자세한 설명은 필요가 없다. 대신에 AWS WAF로 ELB의 보안성을 강화하는 것을 검토해보자. 더 자세한 정보는 https://aws.amazon.com/waf/를 참조하라. AWS WAF는 애플리케이션 수준에서 동작하는 방화벽으로 보안 그룹이 동작하는 OSI 4단계가 아닌 7단계에서 TCP/IP 스택 프로토콜을 보호할 수 있다.

보안 그룹은 할 수 없는데 WAF가 할 수 있는 것은 무엇일까? 이 질문에 대해 다음 답변을 고려해보라.

- SQL 인젝션과 교차 사이트 스크립트cross-site scripting로부터 보호한다.
- **서비스 거부**DoS, denial-of-service 및 **분산형 서비스 거부**DDoS, distributed denial-of-service를 막는다.
- www.mywebsite/admin과 같이 웹 애플리케이션의 URL 중 일부를 보호한다.

이 절에서 DoS와 하부 URL에 관한 두 가지 실제적인 POC를 테라폼으로 작성해보자. 웹 애플리케이션 테스트 환경을 생성하고 WAF를 적용하고 보호 조치를 시작는 규칙을 테스트해보자. 이 부분을 작성한 시점에 WAF는 **애플리케이션 로드 밸런서**ALB, application load balancer와 클라우드 프론트CloudFront에만 적용할 수 있었다. 그러나 AWS는 지속적으로 이 서비스를 업데이트하므로 가까운 미래에 어떤 부분이 적용될지는 알 수 없다.

웹 애플리케이션 플레이그라운드 환경

플레이그라운드 환경에는 아파치 웹 서버가 설치된 EC2 머신과 ALB가 존재한다. 이 절에서는 WAF 구성 없이 환경을 생성하고 테스트만 할 것이다. 그러나 다음 절에서 ALB 위에 WAF를 추가할 것이다.

다음과 같은 플레이그라운드 환경을 생성하는 데 깃허브에서 사용할 수 있는 테라폼 모듈을 이용할 것이다.

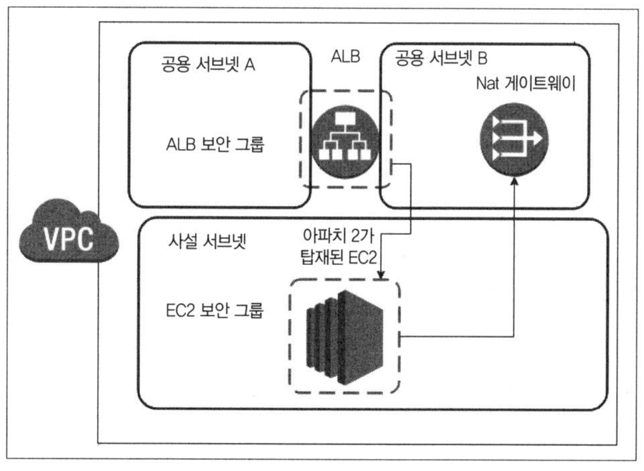

main.tf 파일에 다음 코드를 추가하는 것으로 시작하라.

```
module "webapp-playground" {
    source = "github.com/giuseppeborgese/effective_devops_with_aws__second_edition//
terraform-modules//webapp-playground"
    subnet_public_A = "subnet-a94cabf4"
    subnet_public_B = "subnet-54840730"
    subnet_private = "subnet-54840730"
    vpc_id = "vpc-3901d841"
    my_ami = "ami-b70554c8"
    pem_key_name = "effectivedevops"
}
```

명심해야 할 사항이 있다.

- ALB에는 적어도 각기 다른 가용 영역에 있는 두 서브넷을 항상 배치해야 한다.
- 이 ALB는 80 포트에서 접근 가능하고 PoC를 받아들일 수 있는 HTTP 리스너를 사용한다. 그러나 실제 환경에서는 AWS 라우트 53에 공용 도메인을 등록하고 AWS 인증서 관리자에서 SSL 인증서를 생성하고 인증서를 ALB에 적용함으로써 HTTPS 리스너를 사용하도록 해야 한다.
- 보안 그룹 설정은 매우 엄격하다. ALB 보안 그룹의 인그레스^ingress^가 전체 인터넷 `0.0.0.0/0`의 80 포트에서만 접근할 수 있고, EC2 보안 그룹 80 포트의 이그레스^egress^ 접근을 허용하는 모듈 코드를 확인할 수 있다.

일반적으로 리소스를 생성하려면 다음 명령어를 수행해야 한다.

```
terraform init -upgrade
terraform plan -out /tmp/tf11.out
Plan: 12 to add, 0 to change, 0 to destroy.
terraform apply /tmp/tf11.out
```

다음 스크린샷대로 DNS ALB 이름을 찾아서 복사하라.

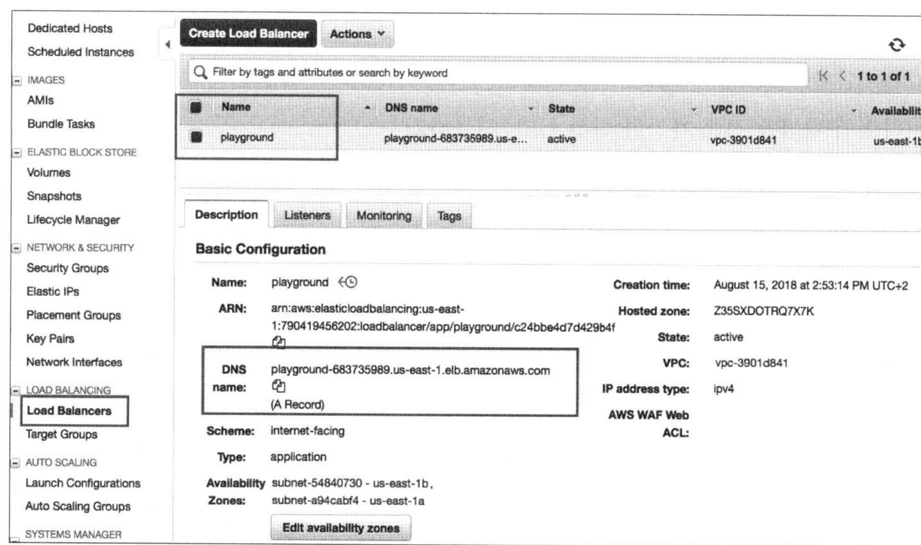

다음과 같이 브라우저에서 열자.

나중에 WAF를 테스트할 때 사용할 수 있는 하위 폴더도 있다.

플레이그라운드 환경을 바로 사용하지 않는다면 불필요한 비용이 발생하지 않도록 `terraform` 명령어로 제거하라. 환경만 제거하고 나머지는 유지하길 원한다면 다음과 같이 선택적인 `destroy` 모듈을 이용하라.

```
terraform destroy -target module.webapp-playground
```

Yes를 입력하면 모듈에 속한 12개의 리소스만 삭제된다.

하나의 IP에서만 접근 가능한 하부 URL 허용하기

일반적으로 웹 애플리케이션에는 관리자 영역이 있다. 그리고 포탈의 일부를 모든 사람이 접근할 수 없게 하는 경우가 있다. 물론 접근하려면 사용자명과 비밀번호를 입력해야 한다. 그러나 공격자가 여러 가지 방법으로 이런 자격증명을 훔칠 수 있다.

민감한 애플리케이션이라면 최소 권한 원칙을 준수해야 하므로 관리자 접근이 필요한 위치의 접근을 제한하는 것이 바람직하다(예: 사무실). 관리자 영역을 다른 곳에서 접근하려면 이전 절에서 논한 대로 이 영역을 내부 로드 밸런서 뒤에 두고 VPN 서비스로 사무실에서 VPC에 접근하게 할 수 있다. 내부 로드 밸런서의 DNS 명은 VPC의 사설 IP로 변환되고 이런 방식으로 사무실과 같이 신뢰할 수 있는 위치에서만 연결이 이뤄지도록 보장할 수 있다.

그러나 많은 경우 이 옵션은 사용할 수 없다. 왜냐하면 애플리케이션이 하나의 번들인 경우 주요 부분에서 관리자의 하부 URL을 분리할 수 없기 때문이다. 이런 경우의 유일한 방법은 AWS WAF를 사용하는 것이고 관리자의 하부 URL에만 필터를 적용하는 것이다. WAF를 생성하고 플레이그라운드 웹 애플리케이션에 이를 부착해야 한다.

이를 위해 terraform 모듈을 작성했고 다음 코드를 사용하면 된다.

```
module "limit_admin_WAF" {
    source = "github.com/giuseppeborgese/effective_devops_with_aws__second_edition//
terraform-modules//limit-the-admin-area"
    alb_arn = "${module.webapp-playground.alb_arn}"
    my_office_ip = "146.241.179.87/32"
    admin_suburl = "/subdir"
}
```

물론 사무실 IP 또는 my_office_ip 필드의 공인 IP를 바꿀 때 단일 IP만 접속할 수 있도록 서브넷 마스크를 /32로 하는 것을 잊지 말자.

명령어는 다음과 같이 일반적인 명령어다.

```
terraform plan -out /tmp/tf11.out
terraform init -upgrade
terraform apply /tmp/tf11.out
```

테스트를 용이하게 하기 위해 다음과 같이 alb_url을 출력 변수로 추가했다.

```
alb_url = playground-1940933132.us-east-1.elb.amazonaws.com
loggroup = arn:aws:logs:us-east-1:790419456202:log-group:devops2nd_flowlogs:*
role = devops2nd_flowlogs
giuseppe@Giuseppes-MacBook-Air ~/p/effectivedevops>
```

이제 WAF는 ALB에 연결됐고 모든 요청이 필터링된다.

명령줄로 테스트하기

이번에는 명령줄 도구로 테스트해보자. 사무실 IP에서 루트 폴더와 하부 URL 모두에 접근을 시도하면 아무런 문제가 발생하지 않는다.

```
giuseppe@Giuseppes-MacBook-Air ~> curl http://playground-1940933132.us-east-1.elb.
amazonaws.com/subdir/
 This is a sub directory
giuseppe@Giuseppes-MacBook-Air ~> curl http://playground-1940933132.us-east-1.elb.
amazonaws.com/
 This is a playground main directory
giuseppe@Giuseppes-MacBook-Air ~>
```

대신에 또 다른 공용 IP를 가진 가상 머신을 사용하면 다음과 같은 결과가 출력된다.

```
[ec2-user@ip-172-31-6-204 ~]$ curl http://playground-1940933132.us-east-1.elb.
amazonaws.com/
 This is a playground main directory
```

```
[ec2-user@ip-172-31-6-204 ~]$ curl http://playground-1940933132.us-east-1.elb.
amazonaws.com/subdir/
<html>
<head><title>403 Forbidden</title></head>
<body bgcolor="white">
<center><h1>403 Forbidden</h1></center>
</body>
</html>
```

웹 콘솔에서 WAF 지정하기

다음과 같이 생성된 리소스, 즉 WAF 서비스를 살펴보자.

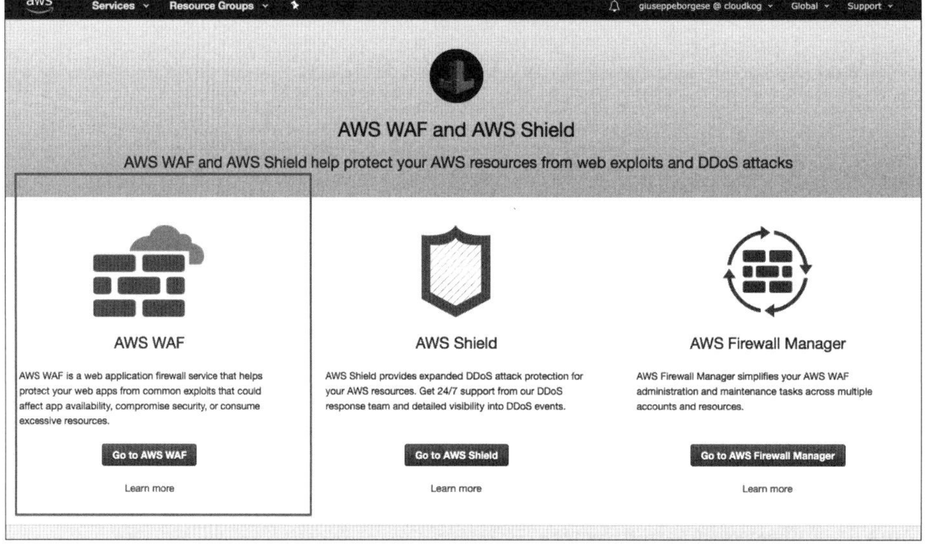

Web ACLs 옵션을 선택한 후 Filter 메뉴에서 작업할 리전을 선택하라. 다음과 같이 테라폼 모듈이 생성한 것을 볼 수 있다.

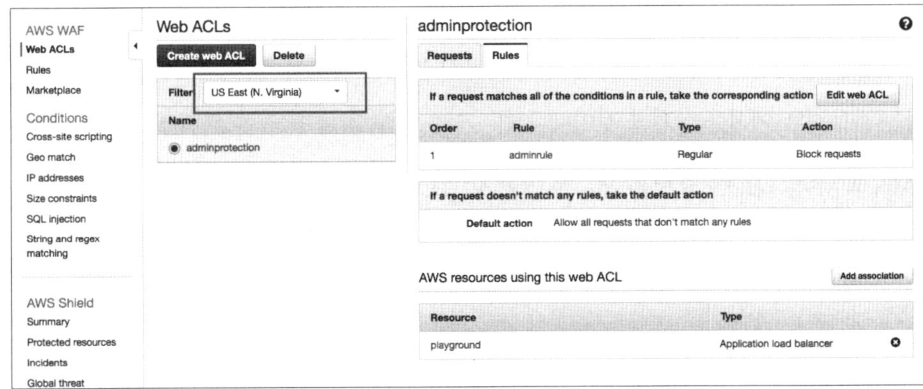

Rules[규칙] 섹션에서 필터 자체를 볼 수 있고 제한된 장소만 접속이 허용된 IP를 볼 수 있다.

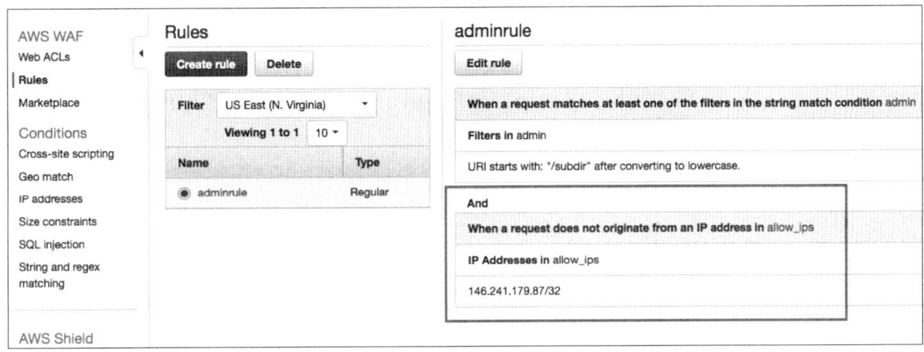

DoS/DDoS 공격 차단하기

DoS 공격은 애플리케이션의 오래된 문제이고, 특히 분산 버전인 DDoS는 다중 소스(일반적으로 봇넷을 형성하는 여러 종류의 해킹된 디바이스)가 동시에 매우 많은 쿼리를 실행하는 DoS를 시도함으로써 네트워크에 과부하가 걸리게 한다. 합법적인 사용자에게 트래픽을 지속적으로 제공하도록 방어하려면 악성 소스를 식별하고 차단하는 것은 필수다.

https://aws.amazon.com/answers/networking/aws-ddos-attack-mitigation/에서 'AWS 서비스 거부 공격 완화'에 관련된 공식 문서를 참고하라. 여기서는 AWS를 활용하는 실무적인 예시를 살펴볼 것이다.

AWS WAF는 과도한 요청을 전송하는 특정 공인 IP를 차단할 수 있다. 한 가지 질문은 "너무 많다는 것이 얼마나 많은 요청인가?"일 것이다. 이는 웹 애플리케이션에 따라 다르다. 이런 종류의 필터를 적용하기 전에 할 일은 5분 범위 안에 특정 IP로 들어오는 요청 수를 측정하는 것이다.

AWS WAF의 요청 하한값은 2,000개이고 테스트를 해보면 2,001개의 요청까지는 차단되지 않으나 잠시 후 그 이후의 요청은 차단되는 것을 확인할 수 있다. 나는 다른 예시와 마찬가지로 AWS가 공표한 것을 신뢰하지는 않기 때문에 WAF 생성 후 개념을 검증하는 테스트를 진행하곤 한다. 시스템의 동작 여부를 바로 확인하기 위해 하부 URL 제한을 AWS에 설정하자. 주요 페이지인 http://playground-1940933132.us-east-1.elb.amazonaws.com에는 아무 제한도 걸지 말자.

테라폼으로 AWS WAF 작성하기

충돌을 피하도록 `limit_admin_WAF`를 삭제하라. 다음 명령어로 처리할 수 있다.

```
terraform destroy -target module.limit_admin_WAF
```

다음으로 `/* */`를 이용해 코드 모듈에 주석 처리하라.

```
/* module "limit_admin_WAF" {
    source
    .............
} */
```

다음 코드로 모듈을 생성하라.

```
module "limit_admin_WAF" {
    source = "github.com/giuseppeborgese/effective_devops_with_aws__second_edition//
terraform-modules//ddos_protection"
    alb_arn = "${module.webapp-playground.alb_arn}"
    admin_suburl = "subdir"
}
```

다음 코드를 실행하라.

```
terraform init -upgrade
terraform plan -out /tmp/tf11.out
terraform apply /tmp/tf11.out
 Outputs: alb_url = playground-1757904639.us-east-1.elb.amazonaws.com
```

출력 결과에서 DNS를 복사해 `curl` 명령어로 정상 동작하는지 테스트하라.

```
curl playground-1757904639.us-east-1.elb.amazonaws.com
```

다음은 플레이그라운드의 메인 폴더다.

```
curl playground-1757904639.us-east-1.elb.amazonaws.com/subdir/
```

이는 하위 폴더다. 웹 콘솔에 로그인하고 WAF 서비스로 이동한 후 버지니아 리전을 선택하고 다음 스크린샷과 같이 Rate-based 유형의 `subdir` 규칙을 확인하라.

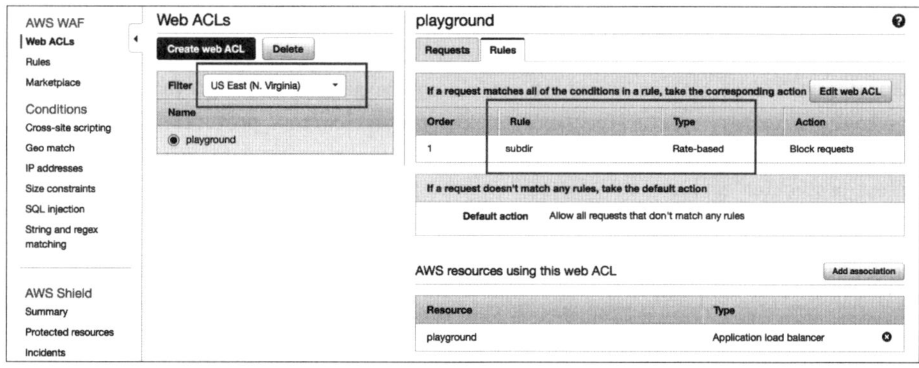

Rules 섹션에서 현재 차단된 IP가 없음을 즉시 확인할 수 있다.

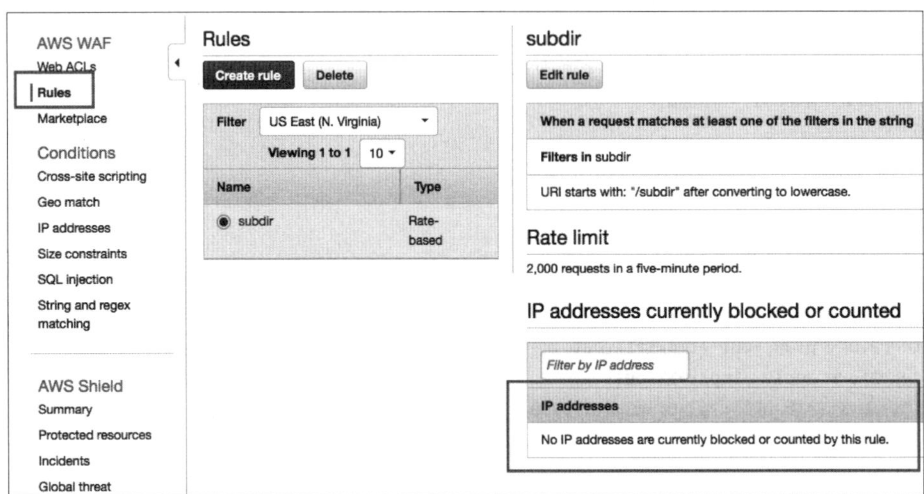

어떠한 종류의 DoS 테스트도 기본적으로 금지되어 있고 AWS에 의해 차단될 수 있음을 명심하라. 왜냐하면 이는 약관 위배이기 때문이다. AWS 서비스 약관에 대한 자세한 정보는 https://aws.amazon.com/service-terms/를 참조하라. 여기서는 짧은 시간 동안만 특정 IP로 2,000/4,000 요청을 실행하겠다. 이는 AWS가 경고를 할 만큼 많은 양은 아니다. 인터넷 연결 상태가 아주 좋다면 이 스크립트는 랩톱에서 실행할 수 있다 그러나 인터넷에 개방되어 있는 공용 서브넷상의 아마존 리눅스 EC2 머신에서 하는 것이다. 동일한 조건으로 실험을 할 수 있기 때문이다.

머신에 로그인하고 다음 명령어로 스크립트를 다운로드하라.

```
curl -O https://raw.githubusercontent.com/giuseppeborgese/effective_devops_with_aws
__second_edition/master/terraform-modules/ddos_protection/test_protection.sh
chmod +x test_protection.sh
./test_protection.sh ...
```

ALB 플레이그라운드에서 4,000 요청을 보내자. 출력 결과에서 첫 번째 2,000/3,000 요청이 성공임을 확인할 수 있다.

```
This is a subdirectory
 538
This is a subdirectory
 539
This is a subdirectory
 540
This is a subdirectory
 541
This is a subdirectory
```

그러나 다음과 같이 거부된 요청을 받기 시작한다.

```
259
 <html>
 <head><title>403 Forbidden</title></head>
 <body bgcolor="white">
 <center><h1>403 Forbidden</h1></center>
 </body>
 </html>
260
 <html>
 <head><title>403 Forbidden</title></head>
 <body bgcolor="white">
 <center><h1>403 Forbidden</h1></center>
 </body>
 </html>
```

처음 실행하는 동안에 이를 확인하지 못했다면 요청을 발생시키는 스크립트를 다시 실행하라. 웹 콘솔로 로그인한 후 WAF 서비스로 이동해 Rules 섹션에서 EC2 머신의 공인 IP를 볼 수 있을 것이다.

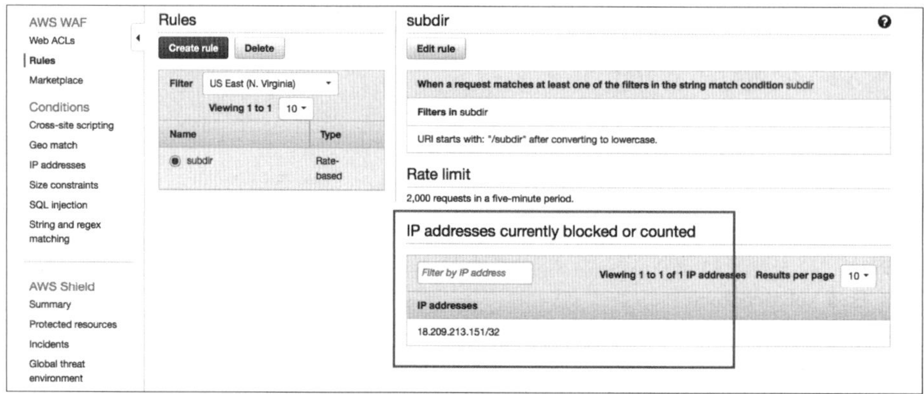

EC2 머신에서 루트 폴더로 `curl`을 실행하면 여전히 접근 가능함을 알 수 있다. 랩톱에서 접속을 시도하면 하부 URL은 여전히 접근 가능하다. 잠시 동안 더 이상의 요청을 보내지 않는다면 EC2 머신의 공인 IP는 블랙리스트에서 제거된다. 이는 정상적인 동작이다. 왜냐하면 트래픽 전송이 정상으로 돌아왔다면 이 IP는 더 이상 위협이 아니기 때문이다.

DDoS 공격 고려사항

AWS WAF는 DoS와 DDoS 공격을 완화하는 매우 유용한 도구다. 그러나 이를 사용하기 전에 다음과 같은 지침을 따르는 것이 좋다.

- AWS를 통해 DoS 공격 완화 구현 방법을 읽고 확인하라.
- 애플리케이션의 동작을 이해해 유효한 트래픽이 차단되는 것과 오탐을 피할 수 있도록 동시 접속의 적절한 제한값을 설정하라.
- WAF가 공격을 탐지하고 필터를 구동할 때까지의 대량 요청에 응답할 수 있는 확장 가능한 웹 애플리케이션을 구축하라.

SQL 인젝션(SQLi)에 대한 WAF

WAF의 Rate 규칙과 하부 URL 제한 기능을 구현한 후 테스트했다. 처음에 얘기한 것과 같이 SQLi 기능도 있다. 공식 AWS 웹사이트에서 이에 관련된 클라우드 포메이션 템플릿을 찾을 수 있다(https://github.com/aws-samples/aws-waf-sample 깃허브 리포지터리에 있다).

요약

8장에서는 다른 수준에서 최소 권한 원칙을 적용했다. IAM 절에서 비밀번호 정책을 구성하고 권한과 그룹을 설정함으로써 루트 계정을 잠그고 IAM 사용자에게 제어를 넘기는 방법을 다뤘다. 클라우드 트레일 활성화로 서비스 또는 IAM 사용자가 인프라에 수행하는 모든 작업을 추적하고 모니터링했다. VPC 플로우 로그로 VPC 기반에서 사용 가능한 강력한 네트워크 모니터 애플리케이션도 살펴봤다. 그리고 실전 연습 능력을 키워주는 훌륭한 도구인 테라폼으로 사전 요구사항을 생성했고 테라폼 모듈의 개념도 배웠다. 'VPC 서브넷' 절에서는 AWS 클라우드에서 사용할 수 있는 세 가지 종류의 서브넷을 살펴봤다. 그리고 인프라에서 다른 종류의 리소스를 어디에 배치할지, 가능한 한 최소로 인터넷에 노출하는 방법과 가능한 한 많은 것을 사설 영역에 유지하는 것도 살펴봤다.

WAF 서비스를 논하면서 AWS 세계에서 사용 가능한 보안 서비스 중 가장 강력한 서비스를 살펴봤다. 이는 웹 애플리케이션의 일부 민감한 영역을 보호하는 데 유용하다. DoS 공격으로부터의 보호는 전문 웹 서비스에 항상 필요한 존재다. WAF를 구성하는 것은 쉽지 않다. 그러나 강력한 테라폼 자동화 모듈과 이 책에서 사용 가능한 PoC 모듈 덕분에 구성 원칙을 이해하고 그에 따라 구성하는 것이 쉬워졌다. 단지 몇 개의 `terraform`과 `git` 명령어로 처리되기 때문이다.

9장에서는 데브옵스의 마지막 주요 특징 중 하나(모든 것을 측정하기)를 구현해 시스템을 지속적으로 향상시킬 것이다. (클라우드 와치 같은) AWS 서비스와 연계하고 다양한 서비스의 여러 가지 기능을 활용해 인프라와 서비스 모니터링 전략을 구현할 수 있다.

질문

1. 방금 AWS 클라우드에 가입해 이메일로 비밀번호를 받았다고 가정해보자. 인프라 구축을 바로 시작할 수 있는가? 아니면 작업 이전에 몇몇 모범 사례를 따라야 하는가?
2. 나의 AWS 계정에서 활성화할 수 있는 로깅의 유형은 무엇인가?
3. 보안 그룹과 NACL이 AWS에서 사용 가능한 유일한 방화벽인가?
4. AWS를 이용해 DDos 공격으로부터 나의 웹 애플리케이션을 어떻게 지킬 수 있는가?
5. 하나의 서브넷에 모든 리소스를 집어 넣을 수 있는가?

더 읽을거리

보안은 매우 폭넓은 분야이므로 1개 장에서 모두를 다룰 수는 없다. 더 많은 리소스는 https://aws.amazon.com/whitepapers/aws-security-best-practices/에서 확인할 수 있다.

AWS 파운데이션의 **인터넷 보안 센터**CIS, Center for Internet Security 벤치마크는 AWS 계정/환경의 보안을 위한 보안 강화 지침이다. 다음 링크를 참조하라.

- **CIS 아마존 웹 서비스 파운데이션**: https://d0.awsstatic.com/whitepapers/compliance/AWS_CIS_Foundations_Benchmark.pdf
- **AWS API에 대한 벤치마크를 확인하는 CIS 스크립트**: https://github.com/awslabs/aws-security-benchmark

'AWS의 공인 보안 - 전문 분야'의 더 많은 정보는 https://aws.amazon.com/ko/certification/certified-security-specialty/를 참조하라.

09

모니터링과 알람

앞 장에서 데브옵스를 추종하는 여러 엔지니어링 모범 사례를 구현했고 최첨단 인프라를 구축했다. 아직 다루지 않은 분야 중 하나는 '모든 것을 측정한다'는 개념이다.

'모든 것을 측정한다'의 핵심 개념은 실행 가능한 피드백을 수집하는 것이다. 변경사항의 영향도를 평가할 수 있는 다음과 같은 피드백 루프를 구축하고자 한다.

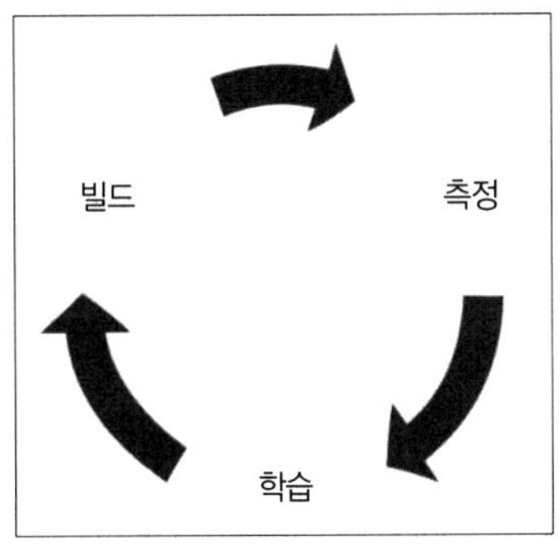

이 개념은 데브옵스에만 국한되어 있지 않다. 결정을 내리고 경쟁력을 확보하려 할 때 본능과 직관만으로는 더 이상 충분하지 않기 때문에 대부분의 유명한 회사들은 팀을 올바른 방향으로 유도하기 위해 유사한 시스템을 이용하고 있다.

인프라와 서비스에 이 개념을 적용함으로써 더 나은 단계로 올라갈 수 있고 모니터링과 알람 솔루션을 구축할 수 있다. 물론 모든 상용 환경에는 이 솔루션이 반드시 존재해야 한다. 이 장의 첫 부분에서는 애플리케이션이 잘 동작하는지 알 수 있도록 애플리케이션을 변경할 것이다. 다음으로 인프라에도 동일한 작업을 수행할 것이다. 코드로 인프라 다루기에 대한 이해를 바탕으로, 이미 작성한 여러 클라우드 포메이션 템플릿을 확장해 중요한 구성요소를 추가할 것이다.

마지막으로, 공개된 핵심 지표들로 알람 기능을 구현해 애플리케이션의 가용성을 높일 것이다.

9장에서 다루는 내용은 다음과 같다.

- 모니터링을 위해 애플리케이션 측정하기
- 인프라 모니터링하기
- 클라우드 와치와 SNS를 이용해 알람 생성하기

기술 요구사항

- AWS 클라우드 와치
- ELK(일래스틱서치Elasticsearch, 로그스태시Logstash, 키바나Kibana)
- 키네시스 파이어호스Kinesis Firehose
- 앤서블
- 클라우드 포메이션
- https://github.com/yogeshraheja/Effective-DevOps-with-AWS/blob/

master/Chapter08/EffectiveDevOpsTemplates/elasticsearch-cf-template.py

- https://github.com/yogeshraheja/Effective-DevOps-with-AWS/blob/master/Chapter08/EffectiveDevOpsTemplates/firehose-cf-template.py

모니터링을 위해 애플리케이션 측정하기

이 절에서는 애플리케이션의 일부를 변경해 코드가 수행하는 작업과 동작 방식을 확인할 수 있도록 하겠다.

모니터링은 사소한 주제가 아니다 보니 관련 솔루션이 매우 다양하다. 이 책은 AWS에 중점을 두고 있으므로 클라우드 와치로부터 AWS가 제공하는 서비스 범위 내에서 설명하겠다.

게다가 애플리케이션이 지닌 기본적인 특성 때문에 구현할 대부분은 다른 옵션들과 구현 절차 뒤에 숨겨져 있는 아이디어를 보여주는 것 외에는 별로 의미가 없다.

AWS 클라우드 와치

클라우드 와치는 모니터링 솔루션의 가장 필수적인 기능을 중앙 집중식으로 관리한다. 오토스케일링 그룹을 생성하는 데 필요한 오토스케일링 이벤트 알람을 추가하는 데 이미 이 기능 일부를 사용했다. 그러나 클라우드 와치는 훨씬 더 많은 것을 제공한다.

인프라 세계에서 데이터는 주로 메트릭과 로그라는 두 가지 유형으로 나뉜다. 클라우드 와치는 이 두 가지 데이터 유형을 다 지원한다. 또한 **이벤트**event라고 하는 제3의 데이터 유형도 지원한다.

대부분의 서비스와 마찬가지로, 웹 콘솔과 명령줄 인터페이스를 통해 접근할 수 있다. 또한 API와 여러 가지 SDK를 사용할 수도 있다. 먼저 각기 다른 유형의 데이터를 살펴보자.

메트릭

메트릭은 종종 수치화할 수 있는 것을 모니터링하는 데 사용한다. 예를 들어 시스템 메트릭(CPU 사용량, 가용 메모리, 네트워크 소비량), 페이지 조회수 또는 HTTP 상태(애플리케이션의 오류율)가 있다. 클라우드 와치에서 메트릭은 튜플로 정의되며 다음을 포함한다.

- 리소스 ID
- 서비스명
- 메트릭명
- 측정값
- 타임스탬프

예를 들어

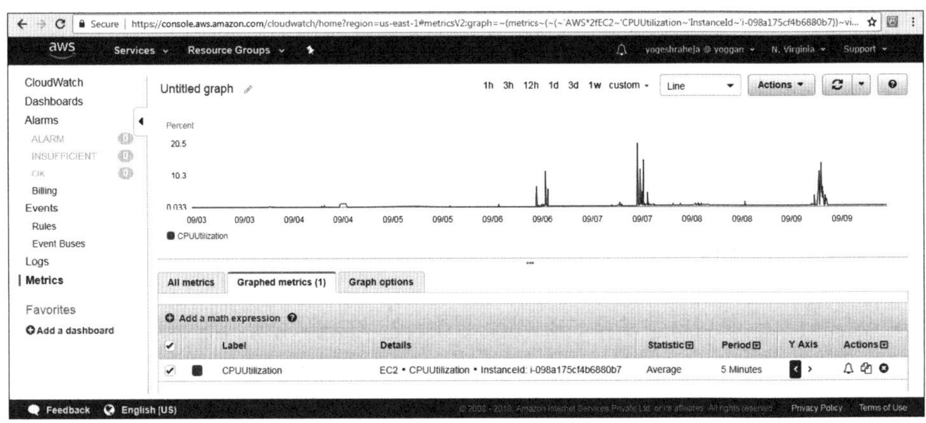

위 스크린샷은 EC2 인스턴스 ID i-098a175cf4b6880b7의 CPU 사용률 평균을 보여준다.

대부분의 AWS 서비스는 기본적으로 클라우드 와치와 통합되어 있다. https://console.aws.amazon.com/cloudwatch에 가서 왼쪽의 Metrics[지표] 메뉴 또는 Metrics Summary[지표 요약] 페이지에 있는 Browse Metrics[지표 찾아보기] 버튼으로 각기 다른 서비스에서 생성한 각기 다른 메트릭을 조회할 수 있다.

예를 들어, S3 버킷에 있는 데이터양을 표시하는 메트릭은 다음과 같이 확인할 수 있다.

1. 클라우드 와치 대시보드에서 Browse Metrics지표 찾아보기를 클릭한다.
2. Namespaces네임스페이스 영역에서 S3 서비스를 선택한다.
3. Storage Metrics스토리지 지표를 선택한다.
4. 아티팩트를 저장하는 데 사용한 버킷을 찾은 후 메트릭 BucketSizeBytes를 선택한다.

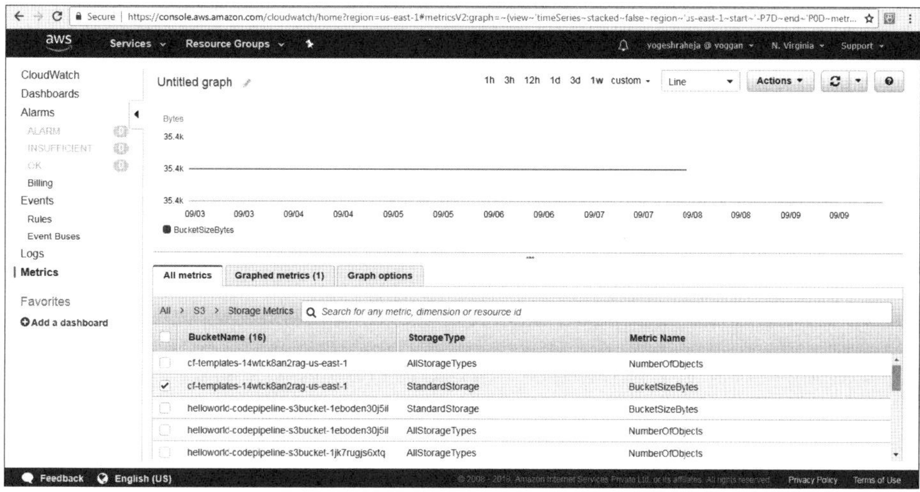

로그

로그 파일은 시스템을 모니터링하는 가장 잘 알려진 방법이다. 로그는 더 많은 유연성을 제공하므로 메트릭을 크게 보강할 수 있다. 로그는 메트릭처럼 키 페어 시스템에 제한되어 있지 않으므로 애플리케이션에서 발생하는 이벤트에 대한 아주 자세한 정보를 제공할 수 있고 이는 로그 파일로 제공된다. 예를 들어, 측정 시스템을 통해 애플리케이션의 오류 비율 증가를 확인할 수는 있지만 무슨 문제가 발생했는지 정확히 알기 위해서는 애플리케이션 로그를 참고해야 한다. 예외사항이 있는지, 스택 추적 정보가 있는지, 또는 문제 해결의 단서가 되는 오류 메시지가 있는지 확인하기 위해 애플리케이션의 로그에 접근해야 한다. 로그의 단점은 메트릭 값보다 용량이 훨씬 더 크다는 점이다. 이는 저장하는 데 비용이 더 들 뿐만 아니라 인덱싱, 검색 및 수집이 더 어려움을 의미한다.

클라우드 와치 로그는 몇 가지 주요 모듈로 구성되어 있다.

- 각 로그는 로그 이벤트로 불리며, 원시 메시지와 타임스탬프를 포함한다. 고유한 소스에 의해 생성된 로그 이벤트는 로그 스트림으로 그룹화되어 있다.
- 로그 스트림은 로그 이벤트를 로그 그룹으로 보낸다. 각 로그 그룹은 자료 보유의 자체적인 정책을 갖고 있다(로그 이벤트를 얼마나 오랫동안 보관할지, 누가 로그에 접근 가능할지 등).

예로 다음과 같이 코드 빌드 실행 로그에서 생성된 이벤트를 검색할 수 있다.

1. 브라우저에서 https://console.aws.amazon.com/cloudwatch의 클라우드 와치 서비스를 방문한다.
2. 왼쪽의 메뉴에 있는 Logs^로그^를 클릭하라.
3. 여기서 다른 로그 그룹을 확인할 수 있다. 다음 스크린샷과 같이 로그 시스템에 접근하도록 /aws/codebuild/ 그룹 중 하나를 선택하라.

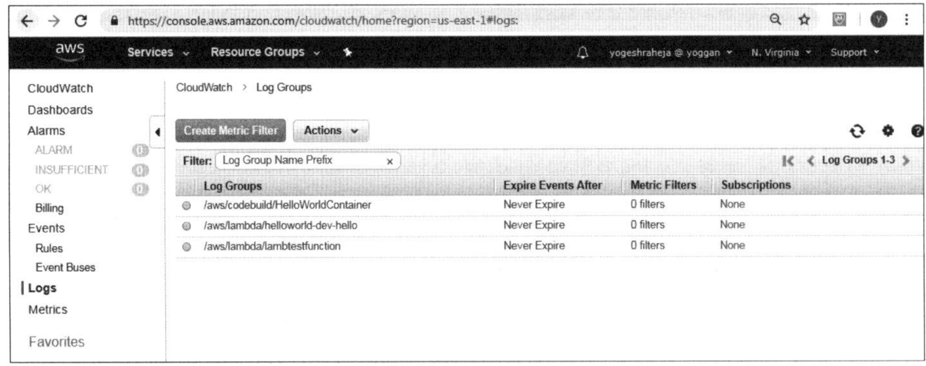

4. 코드 빌드에 의해 생성된 로그에 접근하기 위해 로그 스트림 중 하나를 열자.

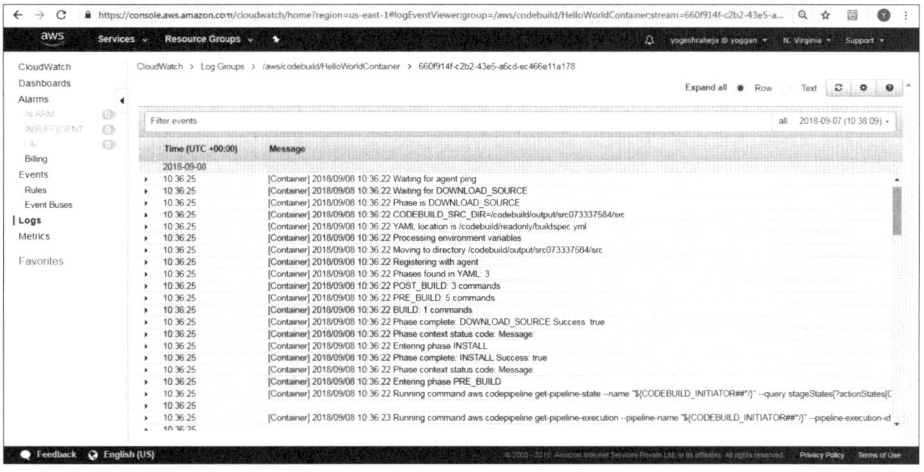

이벤트

클라우드 와치 이벤트는 AWS만의 특별한 개념이다. 클라우드 와치 이벤트는 로그와 메트릭이 혼합된 형태임을 확인할 수 있다. 이벤트는 메트릭이 이름과 리소스 ID를 갖는 것과 동일하게 식별자와 컨텍스트를 갖고 있다. 그러나 사용자 정의 정보에 대한 페이로드도 전달할 수 있다. AWS는 인프라와 서비스에서 이벤트를 광범위하게 사용한다. 환경에 있는 리소스가 변경될 때마다 AWS는 이벤트를 생성해 클라우드 와치 이벤트 서비스가 구독할 수 있는 스트림으로 해당 이벤트를 전송한다. 관심 있는 이벤트와 일치하는 규칙을 작성하고 SQS 또는 SNS 같은 서비스에 정보를 보내거나, 람다 또는 일부 프로그램 기능으로 코드를 직접 실행할 수 있다.

클라우드 와치를 사용해 helloworld 애플리케이션 모니터링하기

클라우드 와치가 제공하는 여러 가지 모니터링 기능을 어느 정도 알게 됐으므로 클라우드 와치를 제대로 활용할 수 있도록 `helloworld` 애플리케이션을 변경하자. 먼저 의미 있는 로그를 생성하는 방법을 살펴보자. 메트릭을 추가하고 이벤트를 추가한다. 변경을 한 후 자료를 수집하는 데 인프라와 권한 일부를 변경한다.

애플리케이션에 로그 추가하기

처음에 애플리케이션을 작성했을 때 애플리케이션이 실행 중인 상태를 보여주고자 마지막 줄에 콘솔 로그를 추가했다.

```
console.log('Server running')
```

그러나 이것으로는 충분하지 않다. 이를 개선하기 위해 새로운 로거[logger]를 생성하겠다.

애플리케이션에 사용자 정의 로거 생성하기

로그를 유용하게 사용하려면 로그를 코드의 문맥 중간에 넣어야 한다. 모든 것이 빠르게 변하는 환경에서 로그 유형(info, warning, critical 등), 로그를 발생시키는 애플리케이션의 버전, 오류 발생 시의 정확한 시간 등을 포함한 여러 가지 정보를 로그 메시지에 추가해야 한다. 만약 로그를 한 곳에 모은다면 로그를 발생시킨 서버 및 서비스명 또한 추가해야 한다.

처음 애플리케이션을 만들었을 때 코드를 최소한으로 유지하기 위해 추가 패키지의 사용은 피했다. 이로 인해 처음에는 서비스를 쉽게 배포할 수 있었다. 이제는 더 많은 도구를 사용하게 됐으므로 별도의 라이브러리를 추가하는 것은 더 이상 문제가 아니다. 로깅을 개선하는 데 winston이라는 라이브러리를 사용할 것이다(https://www.npmjs.com/package/winston). winston은 자바스크립트에서 가장 일반적인 로깅 라이브러리 중 하나다. 이 라이브러리는 많은 기능을 갖고 있어서 몇 가지 강력한 방법으로 로그를 조작할 수 있다.

로컬 컴퓨터에서 helloworld 애플리케이션의 루트 폴더로 이동하라.

```
$ cd helloworld
```

그런 다음 다음과 같이 winston 라이브러리를 설치하라.

```
$ npm install winston@2.4.4 --save-dev
```

--save 옵션을 추가하면 npm이 package.json 파일에 패키지 정의를 포함시킨다. 텍스트 편집기로 애플리케이션이 포함된 helloworld.js 파일을 연 다음, http 변수 초기화 아래에 다음과 같이 winston 라이브러리를 초기화하라.

```
var http = require("http")
var winston = require("winston")
```

다음으로 코드의 버전을 지정하는 새로운 변수를 추가하라. 이를 위한 방법 중 하나는 버전 정보가 환경 변수를 통해 나중에 제공된다고 가정하는 것이다. 지금은 다음과 같이 간단히 버전 값을 가져오자.

```
var version = process.env.HELLOWORLD_VERSION
```

이제 사용자 정의 로거를 생성하자. 이를 통해 타임스탬프를 지정하고 타임스탬프를 정의하는 코드를 제공할 수 있다.

```
var logger = new winston.Logger({
    transports: [new winston.transports.Console({
        timestamp: function() {
            var d = new Date()
            return d.toISOString()
        },
    })]
})
```

나머지 문맥 중에 로그를 추가하기 위해 rewriter라는 라이브러리 기능을 이용하자. 이는 메타의 내용을 수정할 수 있게 해준다.

var logger 변수 정의 아래에 다음을 추가하라.

```
logger.rewriters.push(function(level, msg, meta) {
    meta.version = version
    return meta
})
```

마지막으로, 이제 생성 및 구성한 로거를 사용하자. 다음 코드로 이동하라.

```
console.log("Server running")
```

이 코드를 다음으로 대치하라.

```
logger.info("Server running")
```

이제 로컬에서 실행해 애플리케이션을 테스트할 수 있다.

```
$ node helloworld.js
```

애플리케이션이 시작되면 다음과 같은 로그가 생성된다.

```
2018-10-03T08:54:19.321Z - info: Server running version=undefined
```

```
[root@yogeshraheja helloworld]# node helloworld.js
2018-10-03T08:54:19.321Z - info: Server running version=undefined
```

helloworld.js 파일은 다음과 같다. https://raw.githubusercontent.com/yogeshraheja/Effective-DevOps-with-AWS/master/Chapter08/helloworld/helloworld-part-1.js.

ECS 및 EC2에서 로그를 수집하는 방법은 일반적으로 각기 다르다. EC2로부터 시작해 두 가지 로그를 모두 수집하는 방법을 살펴보자.

현재 상태에서 EC2 어느 곳에서도 콘솔 로그를 확인할 수 없다. 이 때문에 콘솔 로그를 저장하고 `HELLOWORLD_VERSION` 환경 변수를 정하도록 업스타트 스크립트를 변경하라.

버전을 제공하고 콘솔 로그를 제공하도록 변경하기

업스타트 구성은 애플리케이션의 하위 폴더인 scripts에 위치해 있다. 코드 편집기로 scripts/helloworld.conf를 열자.

다음과 같이 파일의 `script` 영역을 편집하라.

```
script
    set -a
    . /usr/local/helloworld/version
    mkdir -p /var/log/helloworld/
    chown ec2-user:ec2-user /var/log/helloworld/
    exec su --session-command="/usr/bin/node/usr/local/helloworld/helloworld.js >>
/var/log/helloworld/helloworld.log 2>&1" ec2-user
end script
```

첫 번째 변경사항은 `HELLOWORLD_VERSION` 환경 변수를 정의하는 것이다. 이를 위해 변수를 강제로 내보내는 `set -a`의 호출을 추가하겠다. 그리고 나중에 추가할 신규 파일인 /usr/local/helloworld/version을 소스로 지정하겠다. 두 번째 변경사항은 콘솔 출력을 파일 시스템에 로깅하는 것이다. /var/log 폴더를 새로 만들고 `stdout`과 `stderr`를 새로운 폴더에 저장하도록 애플리케이션의 시작 명령어를 수정해야 한다.

이제 콘솔 로그를 포함하는 로그 파일이 생성된다. 새로운 로그를 추가할 때마다 해당 로그를 순환시키는 방법을 항상 고려해야 한다. logrotate를 이용해 이를 구현하겠다.

새로운 폴더와 구성 파일을 생성하라. helloworld 폴더의 루트에 conf라는 새로운 폴더를 생성하고 logrotate 파일을 생성하라.

```
$ mkdir conf
$ touch conf/logrotate
```

이 파일을 편집하고 파일에 다음 구성 정보를 입력하라.

```
/var/log/helloworld/*.log {
    rotate 3
    size=100M
    copytruncate
    nocompress
}
```

물론 원하는 대로 조정할 수도 있다.

이제 /usr/local/helloworld/version을 작성하자. 목표는 신규 코드가 코드 디플로이에서 배포될 때마다 신규 버전 파일을 생성하는 것이다. 아직 다루지 않은 기능 중 하나는 코드 디플로이가 실행될 때마다 자체적인 환경 변수를 지정할 수 있는 기능이다. 버전 정보를 생성하기 위해 이 기능을 사용한다.

스크립트 폴더에 setversion.sh라는 새로운 스크립트를 생성하고 실행 가능한 권한을 지정하라.

```
$ touch scripts/setversion.sh
$ chmod +x scripts/setversion.sh
```

이 파일을 열고 다음과 같이 간단히 추가하라.

```
#!/bin/sh
echo "HELLOWORLD_VERSION=${APPLICATION_NAME}-${DEPLOYMENT_GROUP_NAME}-${DEPLOYMENT_
GROUP_ID}-${DEPLOYMENT_ID}" > /usr/local/helloworld/version
```

이제 이 모든 변경사항을 반영하기 위해 코드 디플로이를 변경하자.

로그를 처리하도록 코드 디플로이 변경하기

먼저 코드 디플로이가 버전 파일을 생성하게 하자. helloworld 애플리케이션 폴더의 루트에 있는 appspec.yml을 열자.

파일 아랫부분의 ValidateService 가로채기hook 뒤에 새로운 가로채기를 추가해 setversion 스크립트를 호출하라. 이 작업은 helloworld 애플리케이션을 설치한 후 수행되게 해야 한다. 따라서 다음과 같이 가로채기를 추가하라.

```
AfterInstall:
  - location: scripts/setversion.sh
    timeout: 180
```

새로운 파일들을 추가해야 한다. 첫 번째 파일은 logrotate 구성이다. appspec 파일 상단의 files 영역에 다음과 같이 추가하라.

```
- source: conf/logrotate
  destination: /etc/logrotate.d/helloworld
```

끝으로, 몇 가지 종속성을 갖는 라이브러리를 추가해야 한다. 종속 라이브러리를 추가하는 몇 가지 방법이 있다. 가장 명확한 방법은 배포하는 중에 npm install을 실행하는 것이다. 이를 통해 코드를 작고 가볍게 유지할 수 있다. 단점은 배포가 https://www.npmjs.com/에 의존한다는 점이고 이는 위험할 수 있다.

심각한 버그 픽스를 배포하려 하는데 종속 라이브러리의 설치가 실패할 경우와 같은 시나리오를 상상할 수 있다. 이를 피하려면 코드에 node_modules 폴더도 같이 커밋하는 것이 좋다.

logrotate 구성을 배포하는 이전 스크립트 아래에 다음을 추가하라.

```
- source: node_modules
  destination: /usr/local/helloworld/node_modules
```

신규 appsec 파일은 다음과 같다. https://raw.githubusercontent.com/yogeshraheja/Effective-DevOps-with-AWS/master/Chapter08/helloworld/appspec.yml

이제 모든 변경사항을 커밋할 수 있다.

```
$ git add helloworld.js node_modules package.json conf
scripts/setversion.sh appspec.yml scripts/helloworld.conf
$ git commit -m "Adding logging to helloworld"
$ git push
```

코드 파이프라인 덕분에 변경사항이 EC2 인스턴스에 바로 배포가 된다. 그리고 호스트에서 로그가 생성되는 것을 바로 확인할 수 있다.

이제 애플리케이션에 메트릭과 이벤트를 추가하자.

애플리케이션에 메트릭과 이벤트 추가하기

메트릭을 수집하는 몇 가지 방법이 있다. 다양한 제품 전반에서 메트릭을 재사용할 수 있는 SaaS 및 오픈소스로 제공하는 StatsD 같은 일반적인 프로토콜을 선택해도 되지만, 빠르게 하려면 AWS 고유 SDK를 사용하면 된다. 양쪽 옵션 모두 장단점이 있다. 그러나 여기서는 AWS 고유 SDK만 중점적으로 다룰 것이다.

helloworld 애플리케이션의 루트 폴더로 다시 이동하라. 먼저 다음과 같이 자바스크립트용 AWS SDK를 설치하라.

```
$ npm install aws-sdk --save
```

```
[root@yogeshraheja helloworld]# npm install aws-sdk --save
helloworld@1.0.0 /home/centos/helloworld
└─┬ aws-sdk@2.327.0
  ├─┬ buffer@4.9.1
  │ ├── base64-js@1.3.0
  │ └── isarray@1.0.0
  ├── events@1.1.1
  ├── ieee754@1.1.8
  ├── jmespath@0.15.0
  ├── querystring@0.2.0
  ├── sax@1.2.1
  ├─┬ url@0.10.3
  │ └── punycode@1.3.2
  ├── uuid@3.1.0
  └─┬ xml2js@0.4.19
    └── xmlbuilder@9.0.7

npm WARN helloworld@1.0.0 No description
```

이 명령어는 node_modules 폴더에 라이브러리와 종속 라이브러리를 설치하고 package.json 파일을 업데이트한다.

라이브러리가 설치되면 편집기로 helloworld.js를 열자. 먼저 라이브러리를 초기화한다.

winston 라이브러리 초기화 코드 아래에 다음과 같이 추가하라.

```
var http = require("http")
var winston = require("winston")
var AWS = require("aws-sdk")
```

AWS 오브젝트를 이용하면 모든 AWS 서비스와의 상호작용이 가능하다. 인프라는 us-east-1에 위치해 있다. 애플리케이션이 AWS의 다른 서비스에 접속하기 위해 이 리전을 사용하도록 구성하라. AWS 변수를 정의한 후 다음을 추가하라.

```
AWS.config.update({region:"us-east-1"})
```

다음으로 클라우드 와치 메트릭과 이벤트 서비스에 접근하는 변수를 생성하라.

```
var cwevents = new AWS.CloudWatchEvents({apiVersion: "2015-10-07"})
var cw = new AWS.CloudWatch({apiVersion: "2010-08-01"})
```

실제 환경에서 애플리케이션은 이벤트와 메트릭에 관련된 여러 가지 사례를 맞닥뜨릴 수 있다. 특정 이벤트가 발생할 때 람다Lambda 함수를 실행하는 이벤트를 추가하거나 애플리케이션에서 발생하는 모든 정보를 광범위하게 수집하는 메트릭을 추가할 수 있다. 여기서는 애플리케이션이 간단한 일만 하기 때문에 여러 가지 메트릭을 추가할 필요는 없다. 그래서 애플리케이션에 접속할 때마다 메트릭 하나와 이벤트 하나가 생성되게 하겠다.

http 안에 이벤트를 추가하자. 간단한 이벤트를 정의하는 이벤트 변수를 생성한다. request 헤더에 이 이벤트를 포함시켜라.

```
http.createServer(function (request, response) {
    var event = {
        Entries: [{
            Detail: JSON.stringify(request.headers),
            DetailType: "hellworld application access request",
            Source: "helloworld.app"
        }]
    }
```

또한 메트릭도 생성하라. 시간이 경과되는 동안 메트릭과 여러 차원이 연관되기를 원한다. 여기서는 간단한 메트릭인 page_viewed를 생성할 것이나 차원의 개념을 설명하기 위해 애플리케이션의 버전을 메트릭과 연관시켜라.

다음과 같이 작성하라.

```
var metric = {
    MetricData: [{
        MetricName: "page_viewed",
        Dimensions: [{
            Name: "Version",
```

```
            Value: version
        }],
        Unit: "None",
        Value: 1.0
    }],
    Namespace: "Helloworld/traffic"
}
```

이 장의 뒷부분에서는 인스턴스 루트 파티션의 디스크 공간을 모니터링하는 데 사용하는 메트릭을 살펴보겠다. 이런 경우에 차원은 파티션, 마운트 경로, 인스턴스 ID 등이 될 수 있다.

이제 `response.end("Hello World\n")` 호출 뒤에 다음과 같이 두 가지 이벤트를 추가하라.

```
response.end('Hello World\n')
cwevents.putEvents(event, function(err, data) {
    if (err) {
        logger.error("error", "an error occurred when creating an event", {error: err})
    } else {
        logger.info("created event", {entries: data.Entries})
    }
})
cw.putMetricData(metric, function(err, data) {
    if (err) {
        logger.error("an error occurred when creating a metric", {error: err});
    } else {
        logger.info("created metric", {data: JSON.stringify(data)});
    }
})
```

메트릭이나 이벤트를 클라우드 와치로 전송할 때 발생하는 문제를 해결하는 데 어떻게 로깅 기능을 사용하는지 살펴보라.

helloworld.js 파일은 다음과 같다. https://raw.githubusercontent.com/yogeshraheja/Effective-DevOps-with-AWS/master/Chapter08/helloworld/helloworld.js

로그 기수성(cardinality)

방금 생성한 로그를 자세히 살펴보면 로그가 상수 문자열로 구성되어 있음을 알 수 있다. 세부 오류사항 또는 이벤트 ID 같은 부가적인 정보는 분리된 메타 데이터로 제공한다.

구조화된 로그는 검색이나 인덱싱에 용이하다. 예를 들어, 구조화된 포맷으로 '메트릭 생성 시 오류 발생'과 일치하는 모든 로그를 추출할 수 있고 해당 오류 메시지를 그룹화할 수 있다. 이를 통해 메트릭의 생성 실패 이유를 수치로 표시할 수 있다. 일래스틱서치에 로그를 보낼 때 이를 살펴보겠다.

EC2 인스턴스에서 이 코드를 실행하면 AWS에 로그와 메트릭을 보내는 데 필요한 권한이 없기 때문에 로그에 오류가 일부 표시된다. 또한 로그는 생성되지만 이 로그를 클라우드 와치 로그에는 아직 보내지 않는다. 다음 두 절에서 이 부분을 다룰 것이다.

EC2에서 클라우드 와치로 로그, 이벤트 및 메트릭 보내기

이제 애플리케이션은 로그, 메트릭 및 이벤트를 발생시키고 있다. 이들을 수집하기 위해 클라우드 포메이션과 앤서블을 변경하겠다. 로그를 수집하도록 EC2 인스턴스 역할에 충분한 권한을 부여하고 새로운 서비스를 추가하겠다.

클라우드 와치 로그에 앤서블 역할 생성하기

로그를 클라우드 와치에 보내기 위해 AWS는 awslogs라는 데몬을 제공한다. 앤서블로 이를 설치하고 구성하라.

ansible/roles 폴더로 이동하자.

```
$ cd ansible/roles
```

awslogs라는 새로운 역할을 생성하라.

```
$ ansible-galaxy init awslogs
- awslogs was created successfully
```

먼저 태스크 파일인 awslogs/tasks/main.yml을 수정하라. 첫 번째 작업은 패키지를 설치하는 것이다. yum 모듈을 사용하라.

```
---
# awslogs용 태스크 파일

- name: install awslogs
  yum:
    name: awslogs
    state: present
```

앤서블을 이용해 서비스를 동적으로 구성하자. 구성이 변경될 때 awslogs를 다시 시작하는 핸들러를 생성하자.

awslogs/handlers/main.yml 파일을 열고 다음을 추가하라.

```
---
# awslogs용 핸들러 파일
- name: restart awslogs
  service:
    name: awslogs
    state: restarted
```

이제 서비스를 구성하자. 서비스 구성에 대한 전체 설명서는 http://amzn.to/2qMhaEt를 참조하라. 여기서는 간단하게 구성하겠다. 서비스는 INI 파일들로 구성되어 있다. 첫 번째 파일은 /etc/awslogs/awslogs.conf다.

앤서블의 파일 모듈로 파일을 생성하자. awslogs/files/에 awslogs.conf라는 신규 파일을 생성하고 다음을 추가하라.

```
[general]
state_file = /var/lib/awslogs/agent-state
```

파일을 생성했고 이를 /etc/awslogs에 복사하라. 이를 위해 copy 모듈을 사용하라. awslogs/tasks/main.yml 파일을 열고 다음을 추가하자.

```
- name: copy global configuration
  copy:
    src: awslogs.conf
    dest: /etc/awslogs
  notify: restart awslogs
```

알람notify 핸들러 덕분에 구성 파일이 변경되면 awslogs는 자동으로 재시작되고 이를 통해 새로운 구성을 가져온다.

이제 앤서블로 어떤 파일을 수집할지 구성하자. /etc/awslogs/config 폴더 안에 새로운 INI 파일을 생성해 이를 처리할 수 있다. 작업을 쉽게 하기 위해 수집할 로그 파일당 하나의 INI 파일을 생성하자. 이를 구현하는 데 앤서블이 제공하는 INI 파일 모듈을 이용하라. main.yml 파일에 다음과 같은 새로운 명령어를 추가하라.

```
- name: configure awslogs to collect {{ file }}
  ini_file:
```

역할로부터 일반적이고 다양한 로그를 수집하자. 이를 위해 앤서블이 제공하는 변수 시스템을 이용하라. 역할을 호출할 때마다 수집할 파일 및 이름과 같이 필요한 정보를 변수로 제공하라.

INI 모듈을 사용하려면 구성할 INI 파일의 경로를 제공해야 한다. 다음과 같이 하면 된다.

```
path: "/etc/awslogs/config/{{ name }}.conf"
```

여기서 모듈을 인스턴스화할 때 제공할 변수 이름을 호출한다. 구성 파일의 섹션은 수집할 파일의 이름이다.

```
section: "{{ file }}"
```

섹션을 생성했으므로 이제 다른 옵션들을 구성하자. 여기서는 6개의 옵션을 정할 것이다. 코드를 직관적으로 하기 위해 옵션과 값 목록을 반복하는 `with_items` 키워드를 사용하라.

```
option: "{{ item.option }}"
value: "{{ item.value }}"
```

마지막으로, 다른 옵션과 값들을 다음과 같이 나열하라.

```
with_items:
  - { option: file, value: "{{ file }}" }
  - { option: log_group_name, value: "{{ file }}" }
  - { option: log_stream_name, value: "{instance_id}" }
  - { option: initial_position, value: "start_of_file" }
  - { option: buffer_duration, value: "5000" }
  - { option: datetime_format, value: "{{ datetime_format | default('%b %d %H:%M:%S')
}}" }
```

여기서 옵션을 통해 대부분의 값들이 나중에 제공될 것이라는 점을 주목하라. 이는 나중에 활용할 수 있게 하기 위해서다. `datetime_format` 필드를 옵션으로 한 것을 유의하자. 이 필드를 제공하지 않으면 `syslog`의 포맷대로 로그를 읽으려고 시도한다. 포맷 변수의 전체 목록을 확인하려면 파이썬의 `datetime.strptime()` 문서를 참고하라.

구성 변경 시 restart awslogs 알람으로 이 호출을 마무리하라.

```
notify: restart awslogs
```

태스크 파일의 마지막 호출은 재부팅 시 서비스를 시작해 awslogs가 즉시 시작할 수 있도록 활성화하는 것이다.

```
- name: start awslogs and enable it
  service:
    name: awslogs
    state: started
    enabled: yes
```

역할이 준비됐다. nodeserver.yml 파일에서 이 역할을 사용하라. /var/log/messages와 /var/log/helloworld/helloworld.log를 수집한다. 각 항목은 고유한 이름(messages와 helloworld)과 전체 경로를 갖는다. 또한 helloworld 애플리케이션이 사용할 로깅 포맷을 지정해야 한다.

```
---
- hosts: "{{ target | default('localhost') }}"
  become: yes
  roles:
    - nodejs
    - codedeploy
    - { role: awslogs, name: messages, file: /var/log/messages }
    - {
        role: awslogs,
        name: helloworld,
        file: /var/log/helloworld/helloworld.log,
        datetime_format: "%Y-%m-%dT%H:%M:%S.%f"
      }
```

작성한 코드는 다음과 같다. https://raw.githubusercontent.com/yogeshraheja/Effective-DevOps-with-AWS/master/Chapter08/ansible/roles/awslogs/tasks/main.yml

변경사항을 커밋하기 전에 적절한 권한을 추가하고자 클라우드 포메이션 템플릿을 업데이트하라.

클라우드 포메이션 템플릿 업데이트하기

EC2를 이용해 최종으로 작업한 것은 6장 '인프라 확장하기'에서 오토스케일링 그룹을 구현할 때였다. 그때 사용했던 트로포스피어 스크립트를 편집해 필요한 변경 작업을 수행하자.

템플릿 폴더로 이동해 `EffectiveDevOpsTemplates` 리포지터리에 있는 nodeserver-cf-template.py를 열자.

앞에서 코드 디플로이에 필요한 S3 접근 허용 정책을 작성했다. 이제 두 번째 정책을 추가해 클라우드 와치, 클라우드 와치 로그 및 클라우드 와치 이벤트에 대한 접근 권한을 부여하라. IAM 정책 `AllowS3` 생성 스크립트 뒤에 다음 리소스를 추가하자.

```
t.add_resource(IAMPolicy(
    "MonitoringPolicy",
    PolicyName="AllowSendingDataForMonitoring",
    PolicyDocument=Policy(
        Statement=[
            Statement(
                Effect=Allow,
                Action=[
                    Action("cloudwatch", "Put*"),
                    Action("logs", "Create*"),
                    Action("logs", "Put*"),
                    Action("logs", "Describe*"),
                    Action("events", "Put*"),
                ],
                Resource=["*"])
        ]
    ),
    Roles=[Ref("Role")]
))
```

템플릿을 저장하고 새로운 클라우드 포메이션 템플릿을 생성하라.

```
$ git add nodeserver-cf-template.py
$ git commit -m "Adding permissions to interact with CloudWatch Logs, Events"
$ git push
```

이미 존재하는 스택을 업데이트하기 위해 AWS CLI를 사용하자. 지정 인스턴스에 있어 주요 변경사항은 모니터링 정책을 작성하는 IAM 수준이다. 스택을 처음 생성할 때 설정한 매개변수들은 변경할 필요가 없다. 동일한 매개변수에 값을 다시 제공하는 대신 다음과 같이 `UsePreviousValue` 옵션을 이용해 `helloworld` 스택을 업데이트하라.

```
$ python nodeserver-cf-template.py > nodeserver-cf.template
$ aws cloudformation update-stack \
    --capabilities CAPABILITY_IAM \
    --stack-name helloworld-staging \
    --template-body file://nodeserver-cf.template \
    --parameters \
        ParameterKey=InstanceType,UsePreviousValue=true \
        ParameterKey=KeyPair,UsePreviousValue=true \
        ParameterKey=PublicSubnet,UsePreviousValue=true \
        ParameterKey=ScaleCapacity,UsePreviousValue=true \
        ParameterKey=VpcId,UsePreviousValue=true

$ aws cloudformation update-stack \
    --capabilities CAPABILITY_IAM \
    --stack-name helloworld-production \
    --template-body file://nodeserver-cf.template \
    --parameters \
        ParameterKey=InstanceType,UsePreviousValue=true \
        ParameterKey=KeyPair,UsePreviousValue=true \
        ParameterKey=PublicSubnet,UsePreviousValue=true \
        ParameterKey=ScaleCapacity,UsePreviousValue=true \
        ParameterKey=VpcId,UsePreviousValue=true
```

스택의 업데이트가 완료되면 앤서블의 변경사항을 커밋하고 병합하라. 작성한 코드는 다음 링크와 같다. https://raw.githubusercontent.com/yogeshraheja/Effective-

DevOps-with-AWS/master/Chapter08/EffectiveDevOpsTemplates/nodeserver-cf-template-part-1.py

```
$ cd ansible
$ git add nodeserver.yml roles/awslogs
$ git commit -m "Adding awslogs role and permission to use CloudWatch"
$ git push

$ cd helloworld
$ git add .
$ git commit -m "Adding CloudWatch support to our application"
$ git push
```

몇 분 후에 클라우드 와치의 Logs 섹션에서 새로운 로그 그룹을 볼 수 있을 것이다. 그리고 로그 그룹을 클릭하면 여러 호스트의 각기 다른 로그 스트림을 볼 수 있을 것이다. 그리고 Metrics 메뉴에서는 helloworld/traffic 그래프를 볼 수 있을 것이다.

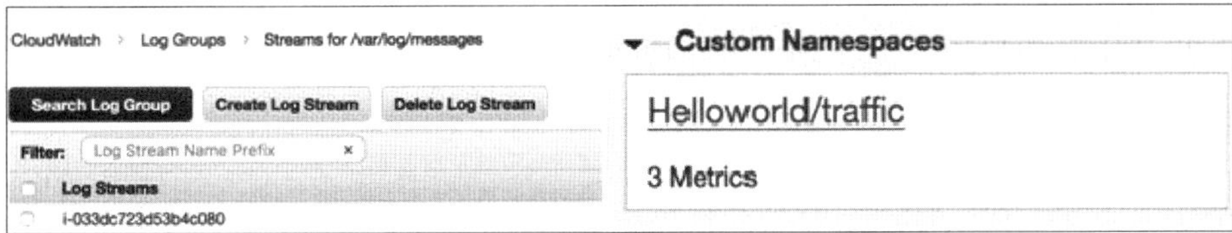

이제 EC2 인스턴스에서 클라우드 와치로 로그를 보내는 훌륭한 솔루션이 준비됐다.

이 책에서는 다루지 않지만 클라우드 와치에는 몇몇 중요한 메트릭을 그룹화해 사용자 정의 뷰를 생성할 수 있는 대시보드 기능을 제공한다. 예를 들어, 웹 애플리케이션을 모니터링한다면 애플리케이션의 오류 비율, 응답 시간 및 **초당 검색 수**QPS, queries per second의 대시보드를 생성할 수 있다.

평균 95%와 99%

평균은 특정 메트릭에서는 오해의 소지가 있을 수 있는 지표다. 고전적인 예는 응답 시간이다. 애플리케이션의 응답 시간을 모니터링하기 위해 간단히 평균 또는 중간값을 측정하지 않고 응답 시간을 수집해 95% 및 99%를 그래프로 나타낸다. 이 두 그래프는 일부 사용자가 사이트의 응답 시간을 어떻게 이해하는지에 따라 종종 다르게 해석될 수 있다.

이제 ECS에 동일한 기능을 제공해보자.

ECS에서 로그, 이벤트 및 메트릭 다루기

이전 절에서 애플리케이션의 버전을 식별하고 내보내고자 배포 절차에 부가적인 단계를 추가했다. EC2와 코드 디플로이의 경우 배포 실행 정보를 사용해 버전 문자열을 만들었다. 그래서 배포 실행으로 생성된 로그를 쉽게 상호 연관시킬 수 있다. ECS의 경우 가장 중요한 것은 ECR 레지스트리에서 컨테이너 ID를 식별할 수 있어야 한다는 점이다. 왜냐하면 불변의 컨테이너로 작업해야 하기 때문이다. 그래서 애플리케이션의 버전 정보로 컨테이너 태그 정보를 사용하도록 코드를 업데이트해야 한다.

추가적으로 `awslogs` 에이전트를 이용해 EC2 인스턴스에서 로그를 수집했다. ECS의 경우 ECS 호스트에 /var/log 볼륨을 마운트하고 동일한 에이전트를 실행함으로써 유사한 작업을 수행할 수 있지만 이를 수행하는 훨씬 더 나은 방법이 있다.

ECS는 우리가 잘 모르는 많은 설정을 갖고 있다. 이 중에는 환경 변수를 설정하고 로그를 관리하는 방법을 변경하는 기능이 있다. 콘솔에서 바로 생성된 로그를 클라우드 와치 로그에 보내기 위해 이전 장에서 작성한 `helloworld-ecs-service-cf` 트로포스피어 스크립트를 수정하자.

편집기로 helloworld-ecs-service-cf-template.py 파일을 열자.

먼저 troposphere.ecs import에 다음과 같이 신규 모듈을 추가한다.

```
from troposphere.ecs import (
    TaskDefinition,
    ContainerDefinition,
    LogConfiguration,
    Environment,
)
```

이들 클래스는 TaskDefinition 섹션에서 사용한다. TaskDefinition으로 이동해 HELLOWORLD_VERSION 변수를 정의하고 로그 구성을 정의하도록 포트 매핑 아래에 다음을 추가하라.

```
PortMappings=[ecs.PortMapping(
    ContainerPort=3000)],
Environment=[
    Environment(Name='HELLOWORLD_VERSION', Value=Ref("Tag"))
],
LogConfiguration=LogConfiguration(
    LogDriver="awslogs",
    Options={
        'awslogs-group': "/aws/ecs/helloworld",
        'awslogs-region': Ref("AWS::Region"),
    }
),
```

변경사항을 추가한 후 명령줄 인터페이스로 볼륨 그룹을 생성하라.

```
$ aws logs create-log-group --log-group-name /aws/ecs/helloworld
```

8장에서 이번 장을 마무리하는 데 필요한 모든 권한을 가진 클러스터를 이미 생성했다. 그래서 클라우드 와치에 보낼 로그, 이벤트 및 메트릭을 가져오는 데 다른 작업을 수행할 필요가 없다.

변경사항을 저장하고 커밋하라.

```
$ git commit -am "Configuring logging"
$ git push
```

그런 다음 새로운 클라우드 포메이션 템플릿을 생성하고 helloworld 애플리케이션의 템플릿 폴더에 커밋하라.

```
$ cd helloworld
$ curl -L https://raw.githubusercontent.com/yogeshraheja/Effective-DevOps-with-AWS/
master/Chapter08/EffectiveDevOpsTemplates/helloworld-ecs-service-cf-template.py |
python > templates/helloworld-ecs-service-cf.template

$ git commit -am "Configuring logging"
$ git push
```

파이프라인 덕분에 새 버전의 컨테이너가 곧 배포된다. 그리고 컨테이너로 생성된 메트릭과 로그를 확인할 수 있다.

이제 쓸 만한 모니터링 인프라가 준비됐다. 이 인프라는 메트릭, 이벤트 및 로그를 수집하고 색인한다. 대부분의 경우 이 정도면 시작하기에 충분하다. 몇 가지 중요한 메트릭을 보여주고 특정 이벤트 또는 특정 시간대의 로그를 검색하는 대시보드를 생성함으로써 모니터링을 개선할 수 있다. 이런 유형의 모니터링 아키텍처는 애플리케이션이 점점 복잡해질수록 한계에 도달하는 경우가 일반적이다. 때때로 로그를 그룹화해 어떤 유형의 오류가 자주 발생하고 있는지 확인하거나 복잡한 쿼리를 수행할 필요가 있다. 추가적으로 로그를 저장하는 방법 및 며칠 동안 색인을 유지하는 방법의 복합적인 접근 방식이 필요할 수도 있다. 그러나 더 오랜 기간을 로그를 저장하려면 로그를 S3에 아카이빙해야 한다. 이를 위해서는 일래스틱서치, 키바나 및 키네시스 파이어호스로 구성되어 있는 로그 인프라가 필요하다.

상태 확인 엔드포인트 생성하기

애플리케이션에 모니터링 전용 경로를 생성하는 것이 바람직하다. 이 엔드포인트를 통해 로드 밸런서와 ECS 태스크를 이용해 애플리케이션이 정상 동작 상태인지 검증한다. 경로 뒤에 있는 코드는 일반적으로 애플리케이션이 정상인지 알리는 신호인 HTTP 200 (OK)를 반환하기 전에 애플리케이션이 데이터베이스, 스토리지 및 관련된 다른 서비스에 접속할 수 있는지 확인하는 코드다.

일래스틱서치, 키바나 및 파이어호스를 이용한 고급 로그 인프라

원격 측정telemetry 세계에서 엔지니어가 그들의 로그를 저장하는 데 선호하는 도구셋 중 하나는 **ELK 스택**ELK stack이다. ELK 스택은 일래스틱서치, 로그스태시, 키바나로 구성되어 있다. 로그스태시로 수집하고 필터링된 로그는 JSON 문서로 변환해 분산 처리 검색 및 분석 엔진인 일래스틱서치로 보낸다. 그런 다음 일래스틱서치는 키바나로 검색할 수 있다. 또한 키바나로 데이터를 시각화할 수 있다. 이 스택에 관해서는 https://www.elastic.co/를 참조하라.

AWS는 일래스틱서치와 키바나를 포함한 매우 유사한 시스템을 갖고 있다. 그래서 여기서는 로그스태시 대신에 키바나 파이어호스를 이용할 것이다. 이 조합은 전통적인 ELK 스택의 변형으로 매우 매력적인 옵션이며, 관리할 서비스 수가 적고 키네시스 정보를 5일까지 보관할 수 있다는 점에서 로그스태시로 로그를 전달하는 것보다 더 나은 선택이다.

추가적으로 키네시스는 로그를 일래스틱서치 및 S3 양쪽에 저장할 수 있으므로 일래스틱서치에 로그 쓰기가 실패한 경우 S3에 저장할 수 있다.

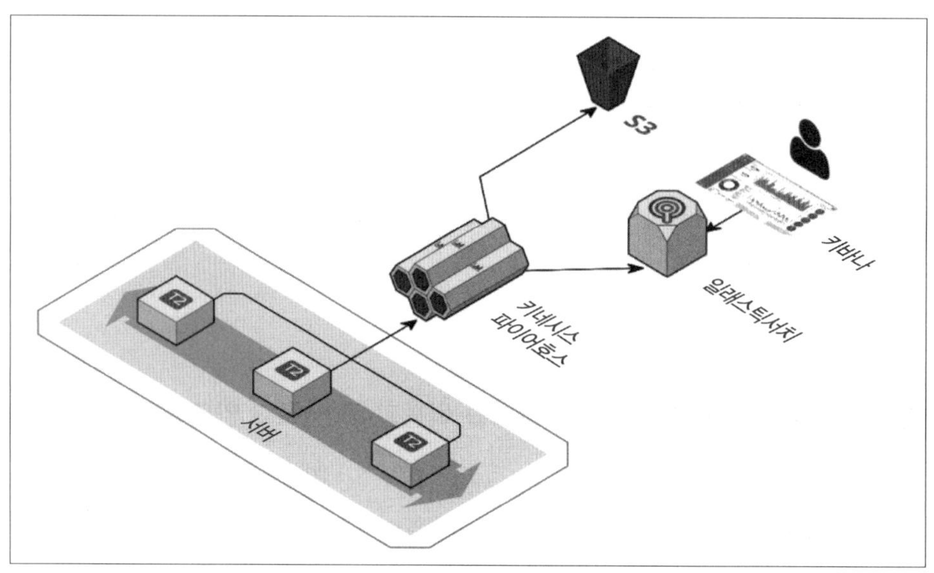

스택을 생성하기 위해 클라우드 포메이션 템플릿과 트로포스피어를 다시 이용하자. 먼저 일래스틱서치 스택을 생성하자. AWS는 일래스틱서치를 서비스로 제공한다. 일래스틱서치에는 키바나가 이미 설치되어 있고 클러스터 구성이 되어 있다.

그다음으로 키네시스 파이어호스 스택을 생성하자. 이렇게 하는 이유는 여러 서비스에 대한 다중 파이어호스 스트림을 사용할 수 있을 뿐만 아니라 모든 로그를 단일 일래스틱 클러스터에 집중시킬 수 있기 때문이다.

스택을 생성하면 로그를 키네시스 스트림으로 보내도록 애플리케이션의 일부를 변경할 것이다.

일래스틱서치 클러스터 생성 및 시작하기

언급한 대로 AWS는 일래스틱서치의 관리형 서비스를 갖고 있다. 이를 이용해 클러스터를 생성할 것이다.

elasticsearch-cf-template.py라는 파일을 생성하자. 이 스크립트는 nodeserver-cf-template.py 파일과 거의 비슷하다. 그러나 서치 서비스를 포함한 여러 가지 임포트로 시작한다.

```
"""Generating CloudFormation template."""

from ipaddress import ip_network

from ipify import get_ip

from troposphere import (
    GetAtt,
    Join,
    Output,
    Export,
    Parameter,
    Ref,
    Template,
)

from troposphere.elasticsearch import (
    Domain,
    EBSOptions,
    ElasticsearchClusterConfig,
)
```

템플릿의 생성과 IP 주소 추출을 포함해 스크립트 작성을 계속하자. 일래스틱서치는 인증 메커니즘을 갖고 있지 않기 때문에 클러스터에 접근할 수 있는 사용자에 대한 제한은 매우 중요하다.

```
t = Template()
PublicCidrIp = str(ip_network(get_ip()))
```

이제 간단한 설명과 다른 매개변수들을 작성하라. 첫 번째 매개변수는 인스턴스 유형이다. 여기서는 서너 가지만 제공하지만, 가용한 인스턴스 유형의 모든 목록은 http://amzn.to/2s32Vvb를 참조하라.

```
t.add_description('Effective DevOps in AWS: Elasticsearch')

t.add_parameter(Parameter(
    "InstanceType",
    Type="String",
    Description="instance type",
    Default="t2.small.elasticsearch",
    AllowedValues=[
        "t2.small.elasticsearch",
        "t2.medium.elasticsearch",
        "m4.large.elasticsearch",
    ],
))
```

그리고 클러스터에 있는 인스턴스 수를 설정하는 기능을 제공하라. 이 책에서는 클러스터가 몇 GB의 로그만 저장할 것을 가정하고 있다. 더 큰 클러스터를 위해서는 전용 마스터 인스턴스를 가질 수 있는 기능을 제공하도록 템플릿을 수정하는 것을 고려할 수 있다.

```
t.add_parameter(Parameter(
    "InstanceCount",
    Default="2",
    Type="String",
    Description="Number instances in the cluster",
))
```

t2와 m4 인스턴스에는 연결된 리포지터리가 없으므로 로그를 저장하기 위해 EBS 볼륨을 이용하라. 다음 옵션은 EBS 볼륨의 크기를 정하는 옵션이다.

```
t.add_parameter(Parameter(
    "VolumeSize",
    Default="10",
    Type="String",
    Description="Size in Gib of the EBS volumes",
))
```

설정하려는 여러 매개변수를 모두 설정했다. 이제 일래스틱서치 클러스터를 생성하자. 일래스틱서치 클러스터는 도메인으로 불린다. 도메인 리소스를 생성하고 다음과 같이 명칭을 부여하라.

```
t.add_resource(Domain(
    'ElasticsearchCluster',
    DomainName="logs",
```

그런 다음 이용할 일래스틱서치 버전을 구성하라. 이 책이 출판될 때 출시된 일래스틱서치 버전인 6.8을 지정하라.

```
    ElasticsearchVersion="6.8",
```

다음으로 클러스터를 구성하라. 아주 작은 규모의 클러스트 구성을 가정했으므로 전용 마스터 인스턴스는 필요 없다. 동일한 이유로 영역 인식 기능도 제외한다. 이 기능은 클러스터가 생성된 리전의 다른 가용 영역에 노드 복제본을 생성하는 기능이다. 끝으로, 템플릿 매개변수로부터 필요 인스턴스 수와 인스턴스 유형을 참조한다.

```
    ElasticsearchClusterConfig=ElasticsearchClusterConfig(
        DedicatedMasterEnabled=False,
        InstanceCount=Ref("InstanceCount"),
        ZoneAwarenessEnabled=False,
        InstanceType=Ref("InstanceType"),
    ),
```

또한 몇 가지 고급 옵션을 다음과 같이 지정하라.

```
AdvancedOptions={
    "indices.fielddata.cache.size": "",
    "rest.action.multi.allow_explicit_index": "true",
},
```

클러스터 구성 후에 인스턴스의 EBS 볼륨을 구성하자. 여기서도 볼륨의 크기를 얻기 위해 매개변수를 참조한다.

```
EBSOptions=EBSOptions(EBSEnabled=True,
                      Iops=0,
                      VolumeSize=Ref("VolumeSize"),
                      VolumeType="gp2"),
```

도메인 접근 정책을 생성함으로써 도메인 생성을 마무리하자.

```
AccessPolicies={
    'Version': '2012-10-17',
    'Statement': [
        {
            'Effect': 'Allow',
            'Principal': {
                'AWS': [Ref('AWS::AccountId')]
            },
            'Action': 'es:*',
            'Resource': '*',
        },
        {
            'Effect': 'Allow',
            'Principal': {
                'AWS': "*"
            },
            'Action': 'es:*',
            'Resource': '*',
```

```
                'Condition': {
                    'IpAddress': {
                        'aws:SourceIp': PublicCidrIp
                    }
                }
            }
        ]
    },
))
```

끝으로 2개의 아웃풋과 출력 구문을 추가한 후 템플릿의 생성을 마무리하자. 아웃풋은 키바나 URL과 다음 절에서 사용할 일래스틱서치 도메인의 `DomainArn`이다. `LogsDomainArn` 이름에서 해당 값을 익스포트하라.

```
t.add_output(Output(
    "DomainArn",
    Description="Domain Arn",
    Value=GetAtt("ElasticsearchCluster", "DomainArn"),
    Export=Export("LogsDomainArn"),
))

t.add_output(Output(
    "Kibana",
    Description="Kibana url",
    Value=Join("", [
        "https://",
        GetAtt("ElasticsearchCluster", "DomainEndpoint"),
        "/_plugin/kibana/"
    ])
))

print t.to_json()
```

템플릿이 완성됐다. 작성한 스크립트는 http://bit.ly/2v3DHRG와 같다. 이제 소스를 커밋하고 일래스틱서치 도메인을 생성하라.

```
$ python elasticsearch-cf-template.py > elasticsearch-cf.template
$ git add elasticsearch-cf-template.py
$ git commit -m "Adding ElasticSearch template"
$ git push
$ aws cloudformation create-stack \
    --stack-name elasticsearch \
    --template-body file://elasticsearch-cf.template \
    --parameters \
        ParameterKey=InstanceType,ParameterValue=t2.small.elasticsearch \
        ParameterKey=InstanceCount,ParameterValue=2 \
        ParameterKey=VolumeSize,ParameterValue=10
```

작성한 스크립트는 다음과 같다. https://raw.githubusercontent.com/yogeshraheja/Effective-DevOps-with-AWS/master/Chapter08/EffectiveDevOpsTemplates/elasticsearch-cf-template.py

키네시스 파이어호스 스트림 생성 및 시작하기

몇 분 안에 일래스틱서치 클러스터가 시작된다. 이제 일래스틱서치에 데이터를 공급하는 스택의 키네시스 파이어호스 구성요소를 살펴보자.

firehose-cf-template.py라는 신규 스크립트를 생성하자.

여러 가지 임포트와 템플릿 변수 및 간단한 설명으로 이 스크립트를 시작하라.

```
"""Generating CloudFormation template."""

from troposphere import (
    GetAtt,
    Join,
    Ref,
    Template,
    ImportValue
)
```

```
from troposphere.firehose import (
    BufferingHints,
    CloudWatchLoggingOptions,
    DeliveryStream,
    S3Configuration,
    ElasticsearchDestinationConfiguration,
    RetryOptions,
)

from troposphere.iam import Role

from troposphere.s3 import Bucket

t = Template()

t.add_description('Effective DevOps in AWS: Kinesis Firehose Stream')
```

생성할 첫 번째 리소스는 S3 버킷이다.

```
t.add_resource(Bucket(
    "S3Bucket",
    DeletionPolicy="Retain"
))
```

다음으로 파이어호스 스트림이 일래스틱서치 및 S3와 통신할 수 있도록 권한을 부여하는 신규 역할을 생성한다. 시간을 절약하기 위해 AWS가 제공하는 정책들을 사용하자. 이 정책은 너무 강력한 권한을 갖고 있으므로 상용 환경에서는 이 정책 대신에 자체적으로 작성한 정책을 이용하는 것이 좋다.

```
t.add_resource(Role(
    'FirehoseRole',
    ManagedPolicyArns=[
        'arn:aws:iam::aws:policy/AmazonS3FullAccess',
        'arn:aws:iam::aws:policy/AmazonESFullAccess',
    ],
```

```
    AssumeRolePolicyDocument={
        'Version': '2012-10-17',
        'Statement': [{
            'Action': 'sts:AssumeRole',
            'Principal': {'Service': 'firehose.amazonaws.com'},
            'Effect': 'Allow',
        }]
    }
))
```

마지막으로 파이어호스 스트림을 생성하자. DeliveryStream 유형의 신규 리소스를 생성하고 이름을 FirehoseLogs로 부여하라.

```
t.add_resource(DeliveryStream(
    'FirehoseLogs',
    DeliveryStreamName='FirehoseLogs',
```

DeliveryStream은 여러 서비스에 데이터를 전달하는 데 사용된다. 여기서는 데이터를 일래스틱서치에 전달하겠다. 다음과 같은 매개변수 ElasticSearchDestinationConfiguration을 생성하라.

```
    ElasticsearchDestinationConfiguration=ElasticsearchDestinationConfiguration(
```

제공할 첫 번째 정보는 일래스틱서치 도메인에 대한 식별자다. 이 값은 앞 절에서 내보낸 LogsDomainArn 변숫값을 참조해 얻을 수 있다.

```
        DomainARN=ImportValue("LogsDomainArn"),
```

다음으로 DeliveryStream을 생성하기 바로 전에 정의했던 IAM 역할을 참조하라.

```
        RoleARN=GetAtt("FirehoseRole", "Arn"),
```

다음으로 색인명을 지정하라. 색인은 로그를 저장할 데이터베이스 이름으로 보면 된다. 여기서는 간단히 색인명을 logs로 하라.

```
IndexName="logs",
```

추가적으로 일래스틱서치의 색인에는 다른 유형의 도큐먼트를 포함하고 있다(각 유형은 자체적인 이름과 매핑을 갖고 있다). 여기서는 이름을 Logs라고 하자.

```
TypeName="Logs",
```

일래스틱 클러스터 전반에 데이터를 샤딩sharding하는 일반적인 방법 중 하나는 임시적인 샤딩을 사용하는 것이다. 여기서는 일 주기 교체를 선택하라. 예를 들어, 2020년 3월 24일의 로그를 포함하고 있는 색인의 이름은 logs-2020.03.24다. IndexRotationPeriod 변수에 매일 로그를 교체하도록 구성하라.

```
IndexRotationPeriod="OneDay",
```

때때로 일래스틱서치가 정체되어 즉시 응답하지 않을 수 있다. 5분 동안 데이터 전송을 재시도할 수 있도록 스트림을 구성하라.

```
RetryOptions=RetryOptions(
    DurationInSeconds="300"
),
```

키네시스 파이어호스는 일정 기간 또는 일정 크기에 도달할 때까지 데이터를 버퍼링하며 작동한다. 여기서는 이를 최솟값으로 지정하라. 이 값은 1분 및 1MB다.

```
BufferingHints=BufferingHints(
    IntervalInSeconds=60,
```

```
            SizeInMBs=1
        ),
```

이제 키네시스 파이어호스에는 일래스틱서치에 데이터를 전송하는 데 필요한 모든 정보가 준비됐다. 이제 S3에 모든 로그를 저장하는 구성을 할 것이다. 먼저 모든 도큐먼트를 백업하도록 스트림을 구성하라(또 다른 방안으로 일래스틱서치에 삽입하다 실패한 로그만 백업할 수도 있다).

```
        S3BackupMode="AllDocuments",
```

다음으로 S3를 구성하자. 여기서는 일래스틱서치에서 했던 것처럼 버퍼링을 구성하는 것과 템플릿의 앞에서 생성했던 버킷을 참조하는 것이 포함되어 있다. 또한 로그를 압축할지 여부와 파일 접두어 참조하기 및 최종적으로 이를 작업에 사용할 역할을 입력하는 것도 포함되어 있다.

```
        S3Configuration=S3Configuration(
            BufferingHints=BufferingHints(
                IntervalInSeconds=300,
                SizeInMBs=5
            ),
            BucketARN=Join("", [
                "arn:aws:s3:::", Ref("S3Bucket")
            ]),
            CompressionFormat='UNCOMPRESSED',
            Prefix='firehose-logs',
            RoleARN=GetAtt("FirehoseRole", "Arn"),
        ),
    )
))
```

템플릿을 JSON으로 출력하는 스크립트로 마무리하라.

```
print t.to_json()
```

생성한 스크립트는 다음과 같다. https://raw.githubusercontent.com/yogeshraheja/Effective-DevOps-with-AWS/master/Chapter08/EffectiveDevOpsTemplates/firehose-cf-template.py

이제 스크립트를 커밋하고 템플릿을 생성한 후 스택을 띄우자.

```
$ git add firehose-cf-template.py
$ git commit -m "Adding Firehose template"
$ git push
$ python firehose-cf-template.py > firehose-cf.template
$ aws cloudformation create-stack \
    --stack-name firehose \
    --template-body file://firehose-cf.template \
    --capabilities CAPABILITY_IAM
```

(EKK 스택으로 알려진) 키네시스 파이어호스-일래스틱 파이프라인이 이제 생성됐다. 애플리케이션으로 가서 로그를 전달하도록 부분적으로 변경해야 한다.

파이어호스 엔드포인트에 로그를 보내도록 애플리케이션 변경하기

키네시스 파이어호스에 로그를 보내는 옵션은 클라우드 와치 로그와 아주 유사하다. awslogs 에이전트 대용으로 yum 리포지터리에서 제공하는 aws-kinesis-agent를 사용할 수 있으나 여기서는 다른 방법을 살펴볼 것이다. 애플리케이션 로그를 디스크에 먼저 기록하는 대신 키네시스로 직접 보내자.

이 변경 개발을 진행하기 전에 인스턴스가 파이어호스와 상호작용을 할 수 있도록 권한을 조정해야 한다.

파이어호스와 통신하도록 EC2에 권한 추가하기

nodeserver-cf-template.py 스크립트를 다시 한번 수정하자. 파일을 열고 MonitoringPolicy로 이동해 EC2 인스턴스가 파이어호스와 통신해 레코드를 스트리밍할 수 있도록 다음을 추가하라.

```
t.add_resource(IAMPolicy(
    "MonitoringPolicy",
    PolicyName="AllowSendingDataForMonitoring",
    PolicyDocument=Policy(
        Statement=[
            Statement(
                Effect=Allow,
                Action=[
                    Action("cloudwatch", "Put*"),
                    Action("logs", "Create*"),
                    Action("logs", "Put*"),
                    Action("logs", "Describe*"),
                    Action("events", "Put*"),
                    Action("firehose", "Put*"),
                ],
                Resource=["*"])
        ]
    ),
    Roles=[Ref("Role")]
))
```

스크립트를 저장하고 변경사항을 커밋하고 새로운 버전의 템플릿을 배포하라. 신규 템플릿은 다음과 같다. https://raw.githubusercontent.com/yogeshraheja/Effective-DevOps-with-AWS/master/Chapter08/EffectiveDevOpsTemplates/nodeserver-cf-template-part-2.py

```
$ git add nodeserver-cf-template.py
$ git commit -m "Allowing our application to send logs to Firehose"
$ git push
$ python nodeserver-cf-template.py > nodeserver-cf.template
$ aws cloudformation create-stack \
    --capabilities CAPABILITY_IAM \
    --stack-name helloworld-staging \
    --template-body file://nodeserver-cf.template \
    --parameters \
        ParameterKey=InstanceType,ParameterValue=t2.micro \
```

```
        ParameterKey=KeyPair,ParameterValue=EffectiveDevOpsAWS \
        ParameterKey=PublicSubnet,ParameterValue=subnet-e67190bc\\,subnet-658b6149\\,
subnet-d890d3e4\\,subnet-6fdd7927\\,subnet-4c99c229\\,subnet-b03baebc \
        ParameterKey=ScaleCapacity,ParameterValue=3 \
        ParameterKey=VpcId,ParameterValue=vpc-4cddce2a

$ aws cloudformation create-stack \
    --capabilities CAPABILITY_IAM \
    --stack-name helloworld-production \
    --template-body file://nodeserver-cf.template \
    --parameters \
        ParameterKey=InstanceType,ParameterValue=t2.micro \
        ParameterKey=KeyPair,ParameterValue=EffectiveDevOpsAWS \
        ParameterKey=PublicSubnet,ParameterValue=subnet-e67190bc\\,subnet-658b6149\\,
subnet-d890d3e4\\,subnet-6fdd7927\\,subnet-4c99c229\\,subnet-b03baebc \
        ParameterKey=ScaleCapacity,ParameterValue=3 \
        ParameterKey=VpcId,ParameterValue=vpc-4cddce2a
```

helloworld-staging 및 helloworld-production 스택이 있다면 스택을 업데이트하도록 다음 명령어를 실행하라.

```
$ aws cloudformation update-stack \
    --capabilities CAPABILITY_IAM \
    --stack-name helloworld-staging \
    --template-body file://nodeserver-cf.template \
    --parameters \
        ParameterKey=InstanceType,UsePreviousValue=true \
        ParameterKey=KeyPair,,UsePreviousValue=true \
        ParameterKey=PublicSubnet,,UsePreviousValue=true \
        ParameterKey=ScaleCapacity,,UsePreviousValue=true \
        ParameterKey=VpcId,,UsePreviousValue=true
$ aws cloudformation update-stack \
    --capabilities CAPABILITY_IAM \
    --stack-name helloworld-production \
    --template-body file://nodeserver-cf.template \
```

```
  --parameters \
    ParameterKey=InstanceType,UsePreviousValue=true \
    ParameterKey=KeyPair,UsePreviousValue=true \
    ParameterKey=PublicSubnet,UsePreviousValue=true \
    ParameterKey=ScaleCapacity,UsePreviousValue=true \
    ParameterKey=VpcId,UsePreviousValue=true
```

ECS의 경우 클러스터를 생성했을 때 이미 적절한 권한을 추가했었다.

이제 작업이 완료됐으므로 코드를 변경할 차례다.

로그를 파이어호스에 보내도록 로깅 전송 모듈 변경하기

로깅 라이브러리인 winston은 전송 방식을 포함한 일부 기능 확장 시스템을 갖추고 있다. 이제 키네시스 파이어호스와 통신할 수 있는 새로운 전송 시스템을 설치하자.

터미널에서 helloworld 애플리케이션의 루트 폴더로 가서 다음 명령어를 실행하라.

```
$ npm install winston-firehose@1.0.6 --save --save-exact
```

```
[root@yogeshraneja helloworld]# npm install winston-firehose@1.0.6 --save --save-exact
helloworld@1.0.0 /home/centos/helloworld
└── winston-firehose@1.0.6

npm WARN helloworld@1.0.0 No description
```

이 명령어는 1.0.6 버전의 winston-firehose 패키지를 설치하고 package.json도 함께 업데이트한다. EC2 인스턴스가 이전 버전의 Node.js를 실행하기 때문에 이 버전을 강제로 설치해야 한다.

그런 다음 편집기에서 helloworld.js 파일을 열자. winston 변수 선언 아래에 다음과 같이 새로운 변수를 정의하라.

```
var WFirehose = require('winston-firehose')
```

awslogs 에이전트 또는 ECS 로그 드라이버를 사용했을 때 로그가 들어오는 호스트 이름 또는 컨테이너 ID를 서비스에 지정할 수 있었다. 또한 각 로그 파일은 자체 로그 그룹에 포함되어 있어서 특정 로그를 내보낼 서비스와 서비스의 인스턴스를 쉽게 식별할 수 있었다. 이전하려고 하는 새로운 아키텍처는 이런 기능을 제공하지 않는다. 코드를 변경해 로그를 생성한 호스트와 서비스명을 노출해야 한다.

버전 변수 아래에 다음을 추가하라.

```
var hostname = process.env.HOSTNAME
```

이는 환경 변수에서 서버의 호스트 이름을 가져온다. 아래로 내려가서 다음과 같이 rewriter를 편집해 추가적인 정보를 포함할 수 있게 하라.

```
logger.rewriters.push(function(level, msg, meta) {
    meta.version = version
    meta.hostname = hostname
    meta.appname = "helloworld"
    return meta
})
```

끝으로, logger 변수의 정의를 변경하자. 다음 코드를 찾아라.

```
var logger = new winston.Logger({
    transports: [new winston.transports.Console({
        timestamp: function() {
            var d = new Date()
            return d.toISOString()
        },
    })]
})
```

이 코드를 파이어호스 엔드포인트에 대한 참조로 변경하라.

```
var logger = new (winston.Logger)({
    transports: [new WFirehose({
        'streamName': 'FirehoseLogs',
        'firehoseOptions': {
            'region': 'us-east-1'
        }
    })]
})
```

변경 개발을 완료한 후 새로운 모듈을 깃에 추가 및 커밋하고 변경사항을 반영하라.

```
$ git add helloworld.js package.json node_modules
$ git commit -m "Sending logs to Firehose directly"
$ git push
```

몇 분 안에 클라우드 와치 로그에서의 로그 수신이 중단되고 파이어호스 전달 서비스에 트래픽이 표시된다. 다음 URL을 열고 최종 변경사항이 정상 동작하는지 확인하라. https://console.aws.amazon.com/firehose/home?region=us-east-1#/details/FirehoseLogs?edit=false

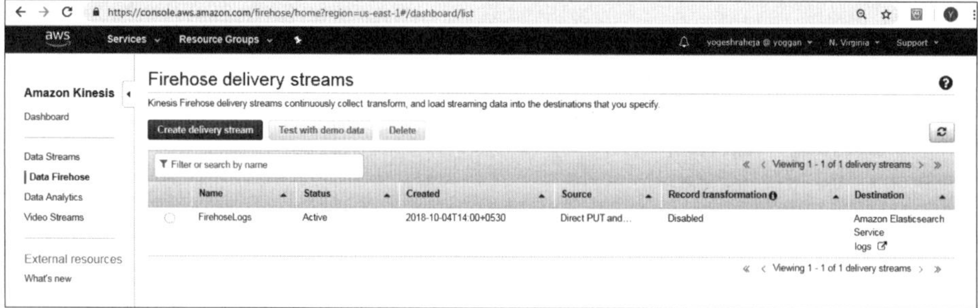

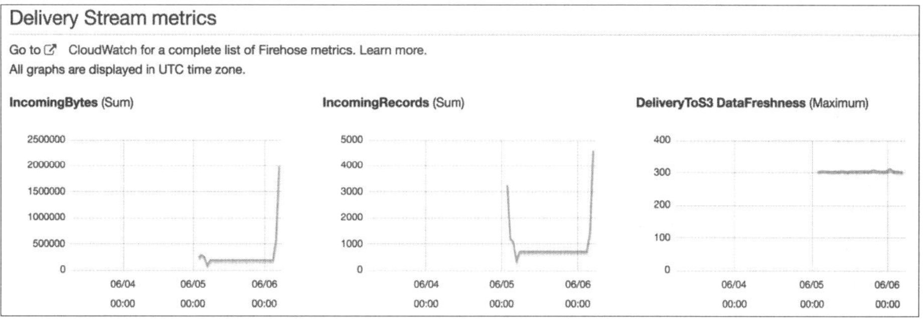

이제 키바나에서 로그를 확인할 수 있다.

키바나를 이용해 로그 시각화하기

이제부터 애플리케이션 로그는 키바나 파이어호스를 통해 일래스틱서치로 저장된다. 로그에 접근하는 가장 좋은 방법 중 하나는 키바나를 이용하는 것이다. 앞에서 설치한 일래스틱서치 클라우드 포메이션의 아웃풋에서 키바나 인스턴스의 URL을 찾을 수 있다.

```
$ aws cloudformation describe-stacks \
    --stack-name elasticsearch \
    --query 'Stacks[0].Outputs'
```

```
[root@yogeshraheja helloworld]# aws cloudformation describe-stacks --stack-name elasticsearch --query 'Stacks[0].Outputs'
[
    {
        "Description": "Kibana url",
        "OutputKey": "Kibana",
        "OutputValue": "https://search-logs-3aobnd4t42nrd4ff2kscnzoele.us-east-1.es.amazonaws.com/_plugin/kibana/"
    },
    {
        "Description": "Domain Arn",
        "ExportName": "LogsDomainArn",
        "OutputKey": "DomainArn",
        "OutputValue": "arn:aws:es:us-east-1:094507990803:domain/logs"
    }
]
```

브라우저에서 키바나 URL을 연다.

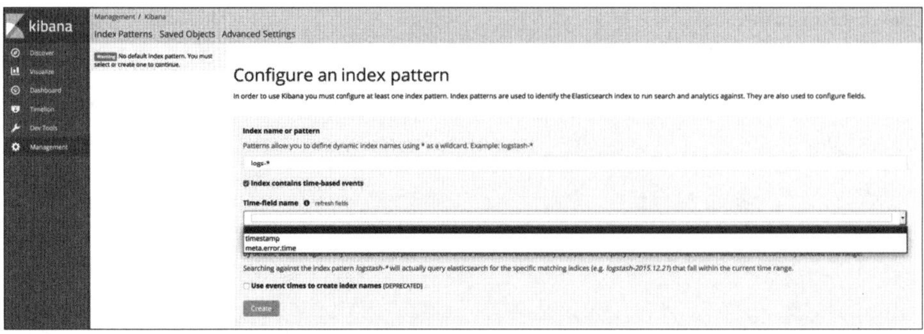

이렇게 하면 위의 스크린샷과 유사한 화면이 나타난다. 여기서 초기 구성을 해야 한다.

1. Index name or pattern[색인 이름 또는 패턴] 필드에 `logs-*`를 지정하자.
2. 이렇게 하면 키바나는 로그 색인을 분석해 타임스탬프 필드명을 찾는다. timestamp 필드를 선택하라.
3. 적절한 값을 선택한 후 Create[생성]를 클릭하라.

이제 방금 생성한 색인 조회 화면으로 이동하라. 각 메타 정보가 분석되어 화면에 나타난다. 여기에서 Discover[찾기]를 클릭해 모든 로그를 확인하고 로그의 대시보드를 생성해 시각화할 수 있는 여러 가지 옵션을 탐색할 수 있다.

구글에서 키바나를 검색하면 대시보드에 어떤 화면을 추가할지에 대한 아이디어를 얻을 수 있다.

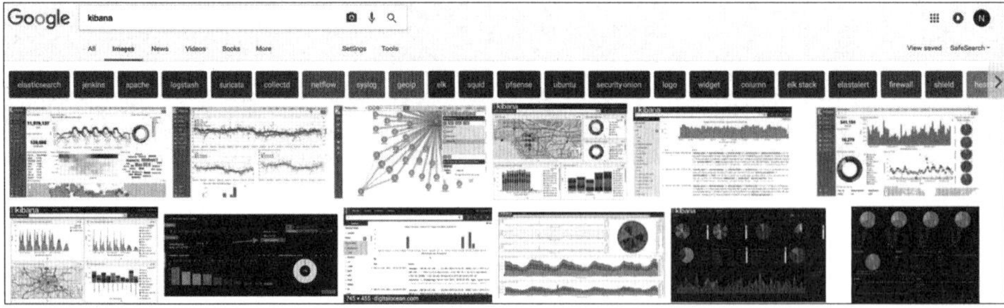

큐레이터를 이용해 이전 로그 삭제하기

클라우드 와치 로그와 달리 오래된 로그의 삭제는 스택의 내장 기능이 아니다. 오래된 로그를 삭제하려면 http://bit.ly/2rFHzUT에서 일래스틱 큐레이터를 살펴보라. 하루에 한 번 삭제하도록 람다 함수로 이 기능을 쉽게 구현할 수 있다.

마지막 몇 페이지를 통해 로깅을 개선하는 여러 개념을 검토했다. 여러 AWS 서비스를 이용해 애플리케이션에서 로그, 이벤트, 메트릭을 수집할 수 있었고 클라우드 와치, S3, 일래스틱서치를 포함한 다른 서비스로 보낼 수 있었다. 물론 로깅은 이것으로 마무리된 것이 아니다. 구현했던 모니터링 스택을 재사용해 회사에서 중요하게 생각하는 모든 것을 모니터링할 수 있다.

확인할 다른 기능으로 기타 AWS 인프라를 모니터링하는 방법이 있다.

인프라 모니터링하기

모니터링은 결승선이 없는 태스크 중 하나다. 추가하거나 개선해야 할 점이 항상 있다. 이 때문에 노력을 집중해야 할 영역의 우선순위를 정하는 일은 중요하다. 특히 초기 또는 새로운 서비스가 출시될 때 더 그렇다. 또한 다양한 서비스들은 각각 다른 수준의 관심이 요구된다. 예를 들어 람다, S3, 다이나모DB 같은 서비스들은 서버리스serverless로 간주되며 AWS가 거의 모든 것을 관리한다. 장애를 처리하거나, 보안 패치를 설치하거나, 규모를 확장하거나, 고가용성을 확보하거나, 기타 작업을 할 필요가 없다. 반대로 EC2 같은 서비스는 하드웨어 자체를 제외하고는 인스턴스 관점에서 모든 것을 제어해야 한다. 그래서 모니터링을 위해 시간과 노력을 투자해야 한다. 다행히도 AWS에서 제공하는 대부분의 서비스는 클라우드 와치와 기본적으로 통합되어 있다. 이제부터는 지금까지 사용했던 서비스 전체 목록의 모니터링 방식을 내려놓고 기존의 템플릿에 모니터링을 추가하는 다른 방법을 살펴보자.

EC2 모니터링하기

EC2 인스턴스는 AWS에서 제어하는 하이퍼바이저의 최상단에서 생성된다. 하이퍼바이저 덕분에 AWS는 여러 메트릭들을 수집할 수 있고 이들을 클라우드 와치 수집 항목으로 전송할 수 있다. 메트릭에는 CPU 사용량, 네트워크 사용량(NetworkIn 및 NetworkOut), 디스크 성능(DiskReadOps, DiskWriteOps, DiskReadBytes, DiskWriteBytes)이 있다.

이런 메트릭들은 인스턴스를 선택하는 EC2 콘솔에서 확인할 수 있고, 클라우드 와치 메트릭 메뉴에서도 확인할 수 있다.

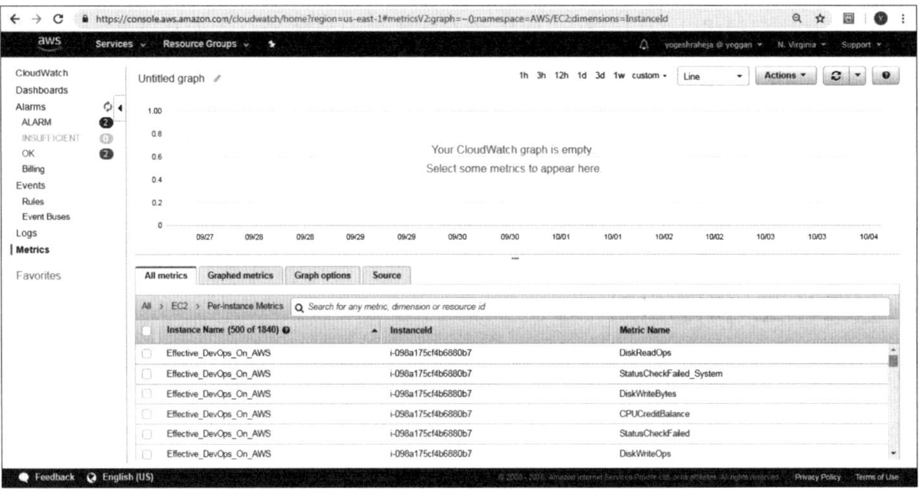

메트릭의 기본 수집 주기는 5분이다. 이는 EC2 인스턴스의 새로운 측정 데이터를 5분마다 수집함을 의미한다. 중요한 호스트에 대해 더 자주 수집하길 원한다면 인스턴스별 **세부 모니터링** 기능을 활성화하면 되고 수집 빈도를 1분까지 줄일 수 있다.

불행하게도 하이퍼바이저의 메트릭만 사용하는 것으로는 충분하지 않다. 이미 인지했겠지만, 예를 들어 클라우드 와치는 디스크 성능에 대한 정보는 제공하지만 디스크 여유 공간에 대한 정보는 제공하지 않는다. 이는 하이퍼바이저가 운영체제에 대한 가시성을 갖고 있지 않기 때문이다. 이 정보를 제공하려면 EC2 인스턴스에 이런 추가적인 메트릭을 수집할 수 있는 에이전트를 설치해야만 한다.

클라우드 와치로 사용자 정의 메트릭 제공하기

이미 알고 있는 OS 관련 정보에 대한 메트릭을 보완하자. 이 정보는 CPU, 디스크 사용량, 메모리에 관한 좀 더 상세한 정보를 포함하고 있다.

EC2 메트릭을 조회할 때 이런 정보는 오토스케일링 그룹을 통해 확인할 수 있다.

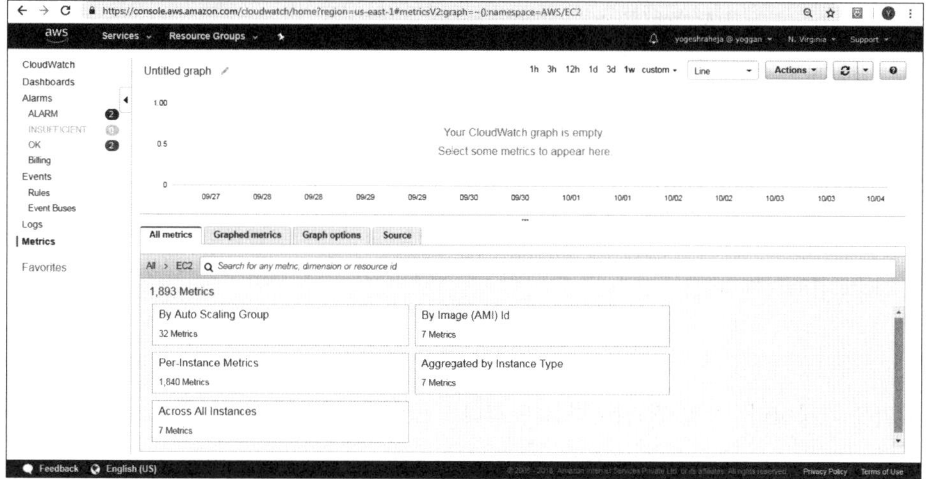

특정 기준, 특히 오토스케일링 그룹으로 메트릭 세트를 검색하는 기능을 갖는 것은 중요하다. 사용자 정의 메트릭에 동일한 기능을 제공하려면 클라우드 포메이션을 수정해 EC2 인스턴스가 오토스케일링 그룹 정보를 갖도록 해야 한다.

클라우드 포메이션 템플릿 수정하기

nodeserver-cf-template.py 스크립트를 열자.

첫 번째 IAM 정책 아래에 `MonitoringPolicy` IAM 정책을 추가하자. 다음과 같이 추가하라.

```
t.add_resource(IAMPolicy(
    "MonitoringPolicy",
    PolicyName="AllowSendingDataForMonitoring",
```

```
    PolicyDocument=Policy(
        Statement=[
            Statement(
                Effect=Allow,
                Action=[
                    Action("cloudwatch", "Put*"),
                    Action("logs", "Create*"),
                    Action("logs", "Put*"),
                    Action("logs", "Describe*"),
                    Action("events", "Put*"),
                    Action("firehose", "Put*"),
                    Action("autoscaling", "DescribeAutoScalingInstances"),
                ],
                Resource=["*"])
        ]
    ),
    Roles=[Ref("Role")]
))
```

파일을 저장하라. 작업 결과는 다음과 같다. https://raw.githubusercontent.com/yogeshraheja/Effective-DevOps-with-AWS/master/Chapter08/EffectiveDevOpsTemplates/nodeserver-cf-template-part-3.py

그런 다음 다시 한번 스택을 업데이트하라.

```
$ git add nodeserver-cf-template.py
$ git commit -m "Allowing the instance to describe the ASG instances"
$ git push
$ python nodeserver-cf-template.py > nodeserver-cf.template
$ aws cloudformation update-stack \
    --capabilities CAPABILITY_IAM \
    --stack-name helloworld-staging \
    --template-body file://nodeserver-cf.template \
    --parameters \
        ParameterKey=InstanceType,UsePreviousValue=true \
        ParameterKey=KeyPair,UsePreviousValue=true \
        ParameterKey=PublicSubnet,UsePreviousValue=true \
```

```
        ParameterKey=ScaleCapacity,UsePreviousValue=true \
        ParameterKey=VpcId,UsePreviousValue=true

$ aws cloudformation update-stack \
    --capabilities CAPABILITY_IAM \
    --stack-name helloworld-production \
    --template-body file://nodeserver-cf.template \
    --parameters \
        ParameterKey=InstanceType,UsePreviousValue=true \
        ParameterKey=KeyPair,UsePreviousValue=true \
        ParameterKey=PublicSubnet,UsePreviousValue=true \
        ParameterKey=ScaleCapacity,UsePreviousValue=true \
        ParameterKey=VpcId,UsePreviousValue=true
```

다음으로 앤서블 리포지터리에 새로운 역할을 추가해 이런 메트릭을 노출하는 도구를 설치 및 구성하자.

앤서블에 클라우드 와치 역할 생성하기

먼저 앤서블 리포지터리의 roles 폴더로 이동하라.

```
$ cd roles
```

ansible-galaxy 명령어를 이용해 새로운 역할을 생성하라.

```
$ ansible-galaxy init cloudwatch
- cloudwatch was created successfully
```

추가된 통계 정보를 제공할 수 있도록 소규모의 역할을 생성하자. 편집기로 cloudwatch/tasks/main.yml 파일을 열자.

여기서는 오픈소스 도구인 cloudwatchmon을 이용하자. 깃허브의 http://bit.ly/2pYjhI9에서 관련 소스 코드와 문서를 살펴볼 수 있다. 이 도구는 파이썬으로 작성됐고 pip를 통해 설치할 수 있다. 앤서블은 pip 패키지를 설치할 수 있도록 pip 모듈을 제공한다. 태스크 파일에 다음을 추가하라.

```
---
# cloudwatch용 태스크 파일
- name: Installing cloudwatchmon
  pip:
    name: cloudwatchmon
```

이 도구는 크론 잡을 매개로 동작한다. cloudwatchmon을 실행하도록 앤서블의 cron 모듈을 사용하자.

pip 모듈 호출 아래에 다음과 같이 cron 모듈을 호출하라.

```
- name: Execute cloudwatchmon every 5min
  cron:
    name: "cloudwatchmon"
    minute: "*/5"
    job: "/usr/local/bin/mon-put-instance-stats.py --auto-scaling --loadavg-percpu
--mem-util --disk-space-util --disk-path=/ --from-cron"
```

5분마다 mon-put-instance-stats.py를 호출하도록 작업을 구성한다. 또한 명령어에서 수집할 측정 목록을 지정한다. mem-util 옵션은 메모리 사용의 백분율을 제공한다. 반면에 disk-space-util은 동일한 작업을 하지만 루트 파티션의 디스크 공간을 참조한다. 가능한 모든 옵션 목록을 확인하려면 스크립트 문서를 참조하라.

분위수 대 원시 값

리소스 사용량을 제공하는 데는 두 가지 방법이 있다. 사용량에 대한 백분율(예를 들어, 파티션 사용률 23%)을 제공하거나 정확한 값(예를 들어, 파티션 여유 공간 2GB)을 제공하는 것이다. 여기서는 백분율을 사용해 인프라를 모니터링하는 것으로 충분하다. 이는 일반적으로 알람을 생성할 때 정확한 알람 지정을 위한 반복 작업을 단축하는 데 도움이 된다. 그러나 이런 특성은 시간이 지남에 따라 변하는 경향이 있다. 왜냐하면 다른 애플리케이션들은 종종 여러 유형의 하드웨어에서 요구하는 여러 가지 추가사항이 있기 때문이다.

변경사항을 커밋하기 전에 상위 폴더로 이동해 nodeserver.yml 파일을 수정하라.

```
$ cd ..
```

서비스에서 방금 생성한 새로운 역할을 추가해야 한다. 다음과 같이 `roles` 섹션에 새로운 항목을 추가함으로써 간단히 처리할 수 있다.

```
---
- hosts: "{{ target | default('localhost') }}"
  become: yes
  roles:
    - nodejs
    - codedeploy
    - cloudwatch
    - { role: awslogs, name: messages, file: /var/log/messages }
    - {
        role: awslogs,
        name: helloworld,
        file: /var/log/helloworld/helloworld.log,
        datetime_format: "%Y-%m-%dT%H:%M:%S.%f"
      }
```

모든 변경사항을 저장하고 커밋하라.

```
$ git add roles/cloudwatch nodeserver.yml
$ git commit -m "Adding new role for CloudWatch monitoring"
$ git push
```

앤서블은 10분마다 변경사항을 가져온다. 약 15분 후에 호스트의 신규 메트릭을 포함하는 **리눅스 시스템**Linux System 이라는 새로운 클라우드 와치에서 볼 수 있을 것이다.

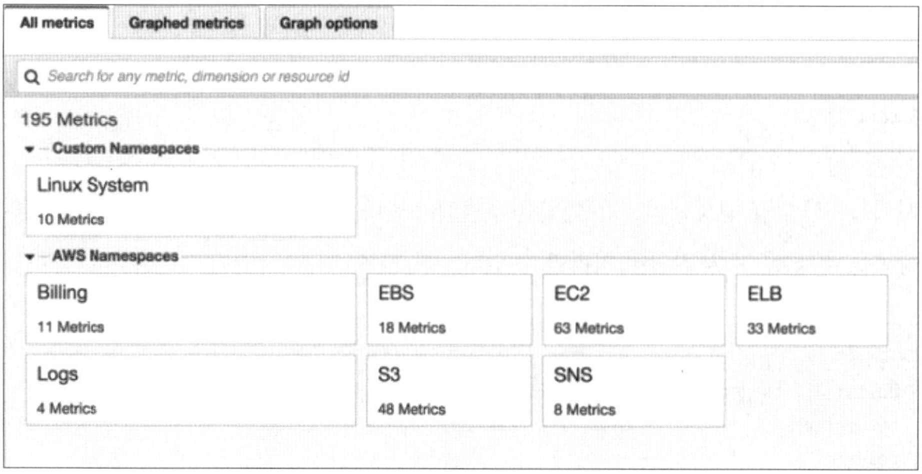

이제 EC2 인스턴스에서 필요로 하는 모든 가시성을 확보했으므로 몇 가지 알람을 추가하자.

많은 경우, 특히 애플리케이션이 인터넷에 노출되는 경우 이상한 동작을 가끔 관찰하는 경우가 있으나 이런 때 애플리케이션 상태가 어떤지는 쉽게 알 수 없다. 이런 경우 가장 유용한 정보 중 하나는 로드 밸런서의 액세스 로그다.

현재 로드 밸런서는 클라우드 와치에 여러 가지 메트릭을 노출하고 있다. 그러나 모든 상태를 설명해주지는 못한다. 어떤 경로가 5xx 오류의 원인인가? 어떤 부분의 대기 시간인가? 어디에서 들어온 사용자인가? 애플리케이션을 얼마나 공격적으로 사용하고 있는가? 이런 종류의 통찰력을 얻으려면 ELB와 ALB 인스턴스의 일부 변경이 필요하다.

ECS 클러스터 모니터링

모니터링에 관해 EC2와 ECS는 매우 유사하다. ECS는 세 가지 구성요소(ECS 호스트, ECS 서비스, 컨테이너)로 나눌 수 있다.

ECS 호스트 모니터링

ECS는 EC2 위에서 구동한다. 따라서 디스크 크기 모니터링을 포함해 EC2에 수행할 수 있는 모든 작업을 ECS에서 수행할 수 있다. 주요 차이점은 구현 시 더 많은 옵션이 있다는 점이다.

1. 첫 번째 옵션은 EC2에서 하는 작업을 복제하는 것이다. 그리고 ECS가 구동되는 모든 EC2 인스턴스에서 `cloudwatchmon`을 실행하는 것이다. 이를 구현하려면 ECS 호스트에 대한 새로운 앤서블 역할을 생성하고 nodeserver-cf-template.py에서 했던 것과 동일한 방식으로 ecs-cluster-cf-template.py의 `UserData` 변수에 앤서블의 설치와 실행을 추가한다.
2. 두 번째 옵션은 `UserData` 필드를 사용하는 것이다. 그러나 이번에는 `cloudwatchmon`을 구동하고 이에 대한 태스크를 생성하는 새로운 컨테이너를 생성하는 것이다. `UserData` 필드는 다음과 같은 내용으로 끝난다.

```
$ aws ecs start-task \
    --cluster $cluster \
    --task-definition cloudwatchmon:1 \
    -container-instances $instance_arn \
    --region $region
```

3. 마지막 옵션은 ECS가 제공하는 태스크 배치 기능을 이용하는 것이다. 이렇게 하면 확산 전략을 이용해 컨테이너를 실행할 수 있다. ECS 호스트에 있는 컨테이너를 많이 띄우고 각 ECS 서버의 통계를 수집하는 것이다. 태스크 배치에 관련해서는 http://amzn.to/2kn2OXO에서 살펴볼 수 있다.

이 부분을 제어할 수 있게 되면 ECS 서비스의 모니터링이 가능해진다.

ECS 서비스 모니터링하기

AWS는 관리형 서비스로 기본적으로 관심을 가져야 하는 메트릭을 제공한다. 콘솔로 가서 모니터링 탭을 살펴보면 2개의 그래프를 볼 수 있다. 첫 번째 그래프는 CPU 할당에 관련되어 있고, 두 번째 그래프는 메모리 사용과 관련되어 있다. 오토스케일링 그룹을 구성했으므로 그래프에 표시된 사용량은 항상 설정한 임계치 내에 있어야 한다.

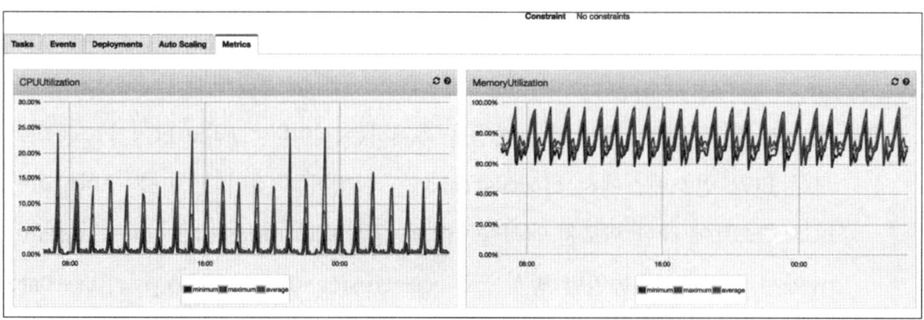

마지막으로, 작업과 컨테이너를 모니터링할 수 있다.

컨테이너 모니터링하기

애플리케이션을 컨테이너화했으나 근본적인 애플리케이션 구성에는 아무런 변화가 없다. 애플리케이션을 모니터링하는 가장 좋은 방법은 이 장의 앞부분에서 했던 것처럼 메트릭과 로그의 생성을 통한 방법이다. 컨테이너에 문제가 발생하면 ECS 클러스터 메뉴에서 비정상적인 이벤트를 검색할 수 있다.

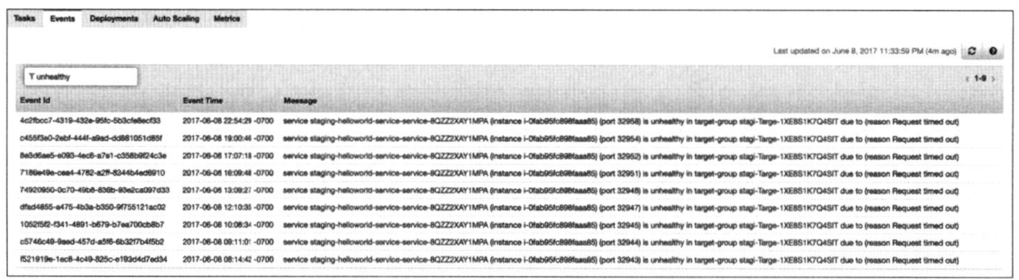

이런 문제들은 종종 태스크 구성 오류, CPU 또는 메모리에 대한 예약이 충분하지 않을 때, 버그 또는 사용자의 잘못된 작동으로 발생된다. 이런 문제를 해결할 때 메트릭을 조사하는 것만으로는 진단이 어려울 수도 있다. 이런 문제를 진단하기 쉽게 로드 밸런서의 로깅을 활성화할 수 있다.

ALB와 ELB 인스턴스 모니터링하기

ALB와 ELB는 모두 최상위 수준의 메트릭을 제공해 서비스가 어떻게 동작하는지 알려주지만 때때로 이런 메트릭만으로는 충분하지 않은 경우가 있다. 그래서 접속 로그를 생성해 서비스의 각 요청을 추적할 필요가 있다. ELB와 ALB는 접속 로그를 생성해 이를 S3에 저장하는 기능을 제공한다. 클라우드 포메이션 템플릿을 수정해 이 기능을 활성화하는 방법을 살펴보자. 여기서는 ALB 생성 템플릿을 수정해 로깅을 활성화하자.

편집기로 `EffectiveDevOpsTemplates` 리포지터리에 있는 helloworld-ecs-alb-cf-template.py를 열자.

접속 로그를 생성하기 위해 S3 버킷을 생성하고 AWS가 버킷에 접속할 수 있는 정책을 제공해야 한다. 추가 클래스를 포함시켜야 한다. 임포트 섹션에 다음을 추가하라.

```
from awacs.aws import Allow, Policy, Principal, Statement

from awacs.s3 import PutObject, ARN

from troposphere.s3 import (
    Bucket,
    BucketPolicy,
)
```

다음으로 S3 버킷을 생성하라. 템플릿 변수 생성과 설명 추가 뒤에 다음 리소스를 추가하라.

```
t.add_resource(Bucket(
    "S3Bucket",
    DeletionPolicy="Retain",
))
```

이제 삭제 정책을 지정해 클라우드 포메이션 템플릿이 삭제돼도 S3 버킷은 남아 있어 로그가 그대로 유지되게 하자. 생성할 다음 리소스는 버킷에 대한 특별한 정책이다. 정책의 버킷 속성으로 방금 생성한 버킷을 참조하라.

```
t.add_resource(BucketPolicy(
    'BucketPolicy',
    Bucket=Ref("S3Bucket"),
```

다음 부분은 정책 생성이다. 정책에는 버킷이 AWS 계정 127311923021이 /AWSLogs/511912822958/에 데이터를 추가하는 것을 허용하는 구문이 포함된다.

계정 127311923021은 AWS가 관리하는 특별 계정이다. 만약 버킷이 `us-east-1`에 있지 않을 경우 http://amzn.to/2r8AqPI를 참조해 계정 ID를 확인하라. 또한 511912822958은 자신의 AWS 계정 ID로 대치해야 한다.

```
    PolicyDocument=Policy(
        Version='2012-10-17',
        Statement=[
            Statement(
                Action=[PutObject],
                Effect=Allow,
                Principal=Principal("AWS", ["127311923021"]),
                Resource=[Join('',
                    [ARN(''),
                    Ref("S3Bucket"),
                    "/AWSLogs/511912822958/*"])],
            )
        ]
    )
))
```

이제 버킷이 생성됐고 특별한 정책이 포함됐으므로 ALB 리소스에 있는 접속 로그를 다음과 같이 활성화하라.

```
t.add_resource(elb.LoadBalancer(
    "LoadBalancer",
    Scheme="internet-facing",
```

```
    Subnets=Split(
        ',',
        ImportValue(
            Join("-",
                [Select(0, Split("-", Ref("AWS::StackName"))),
                "cluster-public-subnets"]
            )
        )
    ),
    SecurityGroups=[Ref("LoadBalancerSecurityGroup")],
    LoadBalancerAttributes=[
        elb.LoadBalancerAttributes(
            Key="access_logs.s3.enabled",
            Value="true",
        ),
        elb.LoadBalancerAttributes(
            Key="access_logs.s3.bucket",
            Value=Ref("S3Bucket"),
        )
    ],
))
```

모든 변경이 완료됐다면 변경사항을 저장하고, 커밋하고, 신규 템플릿을 생성하고, 스택을 업데이트하라. 코드는 다음과 같다. https://raw.githubusercontent.com/yogeshraheja/Effective-DevOps-with-AWS/master/Chapter08/EffectiveDevOpsTemplates/helloworld-ecs-alb-cf-template-part-1.py

```
$ git add helloworld-ecs-alb-cf-template.py
$ git commit -m "Sending ALB logs to S3"
$ git push
$ python helloworld-ecs-alb-cf-template.py > helloworld-ecs-alb-cf.template
$ aws cloudformation update-stack \
    --stack-name staging-alb \
    --template-body file://helloworld-ecs-alb-cf.template
$ aws cloudformation update-stack \
    --stack-name production-alb \
    --template-body file://helloworld-ecs-alb-cf.template
```

이제 로그가 5분 간격으로 자동으로 S3 버킷에 업로드된다.

AWS 아테나를 이용해 효과적으로 로그 검색하기

로그가 S3에 있다면 이를 내려받아서 자체적으로 분석을 하거나 AWS 아테나(Athena, http://amzn.to/2rSsrn7)를 이용해 로그에 SQL 쿼리를 실행해 특정 정보를 찾을 수 있다. 예를 들어, 가장 접속이 빈번한 IP 주소 목록을 찾으려면 다음 쿼리를 실행하면 된다.

```
SELECT client_ip, COUNT(*) as count
FROM logs.alb
GROUP BY client_ip
ORDER BY COUNT(*) DESC LIMIT 100;
```

AWS가 출시하는 각 서비스는 모니터링에 관련된 모든 정보를 취급하는 문서를 제공한다. 어떤 모니터링 항목을 노출할지와 이 절에서 다룬 전략 중 하나를 이용해 어떻게 코드로 구현할지를 참고하기 바란다.

모니터링 솔루션을 추가하는 마지막 부분은 이상 상태가 발생할 경우 엔지니어에게 자동으로 통지하는 알람을 생성하는 것이다. 클라우드 와치와 SNS를 결합해 알람을 생성하자.

클라우드 와치와 SNS를 이용해 알람 생성하기

여기까지 애플리케이션에서 무슨 일이 일어나는지 더 잘 이해하기 위해 메트릭을 노출하는 것을 다뤘다. 이제 이 데이터를 이용해 훌륭한 그래프를 생성할 수 있게 됐다. 그러나 이것만으로는 충분치 않다. **평균 발견 시간**MTD, meantime to discover과 **평균 복구 시간**MTTR, mean time to recover은 운영 팀과 데브옵스 확장 팀이 수행하는 작업을 확인하는 두 가지 주요 메트릭이다. 이 두 가지 메트릭을 최대한 작게 유지하기 위해서는 자동 알람이 필수적이다. 훌륭한 알람 시스템은 시스템의 문제점을 빠르게 인지하는 데 도움이 된다. 그리고 서비스 사용량의 저하와 서비스 중단을 최소화하는 데 도움이 된다. 이는 적절한 알람을 생성하는 일이 생각만큼 쉽지 않음을 의미한다.

무엇에 대해 경고해야 할까? '모든 것을 측정한다'는 것이 모든 것을 알린다는 뜻은 아니다. 경험적으로 볼 때 원인보다는 증상에 대한 경고를 작성하는 데 목표를 둬야 하고 잘 안 쓰는 이메일 또는 (슬랙slack 같은) 메시지 알람으로 누군가를 호출하지 않도록 주의를 기울여야 한다. 가능한 한 끊임없이 오는 경고로부터 피할 수 있도록 해야 한다. 이는 너무 자주 발생하는 어떤 종류의 경고 때문에 인프라 엔지니어가 감각을 잃게 되는 경우가 있기 때문이다. 알람의 바다 속에서 인프라 엔지니어가 허우적거리지 않도록 해야 한다.

알람, 특히 누군가가 생성한 알람은 항상 시기적절하고 의미가 있어야 한다.

알람을 포함하는 범위는 상용 환경과 같이 중요한 리소스로만 한정하라. 예정된 유지보수가 알람 정책에 포함되어 있는지 확인하라. 이에 대해 이 책에서는 다루지 않는다. 그러나 EC2에 대한 계획된 유지보수로 영향을 받는 서비스의 알람을 비활성화하기 위해 이 장의 AWS 상태 체크 부분에서 했던 작업을 확장할 수 있다.

인프라가 확장되고 서비스를 실행하는 데 필요한 EC2 인스턴스 수가 증가하면서 인프라 중 일부에서 문제가 발생하는 경우 메시지를 보내는 것을 피해야 할 수도 있다. 예를 들어, 이 책에서 활용한 아키텍처 중 EC2 인스턴스를 로드 밸런서 뒤에 배치한 아키텍처가 있다. 인스턴스 중 하나가 중단되더라도 사용자에 대한 영향도가 미미하므로 누군가를 호출하는 것이 불필요할 수도 있다.

알람을 생성하기 위해 다시 한번 클라우드 와치로 돌아가자. 메트릭을 기록하고 로그를 생성하고 이벤트를 발생시키는 기능 외에도 클라우드 와치는 메트릭을 모니터링할 수 있는 많은 기능을 갖고 있다. 7장 'AWS에서 컨테이너 실행하기'에서 EC2 및 ECS 오토스케일링 그룹의 스케일링 구성요소를 구성할 때 이들 기능 중 일부를 이미 사용했다. 여기서는 이들과 SNS를 결합해 사용할 것이다.

AWS 단순 알람 서비스(SNS)

SNS는 애플리케이션, 최종 사용자, 디바이스가 알람을 보내고 받을 수 있게 해주는 웹 서비스다. 이미 배포 파이프라인에서 상용 배포 승인 이메일 알람을 받기 위해 이 서비스를 대략적으로는 활용했다. 여기서는 SNS를 사용해 중요한 이벤트의 알람을 받을 것이다.

이 서비스는 메시지 제공자, 토픽, 프로토콜, 구독 등 논리적으로 네 부분으로 나눌 수 있다.

메시지 제공자는 메시지를 생성하는 애플리케이션 및 서비스다. 그리고 메시지는 토픽 중심으로 구성되어 있다. 토픽은 액세스 포인트와 같다. SNS 토픽을 생성할 때 AWS는 다른 서비스가 구독할 수 있도록 ARN을 토픽에 연결한다.

토픽을 생성하면, 다른 시스템과 최종 사용자가 HTTP(S), 이메일, 아마존 SQS, 아마존 람다, SMS, 모바일 엔드포인트(모바일 애플리케이션과 디바이스) 같은 여러 가지 프로토콜로 토픽을 구독할 수 있게 된다.

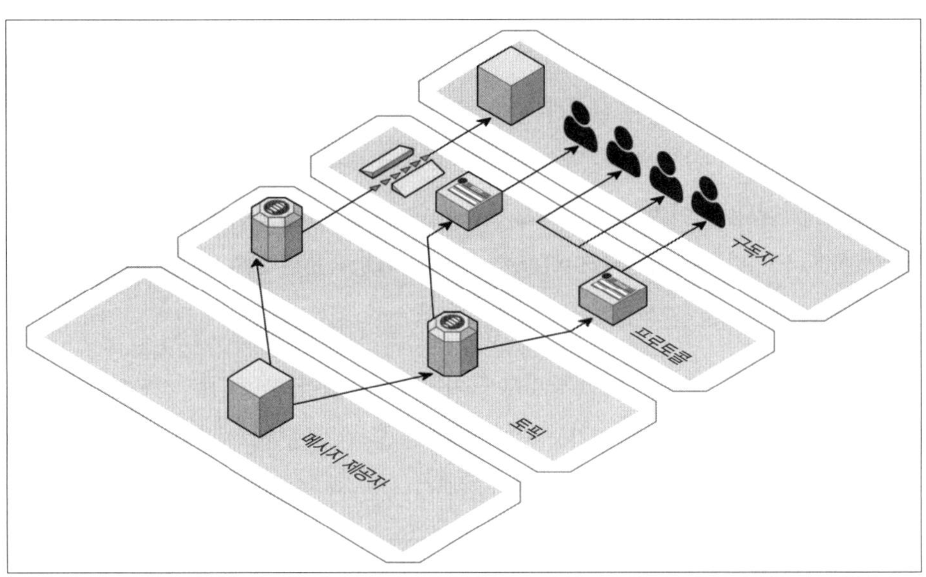

긴급하지 않은 문제의 알람 유형은 이메일로 전송하라. 중요하고 시간에 민감한 문제를 알리는 유형에는 SMS 알람을 사용하라.

이들을 생성하는 데 AWS 명령줄 인터페이스를 사용하자. 첫 번째 단계는 다음과 같이 2개의 토픽을 생성하는 것이다.

```
$ aws sns create-topic --name alert-email
{
    "TopicArn": "arn:aws:sns:us-east-1:511912822958:alert-email"
}
$ aws sns create-topic --name alert-sms
{
    "TopicArn": "arn:aws:sns:us-east-1:511912822958:alert-sms"
}
```

이는 간단하다. 유일한 차이점은 토픽 이름이다. 이제 이메일 프로토콜부터 시작해 프로토콜을 적용하라. SNS 구독 옵션을 사용해 다음을 지정하라.

- 앞의 명령어에서 반환된 topic-arn
- 프로토콜(protocol, 여기서는 이메일)
- 알람 엔드포인트(notification-endpoint, 이메일 주소)

```
$ aws sns subscribe \
    --topic-arn arn:aws:sns:us-east-1:511912822958:alert-email \
    --protocol email \
    --notification-endpoint email@domain.com
{
    "SubscriptionArn": "pending confirmation"
}
```

이제 이메일의 받은 편지함에서 구독 메시지의 확인을 클릭하라.

AWS Notifications <no-reply@sns.amazonaws.com>
to me

You have chosen to subscribe to the topic:
arn:aws:sns:us-east-1:511912822958:alert-email

To confirm this subscription, click or visit the link below (If this was in error no action is necessary):
Confirm subscription

Please do not reply directly to this email. If you wish to remove yourself from receiving all future SNS subscription confirmation requests please send an email to sns-opt-out

SMS 구독은 이메일 구독과 매우 유사하다. 단, `DisplayName` 속성을 설정해야 하는 단계의 추가가 필요하다. 이 속성은 SMS 프로토콜을 구독하는 데 필요한 정보다.

```
$ aws sns set-topic-attributes \
    --topic-arn arn:aws:sns:us-east-1:511912822958:alert-sms \
    --attribute-name DisplayName \
    --attribute-value helloworld
```

알람 엔드포인트는 국가 코드가 포함된 휴대폰 번호여야 한다(예를 들어, 미국의 경우 휴대폰 번호가 +1 (222) 333-4444라면 12223334444를 입력해야 한다).

```
$ aws sns subscribe \
    --topic-arn arn:aws:sns:us-east-1:511912822958:alert-sms \
    --protocol sms \
    --notification-endpoint 12223334444
```

이 시점에서, 구독을 확인하는 최초의 SMS 메시지를 받게 된다.

PagerDuty, Opsgenie, Victorops와 통합하기

이 책에서는 중요한 문제의 SMS 알람을 전송하는 최소한의 실행 가능한 솔루션인 SNS만 살펴보고 있다. 기능이 더 많은 솔루션 몇 가지를 소개하면 PagerDuty, Opsgenie, VictoOps 등이다. 이들을 사용하려면 마지막 명령어의 구독 유형만 간단히 변경하면 된다. SMS를 사용하는 대신 HTTPS 프로토콜과 서비스 프로바이더가 제공하는 웹 URL을 입력하면 된다.

이제 알람 시스템이 준비됐으므로 토픽에 대한 알람 받기를 시작할 수 있다.

애플리케이션의 오류율 증가에 대한 알람 생성하기

`helloworld` 애플리케이션은 매우 간단하게 설계되어 있다.

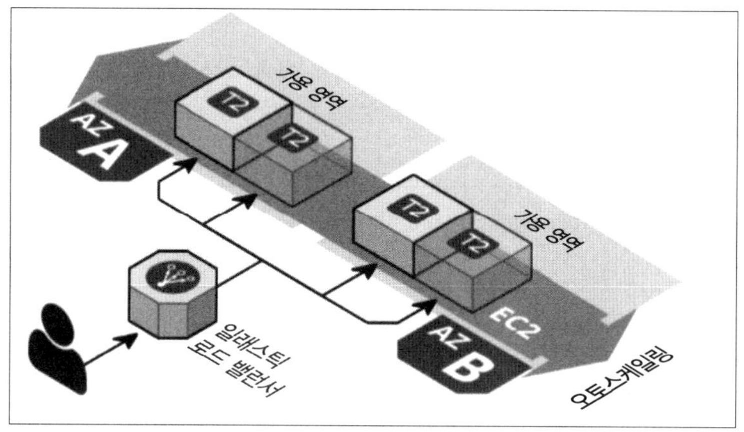

모든 사용자의 트래픽은 ELB 인스턴스를 통해 들어온다. 통신에 HTTP를 사용하므로 예기치 않은 시도가 발생하면 쉽게 식별할 수 있다.

로드 밸런서 인스턴스 중 하나의 모니터링 탭을 자세히 살펴보면(http://amzn.to/2rsEaLY), 가장 중요한 몇 가지 메트릭을 확인할 수 있다.

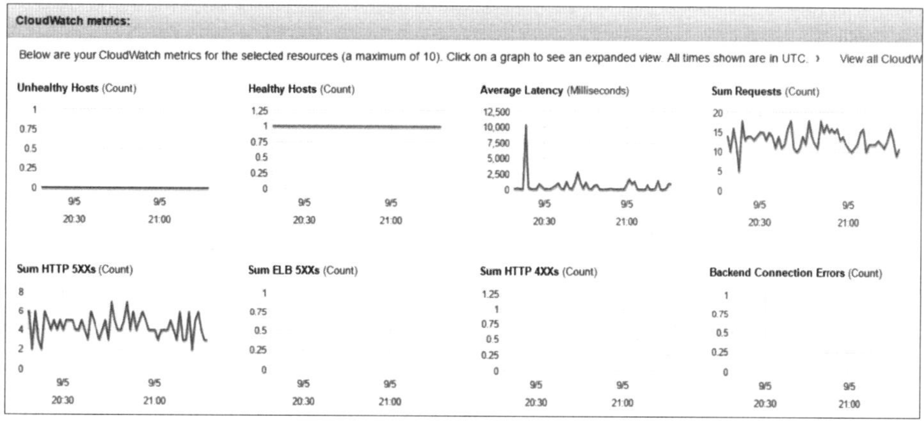

각 애플리케이션마다 고유한 동작 구조를 갖고 있지만 응답 시간의 증가 또는 HTTP 5XXs는 일반적으로 누군가가 서비스를 자세히 관찰해야 한다는 좋은 신호다.

이 두 가지 메트릭을 모니터링에 통합하도록 템플릿을 수정하자. 트로포스피어 스크립트인 helloworld-ecs-alb-cf-template.py를 다시 열자. 먼저 신규 임포트 몇 가지를 다음과 같이 추가하라.

```
from troposphere.cloudwatch import (
    Alarm,
    MetricDimension,
)
```

다음으로 파일의 맨 아래로 이동하자. 여기에는 이미 CPUTooLow 및 CPUTooHigh 알람을 생성했다.

맨 아래 print 구문 바로 위에 다음과 같이 신규 알람 리소스를 추가하라.

```
t.add_resource(Alarm(
    "ELBHTTP5xxs",
  AlarmDescription="Alarm if HTTP 5xxs too high",
```

여기에 참조 및 설명을 제공하라. 적절한 메트릭을 목표로 지정하려면 다음과 같이 ELB 서비스의 네임스페이스와 메트릭 이름을 지정해야 한다.

```
    Namespace="AWS/ELB",
    MetricName="HTTPCode_Backend_5XX",
```

해당 템플릿에서 작성한 로드 밸런서 인스턴스를 대상으로 알람을 지정하라. 이를 위해 다음과 같이 메트릭 차원에서 로드 밸런서 리소스를 참조하라.

```
    Dimensions=[
        MetricDimension(
            Name="LoadBalancerName",
            Value=Ref("LoadBalancer")
```

```
    ),
],
```

HTTP 5xx 개수의 평균적으로 30보다 큰 상태가 3분 동안 지속되는 경우 알람이 발생하게 하자. 이는 다음의 속성을 이용해 처리할 수 있다.

```
Statistic="Average",
Period="60",
EvaluationPeriods="3",
Threshold="30",
ComparisonOperator="GreaterThanOrEqualToThreshold",
```

알람의 마지막 부분은 알람이 발생할 때 수행할 작업을 선택하는 것이다. 여기서는 `alert-sms` SNS 토픽으로 단문 메시지를 보내자. 해당 토픽의 ARN이 필요하다. 다음 명령어를 통해 이 값을 확인할 수 있다.

```
$ aws sns list-topics
```

해당 정보를 확인한 후 `AlarmActions`와 `OKActions`에 해당 정보를 추가하라. 추가적으로 `InsufficientDataActions`의 값은 지정하지 않아야 한다. 왜냐하면 이 메트릭은 희소sparse 메트릭으로 일반적으로 다른 지표는 평소에 0을 발생시키는 데 반해 이 메트릭은 5xxs가 발생하지 않으면 어떠한 데이터도 발생시키지 않기 때문이다. `OKActions`도 다소 선택적이며 선호에 따라 추가할 수 있다. 이와 같이 구성하고 문제가 해결이 되면 클라우드 와치로 또 다른 SMS를 보내게 하자.

```
AlarmActions=["arn:aws:sns:us-east-1: 511912822958:alert-sms"],
OKActions=["arn:aws:sns:us-east-1: 511912822958:alert-sms"],
InsufficientDataActions=[],
```

이것으로 알람 생성을 마무리하자. 이제 괄호를 닫아라.

```
))
```

신규 알람 뒤에 응답 시간을 대상으로 하는 알람을 생성하자. 거의 모든 것이 동일하다. 신규 리소스를 생성하고 식별자와 설명을 다음과 같이 제공하라.

```
t.add_resource(Alarm(
    "ELBHLatency",
    AlarmDescription="Alarm if Latency too high",
```

동일한 네임스페이스를 사용하지만 다른 메트릭 이름을 사용하라.

```
    Namespace="AWS/ELB",
    MetricName="Latency",
```

차원은 위와 동일하게 지정하라.

```
    Dimensions=[
        MetricDimension(
            Name="LoadBalancerName",
            Value=Ref("LoadBalancer")
        ),
    ],
```

응답 시간의 경우 알람을 발생시키기 위해 임계치 500ms로 1분 안에 5번 조사하라.

```
    Statistic="Average",
    Period="60",
    EvaluationPeriods="5",
    Threshold="0.5",
    ComparisonOperator="GreaterThanOrEqualToThreshold",
```

```
    AlarmActions=["arn:aws:sns:us-east-1:511912822958:alert-sms"],
    OKActions=["arn:aws:sns:us-east-1:511912822958:alert-sms"],
    InsufficientDataActions=[],
))
```

이것으로 알람의 생성을 마무리했다. 신규 템플릿은 다음 URL의 내용과 같다. https://raw.githubusercontent.com/yogeshraheja/Effective-DevOps-with-AWS/master/Chapter08/EffectiveDevOpsTemplates/helloworld-ecs-alb-cf-template.py

변경사항을 커밋하고 새로운 클라우드 포메이션 템플릿을 생성한 후 다음 단계에 따라서 템플릿을 배포하라.

```
$ git add helloworld-ecs-alb-cf-template.py
$ git commit -m "Creating SNS alarms"
$ git push
$ python helloworld-ecs-alb-cf-template.py > helloworld-ecs-alb-cf.template
$ aws cloudformation update-stack \
    --stack-name staging-alb \
    --template-body file://helloworld-ecs-alb-cf.template
$ aws cloudformation update-stack \
    --stack-name production-alb \
    --template-body file://helloworld-ecs-alb-cf.template
```

흠 없는 사후 부검

피드백 루프를 끝내기 위해 학습에 대해 이야기해야 한다. 실패가 발생했을 때 이에 대한 학습 요소를 구축하는 가장 좋은 접근 방법 중 하나는 사건 개요, 타임라인, 근본 원인 및 해결 방법을 설명하는 사후 부검 문서를 만드는 것이다. 데브옵스 운동 '설립의 아버지' 중 하나인 존 알스포(John Allspaw)는 이 영역에 대해 광범위하게 고민한 후, 이 접근 방법을 좀 더 자세히 기술한 '흠 없는 사후 부검'의 개념(손으로 가리키면서 지적하는 것 이상의 학습을 강조)을 만들었다.

클라우드 와치의 제약 조건 중 하나는 알람 차원 개념이다. 마지막 예시에서 ELB는 하나의 리소스만 나타내므로 리소스 이름을 참조해 알람을 쉽게 생성할 수 있었다. EC2 인스턴스 같은 좀 더 동적인 리소스에서는 로드 밸런서 수준에서 노출되지 않는 리소스를 모니터링해야 할 수도 있다.

이를 위해 클라우드 와치 이벤트를 살펴봐야 한다.

클라우드 와치 이벤트 및 람다를 사용해 사용자 정의 메트릭 알람 생성하기

이전 절에서 클라우드 포메이션 템플릿으로 2개의 알람을 추가했다. 가능한 경우 모니터링 중인 리소스의 모니터링 정보는 그대로 유지하는 것이 좋다. 불행히도 이는 항상 쉬운 것은 아니다. 예를 들어, EC2 인스턴스의 디스크 공간 사용량을 추적하고 있다고 가정하자. 이들 EC2 인스턴스는 오토스케일링 그룹에 의해 생성된다. 트로포스피어 코드로 알람을 추가하는 것은 인스턴스 ID 같은 중요한 정보를 갖고 있지 않으므로 훨씬 복잡하다. 이 문제를 해결하기 위해 인프라 변경사항을 기반으로 알람을 작성하는 방법을 살펴보자.

앞에서 살펴본 것과 같이, AWS 인프라에서 변경사항이 발생할 때마다 이벤트가 실시간으로 클라우드 와치 이벤트에 전달된다. 이는 EC2 인스턴스의 생성을 포함한다. 여기서 이런 이벤트를 캡처할 수 있는 규칙을 생성해 이 정보를 알람 생성용 람다 함수로 보낸다.

여기서는 서버리스 프레임워크(https://serverless.com/)를 이용해 구현을 하겠다.

먼저 신규 서버리스 애플리케이션을 생성하자. 알람의 생성을 관리하는 데 파이썬과 보토[Boto] 라이브러리를 사용하겠다. 이를 시작하려면 다음의 명령어를 이용해 신규 애플리케이션을 생성해야 한다.

```
serverless create --template aws-python \
    --name disk-free-monitoring \
    --path disk-free-monitoring
```

이것은 disk-free-monitoring 폴더 안에 필요한 표준 코드를 생성한다.

```
$ cd disk-free-monitoring
```

이 폴더에는 handler.py 및 serverless.yml 두 가지 파일이 포함되어 있다. handler 파일에는 람다 함수의 코드를 포함하고 있다. 반면에 serverless.yml에는 함수를 배포하는 방법에 대한 정보를 포함하고 있다. 이를 가지고 시작하자.

편집기로 serverless.yml 파일을 열자. 이 파일은 여러 다른 영역으로 나눠져 있다.

첫 번째 변경사항은 함수에 IAM 권한을 추가하는 것이다. 함수가 알람을 생성하고 삭제할 수 있기를 원한다. 이를 위해 구성 파일의 `provider` 구문을 찾아서 다음 내용을 추가하라.

```
provider:
    name: aws
    runtime: python2.7
    iamRoleStatements:
        - Effect: "Allow"
          Action:
            - "cloudwatch:PutMetricAlarm"
            - "cloudwatch:DeleteAlarms"
          Resource: "*"
```

파일의 중간으로 가면 핸들러 이름을 정의하는 섹션을 찾을 수 있다.

```
functions:
    hello:
        handler: handler.hello
```

함수를 생성하고 이를 `hello`라고 할 수 있지만 궁극적으로 작업을 좀 더 서술할 수 있는 뭔가를 생각해낼 수 있도록 하자. 알람 이름을 다음과 같이 변경하라.

```
functions:
    alarm:
        handler: handler.alarm
```

끝으로, 함수를 시작하는 방법을 정의해야 한다. 핸들러 정의 뒤에 다음을 추가하라(이벤트와 핸들러가 같은 열로 정렬돼야 한다).

```
events:
  - cloudwatchEvent:
    event:
      source:
          - "aws.ec2"
      detail-type:
          - "EC2 Instance State-change Notification"
      detail:
          state:
              - running
              - stopping
              - shutting-down
              - stopped
              - terminated
```

이제 handler.py 파일을 편집하자.

파일을 최초로 열면 기본적인 `hello` 함수를 볼 수 있다. 여기서는 이 내용을 사용하지 않으므로 먼저 파일에 있는 모든 것을 제거하자. 임포트와 `boto3` 라이브러리의 초기화로 시작하라.

```
import boto3
client = boto3.client('cloudwatch')
```

이제 함수를 생성하고 serverless.yml에서 정의했던 핸들러 값(`handler.alarm`)에서 참조되어 있는 알람을 호출하자. 이 함수는 2개의 매개변수(event와 context)를 갖고 있다.

```
def alarm(event, context):
```

event는 수신된 EC2 인스턴스 상태 변경 정보 JSON을 포함하고 있다. 클라우드 와치 이벤트 웹 인터페이스에서 샘플 이벤트를 확인할 수 있다.

브라우저로 다음 URL을 열고 스크린샷에서 볼 수 있는 것과 같이 일치시킬 이벤트의 신규 정보를 확인할 수 있다. https://console.aws.amazon.com/cloudwatch/home?region=us-east-1#rules:action=create

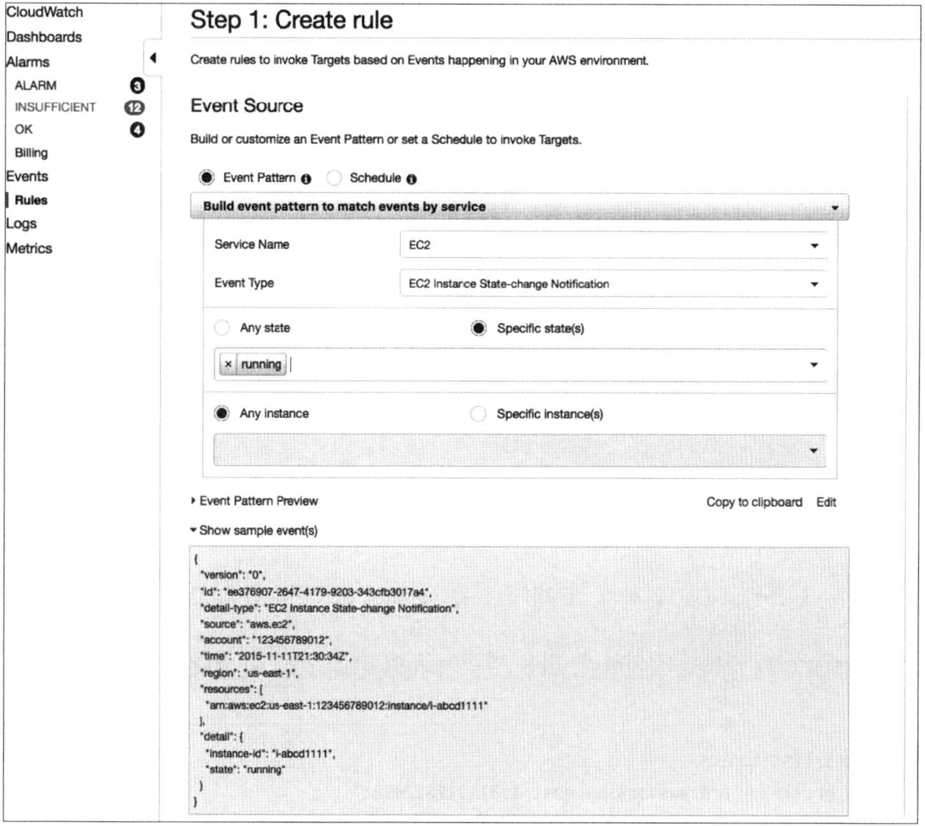

여기서는 instance-id와 state 두 가지 정보를 얻는다. 다음과 같이 작성하라.

```
instance = event['detail']['instance-id']
state = event['detail']['state']
```

인스턴스가 시작되면 알람을 생성하고 serverless.yml 파일에 나열된 그 외의 상태(중지 중, 셧다운, 중지, 종료)가 되면 알람을 제거하자. 두 가지 알람을 생성하라. 리포지터리 파티션 사용률이 60%이면 경고 이메일을 보내게 하고, 80%이면 단문 메시지를 보내게 하자.

이를 위해 두 가지 함수, put_alarm과 delete_alarms를 생성하라. 지금은 다음과 같이 간단하게 호출하라.

```
if state == "running":
    warning = put_alarm(instance, 60, 'alert-email')
    critical = put_alarm(instance, 80, 'alert-sms')
    return warning, critical
else:
    return delete_alarms(instance)
```

이제 두 가지 함수를 정의하자. put_alarm 함수로 시작하라.

```
def put_alarm(instance, threshold, sns):
```

이 함수는 인스턴스 ID, 임계치, 토픽 정보 등 세 가지 매개변수를 갖고 있다.

먼저 sns_prefix 정보를 정의하라. 다음 명령어로 이 값을 얻을 수 있다.

```
$ aws sns list-topics
    sns_prefix = 'arn:aws:sns:us-east-1:511912822958:'
```

다음 단계는 알람을 생성하는 것이다. 응답을 저장해 람다 실행 후 반환되는 결과를 얻는다.

```
response = client.put_metric_alarm(
```

이제 알람 이름으로 시작해 알람을 생성하기 위한 모든 정보를 제공해야 한다. 알람 이름은 AWS 계정에서 고유해야 한다. 알람 이름을 생성하기 위해 인스턴스 ID와 sns 접미사를 이용하라.

```
    AlarmName='DiskSpaceUtilization-{}-{}'.format(instance, sns),
```

이제 다음과 같이 모니터링할 메트릭의 세부사항을 제공해야 한다. 먼저 메트릭 이름을 제공하고 그다음으로 차원을 제공하자. 차원 섹션에서는 event 변수를 통해 클라우드 와치가 제공한 정보 덕분에 모니터링을 인스턴스 ID로만 제한할 수 있다.

```
    MetricName='DiskSpaceUtilization',
    Namespace='System/Linux',
    Dimensions=[
        {
            "Name": "InstanceId",
            "Value": instance
        },
        {
            "Name": "Filesystem",
            "Value": "/dev/xvda1"
        },
        {
            "Name": "MountPath",
            "Value": "/"
        }
    ],
```

다음과 같이 임계치 정보를 정의하라.

```
    Statistic='Average',
    Period=300,
    Unit='Percent',
    EvaluationPeriods=2,
    Threshold=threshold,
    ComparisonOperator='GreaterThanOrEqualToThreshold',
    TreatMissingData='missing',
```

이 경우는 평균 디스크 사용률이 60% 또는 80% 이상인 상태가 5분간 지속되면 알람이 울린다. 끝으로, 알람 상태가 되거나 복구된 경우 메시지를 보내는 토픽을 지정하라.

```
    AlarmActions=[
        sns_prefix + sns,
    ],
    OKActions=[
        sns_prefix + sns,
    ]
)
return response
```

함수를 응답response의 반환으로 마무리하자. 이제 알람을 삭제하는 함수를 작성하자. 이를 위해 delete_alarms라는 함수를 생성하자. 알람을 삭제하는 코드는 아주 간단하다. 간단히 boto 함수인 delete_alarms를 호출하면 된다. 이때 생성했던 알람 이름에 대한 어레이array를 제공해야 한다.

```
def delete_alarms(instance):
    names = [
        'DiskSpaceUtilization-{}-alert-email'.format(instance),
        'DiskSpaceUtilization-{}-alert-sms'.format(instance)
    ]
    return client.delete_alarms(AlarmNames=names)
```

handler.py가 완료됐다. 그러나 코드가 동작하게 하려면 몇 가지 추가 파일을 생성해야 한다. 첫 번째 파일은 requirements.txt다. 이 파일은 파이썬 코드가 실행되는 데 필요한 라이브러리를 정의한다. 여기서는 boto가 필요하다.

handler.py 및 serverless.yml과 같은 폴더에 requirements.txt라는 파일을 생성하자. 내용으로 다음을 추가하라.

```
boto3==1.4.4
```

serverless 파일이 자동으로 이 파일들을 처리하지는 않는다. 이를 처리하기 위해서는 동일한 폴더에 package.json 파일을 생성해야 하고 다음과 같은 값을 추가해야 한다.

```
{
    "name": "disk-free-monitoring",
    "version": "1.0.0",
    "description": "create cloudwatch alarms for disk space",
    "repository": "tbd",
    "license": "ISC",
    "dependencies": {
        "serverless-python-requirements": "^2.3.3"
    }
}
```

이제 `npm install` 명령어를 실행하자.

위의 두 파일이 생성되면 다음과 같이 애플리케이션을 배포할 수 있다.

```
$ serverless deploy
Serverless: Packaging service... Serverless: Creating Stack...
Serverless: Checking Stack create progress...
.....
Serverless: Stack create finished...
Serverless: Uploading CloudFormation file to S3...
```

```
Serverless: Uploading artifacts...
Serverless: Uploading service .zip file to S3 (1.17 KB)... Serverless:
Updating Stack...
Serverless: Checking Stack update progress...
.....................
Serverless: Stack update finished...
Service Information
service: disk-free-monitoring stage: dev
region: us-east-1 api keys:
None endpoints:
None functions:
alarm: disk-free-monitoring-dev-alarm
```

이제부터 EC2 인스턴스가 us-east-1에 신규로 생성되면 인스턴스가 시작되는 동안 자동으로 2개의 전용 알람이 생성된다.

▢	OK	DiskSpaceUtilization-i-01d531a579ddb3b09-alert-sms	DiskSpaceUtilization >= 80 for 10 minutes
▢	OK	DiskSpaceUtilization-i-01d531a579ddb3b09-alert-email	DiskSpaceUtilization >= 60 for 10 minutes

이 책에는 없지만 인스턴스가 상용인지 아닌지 확인하기 위해 인스턴스의 EC2 태그를 체크하는 것을 포함해 이 스크립트는 여러 가지로 개선할 수 있다.

끝으로, AWS의 상태를 확인하는 서비스를 자세히 살펴보자.

AWS 상태 모니터링 및 알람

AWS는 대부분 안정적이고 중단이 거의 발생하지 않지만 서비스 품질 저하에서 항상 제외되는 것은 아니다. 서비스의 일반적인 상태를 확인하기 위해서는 메인 대시보드인 https://status.aws.amazon.com으로 가면 된다.

이 대시보드는 RSS 피드로도 제공되므로 슬랙 같은 대부분의 의사소통 서비스와 통합될 수 있다.

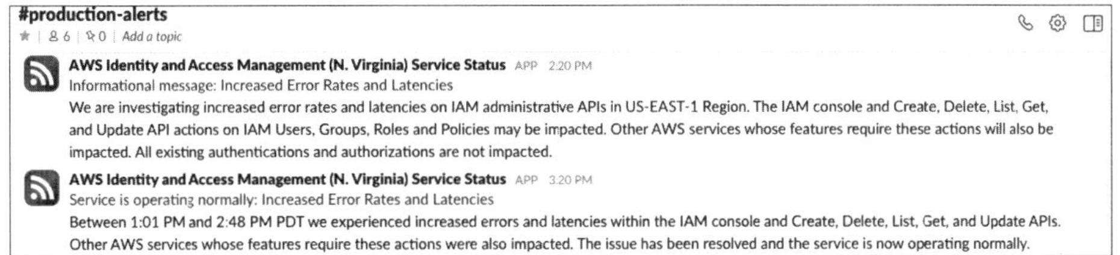

전체 상태 페이지뿐만 아니라 AWS 콘솔의 벨 모양 아이콘을 클릭해 개인화된 상태 대시보드에 접근할 수도 있다.

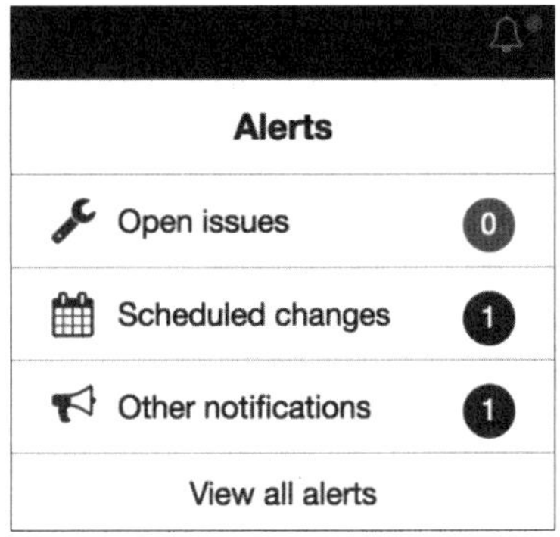

브라우저에서 https://phd.aws.amazon.com으로 접속해 직접 대시보드에 접근할 수도 있다. 개인화된 상태 대시보드가 리전의 모든 고객에 영향을 주는 정보 및 인스턴스가 관리 모드 또는 리부트가 예정되어 있다는 정보와 같은 계정과 관련된 알람도 표시한다. 개인화된 상태 대시보드는 RSS 피드를 제공하지는 않는다. 대신에 클라우드 와치 이벤트에 통합되어 있다.

클라우드 와치 이벤트에 다른 알람에 대한 이메일 알람을 보낼 수 있는 새로운 규칙을 생성하자.

명령줄 인터페이스를 이용해 이를 작업하라.

1. 첫 번째 단계는 aws.health 엔드포인트로부터 오는 모든 이벤트와 일치시키는 규칙을 작성하는 것이다. 다음 명령어를 통해 작업하라.

```
$ aws events put-rule \
    --name AWSHealth \
    --event-pattern '{"source":["aws.health"]}' \
    --state ENABLED
{
    "RuleArn": "arn:aws:events:us-east-1:511912822958:rule/AWSHealth"
}
```

2. 다음으로 대상에 대한 정보를 얻는 것이다. 여기서의 대상은 이 장의 앞에서 생성한 SNS 토픽이다. 다음 명령어를 통해 topicARN을 얻어야 한다.

```
$ aws sns list-topics | grep alert-email
    "TopicArn": "arn:aws:sns:us-east-1:511912822958:alert-email"
```

3. 마지막으로 이 두 가지를 하나로 엮는다. 대상 명령어는 JSON을 입력해야 하지만 여기서는 다음과 같은 약식 문법으로 제공하라.

```
$ aws events put-targets \
    --rule AWSHealth \
    --targets Id=1,Arn=arn:aws:sns:us-east-1:511912822958:alert-email
```

이 절 전반에 걸쳐 알람을 작성하는 방법을 살펴봤고 이 방법을 주요 공개 지표에 적용했다. 필요하다면 모든 중요한 이벤트를 놓치지 않기 위해 살펴본 일부 기술의 재활용을 통해 좀 더 많은 알람을 추가하는 연습을 계속할 수 있다.

문서 작성

지금까지 한 모든 작업은 관련된 좋은 문서를 작성하는 경우에만 유용하다. 적어도 당신의 문서는 다른 실패 시나리오와 이를 복구하는 방법을 다루고 있어야 한다.

요약

9장에서는 모니터링을 추가하고 애플리케이션과 인프라의 알람을 생성하는 여러 가지 방법을 살펴봤다. 클라우드 와치, 일래스틱서치, SNS를 포함한 AWS가 제공하는 여러 서비스로 이를 올바르게 수행할 수 있었다. 이제 '모든 것을 측정'하는 작업을 계속할 수 있게 됐다. 궁극적으로 측정은 회사 문화의 일부가 돼야 한다.

다음을 포함해 추가적으로 살펴볼 여러 영역들이 있다.

- 인프라 수준에서 AWS 비용을 추적하고 예산을 생성할 수 있다. 또한 백업 실패를 누락하지 않도록 백업의 모니터링을 추가할 수 있다.
- 서비스 수준에서 성능을 모니터링하기 위해 분산된 요청[request] 추적 시스템인 X-Ray를 살펴볼 수 있다.
- 빌드와 배포 파이프라인 수준에서 클라우드 포메이션, 코드 디플로이 및 코드 파이프라인의 동반 변경의 배포 주기 및 롤백 주기를 추적할 수 있다. 추가적으로 앤서블에 대해서도 동일한 적용을 할 수 있고 앤서블이 오류를 반환하는 경우 알람을 생성할 수도 있다.

품질 또한 이런 종류의 처리가 가능하다. 단위 테스트 없이 신규 코드를 보낼 수 없도록 테스트 코드의 커버리지 정보의 수집을 시작할 수 있다. 실패 횟수와 버그 및 티켓 수를 비교하는 것도 흥미로울 수 있다. 때때로 품질이 저하되는 것과 오류가 증가하는 것 사이의 상관관계를 찾을 수도 있다.

때로는 명확하지 않을 수도 있지만 데브옵스 운동은 사람이 최우선이 돼야 한다. 프로세스에 대한 모든 개선과 신규 기술의 채택은 이 목적을 달성하기 위한 수단이다. 이런 이유로 회사의 다른 사람들에게 미치는 이런 모든 변화의 영향을 추적하는 방법을 찾아야 한다.

질문

1. AWS 클라우드 와치란 무엇인가?
2. ELK 스택이란 무엇인가?
3. EKK 스택이란 무엇인가?

더 읽을거리

- **winston 로거:** https://www.npmjs.com/package/winston
- **ELK 정보:** https://www.elastic.co/
- **아마존 일래스틱서치 서비스:** https://aws.amazon.com/ko/elasticsearch-service/

부록

해답

1장 '클라우드와 데브옵스 혁명'

1. 데브옵스는 개발자와 운영 팀이 함께 일할 수 있는 올바른 문화를 채택하는 프레임워크이자 방법론이다.
2. 데브옵스 IaC는 'DevOps – Infrastructure as Code'를 나타낸다. 수직적 인프라를 코드로 처리하고 관리할 수 있으며, 반복적이고, 확장 가능하고, 관리 가능한 인프라를 구성하는 데 도움을 준다.
3. 데브옵스 문화의 핵심 특징
   - 모든 것을 소스로 제어
   - 자동화된 테스트
   - 자동화된 프로비저닝

- 구성 관리
- 자동화된 배포
- 측정
- 가상화 적용(공용/사설 클라우드)

4. 클라우드에는 세 가지 주요 서비스 모델이 있다.
   - **서비스로서의 인프라**IaaS, Infrastructure as a Service
   - **서비스로서의 플랫폼**PaaS, Platform as a Service
   - **서비스로서의 소프트웨어**SaaS, Software as a Service

5. AWS는 공용 클라우드 서비스 플랫폼 중 규모가 가장 크다. AWS는 컴퓨팅, 스토리지에서 머신 러닝 및 분석까지 여러 가지 서비스를 제공하고 고도로 확장 가능하고 신뢰할 만한 환경을 제공한다. AWS를 사용하는 가장 중요한 이유는 쓴 만큼 과금하는 모델 때문이다. 하드웨어에 투자할 이유가 더 이상 없다. 대신에 서비스를 배포하면, 사용한 만큼 청구한다. 서비스를 셧다운하고 제거하면 아무 비용도 청구하지 않는다.

2장 '첫 번째 웹 애플리케이션 배포하기'

1. AWS 클라우드 계정이 없다면 www.aws.amazon.com에서 무료 티어 계정을 생성하라. https://aws.amazon.com/의 단계별 지침을 따르라. AWS 계정을 생성하려면 신용카드 또는 직불카드 세부사항을 제공하라.

2. console.aws.amazon.com에 가서 AWS compute servicesAWS 컴퓨트 서비스를 선택한 후 첫 번째 EC2 인스턴스를 생성하라. 콘솔에서 Launch Instance인스턴스 시작 버튼을 클릭하고 AMI, 인스턴스 유형(이 경우에는 무료 티어)을 선택하고 인스턴스 상세, 스토리지 상세, 태그 및 보안 그룹을 선택하라. 이 실습의 기본 목표가 포탈에 익숙해지고, 데브옵스 사례를 이용해 각 절차를 자동화하는 것이므로, 이에 맞게 기본 옵션을 선택하라.

3. 2장의 '첫 번째 웹 서버 작성하기' 절에서 제공하는 단계적인 지침에 따라 AWS CLI를 이용해 첫 번째 AWS 인스턴스를 생성하라.
4. 2장의 간단한 'Hello World 웹 애플리케이션 생성하기' 절에서 언급한 단계를 따르라. 다음 링크에서 애플리케이션의 예제 코드를 내려받아라.
    - https://raw.githubusercontent.com/yogeshraheja/Effective-DevOps-with-AWS/master/Chapter02/helloworld.js
    - https://raw.githubusercontent.com/yogeshraheja/Effective-DevOps-with-AWS/master/Chapter02/helloworld.conf
5. `ec2-metadata --instance-id`를 이용해 AWS 인스턴스의 인스턴스 ID를 찾아라. 그리고 찾은 인스턴스 ID로 매개변수를 변경해 다음 명령어를 실행하라. `aws ec2 terminate-instances --instance-ids <AWS 인스턴스 ID>`

3장 '코드로 인프라 다루기'

1. IaC는 '인프라를 코드로 취급하기Infrastructure as Code'다. 이는 EC2 인스턴스, VPC 네트워크, 서브넷, 로드 밸런서, 스토리지, 애플리케이션 배포, 오케스트레이션 같은 인프라 오브젝트를 다루는 절차이자, 인프라를 표시하는 코드다. IaC는 아주 짧은 시간 내에 전체 환경에 인프라를 수직적으로 변경하고, 복제하고, 원복하게 해준다.
2. https://console.aws.amazon.com/cloudformation의 클라우드 포메이션 템플릿을 열고, Create Stack스택 생성 버튼을 클릭하라. 이제 helloworld-cf.template 템플릿 파일을 https://raw.githubusercontent.com/yogeshraheja/Effective-DevOps-with-AWS/master/Chapter03/EffectiveDevOpsTemplates/helloworld-cf-template-part-1.py 파이썬 파일을 이용해 생성하라. 그런 다음 템플릿을 아마존 S3에 업로드하라. 스택 이름을 제공하고 SSH 키 페어를 제공하고 나머지 부가적인 정보는 기본값을 유지하라. 이제 설치 정보

를 검토한 후, Create설치를 클릭하라. 템플릿의 생성이 완료되면, Outputs출력 탭을 클릭하고 Weburl을 클릭해 애플리케이션의 홈페이지를 띄워라.

- **힌트**: `python helloworld-cf-template.py > helloworld-cf.template`와 같이 스크립트의 출력을 저장해 클라우드 포메이션 템플릿을 생성하라.

3. 깃랩GitLab, 비트버킷BitBucket, 깃허브GitHub 및 공용 클라우드가 제공하는 SCM까지 시장에서 사용 가능한 여러 SCM이 있다. 여기서는 가장 유명한 SCM을 사용한다. 깃허브(https://github.com)에서 무료 계정을 생성하라. 이미 생성했다면, 깃허브 계정으로 로그인하고 `helloworld`라는 이름의 첫 번째 공용 리포지터리를 생성하라.
4. 지원되는 플랫폼에 대한 깃 패키지를 설치하고, `git clone <깃허브 리포지터리 URL>`을 이용해 이전에 생성한 깃허브 리포지터리를 여기에 복제하라. 이 URL은 리포지터리의 깃허브 콘솔에서 찾을 수 있다. 이제 리포지터리에서 helloworld-cf.template을 복사하고, `git add`와 `git commit`을 실행하라. 이제 로컬 리포지터리의 파일을 깃허브 계정에 푸시할 수 있다. 이를 위해 `git push`를 수행해 커밋된 파일을 푸시하고, 깃허브 리포지터리를 확인하라.
5. 앤서블은 간단하고, 강력하고, 배우기 쉬운 구성 관리 도구로, 시스템/클라우드 엔지니어와 데브옵스 엔지니어가 그들의 규칙적인 반복 작업을 자동화하는 데 사용한다. 앤서블의 설치는 매우 간단하고, 에이전트리스agentless 모델로 동작한다.

   앤서블에서 모듈은 YAML로 작성된 앤서블 코드 파일의 생성에 대한 기본적인 빌딩 블록이다. YAML로 작성된 이들 파일을 앤서블 플레이북이라고 부른다. 여러 앤서블 플레이북은 잘 정의된 디렉토리 구조로 정리되어 있고, 이를 앤서블 roles라고 한다. roles는 앤서블 플레이북, 변수, 정적/동적 파일 등을 포함한 앤서블 코드를 구조화한 디렉토리다. 앤서블에는 앤서블 볼트Ansible Vault, 앤서블 갤럭시Ansible Galaxy 및 **앤서블 타워**Ansible Tower라고 부르는 GUI까지, 여러 가지 앤서블 도구들이 있다. https://docs.ansible.com에서 이 도구를 더 자세히 확인할 수 있다.

4장 '테라폼 코드로 인프라 다루기'

1. 테라폼은 고수준 인프라 도구로 기본적으로 인프라 구축, 변경 및 버저닝을 안전하고 효과적으로 하는 데 사용한다. 테라폼은 구성 관리 도구가 아니므로, 인프라 계층만 취급하고 있고, 애플리케이션의 배포 및 오케스트레이션을 위해 퍼핏, 셰프, 앤서블, 솔트 같은 도구를 활용해야 한다.

2. 해시코프HashiCorp는 운영체제에 대한 전용 패키지를 제공하지 않는다. 테라폼은 하나의 바이너리로 배포된다. zip 파일로 되어 있고, https://www.terraform.io/downloads.html에서 내려받을 수 있다. 다운로드 후, zip 파일의 압축을 풀어 리눅스 바이너리 경로인 /usr/bin에 복사하라. 그다음으로 `terraform -v`를 실행해 설치된 테라폼의 버전을 확인하라.

3. 테라폼을 이용해 AWS 인스턴스를 프로비저닝하려면, .tf 파일 안의 `provider` 블록을 작성함으로써 AWS 프로바이더를 초기화해야 한다. 그런 다음 `terraform init`를 실행해야 한다. 성공적으로 초기화한 후, 리소스를 가지고 테라폼 템플릿을 개발해야 한다. 여기서는 적절한 속성을 가진 `aws_instance` 리소스 유형을 사용한다. 이를 작성한 후, 테라폼 템플릿을 검증하고, 계획하고, 적용해 첫 번째 AWS 인스턴스를 생성하라.

4. 앤서블과 테라폼을 구성하려면 플랫폼을 초기화하는 프로바이더를 사용해야 하고, 플랫폼에 관련된 서비스를 생성하려면 리소스를 사용해야 한다. 끝으로, 생성된 리소스에 접속해 앤서블을 설치하고 시스템에 앤서블 코드를 실행하도록 `ansible-pull`을 실행해야 한다. 예제 테라폼 템플릿에 대해서는 다음 링크를 참조하라. https://raw.githubusercontent.com/yogeshraheja/EffectiveDevOpsTerraform/master/fourthproject/helloworldansiblepull.tf

5장 '연속 통합과 연속 배포 추가하기'

1. 연속 통합, 연속 배포, 연속 전달은 다음과 같이 정의할 수 있다.
   - **연속 통합**CI, Continuous Integration: CI 파이프라인은 제안된 코드 변경을 지속적으로 자동으로 테스트하게 해준다. 이것은 수많은 수동 테스트를 더 이상 수행하지 않으므로 개발자와 QA의 시간을 절약해준다. 또한 코드 변경 통합을 훨씬 더 쉽게 한다.
   - **연속 배포**CD, Continuous Deployment: CD에서는 데브옵스가 제공하는 피드백 루프를 극적으로 가속화할 수 있다. 신규 코드를 상용에 빠르게 배포하고, 실제 고객의 메트릭을 수집한다. 이는 종종 새로운 문제 및 예상치 못한 문제를 노출한다.
   - **연속 전달**Continuous Delivery: 연속 전달 파이프라인을 구축하기 위해, 먼저 상용 환경에 클라우드 포메이션 스택을 생성하라. 그런 다음 코드 디플로이에 신규 배포 그룹을 추가하라. 코드 디플로이는 신규 클라우드 포메이션 스택에서 코드를 배포하게 해준다. 끝으로, 파이프라인을 개선해 승인 절차를 포함시켜서, 코드를 상용에 배포하거나 스테이지에 배포할 때 승인을 받도록 하라.
2. 젠킨스는 CI 파이프라인을 실행하기 위한 가장 널리 사용되는 통합 도구다. 10년 이상의 개발을 거쳐, 젠킨스는 연속 통합을 실행하는 데 있어 선도적인 오픈소스 솔루션이 됐다. 풍부한 플러그인 생태계로 유명한 젠킨스는 새로운 주요 릴리스(젠킨스 2.x)를 출시했고, 체크인할 수 있고 버전 관리할 수 있는 자체 전달 파이프라인 생성 기능을 포함해 수많은 데브옵스 중심적인 기능을 제공한다. 또한 깃허브 같은 소스 제어 시스템과도 잘 통합된다.
3. 연속 배포 파이브라인을 구현하기 위해, 코드 파이프라인과 코드 디플로이라는 두 가지 신규 AWS 서비스를 살펴본다.
   - **코드 파이프라인**CodePipeline은 배포 파이프라인을 생성하게 해준다. 이전에 했던 것 같이 코드 파이프라인은 깃허브로부터 코드를 얻고, 이를 젠킨스에 보내서 CI 테스트를 수행하게 한다. 그러나 깃허브에 테스트 결과만 반환하는 대신에,

AWS 코드 디플로이를 통해 코드를 가져와 EC2 인스턴스에 배포한다.

- **코드 디플로이**CodeDeploy는 EC2 인스턴스에 코드를 적절히 배포하는 서비스다. 코드 디플로이는 몇몇 구성 파일과 스크립트를 추가해 코드를 안정적으로 배포하고 테스트하게 해준다. 코드 디플로이 덕분에, 배포 작업의 순서를 정하기 위한 복잡한 로직을 걱정할 필요가 없다. EC2와 단단히 통합되어 있어서 다중 인스턴스에서 원복하는 방법을 알며, 필요시 원복을 수행할 수 있다.

더 자세한 내용은 5장의 '연속 배포 파이프라인 구축하기' 절을 참고하라.

6장 '인프라 확장하기'

1. 그렇지 않다. 다중 수준의 애플리케이션은 관리해야 할 구성요소가 더 많으므로 항상 최선의 선택인 것은 아니다. 애플리케이션이 모놀리식으로 동작을 잘한다면 짧은 시간의 다운타임을 허용하고, 시간이 지나도 트래픽이 증가하지 않는다면 그대로 활용하는 것을 고려할 수 있다.
2. 이 책에서 사용한 다중 수준 접근의 경우 모든 소프트웨어는 하나의 zip 파일에 존재하지만, 마이크로서비스 및 서버리스 접근법에서는 소프트웨어가 여러 개의 부분으로 분리된다. 예를 들어 전자상거래 소프트웨어(한 서비스에서 사용자에게 내용을 보여주기 위해 사용하는 소프트웨어), 신규 제품을 배치하는 백엔드를 관리하는 부분은 하나의 서비스이지만, 결제를 관리하는 부분은 또 다른 서비스다.
3. 서비스에 익숙하지 않다면, 어려울 수 있다. 그러나 AWS에는 많은 관련 문서와 비디오가 있다. 또한 이 책에서 전통적인 모놀리식 접근 방식을 다중 수준으로 분리하기 위해 기본 서비스셋을 사용하는 방법을 소개한다.
4. NLB에서 이것은 맞다. 그러나 ALB 또는 CLB를 사용한다면 프리웜pre-warm이 필요하다. 또한 트래픽이 5분마다 50% 이상이라면 이를 해야만 한다.
5. 사설 인증서를 요청하지 않는다면 인증서 관리자를 사용하는 것은 무료다. 전통적인 SSL * 인증서는 월 $500 정도의 비용이 들 수 있다.

6. 각 AWS 리전은 AZ들로 구성되고 각 가용 영역은 분리된 데이터 센터들이다. 따라서 하나의 가용 영역에서는 문제가 발생할 수 있으나, 동시에 여러 문제가 발생할 가능성은 적다. 각 서브넷은 하나의 가용 영역을 가질 수 있으므로, 각 구성요소를 적어도 둘 또는 세 개 이상의 영역에 배치하는 것이 좋다.

7장 'AWS에서 컨테이너 실행하기'

1. 도커는 컨테이너화된 애플리케이션을 빌드하고 탑재하고 실행하기 위한 컨테이너 플랫폼이다. 도커 엔진의 네 가지 주요 구성요소는 다음과 같다.
   - **컨테이너**: 읽기/쓰기 템플릿
   - **이미지**: 읽기 전용 템플릿
   - **네트워크**: 컨테이너를 위한 가상 네트워크
   - **볼륨**: 컨테이너에 대한 영구 스토리지
2. 도커 CE는 리눅스, 윈도우, 맥OS를 포함한 많은 플랫폼에 설치된다. 공식 도커 링크인 https://docs.docker.com/install/을 참고해 플랫폼을 선택하고, 시스템에 최신 버전의 도커 CE를 설치 및 설정하기 위한 지침을 따르라.

   `docker --version` 명령어를 통해 설치된 도커 CE 버전을 확인하라.
3. https://github.com/yogeshraheja/helloworld/blob/master/Dockerfile의 Dockerfile을 사용하고, `docker build` 명령어를 이용해 이미지를 생성하라. 새롭게 생성된 이미지는 Hello World 애플리케이션에 대한 이미지다. `docker run -d -p 3000:3000 <이미지명>`을 이용해 외부에 포트를 개방하도록 컨테이너를 생성하라. 실행됐으면, `curl` 또는 웹 브라우저에서 공인 IP와 포트 3000번을 이용해 웹 서버에 접속이 되는지 확인하라.
4. 자격증명으로 AWS 계정에 로그인하고, Services 탭에서 ECS service를 선택하라. 거기서 아마존 ECS 클러스터와 아마존 ECR 리포지터리를 생성하는 옵션을 발견할 수 있다. 이 시점에서는 Repository를 클릭하고 첫 번째 ECR 리포지터리

를 생성하라. 화면에는 ECR에서 동작을 수행하는 일부 명령어도 표시된다. 유사하게, Cluster 탭을 클릭하고 이어서 ECS 화면에서 클러스터를 생성하라. 여기서 윈도우, 리눅스 또는 네트워크 전용 클러스터 중 하나를 선택하라. 다음 단계를 클릭하고, 세부 내역을 채워라. 세부 내역에는 클러스트명, 프로비전 모델, EC2 인스턴스 유형, 인스턴스 수 등이 포함된다. 절차를 완료하도록 Create를 클릭하라. 몇 분이 지난 후, ECS 클러스터는 사용할 준비가 됐다. 이 장에서는 이를 클라우드 포메이션으로 시연했다. 동일 절차로 ECS 클러스터의 구성을 원한다면, 이 장의 'ECS 클러스터 생성하기' 절에서 제공하는 절차를 따르면 된다.

8장 'AWS 환경의 보안 강화하기'

1. 인프라 구축을 시작하기 전에, 루트 계정(등록 이메일에 연결된 계정)을 잠그기를 강력히 추천한다. 그런 다음, IAM 사용자와 필요한 권한을 가진 그룹을 생성하라. 그리고 루트와 IAM 사용자에 대한 (사용자명과 암호만 사용하는 대신) MFA를 사용하라.
2. 등록된 IAM 사용자와 역할의 동작에 대한 클라우드 트레일을 활성화해야 하고, 네트워크 트래픽 로깅 및 모니터링을 위한 VPC 플로우 로그를 활성화해야 한다.
3. 그렇지 않다. TCP/IP 프로토콜의 7번째 계층에서 동작하는 애플리케이션 방화벽인 WAF가 있다.
4. 애플리케이션을 구성하려면 일부 모범 사례를 따라야 한다. 앱을 인터넷에 가능한 최소한으로 노출해야 하고, 규모 확장 및 축소가 가능해야 한다. 악의적인 DDoS 공격을 제한하는 데 도움이 되는 WAF Rate 규칙도 있다.
5. 이론상으로는 할 수 있다. 그러나 인터넷에 필요한 리소스만 노출하려면 사설 및 공용 서브넷을 구분하는 것이 좋다. 그 외에 모든 것은 사설로 유지해야 한다. 또한 애플리케이션의 일부를 여러 가용 영역에 분산시키는 것은 좋은 사례다. 이것은 실제로 다중 데이터 센터를 사용하는 것을 의미한다. 이런 이유로, 그리고 하나의 AZ에는 하나의 서브넷만 있으므로 다중 서브넷을 사용해야 한다.

9장 '모니터링과 알람'

1. 클라우드 와치는 모든 AWS 서비스의 기본 모니터링 솔루션이다. 데이터 스트림에 대해 세 가지 유형(메트릭, 로그, 이벤트)을 지원한다. 웹 콘솔, 명령줄 인터페이스, API 및 여러 SDK를 이용해 클라우드 와치에 접근할 수 있다.

2. ELK는 일래스틱서치Elasticsearch, 로그스태시Logstash, 키바나Kibana라는 세 가지 오픈소스 프로젝트의 약자다. 일래스틱서치는 검색 및 분석 엔진이다. 로그스태시는 다중 소스를 동시에 입수하고 변환하는 서버 측 데이터 처리 파이프라인이다. 키바나는 일래스틱서치에서 그래프와 도표로 데이터를 시각화하는 도구다.

3. EKK 솔루션은 로그 수집 솔루션을 배포하고 관리하고 확장하는 데 드는 매우 어려운 작업을 경감해준다. 다시 말해, 로그스태시를 AWS의 키네시스 솔루션으로 대체할 수 있음을 의미한다. EKK 스택을 사용하면, 로그를 수집하는 시스템을 관리하고 확장하는 대신 로그를 분석하고 애플리케이션을 디버깅하는 데 집중할 수 있다.

| 찾아보기 |

ㅂ

ㅅ

ㅇ

ㅈ

ㅊ

ㅋ

B

C

D

E

F

G

H

I

K

L

M

N

O

P

Q

R

S

T

U

V

W

X

Y

Z

기타

AWS를 통한 효과적인 데브옵스 구축 2/e

테라폼, 앤서블, 깃허브 등 다양한 AWS 도구 사용하기

발 행 | 2020년 9월 23일

지은이 | 요게쉬 라헤자 · 주세페 보르게세 · 나다니엘 펠슨
옮긴이 | 이 준 호

펴낸이 | 권 성 준
편집장 | 황 영 주
편 집 | 조 유 나
디자인 | 윤 서 빈

에이콘출판주식회사
서울특별시 양천구 국회대로 287 (목동)
전화 02-2653-7600, 팩스 02-2653-0433
www.acornpub.co.kr / editor@acornpub.co.kr

ISBN 979-11-6175-453-6
http://www.acornpub.co.kr/book/effective-devops-aws-2e

이 도서의 국립중앙도서관 출판시도서목록(CIP)은 서지정보유통지원시스템 홈페이지(http://seoji.nl.go.kr)와
국가자료공동목록시스템(http://www.nl.go.kr/kolisnet)에서 이용하실 수 있습니다.(CIP제어번호: CIP2020039459)

책값은 뒤표지에 있습니다.